高等院校教师教育新教材

XIAOXUE TIYU YU JIANKANG JIAOXUELUN

小学体育与健康教学论

陈　曙◎编著

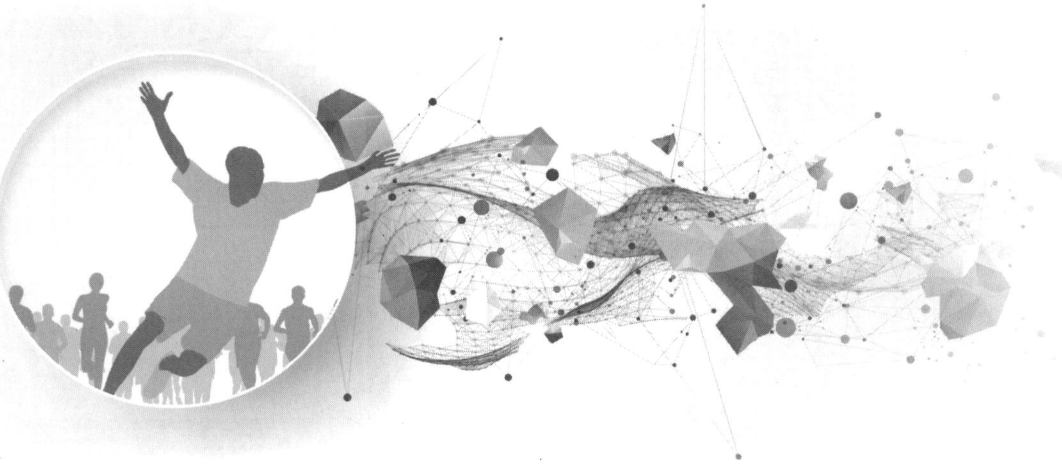

北京师范大学出版集团
BEIJING NORMAL UNIVERSITY PUBLISHING GROUP
北京师范大学出版社

图书在版编目(CIP)数据

小学体育与健康教学论/陈曙 编著. —北京：北京师范大学出版社，2024.6

ISBN 978-7-303-29678-1

Ⅰ. ①小… Ⅱ. ①陈… Ⅲ. ①体育课－教学研究－小学②健康教育－教学研究－小学 Ⅳ. ①G623.82

中国国家版本馆 CIP 数据核字(2024)第 000028 号

教材意见反馈 **gaozhifk@bnupg.com 010-58805079**
营销中心电话 010-58802135 58802786
北师大出版社教师教育分社微信公众号 京师教师教育

出版发行：北京师范大学出版社 www.bnupg.com
北京市西城区新街口外大街 12-3 号
邮政编码：100088

印　刷：天津旭非印刷有限公司
经　销：全国新华书店
开　本：787 mm×1092 mm 1/16
印　张：20.5
字　数：420 千字
版　次：2024 年 6 月第 1 版
印　次：2024 年 6 月第 1 次印刷
定　价：48.00 元

策划编辑：陈红艳　　责任编辑：陈红艳
美术编辑：焦　丽　　装帧设计：焦　丽
责任校对：陈　民　　责任印制：马　洁

高等院校教师教育新教材

本书编委会

前 言

本教材应师范院校、体育院校体育教育专业教学和广大小学体育与健康课程教学需要而撰写，系统地介绍了小学体育与健康课程教学的基本原理、原则、内容、方法及评价等基本问题，对小学体育与健康课程教学设计理论体系进行了全面、深刻的阐述，并列举了许多小学体育与健康课程教学设计实例以供参考。

本教材的编写坚持“实用性原则”，在取舍内容时，充分考虑3个主要受用群体的实用性。即体育教育专业师范生、全科型小学教师和一线小学体育教师学习这本教材有什么用，根据这个判断来决定本教材内容的取舍。在编写过程中力图做到通俗、易懂、实用。希望读者通过本教材的学习，对新时代教育教学改革形势下体育与健康课程教学的基本理论、基本原理和基本方法等有一个较为系统的了解，从而更好地开展小学体育教育教学工作，特别是对改进和提高小学体育与健康课程的教学会有很大的帮助。

本教材内容及时反映小学体育与健康课程时代特征，充分体现《义务教育体育与健康课程标准(2022年版)》精神，争取在全面贯彻党的教育方针，落实立德树人根本任务，发展学生体育学科核心素养，促进健身育人等方面发挥积极作用。希望读者通过对本教材的学习，能够加深对体育教师职业的理解，把握先进的体育与健康教育教学理念，掌握教学方法与技能，提高教学与研究的综合素质与能力，为开展小学体育与健康课程的教育见习、实训、实习以及教学实践工作奠定坚实的基础。本教材可作为师范院校、体育院校体育教育专业本、专科学生以及全科型小学(幼儿)教育专业学生的教材使用，也可供广大小学体育工作者参考。

本教材由陈曙教授(湖南师范大学体育学院)担任主编，组织编写。参与编写的人员有：第一章，姜伟平(湖南省长沙市北雅中学)；第二章，周军(琼台师范学院体育学院）、孙意远（湖南师范大学体育学院）、王毕涵（湖南师范大学体育学院）、左而非（长沙师范学院体育科学学院）、庞子璇（湖南省韶山市芙蓉学校）；第三章，龙克威（湖南省长沙高新区虹桥小学）、张恒博（湖南第一师范学院体育学院）；第四章，蔡昕（湖南省长沙市芙蓉区大同瑞致小学）、陈滔（湖南省长沙市岳麓区望月湖第二小学）、王雯（湖南省湘江新区博才西江小学）；第五章，黄幸（湖南省长沙市芙蓉区浏正街小学）、肖群雁（湖南省芙蓉区浏正街小学）；第六章，陈月华（湖南省长沙市望城区东马小学）、何平（湖南省长沙市麓山国际望城实验学校）；第七章，杨伯群（湖南省长沙市雅礼中学）、陈智（湖南省长沙市长沙县朗梨街道花园小学）、周志运（湖南省长沙市雅礼实验中学）、罗忠证（湖南省长沙市北雅中学）。

与以往《体育教学论》不同的是，本书名称为《小学体育与健康教学论》，首先“小学”是学段范围，界定该书主要是培养小学体育师资的专业用书；其次：“体育与健康教学论”，表明该书主要介绍体育与健康两个维度教育教学的原理、内容及方法等，重点培育体育教育专业学生体育与健康两个方面教育教学的素养、知识和能力。

本教材系教育部人文社会科学研究规划基金项目“‘健康中国2030’视域下我国中小学体育教师健康教育能力发展研究”（20YJA890002）的研究成果，是在本人从事该课题研究及实践的基础上，广泛征求有关专家学者及一线小学体育名师的意见与建议撰写而成，部分内容参考了有关单位和个人的研究成果，已在页下注中列出。特此向教育部社会科学司等相关单位和个人表示衷心的感谢，同时也要感谢北京师范大学出版社的编辑付出的辛苦劳动。

由于本人水平有限，加上时间仓促，难免挂一漏万，敬请各位专家学者和广大读者批评指正。

陈　曙

2024年6月

目录

第一章　小学体育与健康课程论

第一节　小学体育与健康教学论概述

小学体育与健康教学论是分科教学论的组成部分，是研究和说明小学体育与健康教学现象、基本因素、本质以及内在规律的一门学科，其研究的主要对象为小学体育与健康教学中的学生、教师，其研究的主要内容为教学目标、内容、过程、环境、方法、评价以及它们之间的相互关系。

学科教学论是一般教学论的分支。一般教学论、体育与健康教学论、小学体育与健康教学论之间的关系如下：

教学　　　　　　小学体育与健康教学

一般教学论⟶体育与健康教学论⟶小学体育与健康教学论

小学体育与健康教学论是体育教师在充分了解和把握小学生身心发展特征的基础上，结合小学生体育兴趣、体质状况及运动水平，将有关体育与健康的知识、技能、锻炼方法教给小学生的教育教学课程。目的在于探寻科学合理的体育与健康教育教学方法，让所有学生最大限度地获得最适合他们需求的体育与健康教育，让每个学生的身心健康、体质水平在原有的基础上得到最大程度的发展。

一、体育与健康教学论发展概述

(一)教学论概念的提出

教学论在英语中称为 Didactics，源于拉丁语 Didactica。拉特克(W. Ratke，1571—1635)首次提出“教学论”概念，自称为教学论者。

夸美纽斯(1592－1670)1632 年在《大教学论》中把“教学论”定义为“教授术”，即“把一切事物教给一切人的艺术”。当时对“教学”一词和“教育”一词并未作严格的区分。

19 世纪前半叶，教学论作为教育学的一个分支分离出来，并进一步形成了两大分支：①把教学内容作为重点；②把教学方法作为重点。教学论包括教育理论(为什么教，教什么)和教学理论(如何教)两个方面。

裴斯泰洛齐(1746—1827)提出了和谐发展教育课程体系和学校课程体系：体育与劳动、道德教育、重视知识积累的智育。体育教育的任务，是要把所有潜藏在人身上的天赋的生理力量全部发展出来；没有各种体力的发展，劳动教育、劳动的习惯、技能的培养训练就无从谈起。裴斯泰洛齐是第一个用要素的观点分析人体运动的人。他认为，人体运动的基本要素是关节活动，因而主张按照关节活动的难易程度安排体育活动教学的顺序。基于此，他构建了以教学方法和教学技术为中心的教学论，这使得教学论的研究达到一个顶峰。

赫尔巴特(1776—1841)提出了以课堂教授为中心的教学论思想，继承和发展了夸美纽斯教学论思想。

凯洛夫(1893—1978)是主智主义教育理论的重要代表人物。凯洛夫系统化、理论化地构建了一套体系完整、结构紧密的课程体系，除强调共产主义思想教育以外，其强烈的泛智主义一科学主义色彩成为其课程体系的特色。凯洛夫的教学体系在教学活动中的突出表现是课堂中心、教师中心和教材中心。

(二)古代体育与健康教学的雏形

古代体育与健康教学的雏形可以追溯到不同文明和时期，不同文明都有其独特的体育和健康教育传统。古罗马时期，军事训练在培养士兵的身体健康方面起到了关键作用。罗马的军事学校中有许多体育活动，如操练和角斗等，这些活动有助于培养士兵的力量和耐力；古印度的体育活动包括瑜伽和其他身体锻炼形式。即使社会发展到现在，瑜伽也被视为一种促进身心健康和灵性发展的方式，强调身体的柔韧性、平衡和控制；古希腊哲学家柏拉图的自然主义教育哲学思想主张学生应从 7 岁进入初等学校，在修完雅典学校的普通课程后进入体操学校学习游戏、舞蹈、角力、掷铁饼、投枪、赛跑、射箭、骑马和野营生活等内容；中国古代的“六艺”包括：礼、乐、射、御、书、数。其中，“射”不但是杀敌卫国的技术，更是一种修身养性的体育活动；“御”是与驾驶马车的技术相关的体育活动。

(三)近代体育与健康教学理论问题研究的起步

1. 学校体育与健康课程的形成

学校体育形成分为两个阶段：一是从文艺复兴运动后期到 18 世纪末，当时作为骑士训练和民间活动的体育活动开始教育化；二是 18 世纪末到 19 世纪末，具体表现为学校体育的课程化。体育与健康课程一直有着重视体育人文教化作用的人文主义和重视体育强健肢体功能的科学主义的两大传统。

2. 学校体育的人文主义传统

学校体育的人文主义传统还受到卢梭和博爱派教育家的影响。卢梭的著名教育小说《爱弥儿》对整个 19 世纪教育产生了深远的影响，深受卢梭教育思想影响的博爱派教育家巴塞多、古茨姆茨等人，使体育成了学校的正式课程。1793 年，古茨姆茨出版了《青年体操》一书，该书把体操方法分为固有的体操运动、手工劳动和游戏三大类，其中固有的体操运动被作为基本运动，包括跑、跳跃、投掷、角力(摔跤)、悬垂、平衡、游戏性运动(举物、搬运、倒立、拔河、跳绳和翻滚等)、有秩序的运动(包括舞蹈、步行和兵式体操等 8 项)。1804 年的第 2 版中又增加了剑术和射击等运动。[①]

---

① [日]今村嘉雄．欧美体育史．东京不昧堂，1953：105-121.

二、小学体育与健康教学论历史沿革

教育家杨昌济先生在其论著《教育学讲义》中针对当时中国教育不分德智体三育，或只重一育不及其余的弊端，提出要三育并重，并且格外重视体育的价值，认为体育是“教育上之养护”；同时发现传统教育以及教学活动本身对青少年儿童产生了不利于健康的影响。毛泽东同志于1917年4月在《新青年》第三卷第二号上，发表了著名的以“二十八画生”署名的体育论文《体育之研究》，文中论及“体育之效”时指出“人的身体会天天变化。目不明可以明，耳不聪可以聪。生而强者如果滥用其强，即使是至强者，最终也许会转为至弱；而弱者如果勤锻炼，增益其所不能，久之也会变而为强”。因此，“生而强者不必自喜也，生而弱者不必自悲也。吾生而弱乎，或者天之诱我以至于强，未可知也”。这是近代史上不可多得的体育文化珍宝。1952年毛泽东同志为中华体育总会成立题词“发展体育运动，增强人民体质”，反映了他完整而系统的体育思想，也是他对体育内涵和本质的高度概括和总结。

秉承先贤学者的教育精神，历经多年的探索和实践，不少高等院校体育教育专业确立了“以学生为本，重实践、重素养、重特色”的人才培养理念，在整个人才培养过程中面向新时期的中小学、面向中小学体育与健康教育教学改革；凸显专业性、实践性、创新性和高素质；实现所培养的中小学体育教师在教育观念、专业素养、创新能力三方面的可持续发展，并与中小学体育与健康教育教学改革紧密接轨，紧紧把握专业课程的发展脉络。

《小学体育与健康教学论》基于上述背景，因传授小学体育与健康教学原理、方法及规律，而成为培养小学体育师资的一门新型的专业基础课程，同时也是全科型小学教师的必修课程。

本书结合小学体育与健康教育教学改革与实践，切实提升小学体育教师体育与健康教育教学能力。

三、小学体育与健康教学论课程设计思路

结合我国小学体育与健康教学现状及本课程设计的理念、目标，以《义务教育体育与健康课程标准(2022年版)》为立足点，以对体育教育专业学生进行全面的、系统的、科学的有关小学体育与健康教学方面的知识和技能教育为出发点，以培养满足小学体育与健康课程教学需要的小学体育教师为最终目的，从理论阐述、案例研究、情境分析和跨学科主题教学等方面入手，将小学体育与健康课程与教学实施的基本方式与基本理论紧密联系，全面培养体育教育专业学生从事小学体育与健康教学、科研及管理的综合素养与能力。

四、小学体育与健康教学论概念与性质

(一)小学体育与健康教学论概念

小学体育与健康教学论是体育教育专业主干课程之一，也是小学体育教师的必修课程，更是当前学习与教育实习及教学实践之间的桥梁。小学体育与健康教学论是体育与健康教学论的一部分，也是分科教学论的组成部分，是研究和说明小学体育与健康教学现象、基本因素、本质以及内在规律的一门学科，它既研究体育与健康教学的规律，又研究体育与健康教育的规律，并把两者有机结合起来。其研究的主要对象有该课程教学中的学生、教师、目标、内容、过程、环境、方法、评价以及它们之间的内在关系。

(二)小学体育与健康教学论性质

小学体育与健康教学论学科性质直接关系着小学体育与健康教学论的研究目的、研究对象和学科发展方向。从教学论发展的历史来看，人们对教学论学科性质的认识是不尽相同的，是发展变化的。概括起来，大致有两种认识：一种认为教学论是研究具体的教学操作方法和技术的学科；另一种认为教学论是研究教学一般规律的学科。小学体育与健康教学论的研究、建立与发展走向，同样也建立在对教学论的认识之上，并受其影响和制约。

为了表述小学体育与健康教学论的学科性质，根据研究目的可将体育与健康教育研究分为基础理论研究、应用理论研究和应用技术研究，小学体育与健康教学论属于应用理论研究。应用理论研究需要对已经认识的规律运用于实践活动的方法进行研究。也就是说小学体育与健康教学论既需要研究小学体育与健康教学的一般规律，密切关注实践，具有很强的实践目的性，又要研究如何将一般规律运用于体育与健康教学实践的内容、方法、策略和技术中。因此，小学体育与健康教学论是为培养小学体育师资而开设的一门理论与实践相结合的综合性、专业性、理论性与应用性强的必修课程。

五、小学体育与健康教学论教学目标

目标设定不仅使教学更有目的性、系统性，而且使教学过程更专业和高效。小学体育与健康课程教学必须设定清晰的教学目标。只有设定明确的教学目标，教师才能为课程提供明确框架，有助于规划教学活动、评估学生表现以及调整教学策略，更好地引导学生学习。同时设定了课程教学目标，让学生提前了解本课程基本内容和要求，从而让学生找准发展方向，做到有的放矢。小学体育与健康教学论教学目标主要体现在以下五个方面。

(1)使学生清晰而正确地辨别小学各种体育与健康教学现象。

(2)使学生把握小学体育与健康教育基本要素，客观地认识小学体育与健康教学本质。

(3)使学生掌握小学体育与健康教学基本规律，指导小学体育与健康教学实践。

(4)使学生掌握小学体育与健康教学方法，提高体育与健康教学技能。

(5)推动小学体育与健康教学研究，完善小学体育与健康教学理论。

六、小学体育与健康教学论研究对象

小学体育与健康教学论的主要研究对象为：小学体育与健康教学理念；小学体育与健康教学的本质；小学体育与健康教学的目标；小学体育与健康教学的主体；小学体育与健康教学内容；小学体育与健康教学过程；小学体育与健康教学原则；小学体育与健康教学模式；小学体育与健康教学方法、手段、组织；小学体育与健康教学评价；小学体育与健康教学研究以及小学体育与健康教学设计等。

七、小学体育与健康教学论教学建议

“小学体育与健康教学论”课程教学，应该采用多种教学方法与手段，并灵活运用，促使学生全面、系统地掌握小学体育与健康课程教学的基本理论、理念、原理、原则、方法以及体育与健康教学评价等体育与健康教学中的基本问题；提高学生独立思考和分析与解决问题的能力，培养学生运用理论从事体育与健康教学工作的实践能力；使学生热爱小学体育与健康教育事业，并热忱投身于体育与健康教育理论与实践的职业教育。

教学本身就是一门艺术，而体育与健康教学不仅是一门艺术，更是一项充满个性的活动。体育教师在面对着一个个有着自己的思想、观点、情感、个性和不同的运动兴趣及运动水平的学生时，更需思考如何将体育教学过程中的合作、交流、沟通等发挥出应有的效果。这也决定了体育与健康教学活动必然是丰富多彩、充满挑战的，师生关系的状况及教学交流的情况将直接影响教学效果，比如，教师语言是否机智幽默、语调是否抑扬顿挫、身体姿势是否形象生动、感情是否自然流露、学生是否有着独特的体育学习方式与运动行为习惯等。因此，教学建议如下。

小学体育与健康教学论是一门应用型理论学科，在教与学的过程中，要坚持理论联系实际，用正确的体育与健康教育思想、教育理论和教育方法分析小学体育与健康教学的实际；同时需从小学体育与健康课堂教学实践中，不断总结归纳小学体育与健康教学规律，反馈、验证与修改已掌握的体育与健康教学理论，如此循环交替，最终构建自身独特的小学体育与健康课程教育教学理论体系，形成富有特色的小学体育与健康教学艺术风格。

在教学方法上要将以理施教与以情导教相结合，将教师主导与学生主体相结合，将严密课堂纪律与活泼教学氛围相结合。

加强实践性环节的教学，如教育见习、实习、撰写教案和参与小学体育与健康教学实践等。总之，小学体育与健康教学论实施过程始终需将理论联系小学体育与健康课堂的实际，做到用理论指导实践，又能够在实践的基础上总结出小学体育与健康教育教学规律，得出教学理论知识，让体育教育专业学生形成系统的知识层次和结构。如此，理论被灵活运用的同时，也加深了实践所得的深度。为此，教学过程中在采用讲授法、案例分析法、专题讨论法的同时，也应采用探究式教学法、合作学习法、自主学习法、课堂模拟和课内外观摩，深入小学教学课堂，培养学生的学习能力和学习主动性。

八、小学体育与健康教学论学习意义及方法

(一)学习小学体育与健康教学论的意义

小学体育与健康教学论在体育教育专业学生的培养计划中被列为专业核心理论课，是体育教育专业学生专业必修主干课程之一。小学体育与健康教学论是在教学论和体育与健康教学论已有的基础上，进一步发展与深化，并结合小学体育与健康教育现状及小学生身心特点，建立学科自身的理论框架及知识架构。这本身就是在培养人才中的一种创新，是培养小学师资背景下的专业课程的创新，目的是着力培养优秀的小学体育教师，全力提升小学体育教师教学能力，具有较强的针对性与适用性。

(二)学习小学体育与健康教学论的方法

小学体育与健康教学论是一门理论与实践相结合的体育教师教育课程，其综合性、专业性、应用性较强。该课程不仅涉及体育与健康课程教学基本理论、原理、规律，还包括小学体育与健康教学的具体实践环节，如小学体育与健康教学设计、课堂教学模拟实践、说课、听课与评课等。因此，学习该门课程的方法至关重要，需要根据各个章节具体的教学内容，引导学生采取合适的学习方法，从而达到较好的学习效果。具体方法如下。

(1)要带着问题进行学习。

(2)要注意掌握基本概念和基本原理。

(3)要结合体育与健康教学实践进行学习。

(4)要结合自己的运动专项进行学习。

(5)要很好地理解教学范例，并能够举一反三。

第二节 小学体育与健康课程性质与理念

随着我国经济社会的持续发展，国民的物质文化生活水平整体上有了很大提高。然而，新的生产和生活方式也造成了人们体力活动减少和心理压力增大，对国民健康造成了负面影响，这种状况在我国青少年群体中表现得尤为突出，引起了国家和社会的高度关注，提高青少年学生的体质健康水平需要社会各方面的共同努力。体育与健康教育是实现青少年儿童全面发展的重要途径，对于促进学生积极参与体育运动、养成健康生活方式、健全人格品质，提升国民综合素质，推动社会文明进步，建设健康中国和体育强国，实现中华民族伟大复兴具有重要的现实和长远意义。

义务教育体育与健康课程以习近平新时代中国特色社会主义思想为指导，全面贯彻党的教育方针，遵循教育教学规律，落实立德树人根本任务，遵照“健康第一”教育理念，强调实践性特征，突出学生的学习主体地位，努力构建较为完整的课程目标体系和发展性的评价方式，重视教学内容的基础性、选择性及教学方法的有效性和多样性，注重激发学生的运动兴趣，引导学生掌握体育与健康基础知识、基本技能和方法，增强学生的体能，培养学生坚强的意志品质、合作精神和交往能力等，为学生终身参加体育锻炼奠定基础，促进学生健康、全面发展。

一、课程性质与特点

体育与健康教育是实现儿童青少年全面发展的重要途径，对于促进学生积极参与体育运动、养成健康生活方式、健全人格品质，提升国民综合素质，推动社会文明进步，建设健康中国和体育强国，实现中华民族伟大复兴具有重要的现实和长远意义。

义务教育体育与健康课程以身体练习为主要手段，以体育与健康知识、技能和方法为主要学习内容，以发展学生核心素养和增进学生身心健康为主要目的，具有基础性、健身性、实践性和综合性等特点，是学校教育的重要组成部分，对促进学生德智体美劳全面发展具有非常重要的价值。

基础性。课程强调学习基础的、必要的体育与健康知识、技能和方法，养成体育锻炼与健康生活的习惯，为后续的体育与健康课程学习以及终身体育锻炼、健康生活奠定基础。

健身性。课程强调学习体育知识、技能和方法，强调体育对增进健康的意义和作用，强调体育实践课与体育锻炼的适宜运动负荷，教学中增加与学生生活和生命密切相关的健康知识和技能的教授，促进学生健康成长。

实践性。课程强调身体练习、掌握健康知识与技能为主要内容和目标，促进学生养成体育锻炼习惯和健康生活行为，提高学生的体育与健康实践能力。

综合性。课程强调综合性、多样性发展，主要体现在传授体育运动知识时仍融合不同类型的知识，例如，将体育与健康课程与德育、智育、美育、劳动教育和国防教育相融合。

二、课程理念

(一)坚持“健康第一”

体育与健康课程以习近平新时代中国特色社会主义思想为指导，全面贯彻党的教育方针，落实立德树人根本任务，坚持“健康第一”教育理念，以发展学生核心素养为引领，重视育体与育心、体育与健康教育相融合，充分体现健身育人的本质特征，引导学生形成健康与安全的意识及良好的生活方式，促进学生身心健康、体魄强健、全面发展。

(二)落实“教会、勤练、常赛”

体育与健康课程依据学生的学习需求和兴趣爱好，面向全体学生，落实“教会、勤练、常赛”要求，注重“学、练、赛”一体化教学。坚持课内外有机结合，指导学生学会基本运动技能、体能和专项运动技能，提供更多时间让学生进行充分练习，巩固和运用所学运动知识与技能，参与形式多样的展示或比赛。激发学生参与运动的兴趣，让学生体验运动的魅力，领悟体育的意义，发扬刻苦学练的精神，逐渐养成“校内锻炼 1 小时、校外锻炼 1 小时”的习惯。

(三)加强课程内容整体设计

体育与健康课程根据学生运动技能形成规律和身心发展规律，整体设计课程内容，体现保证基础、重视多样、关注融合、强调运用等理念。保证学生学习和掌握结构化的基本运动技能、体能、专项运动技能和健康技能等，为学生参与运动和养成健康的生活方式奠定基础；重视系统安排多种运动项目的学练，促进学生形成丰富的运动体验，协调发展运动能力；关注体育与健康教育内容、体能与技能、学练与比赛、体育与其他相关学科等方面的有机融合，提高学生举一反三、融会贯通的能力；强调引导学生将体育与健康知识、技能和方法运用到体育学习、体育锻炼、运动竞赛和日常生活中，增强学生的理解能力和实践能力。

(四)注重教学方式改革

体育与健康课程根据体育学习实践性和健康教育实用性的特点，强调从“以知识与技能为本”向“以学生发展为本”转变。创设丰富多彩、生动有趣的教学情境，倡导将教师的动作示范、重点讲解与学生的自主学习、合作学习、探究学习有机结合，将集体学练、小组学练与个人学练有机结合，注重将健康教育教学理论讲授、交流互动与实践应用相结合，激发学生的学习热情，帮助学生理解和掌握知识与技能，提高解决体育与健康实际问题的综合能力。

(五)重视综合性学习评价

体育与健康课程重视学习评价的激励和反馈功能，注重构建评价内容多维、评价方法多样、评价主体多元的评价体系。评价内容围绕核心素养，既关注基本运动技能、体能与专项运动技能，又关注学习态度、进步情况及体育品德；既关注健康基本知识与技能，又关注健康意识和行为养成。评价方法要重视过程性评价与终结性评价结合、定性评价与定量评价结合、相对性评价与绝对性评价结合。评价主体以体育教师为主，鼓励学生、其他学科教师、家长等参与到评价中。同时，重视制定明确、具体、可操作的学业质量合格标准，为教师有效教学、学生积极学习及学习评价指明方向。通过综合性学习评价，促进学生达成学习目标，形成核心素养。

(六)关注学生个体差异

体育与健康课程在高度关注对所有学生进行激励与指导的基础上，针对不同身体条件、运动基础和兴趣爱好的学生因材施教；提出不同的学习目标，选择适宜的教学内容，采用多样的教学方法与学习评价方式，为学生创造公平的学习机会，促进每一位学生产生良好的学练体验，增强学习的自信心，在原有的基础上获得更好发展。

三、教学建议

体育与健康课程教学是教师广泛运用各种资源，选择有效教学内容，采用多样化教学方法，指导学生在面对问题、解决问题的真实情境中形成核心素养的实践活动。教师应依据核心素养的内涵、课程总目标与水平目标、课程内容、学业质量，创造性地设计教学和实施课程。

1. 编制课程实施计划，有效培养学生的核心素养

体育与健康课程要培养的核心素养是学生通过较长时间的学习，在知识内化、行为养成、品德修为基础上逐渐形成的，是学生在体育与健康活动和情境中体验、探索、感悟和解决问题的结果。各校在编制各类教学计划时，应根据不同水平学生的实际，制定明确的体育与健康课程学习目标，整体设计基本运动技能、体能、健康教育、专项运动技能和跨学科主题学习的教学内容。在教学中，要关注体育与健康知识和技能的学习，更要关注体育与健康课程的育人成效。

(1)树立明确的课程育人意识。

课程实施计划应从过分关注知识与技能的传授转向重视核心素养的培养，将核心素养的培养贯穿在学年、学期、单元、课时等各层次的学习目标、教学内容、教学情境、教学方法、学习评价等设计中。

(2)根据学生的身心发展规律、运动技能形成规律和课程的育人特点设计各水平的教学单元。

在1～2年级，重点通过体育游戏发展学生的基本运动技能，让学生在玩中学、玩中练，激发学生的运动兴趣；在3～6年级，主要根据学生的兴趣爱好从六类专项运动技能中各选择至少1个运动项目进行教学，原则上每学期指导学生学练2个不同的运动项目，在重点发展学生各种体能的基础上发展多项运动技能，以满足学生多样化的运动需求；在 7～8 年级，应根据学生的兴趣爱好从六类专项运动技能的四类中各选择 1 个运动项目进行教学，其中必须包括中华传统体育类运动项目，原则上一个学期指导学生学练 1 个运动项目，在继续发展学生体能的基础上重点发展专项运动技能；在 9 年级，学校可以让学生根据兴趣爱好自主选择 1 个运动项目进行为期 1 年的学习，保证学生初中毕业时掌握 1～2 项运动技能。

学校在选择各年级学练的运动项目时，可先让学生在六类专项运动技能中分别选择自己喜爱的运动项目，再根据学生的选择结果及学校的实际情况确定各年级学练的运动项目。学校应至少开设以下运动项目：1 个集体性球类运动项目、1 个个体性球类运动项目、1 个田径类运动项目或项目组合(从跑、跳、投掷 3 个亚类中各选择 1 个项目进行组合)、1 个体操类运动项目或项目组合(技巧与器械体操项目可由技巧运动、单杠或双杠运动、跳山羊组合而成，艺术性体操项目可由 1 套韵律操和 1 套健美操组合而成)、1 个水上或冰雪类运动项目或项目组合(由 2 个水上运动项目或 2 个冰雪运动项目组合而成)、1 个中华传统体育类运动项目或项目组合、1 个新兴体育类运动项目或项目组合。

各水平学练的运动项目可以完全相同或部分相同，也可以不同。各运动项目学习起始年级可由学校根据学生的实际情况和相关教学条件确定，如游泳项目可从 3 年级开始开设，也可从其他年级开始开设。

(3)设计专项运动技能的大单元教学。

大单元教学是指对某个运动项目或项目组合进行 18 课时及以上相对系统和完整的教学。同时，要加强课内外的有机结合，促进学生通过较长时间的连续学练，掌握所学的运动技能。要避免把一个完整的运动项目割裂开来、断断续续实施教学，或在一个时间段内教授不同项目，如第一节课教排球的垫球技术，第二节课教篮球的原地运球，第三节课教武术的马步冲拳等，导致运动技能学习的负迁移。大单元教学既能使学生掌握所学项目的运动技能，又能加深学生对该项运动完整的体验和理解。

2. 合理制定学习目标和选编教学内容，增强学生学习的针对性和有效性

教师在制定学习目标和选编教学内容时，既要关注学生体能发展与运动技能学练的外在表现和效果，也要关注学生在体育与健康课程学习过程中表现出的态度和价值观。

(1)基于核心素养制定明确的学习目标。

首先，教师应将学生核心素养的培养有机渗透到基本运动技能、体能、健康教育、专项运动技能、跨学科主题学习的学习目标中。其次，教师应注重学习目标的可观察性与表现性，在教学中使用体现不同层次的表现性行为动词。不同层次的学习目标应包括条件(在什么情境中)、行为与表现(做什么和怎么做)、结果(做到什么程度)三个部分，使学习目标明确、具体、可操作。

(2)针对学习目标和学生特点合理选编教学内容。

第一，教师应根据学习目标，从有利于促进学生核心素养形成和发展的角度，认真分析、选择和设计教学内容，避免孤立、静态地进行单个动作技术、单个知识点的碎片化教学，注重采用结构化知识与技能教学，加强学生对所学运动项目的完整体验和理解，提高学生在真实活动或比赛情境中运用知识与技能分析问题、解决问题的能力。

第二，教学内容的选择和设计要充分考虑学生的生长发育特点、体质状况、运动基础、兴趣和需求等，保证教学的基础性、多样性和系统性，引导学生在体验不同运动项目魅力的基础上掌握专项运动技能。掌握某一项运动技能的基本标准主要包括两个方面：一是掌握和运用该项目的基本技战术，如篮球运动的运球、传接球、投篮、移动、卡位等基本动作技术，传球与运球、传球与投篮、运球与投篮、移动与抢断球等组合动作技术，传切配合、侧掩护配合、“关门”、补防等基础配合，联防与破联防、人盯人与破人盯人防守等全队配合；二是能完整地参加该项目的班级内、班级间的展示或比赛，如完整地展示一套健美操动作或参加所学球类运动项目的比赛等，能有效运用该项目的主要比赛规则。

第三，学校必须保证规定课时的健康教育，加强健康教育知识与学生生活的联系，引导学生把所学的健康知识与技能运用到体育锻炼、学习和生活中，逐渐形成健康文明的生活方式。

第四，教学内容的选择和设计应充分考虑当地的气候特点、场地设施、安全环境、民族传统文化等情况，因时、因地制宜实施体育与健康课程教学。

第五，要加强对中华传统体育类运动项目的教学，尤其要重视具有对抗性的中华传统体育类运动项目，减少花拳绣腿式的比画动作教学，培养学生的尚武精神和阳刚之气，加深学生对中华优秀传统体育的理解。

3. 改进课堂教学方式方法，促进学生主动学练

体育与健康课程教学要实现从“以教为主”向“以学为主”的真正转变，将过分关注传授知识与技能转变为培养学生核心素养，促进学生形成积极的学习动机、学习态度和学习行为。

(1)设计完整的学习活动。

教师要摒弃说教课、“放羊课”、安全课、单一技术课、测试课等，设计目的明确、内容丰富、情境真实、方法多样、互动良好的完整学习活动，将“学、练、赛”有机结合，引导学生在充分动起来的过程中享受运动乐趣，形成丰富、深刻的运动体验，在做中学、学中思、思中得。

(2)创设多种复杂的运动情境。

根据学习目标、教学进度等引导学生在对抗练习、体育展示或比赛等真实、复杂的运动情境中获得丰富的运动体验和认知，提高技战术水平和体能水平，培养学生良好的体育精神、体育道德和体育品格。

(3)采用多样化的教学方式方法。

在教学中，要将教师示范讲解与学生自主学练、合作学练和探究学练有机结合，将集体学练、分组学练和个体学练相结合，引导学生积极思考，主动探索，自觉实践，培养学生分析问题和解决问题的能力及创新意识。

(4)科学设置运动负荷。

运动负荷从群体运动密度、个体运动密度和运动强度来衡量。群体运动密度是指一节体育实践课所有学生总体运动时间占课堂总时间的比例；个体运动密度是指一节体育实践课单个学生的运动时间占课堂总时间的比例；运动强度是指动作用力的大小和身体的紧张程度，常用心率表示。应尽量减少教师讲解、示范、队形调动等时间，让所有学生充分动起来，改变“不出汗”的体育与健康课，增进学生体质健康，促进学生掌握运动技能。每节课群体运动密度应不低于75%，个体运动密度应不低于50%；每节课应达到中高运动强度，班级所有学生平均心率原则上在140～160次/分。每节课应有10分钟左右体现多样性、补偿性、趣味性和整合性的体能练习。同时，要引导学生做好充分的准备活动，循序渐进，逐步提高运动负荷，在保证运动安全的基础上增强学习效果。

(5)运用信息化教育手段和方法。

在教学中，根据小学生感性认知能力强、初中生感性认知与理性认知快速发展的特点，积极开发与利用多种现代信息技术，开展微课、慕课、翻转课堂等教学，帮助学生通过线下线上相结合的方式，打破学习的时空壁垒，拓宽体育与健康课程的学习视野。

4. 促进课内外有机结合，引导学生养成良好的体育锻炼习惯

落实“教会、勤练、常赛”“学生每天校内锻炼1小时、校外锻炼1小时”的要求，加强课内教学与课外体育活动的有机结合，以及学校、家庭和社区体育的多元联动。教师应在提高课内教学质量的基础上，积极组织、指导学生参与校内多种形式的课外体育活动和竞赛活动；布置学生独立或合作完成、与家长共同完成的体育家庭作业等，促进学生经常锻炼、刻苦练习，逐渐培养学生的体育锻炼习惯，缓解学生的学习压力，丰富学生的课余文化生活，促进学生更好地形成核心素养。

第三节　小学体育与健康课程目标与内容

体育与健康课程是学校整个课程的一个重要组成部分，和其他课程一样，其任务在于实现国家的教育目的(或教育目标)和学校教育目标(或培养目标)。从这个意义上来说，体育与健康课程目标是国家教育目标和学校培养目标的具体化。体育与健康课程需围绕培养学生核心素养，体现课程性质，反映课程理念，确立课程目标。

一、课程目标

(一)核心素养内涵

体育与健康课程要培养的核心素养，主要是指学生通过体育与健康课程学习而逐步形成的正确价值观、必备品格和关键能力，包括运动能力、健康行为和体育品德等方面。核心素养的三个方面密切联系，相互影响，在体育与健康教育教学过程中得以全面发展，并在解决复杂情境的实际问题过程中整体发挥作用。具体如下。

1. 运动能力

运动能力是指学生在参与体育运动过程中所表现出来的综合能力。运动能力包括体能状况、运动认知与技战术运用、体育展示或比赛三个维度，主要体现在基本运动技能、体能、专项运动技能的掌握与运用。

2. 健康行为

健康行为是指学生增进身心健康和积极适应外部环境的综合表现。健康行为包括体育锻炼意识与习惯、健康知识与技能的掌握和运用、情绪调控、环境适应四个维度，主要体现在养成良好的锻炼、饮食、用眼、作息和卫生习惯，树立安全意识、控制体重、远离不良嗜好，预防运动损伤和疾病，消除运动疲劳、保持良好心态，适应自然和社会环境等。

3. 体育品德

体育品德是指学生在体育运动中应当遵循的行为规范和体育伦理，以及形成的价值追求和精神风貌。体育品德包括体育精神、体育道德和体育品格三个维度。体育精神主要体现在积极进取、勇敢顽强、不怕困难、坚持到底、团队精神等；体育道德主要体现在遵守规则、尊重裁判、尊重对手、诚信自律、公平竞争等；体育品格主要体现在自尊自信、文明礼貌、责任意识、正确的胜负观等。

(二)总目标

1. 掌握与运用体能和运动技能，提高运动能力

通过体育与健康课程的学习，学生能享受运动乐趣，掌握各种体能的学练方法，积极参与各种体能练习，达到《国家学生体质健康标准(2014 年修订)》的相应要求，改善体形，保持良好的身体姿态；在学练多种运动项目技战术和参与展示、比赛的基础上掌握 1～2 项运动技能；认识体能和运动技能发展的重要性，掌握所学运动项目的基础知识和基本原理，了解并运用所学运动项目的规则；经常观看体育比赛，并能简要分析体育比赛中的现象与问题；形成积极的体育态度，提高分析问题和解决问题的能力。

2. 学会运用健康与安全的知识和技能，形成健康的生活方式

通过体育与健康课程的学习，学生能理解体育锻炼对健康的重要性，积极参加校内外体育锻炼，逐步形成体育锻炼意识和习惯；掌握个人卫生保健、营养膳食、青春期生长发育、常见疾病和运动伤病预防、安全避险等知识与方法，并运用在学习和生活中；了解和体验体育活动对心理健康的积极影响，学会调控自己的情绪，积极应对挫折和失败，保持良好的心态；主动同他人交流与合作，知道在不同环境下进行体育锻炼的方法和注意事项，逐步适应自然环境和社会环境。

3. 积极参与体育活动，养成良好的体育品德

通过体育与健康课程的学习，学生能理解参与体育学练、展示或比赛对个人品德塑造的重要性；积极参与体育活动，在遇到困难或挑战自身身体极限且保证安全的情况下能克服困难、坚持到底，与同伴一起顽强拼搏；遵守体育游戏、展示或比赛规则，相互尊重，诚实守信，具有公平竞争的意识和行为；充满自信，乐于助人，表现出良好的礼仪，承担不同角色并认真履行职责，正确对待成败；能将体育运动中养成的良好体育品德迁移到日常学习和生活中。

(三)水平目标

小学体育与健康课程依据核心素养达成度，分三个水平对课程目标进行细化。为了帮助广大一线小学体育教师更深入地理解核心素养，更好地实施基于核心素养的体育与健康课堂教学，更好地评价学生核心素养的达成度，《义务教育体育与健康课程标准(2022 年版)》在义务教育体育与健康课程总目标的基础上提出了各个水平的目标(详见表 1-1)。三个水平的目标都是从运动能力、健康行为和体育品德三个方面来制定的，并且各水平目标之间既相互联系又层层递进。

表 1-1　课程水平目标

课程总目标	水平一	水平二	水平三
掌握与运用体能和运动技能，提高运动能力	· 积极参与各种体育游戏，感受体育活动的乐趣 · 学练和体验移动性技能、非移动性技能、操控性技能等基本运动技能	· 积极参与多种运动项目游戏，感受运动乐趣 · 学练体能和多种运动项目的知识与技能，能进行体育展示或比赛 · 运用所学知识观看体育展示或比赛	· 积极参与运动项目学练，形成运动兴趣 · 体能水平显著提高；掌握运动项目的基本知识，学练运动项目的技战术，并能在体育展示或比赛中运用 · 运用比赛规则参与裁判工作，观看体育比赛并能进行简要评价

续表

课程总目标	水平一	水平二	水平三
学会运用健康与安全的知识和技能，形成健康的生活方式	· 感受体育锻炼对健康的重要性，参与校内外体育活动 · 知道个人卫生保健、营养膳食、安全避险等健康知识和方法，并将其运用于日常生活中 · 活泼开朗，体验快乐 · 乐于与他人交往，适应自然环境	· 了解体育锻炼对健康的重要性，积极参与校内外体育活动 · 了解个人卫生保健、营养膳食、青春期生长发育、运动伤病、安全避险等健康知识和方法，并将其运用于日常生活中 · 关注自己情绪的变化 · 积极与他人沟通和交流，适应自然环境的变化	· 理解体育锻炼对健康的重要性，主动参与校内外体育锻炼 · 将健康与安全知识和技能运用于日常生活中 · 遭受挫折和失败时保持情绪稳定 · 交往与合作能力提升，适应自然环境的能力增强
积极参与体育活动，养成良好的体育品德	· 在体育活动中表现出不怕困难、努力坚持学练的意志品质 · 按照要求参与体育游戏 · 在体育活动中尊重教师、爱护同学，能扮演不同的运动角色	· 在有一定难度的体育活动中表现出勇敢顽强、克服困难的意志品质 · 按照规则和要求参与体育活动 · 在体育活动中表现出文明礼貌、乐于助人的行为	· 在有挑战性的体育活动中能迎难而上，表现出自信和抗挫折能力 · 遵守各种规范和规则，尊重裁判，尊重对手，表现出公平竞争的意识 · 具有团队精神和集体意识，能接受比赛结果

二、课程内容

小学体育与健康课程内容主要包括基本运动技能、体能、健康教育、专项运动技能和跨学科主题学习。根据课程目标的三个水平，设计相应内容。针对水平一目标，专门设置基本运动技能的课程内容，为体能和专项运动技能学练奠定基础；针对水平二、水平三目标，分别设置体能和专项运动技能的课程内容；健康教育和跨学科主题学习贯穿整个小学阶段。其中，健康教育由体育与健康、道德与法治、生物学、科学等多门课程共同承担，体育与健康是落实健康教育的主要课程。体育文化和体育精神融入体育与健康课程内容之中。

(一)基本运动技能

基本运动技能包括移动性技能、非移动性技能和操控性技能，主要发展学生的身体活动能力，为学生发展体能和学练专项运动技能奠定良好基础。

达到水平一目标要求

【内容要求】

(1)了解正确的身体姿势，能做出正确的坐、立、行和读写姿势等。

(2)体验移动性技能的具体内容和练习方法，如提踵走、高矮人走、马步跑、追逐跑、垫步跳、跑跳步、钻越、躲避、攀爬和队列练习等活动，以及“青蛙跳荷叶”“动物爬行”“老鹰捉小鸡”等游戏。

(3)体验非移动性技能的具体内容和练习方法，如伸展、屈体、扭转、悬垂、支撑与推拉、平衡等活动，以及“高人矮人”“不倒翁”“金鸡独立”“木偶人”等游戏。

(4)体验操控性技能的具体内容和练习方法，如各种投、传、击、踢、接球，用手或用脚运球，用短(长)柄器械击球等活动，以及“毛毛虫划龙舟”“托乒乓球比赛”等游戏。

(5)在运动过程中体验方向、水平、路径、节奏、力量和位移速度的变化，感受与他人或物体的相对关系，知道相关运动术语。

(6)感受时空变化，在个人和集体练习中根据指定节拍感受时间变化，在不同活动场景中学会区分自我空间和公共空间。

【学业要求】

(1)知道基本运动技能的内容，能说出表示方向变化、速度快慢、力量大小等的运动术语，协调发展移动性技能、非移动性技能和操控性技能，能保持良好的身体姿态，快乐地参与体育活动。

(2)乐于参与基本运动技能学练和游戏，能说出参与体育活动前后的感受；具有时空意识和安全运动意识，能在运动中做好安全方面的自我检查，与他人保持安全距离。

(3)在活动中与同伴友爱互助，遵守纪律，文明礼貌，不怕困难，努力坚持学练。

【教学提示】

(1)创设生动形象的情境开展游戏化教学，引导学生模仿教师动作或跟随语言提示做动作，通过扮演某种角色或对象进行学练，如模仿熊、兔子等动物的移动方式或飞机、火车等交通工具的通行方式。提高柔韧性、灵敏性、平衡能力及自我展示能力，学会与同伴友好相处。

(2)运用启发性问题，如“能不能用身体展示一个圆形的苹果？”“如何能像青蛙那样从一片荷叶跳到另一片荷叶上？”等，引导学生发挥想象力，以多种形式探索各种可能的运动，加深对不同形状及身体表达的认知，促进学生积极参与和主动思考。

(3)重视组织学生进行身体双侧协调练习，如左右手交替运球、左右脚交换跳、不同方向的追逐与躲闪游戏等，促进学生大脑均衡发展，提高学生的反应能力、身体控制能力和协调能力。

(4)注意与艺术、劳动等相结合，创设丰富多样的情境，用有创意的方式引导学生参与活动，激发学生的学习热情和兴趣。

(5)注意引导学生参与多样化的活动，如运球时进行变换方向、路径、节奏的练习，追逐跑中根据不同信号做出不同的停止动作，与同伴做镜像游戏等，丰富运动体验，培养学生对时空变化和身体变化的感知。

(二)体能

体能学练主要针对改善身体成分，发展心肺耐力、肌肉力量、肌肉耐力、柔韧性、反应能力、位移速度、协调性、灵敏性、爆发力、平衡能力等，为学生增强体质和学练专项运动技能奠定良好基础。

达到水平二目标要求

【内容要求】

(1)知道身体成分的基础知识，如身体成分是肌肉、脂肪、骨骼和其他机体组成成分及其相对百分比；知道身体成分的改善方法，如体育活动、合理膳食等。

(2)体验并知道发展心肺耐力的多种练习方法，如1分钟跳绳、较长距离的游泳或滑冰、折返跑、障碍跑和校园定向运动等。

(3)体验并知道发展肌肉力量的多种练习方法，如上坡跑、沙地跑、跳越障碍、攀登、仰卧起坐等。

(4)体验并知道发展肌肉耐力的多种练习方法，如支撑、悬垂、举轻哑铃、连续单脚跳、连续双脚跳、匍匐前进等。

(5)体验并知道发展柔韧性的多种练习方法，如横/纵叉、仰卧推起成桥、握杆转肩、体侧屈和坐位体前屈等。

(6)体验并知道发展反应能力的多种练习方法，如正反口令练习，听口令变向跑、起动与制动等。

(7)体验并知道发展位移速度的多种练习方法，如30米跑、5秒快速高抬腿跑和变速跑等。

(8)体验并知道发展协调性的多种练习方法，如投掷、抓握、抛接等简单的手眼协调练习，踢毽子、跑动中踢准和射门等眼脚协调练习。

(9)体验并知道发展灵敏性的多种练习方法，如翻越、十字象限跳、绕杆跑、折返跑、变向跑和追逐跑等。

(10)体验并知道发展爆发力的多种练习方法，如立卧撑、纵跳摸高和快速斜身引体等。

(11)体验并知道发展平衡能力的多种练习方法，如燕式平衡和多点支撑等静态平衡练习，在狭窄路径上行走、跳上或跳下低矮物体和双足脚尖走等动态平衡练习。

【学业要求】

(1)本水平学生注意力持续时间短，要注重体能学练内容的多样性及活动的科学性与安全性，开展简便易行的游戏和比赛等，让学生积极参与体能活动，培养学生持续学练的意识和行为。

(2)创设趣味性强的活动情境，如发展柔韧性的身体造型练习、发展心肺耐力的校园定向运动等，激发学生的想象力和学习兴趣，培养学生遇到困难团结协作和继续坚持学练的意志品质，提高学生对环境的适应能力。

(3)注重学生体能的全面协调发展，一方面特别关注本水平学生的体能发展敏感期，重点发展学生的柔韧性、协调性、灵敏性、平衡能力、反应能力、位移速度等，促进学生体质健康水平的提高；另一方面注意多种体能学练与运用的整合，设计的每一个体能练习不只用于提升某一种体能，还可以综合提升多种体能，如跳越障碍、匍匐前进等。

(4)引导学生参与课外体能练习，与家长或同伴开展简便易行的体能活动，如跳绳、踢毽子、骑行、健身操等，增进学生与家长、同伴的交流，培养学生参与课外体能锻炼的意识。

达到水平三目标要求

【内容要求】

(1)了解并运用体能发展的基础知识和多种练习方法，以及科学的体能测评方法，如通过单脚闭眼站立时长测量静态平衡能力，用《国家学生体质健康标准(2014年修订)》评价体能水平等。

(2)了解并运用身体成分的基础知识和改善身体成分的多种练习方法，如能量摄取和消耗、合理饮食和体育锻炼等。

(3)了解并运用发展心肺耐力的基础知识和多种练习方法，如50米×8往返跑、长距离跑、负重校园定向运动、定时高抬腿跑和游泳等。

(4)了解并运用发展肌肉力量的基础知识和多种练习方法，如跳台阶、团身跳、举哑铃、角力等。

(5)了解并运用发展肌肉耐力的基础知识和多种练习方法，如连续做俯卧撑、仰卧卷腹、俯卧两头起和负重匍匐前进等。

(6)了解并运用发展上肢、下肢与腰腹柔韧性的基础知识和多种练习方法，如坐位体前屈、体侧屈、跪姿肩部拉伸、横/纵叉和站姿小腿肌群拉伸等。

(7)了解并运用发展反应能力的基础知识和多种练习方法，如根据不同信号进行追逐跑、变向跑和传接球练习等。

(8)了解并运用发展位移速度的基础知识和多种练习方法，如快速高抬腿跑、50米跑、追逐跑和接力跑等。

(9)了解并运用发展协调性的基础知识和多种练习方法，如抛球、击球、接反弹球等手眼协调练习，跳绳、健美操、接力跑等四肢协调练习。

(10)了解并运用发展灵敏性的基础知识和多种练习方法，如原地空中换腿跳、交叉步、跳跃接冲刺跑、跳越障碍、抢夺、躲闪和往返跑等。

(11)了解并运用发展爆发力的基础知识和多种练习方法，如双手快速推墙、纵跳摸高、蛙跳、踢打和抗阻跑等。

(12)了解并运用发展平衡能力的基础知识和多种练习方法，如燕式平衡和多点支撑平衡等静态平衡练习，悬吊、翻滚后变向和跳越障碍后变向等动态平衡练习。

【学业要求】

(1)描述各种体能的练习方法并能在游戏和比赛中积极运用，体能水平明显提高，能做到“站如松、坐如钟、卧如弓、行如风”。

(2)适应体能练习中运动密度与强度的变化，在遇到困难时能及时应对，主动克服，积极调控情绪。

(3)根据身体条件和体能基础选择适宜的锻炼方式，在体能活动中自尊自信，积极进取，勇敢顽强。

【教学提示】

(1)重视让学生参与不同主题、不同形式、不同情境的体能游戏和比赛，如负重校园定向运动、军体主题运动会等，循序渐进地提升学练难度，培养学生迎难而上、顽强拼搏的精神。

(2)关注体能的关联性与完整性，引导学生参与结构化、整合性的体能学练，如让学生参与发展心肺耐力的情境式负重校园定向运动的同时，加入发展肌肉力量、肌肉耐力、位移速度、灵敏性和协调性等体能的钻过、跨过、跳过、绕过、翻越障碍、卧倒、匍匐前进、模拟投弹等练习，促进学生体能全面协调发展，培养学生解决问题的综合能力。

(3)根据本水平学生身体机能尚处在发育阶段的特点，应注重体能活动的安全性与科学性，如在肌肉力量练习时注重以克服自身重量的练习为主，在柔韧性练习时注意量力而行等，培养学生的安全意识和自我保护意识。

(4)引导学生在日常体能锻炼中定期对各项体能进行自测，根据结果合理调整锻炼目标，提高锻炼效果。

(三)健康教育

健康教育包括健康行为与生活方式、生长发育与青春期保健、心理健康、疾病预防与突发公共卫生事件应对、安全应急与避险五个领域，主要帮助学生逐步养成健康与安全的行为习惯和生活态度。

达到水平一目标要求

【内容要求】

(1)知道适量饮水的重要性，知道瓜果蔬菜需要清洗干净才能烹调或入口食用，了解常见食物的种类，了解偏食、挑食、暴饮暴食的危害，了解基本的餐桌礼仪。

(2)保持卫生，勤洗手，勤洗澡，勤刷牙，勤剪指甲，勤换衣服；不咬手指，不随地吐痰，文明如厕；知道公共场所咳嗽、打喷嚏时遮掩口鼻，患有流行性感冒等传染性呼吸道疾病时戴口罩；知道接种疫苗的注意事项和请病假的程序。

(3)知道体育锻炼有益健康，经常参与户外运动或游戏；知道基本的运动安全知识和方法；伏案学习时保持坐姿端正，行走时身姿挺拔，关注自己的体重。

(4)知道眼睛的重要性和保护视力的正确方法，树立爱眼意识，预防眼外伤；知道视力异常的症状和正确佩戴眼镜的方法，能做到定期检查视力。

(5)知道生命孕育的过程、人体主要器官的名称及功能、男女生的生理差异。

(6)知道积极情绪有益健康，能识别、表达情绪，能与他人沟通交流。

(7)知道受伤外出血时及时止血的方法；知道预防溺水的知识和基本的自救方法；知道被常见动物蜇伤、咬伤或抓伤后的简单处理方法；知道遇到意外伤病时拨打急救电话。

【学业要求】

(1)说出体育锻炼对健康的益处，并参与户外运动或游戏，愿意与同伴交往，尽量避免可能存在的安全隐患。

(2)适量饮水，不食用不健康的食物，做到不偏食、不挑食、不暴饮暴食，用餐时注意基本的餐桌礼仪；讲究个人和环境卫生；保证充足睡眠时间；保持正确的坐、立、行和读写姿势；合理使用电子产品，读写时正确使用灯光，正确做眼保健操；能说出生命孕育的过程、人体主要器官的名称及功能、男女生的生理差异；配合预防接种，能按规定程序请病假。

(3)受伤外出血时能及时止血，懂得溺水时基本的自救方法，被动物蜇伤、咬伤或抓伤后能进行简单处理，遇到意外伤病时能拨打急救电话；表现出积极的情绪，初步适应体育活动环境和学习环境。

【教学提示】

(1)设置不同的场景，引导学生开展学习活动，如指导学生看图或视频说出餐桌上哪些行为不礼貌、如何保护视力等，培养学生在活动中获取多方面知识的能力。

(2)注重体验式教学，引导学生在实践活动中学习健康知识。例如，指导学生调查了解家庭成员的饮食习惯，使学生懂得不偏食、不挑食、不暴饮暴食；指导学生设计板报，宣传正确坐姿、健康饮水饮食、游戏中的安全注意事项等，培养学生的动手能力和实践能力。

(3)注意将内容的知识性与趣味性有机结合，采用通俗易懂、直观形象的教学方法，如通过儿歌、图画、游戏、故事、表演等激发学生的学习兴趣。

(4)注重将教学与学生的认知水平和生活经验相结合，可以从日常生活中的事例导入，也可以让家长参与健康教育教学，提升学生的学习效果。

达到水平二目标要求

【内容要求】

(1)了解健康食品和饮料的种类及成分，知道碳酸饮料对身体健康可能造成的危害。

(2)了解吸烟、被动吸烟的危害，拒绝吸烟并抵制二手烟，发现周围有人吸烟时能进行劝阻。

(3)了解参与体育锻炼、充足睡眠、合理膳食对生长发育和身心健康的益处；知道自身身体状况，参加适合的体育锻炼，选择合理的运动负荷。

(4)了解近视的成因和科学矫正视力的方法，知道户外运动对预防近视的作用。

(5)了解生长突增、第一性征、第二性征的概念和意义，以及青春期身体的各种变化，知道运动和日常交往中的身体边界，学会保护自己的身体不受侵犯。

(6)掌握一些情绪调控方法，能积极同他人交流与合作。

(7)体育与健康课上和课外体育活动中常见的运动伤病及简单处理方法，如割伤、刺伤、擦伤、挫伤、扭伤、冻伤、中暑的预防及简单处理方法。

【学业要求】

(1)说出参与体育活动的益处，积极参与体育锻炼；能列举体育活动和比赛中的安全注意事项，表现出主动规避运动伤害和危险的意识与行为；发生运动伤病时能进行简单处理。

(2)识别并且避免食用“三无产品”，合理饮用饮料；能列举吸烟的危害，拒绝吸烟并抵制二手烟；注意用眼卫生，能识别近视症状，并运用科学的方法预防近视和矫正视力。

(3)接受青春期身体变化并注意保健，能说出促进人体生长发育的主要因素并在生活中加以运用；表现出调控情绪的意识，适应体育运动环境和学习环境。

【教学提示】

(1)创设不同的生活情境，引导学生积极开展学习活动，如让学生给亲友讲解碳酸饮料对健康的危害，劝自己的家长戒烟，在他人吸烟时通过言行劝阻，抵制二手烟等。

(2)注重引导学生开展实践调查和讨论式学习，结合实践调查结果讨论饮食卫生、睡眠等方面的不健康行为，检查自己的相关行为是否符合健康要求，并探索改进的方法等。

(3)将知识性和趣味性有机结合，如结合学生的认知水平和生活经验，采用形象生动的教学方法，激发学生的学习兴趣，提高学生主动学习的积极性。

达到水平三目标要求

【内容要求】

(1)理解一日三餐的营养要求与作用、合理膳食的意义，以及营养均衡和饮食多样化的益处，知道适当运动有利于食物的消化和营养的吸收。

(2)理解饮酒对健康和生长发育的影响、毒品的常见种类和危害。

(3)理解健康和常见疾病的概念、影响健康的因素及定期体检的必要性；理解正常体重、超重、肥胖和体重不足的概念，以及超重、肥胖与健康问题的关系；了解保持正常体重的方法。

(4)理解视力不良对自身生活质量等方面的影响。

(5)描述青春期生理与心理的变化，具有预防运动过程中性骚扰的意识和行为。

(6)掌握并运用一些情绪调控方法，主动同他人交流与合作。

(7)理解科学锻炼的注意事项，知道骨折和心肺复苏的处理原则与正确处理方法，如固定骨折部位、搬运骨折患者的方法及心肺复苏的操作步骤。

【学业要求】

(1)认同体育锻炼是健康生活方式的重要组成部分，通过有规律的科学锻炼保持正常体重，促进生长发育，能在运动中保护自己。

(2)平衡膳食，做到饮食多样；拒绝饮酒，远离毒品；接受青春期生理与心理的各种变化；通过户外运动缓解眼疲劳，预防近视的发生或发展；向家庭成员讲解定期体检的必要性。

(3)知道骨折后要正确固定相关部位，不能强行搬运患者；能根据伤情的轻重和周围环境进行搬运处置；掌握实施心肺复苏的简单方法；保持情绪稳定，能适应自然环境和社会环境。

【教学提示】

(1)根据生活实际，引导学生主动开展学习活动，如从营养、锻炼等角度调控自己的体重等，提高学生综合运用知识的能力。

(2)重视调研活动，引导学生开展自主学习和合作学习，如查阅网络、报刊中相关的资料和报道，调查家人和朋友日常生活中饮食、作息、运动等方面的行为习惯，收集酗酒、吸毒等对健康造成危害的一些实例，并在讨论的基础上设计以健康教育为主题的板报等，提高学生的探究意识和实践能力。

(3)注重采用多种教学方式，通过课堂讲授、演讲汇报、交流研讨、健康主题日活动、外出参观学习等方式或途径，促进学生获取健康教育的知识和方法，养成健康行为。

(四)专项运动技能

专项运动技能包括球类运动、田径类运动、体操类运动、水上或冰雪类运动、中华传统体育类运动、新兴体育类运动六类，每类包含若干运动项目。为使学校更好地设计和安排某类运动项目的课程内容，课程标准归纳和提出了每类运动的总体内容要求、学业要求和教学提示，并各选择 3 个项目作为案例，分水平提出具体内容要求。其中，内容要求主要包括基础知识与基本技能、技战术运用、体能、展示或比赛、规则与裁判方法、观赏与评价。学校可据此举一反三，结合实际情况，创造性地设计其他运动项目的课程内容。下文将以球类运动为例进行说明。

球类运动是人们为了实现自我发展和休闲娱乐而创造的以球为载体，在开放和对抗情境中合理运用攻防技战术，以战胜对方为直接目的的体育活动。球类运动的主要特点是结果的不确定性、应激反应的即时性、技能操控的复杂性、战术选择的针对性和有效性等。课程标准中的球类运动项目，可分为同场对抗项目和隔网对抗项目，前者是双方在同一场地内进行的有身体接触的对抗性运动项目(如篮球、橄榄球等)，后者是双方在各自区域内进行的无直接身体接触的对抗性运动项目(如排球、乒乓球等)；又可分为集体性球类运动项目和个体性球类运动项目，前者是多人相互合作的对抗性运动项目(如足球、篮球等)，后者是以个人为主的对抗性运动项目(如羽毛球、网球等)。

球类运动除与其他类运动具有共同的育人价值和能力要求以外，在激发学生的运动兴趣，提高学生的快速反应能力、预判能力和决策能力，培养学生勇敢顽强、遵守规则、公平竞争等体育品德方面具有独特的育人价值。其中，集体性球类运动项目有助于培养学生的协作能力和团队精神，个体性球类运动项目有助于培养学生的独立判断、快速反应和调控情绪等能力。

球类项目达到水平二目标具体内容要求，详见表 1-2。

表 1-2　内容要求

内容	总体要求	项目具体要求		
		足球	篮球	乒乓球
基础知识与基本技能	在所学球类运动项目的游戏中学习和体验基本动作与简单组合动作；知道所学球类运动项目的基础知识，基本技能和基本方法	在传球、接球、运球、射门等足球游戏中学习和体验基本动作与简单组合动作，如在足球游戏中学习和体验脚控球动作；知道足球运动的基础知识	在传球、接球、运球、投篮等篮球游戏中学习和体验基本动作与简单组合动作，如在篮球游戏中学习和体验手控球动作；知道篮球运动的基础知识	在发球、接发球、攻球、移动步法等乒乓球游戏中学习和体验基本动作与简单组合动作，如在乒乓球游戏中学习和体验持拍控球动作；知道乒乓球运动的基础知识
技战术运用	在游戏中运用所学球类运动项目的基本动作和简单组合动作	在足球游戏中运用所学的足球基本动作和简单组合动作，如两人、三人传球过障碍、运球摆脱防守者等	在篮球游戏中运用所学的篮球基本动作和简单组合动作，如一手运球一手与同伴手拉手拔河、运球突破投篮等	在乒乓球游戏中运用所学的乒乓球基本动作和简单组合动作，如发球抢攻、接发球抢攻等
体能	知道所学球类运动项目需要的体能简单学练方法，并乐于参与体能游戏	知道足球运动需要的体能简单学练方法，并乐于参与体能游戏，如通过各种滚翻与起动跑、跟着视觉信号做动作等发展灵敏性、协调性与反应能力，通过单脚站立两人相互传球等发展平衡能力	知道篮球运动需要的体能简单学练方法，并乐于参与体能游戏，如通过运球折返跑、交叉跑、绳梯跑等发展灵敏性和反应能力，通过双手运不同大小或不同重量的球发展协调性	知道乒乓球运动需要的体能简单学练方法，并乐于参与体能游戏，如通过绕台滑步、交叉换腿跳等发展灵敏性、协调性和反应能力，通过负重挥拍、跳绳、左右滑步、交叉步等发展位移速度和肌肉力量
展示或比赛	在所学球类运动项目的游戏中敢于根据不同方向、不同水平要求进行基本动作和简单组合动作展示，并参与形式多样的比赛	在足球游戏中敢于根据不同方向、不同水平要求进行运球、传球和射门动作展示，并参与形式多样的足球比赛	在篮球游戏中敢于根据不同方向、不同水平要求进行运球、传球和投篮动作展示，并参与形式多样的篮球比赛	在乒乓球游戏中敢于根据不同方向、不同水平要求进行发球、接发球、攻球和移动步法展示，并参与形式多样的乒乓球比赛

续表

内容	总体要求	项目具体要求		
		足球	篮球	乒乓球
规则与裁判方法	知道所学球类运动项目游戏的基本规则和要求；能指出违反规则的行为，并尝试进行判罚	知道足球游戏的基本规则和要求；能指出足球游戏中违反规则的行为，并尝试进行判罚	知道篮球游戏的基本规则和要求；能指出篮球游戏中违反规则的行为，并尝试进行判罚	知道乒乓球游戏的基本规则和要求；能指出乒乓球游戏中违反规则的行为，并尝试进行判罚
观赏与评价	知道所学球类运动项目比赛的观看方式和途径；每学期通过现场、网络或电视观看不少于8次所学球类运动项目的比赛，如观看班级内、校队、全国或国际比赛等	知道足球比赛的观看方式和途径，每学期通过现场、网络或电视观看不少于8次足球比赛	知道篮球比赛的观看方式和途径，每学期通过现场、网络或电视观看不少于8次篮球比赛	知道乒乓球比赛的观看方式和途径，每学期通过现场、网络或电视观看不少于8次乒乓球比赛

【学业要求】

(1)做出所学球类运动项目的基本动作和简单组合动作，并在游戏和比赛中运用；能参与班级内简化规则与要求的游戏和比赛；体能水平有所提高；说出与所学球类运动项目相关的动作术语；每学期观看不少于8次所学球类运动项目的比赛。

(2)体验所学球类运动项目游戏的乐趣，能与同伴一起参与学练，适应新的合作环境，与同伴互爱互助、发扬团队精神。

(3)按照所学球类运动项目的规则和要求参与游戏和比赛，在挑战自身身体极限且保证安全的情况下能坚持完成学练任务，表现出克服困难、勇敢坚毅的意志品质。

【教学提示】

(1)创设多种形式的游戏情境，激发学生学习兴趣，让学生在游戏中学练，既产生愉悦的体验，又习得运动技能，如在篮球运球教学中设计“交通信号灯”游戏，在足球传球教学中设计“穿越隧道”游戏等，引导学生在游戏情境中逐步了解运动项目的规则，学会按照运动规则和要求参与学习和比赛，培养学生的规则意识和团队合作意识。

(2)活动内容设计应体现所学球类运动项目的特征，活动方法要相对简单、具有一定变化，如在篮球运球或传球教学中，通过从无人防守到有人防守、从消极防守到积极防守的变化，培养学生适应不同环境的能力。

(3)重视球类运动项目游戏中比赛情境的创设，适当调整规则与要求、变换场地与器材等，如在足球教学中可以缩小场地、不设守门员、放大球门或设置多个小球门等，增加进球机会，激发学生学习的积极性，使学生获得成就感，建立自信心。

(4)注意精讲多练的原则，把更多时间留给学生体验，让学生充分地动起来。在教学中，不要过度强调动作细节，更不能一节课只让学生学练单一动作，应让学生尽早体验多种动作之间的联系，参与所学球类运动项目的完整活动，加深对所学项目的体验和理解。

(5)引导学生主动思考学练过程中遇到的问题，如组织小组讨论“如何把足球停稳？”“如何把篮球投准？”“为什么打不着乒乓球？”等，提高学生合作学习的意识及分析问题、解决问题的能力。

(6)重视体能练习的多样性、趣味性、补偿性和整合性，促进学生体能全面发展，培养学生遇到困难努力克服和继续坚持学练的意志品质。

球类项目达到水平三目标的具体内容要求，详见表1-3。

表1-3　内容要求

内容	总体要求	项目具体要求		
		足球	篮球	乒乓球
基础知识与基本技能	学练所学球类运动项目主要的基本动作技术和组合动作技术，并描述基本要领；了解所学球类运动项目的相关知识和文化，以及常见运动损伤的处理方法	学练掷界外球，行进间脚背正面推球，脚背内、外侧推拨球，移动中脚内侧传、接地面球，脚背正面、外侧传球，正面抢球、捅球防守等主要的基本动作技术，以及运球射门、接球射门等主要的组合动作技术，并描述基本要领；了解足球运动的相关知识和文化，以及常见足球运动损伤的处理方法	学练传接球(双手胸前、击地、头上等)、运球(高低、快慢)、投篮(双手胸前、单手肩上)等主要的基本动作技术，以及运球投篮、接球投篮等主要的组合动作技术，并描述基本要领；了解篮球运动的相关知识和文化，以及常见篮球运动损伤的处理方法	学练发球、接发球、推挡球、攻球等主要的基本动作技术及左推右攻等主要的组合动作技术，并描述基本要领；了解乒乓球运动的相关知识和文化，以及常见乒乓球运动损伤的处理方法
技战术运用	在所学球类运动项目的对抗练习中运用组合动作技术和简单战术配合；学会设法得分和阻止对方得分的基本方法	在足球对抗练习中运用运球过人、运球射门、接球射门等组合动作技术，以及两人间的传接配合、补防等简单战术配合；学会在足球运动中设法得分和阻止对方得分的基本方法	在篮球对抗练习中运用运球突破、运球投篮、接球投篮等组合动作技术，以及侧掩护、传切配合、“关门”等简单战术配合；学会在篮球运动中设法得分和阻止对方得分的基本方法	在乒乓球对抗练习中运用发球转与不转、左推右攻等组合动作技术，以及发球抢攻、接发球抢攻等简单战术配合；学会在乒乓球运动中设法得分和阻止对方得分的基本方法

续表

内容	总体要求	项目具体要求		
		足球	篮球	乒乓球
体能	在所学球类运动项目中加强体能练习	在足球运动中加强体能练习，如通过多种动作的运球过障碍练习发展灵敏性，通过固定区域 1 分钟持续运球发展心肺耐力等	在篮球运动中加强体能练习，如通过交换手运球练习发展灵敏性，通过固定线路的运球折返跑发展心肺耐力等	在乒乓球运动中加强体能练习，如通过摸台角练习发展灵敏性和协调性，通过移动击球练习发展心肺耐力和灵敏性等
展示或比赛	运用所学球类运动项目的技战术参与班级内教学比赛，表现出所学球类运动项目比赛的基本礼仪	参与班级内四对四、五对五足球教学比赛，表现出足球比赛的基本礼仪	参与班级内三对三、五对五篮球教学比赛，表现出篮球比赛的基本礼仪	参与班级内单打、双打乒乓球教学比赛，表现出乒乓球比赛的基本礼仪
规则与裁判方法	了解所学球类运动项目比赛的基本规则和裁判基本知识，并能承担班级内比赛的部分裁判工作	了解足球比赛的基本规则及判罚动作，并能承担班级内比赛的部分裁判工作	了解篮球比赛的基本规则及判罚动作，并能承担班级内比赛的部分裁判工作	了解乒乓球比赛的基本规则及判罚动作，并能承担班级内比赛的部分裁判工作
观赏与评价	学习如何观赏所学球类运动项目的比赛；每学期通过现场、网络或电视观看不少于 8 次所学球类运动项目的比赛，如观看班级内、校队、全国或国际比赛等；了解与所学球类运动项目有关的重要比赛，并能对这些比赛进行简要评价	学习如何观赏足球比赛；每学期通过现场、网络或电视观看不少于 8 次足球比赛；了解重要的足球比赛，并能对这些比赛进行简要评价	学习如何观赏篮球比赛；每学期通过现场、网络或电视观看不少于 8 次篮球比赛；了解重要的篮球比赛，并能对这些比赛进行简要评价	学习如何观赏乒乓球比赛；每学期通过现场、网络或电视观看不少于 8 次乒乓球比赛；了解重要的乒乓球比赛，并能对这些比赛进行简要评价

【学业要求】

(1)掌握所学球类运动项目主要的基本动作技术和组合动作技术，并运用所学的技战术参与班级内的教学比赛；体能水平进一步提高；能描述所学球类运动项目的基本动作技术要领和基本规则；每学期观看不少于 8 次所学球类运动项目的比赛，并能进行简要评价。

(2)运用所学球类运动项目积极地参与体育锻炼，在学练和比赛中与同伴交流合作，能调控情绪，运用预防运动损伤的简单方法。

(3)在所学球类运动项目的学练和比赛中自尊自信，能正确看待运动中的正常碰撞与摔倒，关注同伴，遵守规则，尊重对手，履行自己的职责。

【教学提示】

(1)根据球类运动项目技战术学练的不同阶段，有针对性地创设活动情境。在初始学习阶段，可以设计游戏情境下的活动，如足球的“过山洞”游戏、篮球的“猫捉老鼠”游戏、乒乓球的“托球接力”游戏等；在动作技术学练阶段，可以设计对抗情境下提高控球能力与合作能力的活动，如足球学练中的固定区域设防守者破坏运控球练习、篮球学练中的“逃脱追捕”运球练习、乒乓球学练中的两人向墙上指定区域击球比赛等；在战术学练阶段，可以设计特定规则情境下的活动，如无越位规则的足球比赛、降低持球走步要求的篮球比赛、规定发球抢攻成功得两分的乒乓球比赛等，培养学生进攻与防守的意识和能力。

(2)在教学中注意增加球感练习和运动时间，提高学生对已学动作技术的熟练程度。如为了保证练习或比赛持续进行，可以在场地周围摆放一定数量的备用球，节省捡球时间。

(3)活动内容设计应体现技战术学习的进阶性和连贯性，要让学生由易到难、循序渐进地学练基本技战术，并在不同情境中加以运用，如传接球射门活动，可以由设置障碍向设置防守者过渡，进攻路线由中路向边路过渡等。每节课应安排 8～10 分钟教学比赛，培养学生的运动能力，以及团队合作和公平竞争的意识。

(4)在球类运动项目的体能教学中，可以提高体能练习的强度和密度，逐步融入专项体能练习。练习方法要适当，练习形式要多样，要尊重个体差异，培养学生吃苦耐劳、坚持不懈的意志品质。

(5)在教学比赛中，注意让学生了解所学球类运动项目的文明礼仪，如比赛开始和结束时向观众敬礼、与对方队员握手或拥抱，同伴进球后主动上前击掌祝贺等，培养学生良好的体育品格。

(6)引导学生通过报刊、网络等途径学习所学球类运动项目的文化知识，加深对该运动项目的理解。

(五)跨学科主题学习

跨学科融合一直是学生提高运动能力、学习健康知识和传承中华优秀传统体育的重要方式和途径。体育与健康课程应融合多门课程，充分发挥育人功能，促进学生全面发展。体育与健康课程的跨学科主题学习部分主要立足于核心素养，结合课程的目标体系，设置有助于实现体育与德育、智育、美育、劳动教育和国防教育相结合多学科交叉融合的教学内容。教师可以参照提供的跨学科主题学习活动和案例进行创造性设计。

1. 钢铁战士

体育运动与国防教育具有许多共通之处，主要体现在培养学生的爱国主义和集体主义精神，合理运用战略战术和发展体能，强调纪律意识、勇敢顽强、不畏艰难、责任担当等。体育与健康课程和国防教育的跨学科学习，可以结合英雄事迹、历史战役、国家国防事业发展等内容，组织学生观看阅兵典礼、军事训练等视频资源，模拟战场战斗、救援救护等情景演练，恰当运用《孙子兵法》的战术思维分析体育比赛中“敌我双方”的特点等；帮助学生在主题学习过程中发展体能，运用和巩固适应环境、应对突发事件等技能，提高战术思维和应变能力，培养学生不怕困难、顽强拼搏、敢于担当的高尚品格(见表 1-4)。

表 1-4 “钢铁战士”学习主题示例

水平	学习主题	说明
水平一	小小特种兵	结合中国人民解放军的发展壮大历程等开展国防启蒙教育，在创设的情境中融入走、跑、跳、攀、爬、越等基本运动技能学练，培养学生不怕困难、勇敢顽强的意志品质，激发学生不怕吃苦的精神
水平二	英雄小少年	结合中国人民解放军的优良传统教育，在体能学练中引导学生扮演战士、消防员等不同角色，促进学生理解发展体能的作用，以及所承担角色任务的重要性
水平三	智勇双全小战士	结合国防科普、武装力量和国防建设成就等资料学习，在对抗性的武术、球类等运动项目学练中创设多变的情境，培养学生的战术思维、预判能力和应变能力

2. 劳动最光荣

体育与健康课程和劳动课程的跨学科融合主要体现在身体活动、能量消耗、意志锤炼、责任担当和健康生活等方面。体育与健康课程教学可以运用学生在劳动课程中习得的日常生活自理、个人卫生、生产劳动和职业体验等知识，通过具体的劳动实践促进学生体育与健康知识和技能的学习。体育与健康课程和劳动课程的跨学科学习，可以增强学生的移动性、非移动性和操控性基本运动技能，发展学生的协调性、肌肉力量和肌肉耐力等体能，培养学生的劳动意识和吃苦耐劳、坚忍不拔等优良品质(见表 1-5)。

表 1-5 “劳动最光荣”学习主题示例

水平	学习主题	说明
水平一	自己的事情自己做	结合日常劳动行为，创设生活化的劳动情境，在提高学生基本运动技能的同时，引导学生感受劳动乐趣，爱惜劳动成果，树立自己的事情自己做的意识，培养学生的生活自理能力

续表

水平	学习主题	说明
水平二	争做小劳模	结合重复性、模仿性较强的体力劳动，宣传劳模精神，创设家务劳动情境，在发展学生体能的同时，帮助学生体会劳动者的艰辛，感受劳动的光荣，提高劳动的意识与能力
水平三	巧手小工匠	结合各种劳动知识，在田径、球类等运动技能学练中创设由简单到复杂的劳动场景，通过多样的运动技能学练活动提高学生的运动技能水平，引导学生体会平凡劳动者的伟大，增强对劳动的认识，形成良好的劳动习惯和品质

3. 身心共成长

体育与健康课程与学生的生活实际具有密切联系，不同水平的体育与健康学习也深刻影响着学生身心的成长。为了帮助学生认识和把握自己的成长过程，可以结合道德与法治、劳动、科学、信息科技、生物学等内容，通过阅读、演说、绘画、辩论、生活观察、知识探究等活动，引导学生了解身体的结构和功能、不同成长阶段心理和情绪的变化、健康饮食的益处、运动对健康的影响、生活中的疾病防控、保护视力的重要性，以及紧急情况下的自救和互救等基础知识，提升学生的身体认知能力和情绪调控能力，帮助学生形成健康的生活方式，实现身心健康发展(见表 1-6)。

表 1-6　“身心共成长”学习主题示例

水平	学习主题	说明
水平一	会说话的身体	结合道德与法治中“我与他人”等相关知识，通过课外资料阅读、主题班会、海报制作等方式，引导学生关注和了解自己的身体形态和生理机能，树立正确的身体意识和自我意识
水平二	藏在身体里的秘密	结合科学中遗传、生理与健康等相关知识，在预防脊柱侧弯、睡眠等健康教育内容学习中，通过专题讨论、板报制作、主题班会、演讲等方式，帮助学生探索生命现象与成长规律，树立主动锻炼和关注健康的意识
水平三	成长的少年	结合信息科技相关知识，在体能和运动技能学练中，通过建立成长观察、成长记录的电子档案，引导学生关注自我成长中的身心变化及其对运动技能学练的影响，培养学生的观察能力，强化学生的自我意识和健康意识

4. 破解运动的密码

体育与健康是一门基于身体活动的综合性非常强的课程，无论是基本运动技能和体能的学练，还是专项运动技能的学练，在控制身体和运动器械的过程中都涉及多学科知识与技能。为了帮助学生破解运动的密码，理解体育的真谛，可以通过观察、演讲、分析、绘图等活动，引导学生了解不同学科知识与方法对运动技能学练和运用的作用，以及运动所蕴含的科学价值和文化内涵，培养学生分析问题、解决问题的能力（见表 1-7）。

表 1-7 “破解运动的密码”学习主题示例

水平	学习主题	说明
水平一	妙用体育器材	结合科学相关知识，在运动技能学练中帮助学生了解运动器材和运动装备的基本特征，以及科学知识对运动技能学练的重要性，满足学生的好奇心，培养学生的探究意识和安全运动观念
水平二	脑洞大开的运动	结合数学等相关知识，设计丰富多彩的运动形式和内容，引导学生强化体能，了解机体的功能，主动探究运动的共性与特性，培养学生的逻辑思维能力
水平三	运动的学问	结合科学等相关知识，引导学生在运动技能学练中开展互动交流活动，透过现象看本质，更好地了解运动技能的形成、迁移和遗忘规律，了解运动的科学属性，培养学生的深度学习能力

5. 人与自然和谐美

体育运动是展现人体之美的最佳载体之一，人体在运动中所体现出的蓬勃活力和生命律动能培养学生正确的身体观和审美观。定向越野、水上运动、冰雪运动等在自然环境中进行的体育运动更是兼具锻炼身心和感悟自然的双重价值。在运动认知、体能练习、运动技能学习等活动中，可以运用绘画、音乐、形体表演等艺术形式，以及重心、地理环境、抛物线、动植物等知识，引导学生观察并描述大自然中的各种现象，增进对自然的认识，感受人与自然的和谐之美，体验体育活动的趣味性，加深对运动美的理解，增强热爱自然和保护环境的意识(见表 1-8)。

表 1-8 “人与自然和谐美”学习主题示例

水平	学习主题	说明
水平一	美丽的大自然	结合科学、艺术相关知识，在体育游戏中创设大自然情境，引导学生在发展基本运动技能的同时，了解人与自然的密切关系，在身体活动中接受大自然美的熏陶，提高学生欣赏生活中美的能力
水平二	大自然的神奇之旅	结合科学中生命进化历程和地球结构等相关知识，引导学生在多种身体活动中主动观察自然，感受自然的神奇，提升对大自然的敏感力和直觉力，培养学生发现问题的能力
水平三	做自己身体的雕刻家	结合科学、艺术中人体生理和人体美学等相关知识，在多种运动技能教学中引导学生了解、尊重、珍惜自己的身体，树立正确的身体观和审美观，促进学生主动欣赏美、展示美、表现美，培养学生的创造性思维

第四节　小学生身心发展特点

小学时期是人生中生长发育的重要阶段，根据人体生长发育规律，小学生在生理和心理两方面发展具有不同的特点并表现出不同的行为。了解和把握小学生的生理和心理特点，有助于分析他们的体育活动行为，更好地进行体育与健康教育。同时，也只有根据小学生各年龄阶段身心发展的不同特点进行体育与健康教育，才能有效地促进学生身心协调发展，提高学生身心全面发展水平。

一、小学生生理发展特点

小学生的生理发展，从 1 年级到 6 年级，大致有 3 个明显不同的阶段，通常说的小学低年级段(1～2 年级)，小学中年级段(3～4 年级)，小学高年级段(5～6 年级)。虽然，每一个阶段小学生的生理仍然在发生变化，但总体上每个阶段仍表现出一些共同特点。

(一)小学低年级学生的生理特点

小学低年级的学生(1～2 年级)一般为 6～8 岁，在生理上处于平稳发展的时期，其身高平均每年增长 4～5 厘米，体重增加 2～3 千克，心率、血压、肺活量及其他生理指标都不稳定，且与成年人的指标有较大差距。这一阶段的小学生骨骼肌肉茁壮成长，但骨骼易弯曲，肌肉力量较小，发育尚不完全，下肢骨骼增长较身体增长快，但肌肉水分较多，肌肉纤维较细，肌肉细长，肌腱宽而短，关节的软骨较厚，但关节囊韧带薄而松弛，关节的伸展性活动范围较大，牢固性较差，容易发生脱臼。

因此，在体育与健康教学中注意培养小学生正确姿势，包括站立、走、跑、跳、投等一系列动态或静态姿势都应确保正确，并且要经常注意变换体位，不应长时间一侧肢体或局部用力过多，避免造成脊柱弯曲或是肢体畸形。应当全面提高他们的基本活动能力，促进骨骼与肌肉的生长。避免长时间单纯进行非对称性的练习和静力性练习，避免过量负重练习，在进行对抗性体育运动时，应控制一定的强度和时间，做到适量、适度。由于小学生血液循环比较快，心跳也较快，因此他们的体育运动和锻炼不宜剧烈，防止心脏负担过重。同时在运动时需提出严格要求，需进行组织纪律性教育，以防伤害事故的发生。

(二)小学中年级学生的生理特点

除大脑外，小学中年级学生(3～4 年级，一般为 8～10 岁)各项生理指标只在量上比 1～2 年级学生有所提高，基本没有质的飞跃，仍处于平稳发展的时期。这一阶段男女生体质差异明显，女生生长发育早于男生。9 岁儿童与 7 岁儿童相比，身体有大幅度的增长，肌肉中含水率较高，肌肉细长而且柔嫩，骨骼成分中胶质较多、钙质较少，可塑性较大，弹性较好、坚固性较差，不易骨折，但容易弯曲变形、脱臼和损伤。因此，体育与健康教学中，要特别注意身体姿势的培养。

体育与健康教学及练习时要多安排中、小强度的练习活动，不宜安排静力性或爆发性练习，尽量多安排跑、跳、投等基本活动能力的练习。中年级学生的心脏容积和血管容积之比小于高年级，不宜进行过分剧烈或耐久性过大的练习活动。

同时，3～4 年级学生神经系统发展较快，大脑蓬勃发展，大脑兴奋和抑制的机能有所增强，大脑内的抑制机能蓬勃发展，使心理活动更趋稳定。明显的表现是，他们比 1～2 年级的学生更容易集中注意力，控制和调节自己行为的能力提高较明显，这一时期是学生学习速度、腰腹力量、柔韧、速度耐力、灵敏等素质指标的敏感期和关键发展时期。这一时期学生学习和掌握技术动作较快，这极大地促进了体育与健康教学与动作技术的教学开展进程。

(三)小学高年级学生的生理特点

小学高年级学生(5～6 年级)一般为 10～12 岁，这一阶段属于人体发育的少年时期，他们的身体发育再次进入一个高速发展期，由此这一时期也被称为第二发展期。此时，不仅身高体重明显增长，肌肉骨骼的力量也同时在迅速增强，身体素质各项指标均有提高，灵敏素质发展也极为敏感，学习和掌握技术动作较快。第二性征开始出现，部分女生月经初潮的年龄，恰好是女生素质增长波动起伏或下降的阶段。女生由于月经初潮的到来，进而引起生理、心理上的一系列变化，给女生素质发展带来一些困难。因此，5 年级开始应对部分女生注意区别对待。

由于 5～6 年级学生处于敏感素质发展即将交替的阶段，速度、灵敏、柔韧等素质的最佳发展阶段快要过去，力量、耐力等素质的敏感期即将到来。因此，在体育与健康教学中特别注重大肌肉群的发展，兼顾小肌肉群的练习。这一阶段是发展他们身体素质的大好时期，应加大身体练习量，例如，多采用发展弹跳和支撑自身体重的力量练习或轻杠铃的练习，以发展力量素质。但同时也需注意到他们肌肉力量和耐力远不如成人，容易产生疲劳，在体育与健康教学中应合理安排运动时间与休息时间，避免强度大、持续时间长的训练，避免采用较重负荷的力量练习。

二、小学生心理发展特点

小学生的心理发展，从 1 年级到 6 年级，大致也有三个明显不同的阶段，即小学低年级段(1～2 年级)，小学中年级段(3～4 年级)，小学高年级段(5～6 年级)。在每个年级阶段，小学生的心理尽管发生着变化，但却表现出一些共同的特点。

(一)小学低年级学生的心理特点

小学低年级学生(1～2 年级)心理水平还停留在不随意性和具体形象阶段，这一阶段小学生心理活动的随意性和目的性虽有所发展，但仍以不随意性为主。低年级学生观察事物往往只注意整体，比较笼统、不够精确，分析思维主要凭借具体形象的材料，同时，推理等抽象逻辑的思维得到初步发展。这一阶段的小学生情绪容易冲动，容易随着情境的变化而变化，“破涕为笑”时常发生。他们的自我控制能力较之幼儿阶段有了发展，但仍比较差，特别容易受他人的影响与暗示，进而产生不自觉的模仿行为。神经系统较脆弱，对安抚的需要较为迫切，缺乏耐心和毅力，缺乏一贯性。喜欢交朋友，邻里的伙伴、同座的同学、帮助他的高年级学生，均可能成为朋友，但朋友关系很不稳定。

此年龄阶段学生自我评价几乎完全依赖老师，他们对活动的成功与失败不会放到心上，但喜欢听表扬的话，对批评的话语不放在心里，一会儿就恢复到初始状态。容易看到自己的优点，不容易看到自己的缺点；较多地评价他人，不善于客观地评价自己。总之，他们最显著特点就是几乎无条件地信任老师，他们对老师的信任超过了对家长的信任，常挂在他们嘴边的话是：“老师说了……”，他们很少能顾及客观外界与自我的关系，只会以自我为中心，按自己的目的去行动。

(二)小学中年级学生的心理特点

小学中年级(3～4 年级)是儿童智力发展的过渡时期。这一阶段，儿童开始出现抽象逻辑思维，认知活动的随意性、目的性均有明显的增长。处在这一阶段的小学生，最明显的心理特点是其自我意识突然萌芽并逐渐增强，主要表现为：对外界事物有了自己的认识态度，开始尝试自己做出判断。他们不再无条件地信任老师，并特别关注老师是否“公平”。由于这一阶段的小学生在心理上处于“动荡”的过渡时期，不听老师话的现象开始出现。

这一阶段的小学生情绪比较稳定，并将情绪的调节和某种道德规范相联系。具有一定的自控能力，在无明显外力作用时，能够保持情绪的稳定与行为的正常。集体活动的意识增强，懂得集体活动的一些规则、规范。开始以兴趣、爱好来选择朋友，朋友关系日趋稳定。自我尊重、获取他人尊重的需要比较强烈。开始从活动的效果、动机等多方面评价自己和他人；开始学会独立地把自己与他人比较。对成人的依赖较之低年级明显减少。开始了解学习活动的社会意义，出现喜爱某些学科、不喜爱另一些学科的兴趣倾向。

性格方面，表现为容易积极或消极的性格特征。如兴奋型的小学生会主动地、积极地为班级、为老师做事，但又常显出粗糙、虎头蛇尾的特点；抑制型的小学生做事细心，有持久性，却又常显出拘谨、胆怯、被动的性格特点。

针对这些心理特点，在体育与健康教育教学中应注意以下事项。

(1)小学生感觉、知觉的无意性和情绪性比较明显。在进行身体练习时容易被新颖的内容所吸引，经常忘记练习的主要目的；兴趣十分广泛，几乎哪项体育活动都喜欢；感知动作的要领比较笼统，容易把相近的动作混淆起来；时间和空间感较差。

(2)小学生注意不够稳定，不易持久。这一阶段小学生的有意记忆虽有发展，但还很不完善，集中注意力的能力较差。因此交换练习的时间应控制在 20 分钟内。

(3)这一阶段小学生的无意记忆仍占相当优势，因此教学讲解不宜过长，叙述动作要领和练习方法要提纲挈领、简洁有力。

(4)这一阶段小学生情绪较稳定，对情绪的调节开始和某种道德规范相联系。在无明显的外因的诱惑下，有一定的自控能力，但情感容易外露、自制力较差，愿意依靠老师，由老师来评价动作好坏和裁判胜负。

(5)集体活动的意识增强，懂得集体活动的一些规则、规范。开始以兴趣、爱好来选择朋友，朋友关系日趋稳定。集体意识开始形成，其兴趣由个人活动逐渐转至集体而有组织的活动，特别愿意选择合得来的同学，结成一组练习。

(6)男女生之间开始出现界限，男女生之间容易保持一定的距离，站队时的间距都比低年级大了，不愿意站得很近。

(7)自我评价意识开始形成，自我尊重、获取他人尊重的需要比较强烈。他们会担心自己体育成绩不佳、担心自己在练习中影响集体，开始分辨同学中体育能力的高低及学习态度的好坏，愿意听表扬，但被批评后的情绪很容易恢复。

(三)小学高年级学生的心理特点

小学高年级学生(5～6年级)在心理方面，进入了个体自我意识发展的第二个上升时期。在这个时期他们的智力有很大的发展，逻辑思维开始在思维中占优势，创造思维也有很大的发展；他们对新奇的事物表现出极大的兴趣，如搜集物品、制作玩具、学习某种特长等，但往往见异思迁，朝秦暮楚；他们常常把某些脱离实际的幻想当作将来的人生目标，盲目崇拜某些明星；他们独立意识进一步发展，常常认为自己已经长大成人，甚至比大人们还高明，因此爱自作主张，顶撞老师和家长。

1. 情绪方面

小学高年级学生情绪的强度和持久度迅速增长并出现高峰，日常行为很容易受情绪的影响或支配。他们既有强烈的情绪体验，对人对事都极为敏感。尽管小学高年级的学生与低、中年级的学生相比较，控制和调节自己情绪的能力也逐步加强，但仍很缺乏自我分析、自我调节和宽慰的能力。因此，这个时期的小学生的性格发展处于一种非常矛盾、变化无常的状态之中。

小学高年级学生的求知欲发展得很快，但自制力显著下降。他们心理发展中的独立性与幼稚性的矛盾日益突出，表现出容易固执己见、盲目地拒绝他人的劝告和建议等行为。小学高年级的学生在思维、认识、兴趣爱好等方面的差异日渐增加，全面发展的学生在此阶段开始显现出来，有特长的学生也逐渐突出，使得一部分学生情绪低落、自信心不足。而学生正处于勤奋或自卑的心理阶段，如果发展顺利，就会具有求学做事、待人的基本能力；如果发展出现障碍，学生就会缺乏生活的基本能力，充满失败感，从而产生自卑心理。

2. 学习方面

小学高年级学生不再唯老师之命是听，对老师的教育时违时从，对枯燥的说教和单一陈旧的训练方式难以提起兴趣，他们的注意力也比较难于集中到学习上来。

3. 交往方面

高年级小学生的同伴交往进入了一个亲密共享的新阶段。这一时期，学生之间的友谊有了一定的稳定性，但也具有强烈的排他性、独占性，择友标准也逐渐相对严格。同时，学生的同伴团体也开始发展，团体成员的团体意识逐渐加强。同时，这一时期的两性交往也开始发生变化，儿童对异性有些朦胧的好感，但又不清晰。也由此，不少学生出现了本能的对异性的排斥现象，甚至出现相互攻击的现象。

4. 生活方面

高年级小学生已有一定的生活经验。不像低年级那样充满幻想，他们会有广泛的兴趣。他们的集体生活意识在和同学、老师的相处中逐渐形成与发展起来。许多女生在小学高年级进入青春期，由于生理上的一些变化，她们还不能完全自然地接受一切事物，容易出现焦虑、自责、恐惧等心理状态。

针对这些心理特点，在体育与健康教育教学中应注意以下事项。

(1)小学高年级学生的视觉和听觉的感受性已发展到一定水平，感知事物的目的性比童年阶段明确，感知事物的精确性也有所改善。因此，身体练习时应相对提高难度和标准。

(2)注意能力有所发展，集中注意力、专心致志的时间可达 25 分钟左右。注意分配能力也有提高，在注意腿的动作的同时，还能注意到手或脚的动作；注意上下肢动作的同时，还能同时兼顾重心的变换。

(3)有意记忆在不断发展，开始由教师布置任务的被动式记忆过渡到自觉的记忆。同时出现具体形象思维向抽象逻辑思维过渡的特点，但仍具有很大成分的具体形象性，习惯于模仿，倾向于直接与感性经验相联系。因此，需加强启发式教学，发展学生比较、分析，综合思维的能力。

(4)男性女性的性别特点明显地显露出来，男女生在一起活动时开始注意性别界限。集体意识显得强烈，与其他小组的对抗意识逐渐增强，喜欢与同学协作参加竞赛性的练习，愿意练习竞技运动中的一些基本动作，但仍偏爱游乐性、趣味性、活动性游戏。

(5)男女生均显露其各自的心理特点，出现相互反感的倾向。集体意识有所发展，已不满足无规则要求的娱乐性游戏，开始喜爱有一定规则的竞赛，愿做体力和智力相结合的游戏，并把体育活动作为抒发感情的途径。

(6)自我评价意识逐步得到发展，愿意摆理由、讲道理，智力和体力的结合能力得到发展。敢于对老师的行为提出批评意见，对老师不公正的处理会有不满的表现，但同时也不愿违反规则，十分重视约定事项。

复习思考题

1. 试述学习小学体育与健康教学论的基本方法。
2. 如何理解小学体育与健康课程内容？
3. 谈谈你对小学生身心发展的认识。
4. 面对小学体育与健康课程改革，如何选择小学体育与健康课程教材？

第二章　小学体育与健康教学论

第一节　小学体育与健康教学概述

一、小学体育与健康教学的概念

小学体育与健康教学是体育与健康课程教与学的统一活动，是教师依据小学生的身心发展特点，有目的、有计划地指导小学生以身体练习为主要手段，以体育与健康知识、技能和方法为主要学习内容，以形成正确的价值追求、养成良好的精神风貌为重要目标，以发展学生核心素养和增进学生身心健康为主要目的的一种有组织的教育过程，是实现小学阶段学校体育目标的基本途径之一。

二、体育与健康课程教学特点

体育与健康课程教学包括以体育运动学习为主的体育实践课教学和以健康知识与技能学习为主的健康教育。体育实践课教学与其他学科教学的根本区别是：其他学科的教学主要通过思想活动来学习和掌握教师所传授的科学知识和技能，而体育实践课教学则是以师生思想活动为基础，以身体活动为主要手段来传授和掌握体育与健康的知识、技术、技能。因此，体育实践课教学在以下诸方面表现出鲜明的特点。

(一)承受一定运动负荷

在体育实践课教学中，无论是为了锻炼身体、提高体能、增进健康，还是为了学习体育运动知识与技能，都是通过以大肌肉群运动为特征的有目的、有意识的身体活动来实现的。体育实践课教学，由于学生从事各种身体练习，人体器官系统(尤其是神经系统、运动系统、心血管系统、呼吸系统等)积极参与活动并协调配合，学生身体要承受一定的运动负荷，有时甚至是较大的负荷，并因此产生身体疲劳，加速机体的新陈代谢活动。运动负荷的大小不仅会影响学生学习和掌握运动知识和技能的效果，而且对学生的健康也有直接的影响。适宜的运动负荷可以有效增加体内脑源性神经营养因子的含量，提高学习、认知和长期记忆能力；增加大脑学习区域的血流量，活跃大脑；提高大脑控制注意力的能力；引起大脑海马区的构造变化，增加神经元的数量，增强周围神经系统和中央神经系统的神经突触的功能①。这些均是体育实践课促进学生

① 课程教材研究所组织编写．义务教育体育与健康课程标准(2022 年版)解读．北京：高等教育出版社，2022.

身体发展，增强体质，促进健康的生物学依据。因此，承受一定的运动负荷是体育与健康实践课教学所独有的特点。

(二)教学组织复杂多变

体育实践课教学主要在体育运动场馆进行，教学环境开放，教学空间较大。体育与健康课程教学依据季节、气候、学生学情、教学内容、器材设备等因素的不同情况，选择不同的教学方法来组织教学。在教学过程中，师生身体始终处于运动状态，师生之间、生生之间的人际交往更直接、更频繁、更复杂。因此，体育与健康课程教学组织复杂多变。而其他学科一般在教室进行，教学环境相对封闭，干扰较少，师生身体处于相对静止状态，教学组织较容易。

(三)教学人际交往频繁

体育实践课教学多采用分组方式，学生学习和掌握体育知识、技术、技能，大多是在群体的相互交往中完成的，如球类的技术与战术、田径的接力跑、武术的攻防技术等，即便是个人技术的学习，也离不开相互的观察、纠正、保护与帮助。至于各种教学比赛，学生之间、师生之间的相互交往则更多。在各种体育活动中，学生所处的角色和地位随时都会发生变化，这使得群体间的相互交往频繁而复杂，有利于培养学生善处人际关系的能力。而其他学科的教学，学生的学习活动基本是独立的，学习过程中相互间交往的机会较少。

(四)提高生命生活质量

体育实践课教学并不是直接为学生将来从事某一专业或职业提供认识和技能基础，而是帮助学生增进健康、体验情感、增强意志，为了学生更快乐、更健康、更幸福地生活。体育实践课教学主要为了促进学生健康发展和营造一个健康、幸福的生活环境，使学生充分感受人的生命力，获得丰富的情感体验。体育实践课教学是学生现实生活的一个重要组成部分，可以为学生积极面对未来生活做好准备。在此过程中，教师要善于创设充满诗意与激情、活力与健康、文化与教育的体育活动，使学生在丰富多彩、激情四射的运动体验中享受青春，体验生活美好，形成乐观开朗、阳光向上的人生态度和自由、充分、和谐发展的生命姿态①。

(五)促进体育品德形成

体育实践课教学寓思想品德教育于身体活动之中，有利于将培养学生的道德意识与道德行为有机地结合起来，并要求学生在活动过程中立即付诸实践，使学生的行为表现直接受到实践的检验。这有利于教师有针对性地向学生进行思想品德教育，培养学生良好的社会行为。在体育运动中，学生的情绪体验更鲜明、更深刻，情感和意志的发展更积极、更有效，人格发展更健全、更高尚。而其他学科的教学，以思想活动

---

① 课程教材研究所组织编写．义务教育体育与健康课程标准(2022年版)解读．北京：高等教育出版社，2022.

为主要形式，学生的思想和行为不易表现。

三、体育与健康课程教学要素

体育与健康课程教学由 8 个要素组成，它们是学生、教师、教学目标、教学内容、教学过程、教学环境、教学方法、教学评价。

(一)学生

体育与健康课程教学的第一个问题是："体育与健康课程教学为谁而组织？"当然是为了学生，因此体育与健康课程教学的第一个要素是学生。没有学生就没有必要组织体育与健康课程教学，没有学生也就不存在体育与健康课程教学。学生是体育与健康课程教学中的主体因素，也是最活跃的因素。

(二)教师

体育与健康课程教学第二个问题是："体育与健康课程教学是谁组织和实施的？"回答是教师，因此体育与健康课程教学的第二个要素是教师。没有教师就没有体育与健康课程教学中的"教授和指导"，没有教师也不可能存在体育与健康课程教学。体育教师是体育与健康课程设计的参与者、课程的实施者，也是把握教学方向的责任者。体育教师是体育与健康课程教学中的主导因素，也是内在的掌控因素。体育教师在体育与健康课程教学中是教材生成者、传授者以及指导者。

(三)教学目标

体育与健康课程教学的第三个问题是："我们为什么要组织体育与健康课程教学？"这是体育与健康课程教学的目的和目标的问题，因此体育与健康课程教学的第三个要素是体育与健康课程教学目标。没有教学目标的教学不能说是有目的、有计划的教育活动，体育与健康课程教学目标是教师掌控体育与健康课程教学的依据，没有目标也就没有体育与健康课程教学。在体育与健康课程教学实践中，一般具有超学段、学段、学年、学期、单元和课时等多层次的体育与健康课程教学目标。体育与健康课程教学目标是体育与健康课程教学中的定向和评价因素。

(四)教学内容

体育与健康课程教学的第四个问题是："在体育与健康课程教学中，教师教的和学生学的是什么？"这就是体育与健康课程教学内容，因此体育与健康课程教学的第四个要素是体育与健康课程教学内容。没有教学内容的体育与健康课程教学就不能成为教学而只是锻炼，就不是学科而只是活动，没有教学内容体育与健康课程教学就空洞化了。体育与健康课程教学内容是由内容的实体(课程)和内容的载体(教科书)共同组成的，它们是体育教师根据社会的要求、学科的体系和学生的需要选编出来的。

(五)教学过程

体育与健康课程教学的第五个问题是："体育与健康课程教学沿着什么样的途径达到目标？"这就是体育与健康课程教学过程，因此体育与健康课程教学的第五个要素是教学过程。没有体育与健康课程教学过程体育与健康课程教学也就没有时间和程序上的支撑。教学过程是体育与健康课程教学中的时间和流程因素，不同的教学时间主要表现为“单元规模”的问题；不同的教学流程主要体现为“教学模式”的问题；流程、时间以及它们与效果的最优化就是“教学设计”的问题，因此，体育与健康课程教学过程是教学最中心因素。

（六）教学环境

体育与健康课程教学的第六个问题是：“体育与健康课程教学是在什么环境下组织的？”这就是指“教学是不是具有良好的条件和氛围？”条件主要指物质方面的环境，如场地是不是舒适和整洁？器材是不是完备？场地布置得是否合理？等等；氛围主要指非物质方面的环境，如师生关系是否融洽？生生关系是否有利于互助？校风是否正派？班风是否良好？课堂气氛是否和谐？等等。没有良好的体育与健康课程教学环境就会影响体育与健康课程教学的质量，有时甚至会严重影响体育与健康课程教学的正常进行。

（七）教学方法

体育与健康课程教学的第七个问题是：“怎样实现最好的体育与健康课程教学？”这是体育与健康课程教学方法的问题。体育与健康课程教学方法也是体育与健康课程教学一个要素，它是与目标、教师、学生等因素有着密切的关系。体育与健康课程教学方法是教师根据教学目标和学生学习情况所选择的有效教学技术和手段，其中包含为帮助学生理解学习内容选择的各种信息及其传递方式。

（八）教学评价

体育与健康课程教学的第八个问题是：“我们看到的体育与健康课程教学是怎样的？”这是体育与健康课程教学的评价问题。体育与健康课程教学评价也是体育与健康课程教学的要素，它与教学目标、教师有着密切的关系，是教师根据教学目标制定各种评价指标，这些指标有评价教师“教”的方面，也有评价学生“学”的方面。

第二节　小学体育与健康教学计划

《义务教育体育与健康课程标准（2022 年版）》最主要的特点是按水平划分学习阶段和按体育与健康课程内容设置各级水平目标。义务教育阶段体育与健康课程内容主要包括基本运动技能、体能、健康教育、专项运动技能和跨学科主题学习。教学计划简言之就是为了达到教学目标而设计的具体教学内容和方案，教学目标是教学计划的直接依据。从目标结构看，小学阶段体育与健康课程教学目标分为：水平教学目标、学年教学目标、学期教学目标、单元教学目标和课时教学目标。那么，与之对应的教学计划分别为水平教学计划、学年教学计划、学期教学计划、单元教学计划和课时教学计划。

一、水平教学计划的制订

按照学生身心特点将小学阶段划分为三个水平层次。对应水平一(1～2 年级)、水平二(3～4 年级)和水平三(5～6 年级)。小学阶段根据体育与健康课程目标的三个水平来设计相应内容。针对水平一目标，专门设置基本运动技能(移动性、非移动性和操控性三种技能)的课程内容，为体能和专项运动技能学练奠定基础；针对水平二、水平三目标，分别设置体能和专项运动技能的课程内容；健康教育和跨学科主题学习贯穿整个小学教育阶段。明确体育与健康是落实健康教育的主要课程，体育文化和体育精神要融入体育与健康课程内容之中。

(一)水平教学过程特点

1. 发展阶段性

小学水平阶段教学过程划分的主要依据是小学生身心发展规律和特点。如小学生的身高、体重、组织、器官、机能等生理发展相对平缓而稳固，注意、感知、观察力、记忆、思维等心理变化相对激进而动摇。因此，不同阶段的教学过程要体现出不同水平阶段小学生身心发展的独特性和过渡性。这种体现不仅表现在不同水平层次教学内容整体规划与设置上，还呈现在各个水平阶段具体内容设置及实施上。

2. 相互衔接性

水平阶段教学过程与超学段教学过程(从小学至大学毕业整个体育与健康教育过程)相比，是局部和细化的成分。具体来说就是将超学段的相对多样性、宏观性的国家体育与健康课程目标、内容和要求进一步进行分解和细化，合理分配各个相互连续和相互衔接的学段中，并使之有机结合，水平教学过程主要由国家规定原则，各级学校具体设计。各个学段教学过程的衔接性决定了教学目标、教学内容、教学要求的系统性、延续性和层次性。具体到小学水平阶段教学过程来说，在注重小学三个水平统筹规划的同时，还需与后面学段做好铺垫和衔接工作，在完成小学学段体育与健康课程目标基础上，为初中学段体育与健康课程目标的实现打下坚实基础。

(二)水平教学计划内容

体育与健康课程教学内容主要涉及学生在课程教育中“学什么”“学多少”的问题。教学内容的设置不仅要参照课程标准精神、课程目标要求、课程发展方向、学生具体情况等，还要考虑教学内容之间的逻辑性、连续性、统一性，学生的可接受性，地域特色和民间体育，时令季节，以及学校场地、器材、师资力量等客观条件。水平教学计划种类大致可分目标引领式教学计划(整个水平目标——子目标集合——子目标——单元教学计划)、内容优先式(课程标准要求)、模块划分式，以及季节划分式。其中，《义务教育体育与健康课程标准(2022 年版)》是国家对体育与健康课程教育教学意志的具体体现。因此，课程标准是小学体育与健康教学内容选择与设置最重要的参考和直接依据。小学各个水平阶段教学计划内容须在参照课程标准的基础上进行自主设计和发挥，可根据春、夏、秋、冬的项目制订教学计划。当然，各个水平教学内容的制定要整体考虑，把握各年级之间的差别，小学可以按水平一至水平三分别制订水平教学计划。下面列举的是内容优先式的水平一至水平三的教学计划。

1. 水平一教学计划内容

《义务教育体育与健康课程标准(2022 年版)》规定，小学水平一教学内容主要包括基本运动技能、健康教育和跨学科主题学习三大类。参照课程标准对水平一达到的基本运动技能目标要求，水平一中基本运动技能教学计划须包含：学生正确的身体姿势；体验移动性、非移动性、操控性等技能的具体内容和练习方法；参与基本运动技能练习和游戏；感受运动方向、路径、节奏、力量和位移速度；参与个人和集体身体练习活动等内容。水平一的健康教育计划须包含：体育锻炼对健康益处、良好的饮食习惯、保持个人卫生、健康的生活、保护眼睛、生命的孕育，以及常见损伤及预防等。水平一的跨学科主题学习教学计划包含：基本运动技能学练、引导学生感受劳动乐趣；引导学生在发展基本运动技能的同时，了解人与自然的关系等。教学时数方面，水平一按照每周 4 课时，每学期 18 周计算，水平一阶段共计 4 课时/周×18 周/学期×4 学期＝288 课时，其中基本运动技能为 232 课时、健康教育为 24 课时、跨学科主题学习为 32 课时(见表 2-1)。

表 2-1　小学水平一阶段教学计划基本内容

基本运动技能 (232 课时)	正确的坐、立、行和读写姿势；移动性技能：垫步跳、跑跳步、钻越、躲避、攀爬和队列练习等，及“青蛙跳荷叶”“动物爬行”等游戏；非移动性技能：伸展、屈体、扭转悬垂、支撑与推拉、平衡等活动，以及“高人矮人”“不倒翁”等游戏；操控性技能：各种投、传、击、踢、接球，用手或用脚运球，用短(长)柄器械击球等活动，以及“托乒乓球比赛”等游戏
健康教育 (24 课时)	生命孕育的过程；保持良好的身体姿势，关注自己体重；积极情绪；适量饮水；饮食卫生；保持卫生；眼睛的保护；体育锻炼有益健康；走、跑、跳、攀爬等各类民族民间的游戏、比赛；公共卫生及防护；疫苗接种及注意事项；溺水预防及基本自救方法
跨学科主题学习 (32 课时)	走、跑、跳、攀、爬、越等基本运动技能学练；各种劳动活动，学生生活自理；关注和了解自己的身体形态和生理机能，树立正确的身体意识和自我意识；了解运动器材和运动装备的基本特征，以及科学知识对运动技能学练的重要性；发展基本运动技能，了解人与自然的密切关系等

2. 水平二教学计划内容

《义务教育体育与健康课程标准(2022 年版)》规定，小学水平二教学内容主要包括体能、健康教育、专项运动技能和跨学科主题学习四大类。其中，体能学练主要针对改善身体成分，发展心肺耐力、肌肉力量、肌肉耐力、柔韧性、反应能力、位移速度、协调性、灵敏性、爆发力、平衡能力等，为学生增强体质和学练专项运动技能奠定良好基础。健康教育包括健康行为与生活方式、生长发育与青春期保健、心理健康、疾病预防与突发公共卫生事件应对、安全应急与避险五个领域，主要帮助学生逐步养成健康与安全的行为习惯和生活态度。专项运动技能包括球类运动、田径类运动、体操类运动、水上或冰雪类运动、中华传统体育类运动、新兴体育类运动六类，每类包含若干运动项目。跨学科融合一直是学生提高运动能力、学习健康知识和传承中华优秀传统体育的重要方式和途径。体育与健康课程应融合多门课程，充分发挥育人功能，促进学生全面发展。教学时数方面，水平二按照每周 3 课时，每学期 18 周计算，水平二阶段共计 3 课时/周×18 周/学期×4 学期＝216 课时。其中，健康教育为 24 课时、跨学科主题学习为 32 课时，体能学练和专项运动技能为 160 课时。参照课程标准对水平二须达到教学目标要求、学业要求和学业质量合格标准，小学水平二阶段教学计划的基本内容如表 2-2 所示。

表 2-2　小学水平二阶段教学计划基本内容

体能（与专项运动技能进行课时组合）	身体成分及改善方法；体验并知道发展心肺耐力、肌肉力量、肌肉耐力、柔韧性、反应能力、位移速度、协调性、爆发力、平衡力等的多种练习；参加各种体能活动、游戏或比赛；课外体能练习
健康教育（24 课时）	了解健康食品和饮料的种类及成分、吸烟的危害、健康生活方式、近视的成因及其矫正、男女差异及青春期保健、常见的运动伤病及简单处理方法；掌握情绪调控方法；能积极同他人交流与合作
专项运动技能（160 课时）	专项运动技能六大类运动项目，这些项目的基础知识与基本技能、技战术运用、体能、展示或比赛、规则与裁判方法、观赏与评价；各小学可据此举一反三，结合自身实际情况，创造性地设计其他运动项目的课程内容
跨学科主题学习（32 课时）	体能学练中引导学生扮演不同角色；结合重复性、模仿性较强的体力劳动；通过活动或教学方式，帮助学生探索生命现象与成长规律；引导学生强化体能，了解机体的功能，探究运动的共性与特性；引导学生观察自然，感受自然神奇

3. 水平三教学计划内容

小学水平三教学内容主要也包括体能、健康教育、专项运动技能和跨学科主题学习四大类。教学时数方面，水平三按照每周 3 课时，每学期按 18 周计算，水平三阶段共计 3 课时/周×18 周/学期×4 学期＝216 课时。其中，健康教育为 24 课时，跨学科主题学习为 32 课时，体能学练和专项运动技能为 160 课时。参照课程标准对水平三须达到教学目标要求、学业要求和学业质量合格标准，小学水平三阶段教学计划的基本内容如表 2-3 所示。

表 2-3　小学水平三阶段教学计划的基本内容

体能（与专项运动技能进行课时组合）	运用体能发展、身体成分、心肺耐力、肌肉力量、肌肉耐力、柔韧性、反应能力、位移速度、协调性、灵敏性、爆发力、平衡力等的基础知识和多种练习；参与体能练习、游戏或比赛，课外体能练习
健康教育（24 课时）	理解营养要求与作用、饮酒（毒品）对健康的影响、健康及其影响因素、正常体型体态、视力对生活质量的影响、科学锻炼的注意事项；知道骨折和心肺复苏的处理方法；描述青春期生理与心理的变化；掌握并运用一些情绪调控方法，主动同他人交流与合作
专项运动技能（160 课时）	专项运动技能六大类运动项目，了解这些项目的基础知识与基本技能、技战术运用、体能、展示或比赛、规则与裁判方法、观赏与评价；各小学可据此举一反三，结合自身实际情况，创造性地设计其他运动项目的课程内容
跨学科主题学习（32 课时）	对抗性运动项目学练中培养学生的战术思维、预判能力和应变能力；通过多样的运动技能学练活动提高学生的运动技能水平；引导学生关注自我成长及其对运动技能学练的影响；了解运动的科学属性，培养深度学习能力；引导学生树立正确的身体观和审美观

二、学年教学计划的制订

（一）学年教学过程特点

学年教学过程是一种客观的教学过程，一般由各级各类学校的体育部门来掌控，主要表现为学校的学年教学计划，主要特点包括系统性、周期性和承启性①。

1. 系统性

对于小学三个水平阶段来说，每个水平包括两个学年。通过两个学年的教学工作完成该水平阶段的要求和目标，而教学任务和目标如何分解，两个学年的教学内容如何排列，教学课时数如何分配，同一水平的两个学年间如何衔接等均是学年教学过程需要着重解决的问题。因此，学年教学过程不仅要注意同一水平阶段各学年教学过程的关系，还要注意学年内两个学期体育与健康教学过程的关系，做到整体布局、系统规划。

2. 周期性

学年教学过程的计划和安排要考虑教学内容的周期性。另外，在全年 32～36 周的教学过程中安排什么教学内容，具体安排在哪个学期，不同内容及相同内容出现多次，每次分配的教学课时数是多少，教学内容之间的相互关系等，都是学年教学过程需要重点考虑的。

① 毛振明．简明体育课程教学论．北京：北京师范大学出版社，2009.

3. 承启性

学年教学过程具有明显的承上启下性，它是水平学段和学期教学过程的联结点，对上位的水平学段教学过程具有体现作用，对下位的学期教学过程具有指导作用，是宏观过程转向微观过程的中介环节。学年教学过程也是水平教学过程的具体化，实施的好坏会直接影响教学质量。

（二）学年教学计划内容

学年教学一般按照教学目标、教学内容及教学评价三个方面来说设计。其中，教学目标设计是根据学年教学目标、本年度教材与学生身心特点，结合学校场地器材设施条件、年度的各项工作来制定。如军训、夏令营、体育节、运动会、阳光体育活动等各种全校性体育活动。教学内容设计，是体育与健康课程的全年实际授课时数参照学校校历的周数来分配，将全年的教学内容按照一定的体育与健康教学内容排列理论，合理分配到两个学期中去，并确定各个教学内容的教学时数。教学评价设计，是根据对全年教学效果的预测以及教学内容的实际情况，制定出年度和学期的知识、技能和体能考核方案与评价标准，并针对教学内容的实际情况提出相应的教学要求。学年教学计划呈现方式包括学段与学年结合式、学年独立式和季节划分式。以小学 3 年级为例制订学年教学计划，其教学时数按照每周 3 课时，每学期 18 周计算，共计 3 课时/周×18 周/学期×2 学期＝108 课时。其中，健康教育为 6 课时、跨学科主题学习为 16 课时，体能学练和专项运动技能为 86 课时。以小学 3 年级的学年独立式为例，具体呈现如表 2-4 所示。

表 2-4　小学 3 年级学年教学计划基本内容

学期	内容模块	具体教学内容
上学期（54 课时）	体能（7 课时）	身体成分及改善方法；体验发展心肺耐力、肌肉力量、肌肉耐力、柔韧性、反应能力、位移速度、协调性、爆发力、平衡力等多种练习；各种体能活动、游戏或比赛；课外体能练习
	健康教育（3 课时）	青春期的身体变化（1 课时）；合理膳食与生长发育和身心健康（1 课时）；充足睡眠与生长发育和身心健康（1 课时）
	专项运动技能（36 课时）	足球、轮滑等项目运动技能（每个运动项目 18 课时），这些项目的基础知识与基本技能、技战术运用、体能、展示或比赛、规则与裁判方法、观赏与评价
	跨学科主题学习（8 课时）	体能学练中引导学生扮演不同角色；结合重复性、模仿性较强的体力劳动；通过活动或教学方式，帮助学生探索生命现象与成长规律

续表

学期	内容模块	具体教学内容
下学期 (54 课时)	体能 (7 课时)	身体成分及改善方法；体验发展心肺耐力、肌肉力量、肌肉耐力、柔韧性、反应能力、位移速度、协调性、爆发力、平衡力等多种练习；各种体能活动、游戏或比赛；课外体能练习
	健康教育 (3 课时)	健康食品的种类及成分(1 课时)；饮料的种类及成分，碳酸饮料对身体的危害(1 课时)；近视成因与矫正方法(1 课时)
	专项运动技能 (36 课时)	篮球、跳远等项目运动技能(每个运动项目 18 课时)，这些项目的基础知识与基本技能、技战术运用、体能、展示或比赛、规则与裁判方法、观赏与评价
	跨学科主题学习 (8 课时)	引导学生强化体能，了解机体的功能，探究运动的共性与特性；引导学生观察自然，感受自然神奇

三、学期教学计划的制订

(一)学期教学过程特点

学期教学过程一般由各级各类学校体育教研室和体育教师来掌控，表现为教研组的学期教学计划，主要特点包括季节性和集散性①。

1. 季节性

学期教学过程的设计，要根据季节变化、当地气候、场地器材、师资配备等情况，把学年教学过程中所选择的教材合理安排到学期中去，使体育与健康教学同季节相一致，如夏季进行游泳、低单杠等教学，冬季进行耐力跑、滑冰、滑雪、室内运动的教学。

2. 集散性

学期教学过程是基于学年教学过程的基础上进行的。学年教学计划内容确定后，就要依据学生的身体素质、运动技能、健康素养，以及教材的难易程度和气候变化等，将学年教学计划内容分配到学期的各周去，这样就涉及教学内容的排列。有的内容需要集中排列，让学生集中学习，如专项运动技能项目的学习；有的需要分散排列，让学生在两个学期中进行间歇学习，如体能、健康教育、跨学科主题学习等。

(二)学期教学计划内容

学期教学计划大致分对照型(即教学内容与教学目标的对照，对照逻辑：水平教学计划→学期教学目标→教学内容)、罗列型(即教学内容的叠加，缺点：教学内容易完

① 毛振明．简明体育课程教学论．北京：北京师范大学出版社，2009.

成，但教学目标易被忽略)、创新型(“以目标统领内容”与传统学期计划相结合)三种。在教学内容设计上需计算各项内容在该学期的出现次数。根据教学目标和教学内容的性质，决定各个教学内容的单元规模，形成“单一教学单元”(一个教学内容的单元)和“组合教学单元”(两个及以上教学内容的单元)。考虑季节因素，将学期的大单元(专项技能教学内容)安排在学期的各周后，将小单元(健康教育、跨学科主题学习、体育文化、体育精神)等穿插在各个大单元之中。以小学 3 年级上学期为例，制订学期教学计划，其教学时数按照每周 3 课时，上学期 18 周计算，共计 3 课时/周×18 周/学期＝54 课时。其中，健康教育为 3 课时、跨学科主题学习为 8 课时，体能学练和专项运动技能为 43 课时。

小学体育与健康学期教学计划(三年级上学期)

执教老师：　　　　　时间：

1.《义务教育体育与健康课程标准(2022 年版)》要求

在体育与健康课程教学中以学生为主体，教师为主导，关注学生个体差异与不同需求，确保每个学生受益，坚持“健康第一”教育理念，培养学生运动能力、健康行为及体育品德等体育核心素养；促进学生健康成长；激发学生的运动兴趣，培养“终身体育”的意识。

2. 学情分析

①学生情况：三年级共 5 个班，每班约 45 人，男、女生比例 1∶1 左右，大多数学生身体健康、无运动技能障碍、模仿动作能力强，他们虽然活泼好动、但易兴奋、易疲劳。

②知识情况：三年级学生对自己身体变化好奇，但缺乏正确的认识；对合理膳食、睡眠等与生长发育、身心健康关系处理不好。

③技能情况：三年级学生喜欢跑、跳、投掷、攀登、追逐、跳绳、踢毽子等大肌肉活动，但动作则显得僵硬呆板。专项运动技能方面，三年级学生对足球、轮滑等项目有所了解，但是大部分学生基础差，专项运动项目技、战术相对薄弱，规则及裁判知识比较模糊。

3. 教材分析

参照义务教育小学阶段体育与健康课程教学目标及本校实际情况，有目的、有计划地进行教育与健康教学工作，传授基本体能、健康教育、专项运动技能和跨学科主题学习等知识和技能，并在传授中渗入体育精神、体育文化及思想道德教育，培养学生核心素养，使每个学生都成为德、智、体、美、劳全面发展的好学生。

4. 教学目标

①健康行为：初步了解青春期的身体变化，合理膳食与生长发育，充足睡眠与生

长发育，逐渐培养学生健康行为习惯。

②运动能力：掌握足球和轮滑项目的基础知识与基本技能、简单的技战术运用、体能、展示或比赛、规则与裁判方法、观赏与评价。了解足球和轮滑的基本术语，会做简单的足球及轮滑组合技术动作。

③体育品德：培养学生遵守纪律、勇敢顽强、团结友爱、互相帮助，以及文明礼貌、责任意识等良好品质。

5. 教学重点及难点

①教学内容

a. 体能：柔韧性、反应能力、位移速度、协调性、平衡力等练习；各种体能活动、游戏或比赛。

b. 健康教育：青春期的身体变化、合理膳食与生长发育、充足睡眠与生长发育。

c. 专项运动技能：足球、轮滑。

d. 跨学科主题学习：体能学练中引导学生扮演不同角色；结合重复性、模仿性较强的体力劳动；通过活动或教学方式，帮助学生探索生命现象与成长规律。

②重难点

重点：合理膳食与生长发育，充足睡眠与生长发育；足球、轮滑。

难点：足球、轮滑。

6. 教学措施

①逐步提高学生锻炼身体的主动性和关心自身健康的社会责任感。

②运用体育与健康课程学练特点，培养学生体育核心素养，逐步提高学生遵守纪律，尊重他人，团结友爱，互相帮助等集体意识和良好作风。

③采取多样化教学方法和手段，提高学生体能和专项运动技能，发展学生个性，培养勇敢、顽强、朝气蓬勃和进取向上的精神，注意能力的培养，启迪思维，培养学生的主动性、创造性。

④特别加强对足球和轮滑专项运动技能的教学。

三年级以每周 3 课时每学期 18 周制定每学期共计 54 课时，详见表 2-5。

表 2-5　三年级上学期教学进度表

核心素养	单元及类别	教学内容	课次
	第 1 单元： 健康教育 （3 课时）	青春期的身体变化	1
		合理膳食与生长发育	1
		充足睡眠与生长发育	1
	第 2 单元： 足球运动技能和体能 （18＋5＝23 课时） 足球基础知识与基本技能、简单的技战术运用、体能、展示或比赛、规则与裁判方法、观赏与评价等融入相关技术教学	柔韧性、反应能力、位移速度、协调性、平衡力等练习；各种体能活动、游戏或比赛	5
		揉球	1
		踩球	1
		脚内侧拨球	1
		脚内侧传地滚球	2
运动能力		脚背正面传球	2
		脚内侧射门	1
		脚背正面射门	1
		脚背正面运球	2
		脚内侧运球	2
		脚背外侧运球	2
		变向运球过人	2
		接球、接地滚球	1
	第 3 单元： 轮滑运动技能和体能 （18＋2＝20 课时） 轮滑基础知识与基本技能、简单的技战术运用、体能、展示或比赛、规则与裁判方法、观赏与评价等融入相关技术教学	柔韧性、反应能力、位移速度、协调性、平衡力等练习；各种体能活动、游戏或比赛	2
健康行为		基本站立：外八字站立、平行站立、丁字步站立	1
		基本摔法：向前摔倒、向侧摔倒、向后摔倒	2
		基本滑行：向前单脚滑行、向前滑行、向后单脚滑行、向后滑行	4
		基本转弯：平转、正滑步转弯、倒滑步转弯	3
		基本刹车：刹车器刹车、内八字刹车、T 字刹车法	2
		正葫芦滑行组合	1
		倒葫芦滑行组合	1
		速度滑行组合	1
体育品德		单脚滑行组合	1
		集体接龙游戏	1
		集体转圈游戏	1
	第 4 单元： 跨学科主题学习 （8 课时）	体能学练中引导学生扮演不同角色	2
		结合重复性、模仿性较强的体力劳动	2
		通过活动或教学方式，探索生命现象	2
		通过活动或教学方式，探索生命成长规律	2
	合计		54

四、单元教学计划的制订

(一)单元教学过程特点

单元教学过程在体育与健康教学中具有最重要的意义，表现为体育教师的单元教学计划，主要特点包括规模变化性和学理性等①。

1. 规模变化性

由于体育运动项目、健康知识和技能等本身的特性，安排教学时数有长有短，因此，单元教学过程有大有小，有长有短，而单元教学过程的长短和大小实质上决定了教学内容的容量。单元的大小因教学目标、教材难易度、学生水平、场地设施、教师教学水平的差异而不同。一般情况下，技术性不强，教学难度不大的单元可小一些，如游戏、走、跑等；小学低年级的单元也应小一些，而高年级随着教学的复杂程度和难度的增大，单元教学过程设计应大一些。

2. 学理性

单元教学过程具有较强的学理性，安排和设计主要依据学生的学习原理，突出教学目标和任务要求，同一教学目标可设计出不同的教学单元结构，可以先分解教学再到整体教学，也可先整体教学再到分解教学最后再到整体教学的单元结构。后者往往比前者在设计上要科学和先进，可以避免经常能看到的“学生会篮球基本技术但不会打篮球”的现象，对比两种不同单元设计，便可清晰地发现其问题所在。

(二)单元教学计划内容

单元教学是在一个相对集中的时期内，对某个练习内容进行系统学习或阶段学习的教学方法称为单元教学。它由主教材和辅助教材组成，其核心是技战术的传授与应用，配加一些辅助教材，最大的优点是不但符合认知及运动技能形成等规律，还能让教学信息得到及时反馈。单元教学计划内容首先是在分析学生体育专项基础、学生身心特点、学生基本活动能力及身体素质等基础上，安排相应的单元教学内容。其次要钻研教学内容，正确把握内容技术、重难点、与不同阶段的衔接和联系、每次课学时的分配、每次课前后的进阶性、每次课的重点与本次教学内容的重点，切忌面面俱到，平均分配(详见表 2-6)。

① 毛振明．简明体育课程教学论．北京：北京师范大学出版社，2009.

表 2-6　三年级上单元教学进度表(足球运动技能和体能)

教学目标	1. 运动能力：掌握传球、接球、运球、射门等足球游戏和足球基本动作与简单组合动作；提高学生柔韧、反应、位移速度、协调、平衡等能力；了解足球基本知识及基本技能 2. 健康行为：激发学生运动兴趣，培养锻炼习惯，提高社交能力及促进身心健康 3. 体育品德：培养学生团结协作、勇敢顽强、遵守规则、公平竞争等			
教学重难点	1. 教学重点：传球、接球、运球、射门等足球游戏和足球基本动作与简单组合动作 2. 教学难点：足球基本动作与简单组合动作			
课 次	教学内容	教学目标	重点	教与学的方法和手段
1	揉球	熟悉球性，提高脚控球能力	体验脚对足球的感知	1. 游戏教学法；2. 教师教法：直观法演示法、巡回指导法、比赛法；3. 学生学法：观察法、自主练习法、合作练习法
2	踩球	熟悉球性，提高脚控球能力	体验脚对足球的感知	1. 游戏教学法；2. 教师教法：直观法演示法、巡回指导法、比赛法；3. 学生学法：观察法、自主练习法、合作练习法
3	脚内侧拨球	熟悉球性，提高脚控球能力	体验脚对足球的感知	1. 游戏教学法；2. 教师教法：直观法演示法、巡回指导法、比赛法；3. 学生学法：观察法、自主练习法、合作练习法
4	脚内侧传地滚球	掌握脚内侧传地滚球技术动作，提高传球的稳定性	脚内侧传地滚球动作	1. 游戏教学法；2. 教师教法：直观法演示法、巡回指导法、比赛法；3. 学生学法：观察法、自主练习法、合作练习法
5	脚背正面传地滚球	掌握脚背正面传地滚球技术动作，提高传球的稳定性	脚背正面传地滚球动作	1. 游戏教学法；2. 教师教法：直观法演示法、巡回指导法、比赛法；3. 学生学法：观察法、自主练习法、合作练习法
……	……	……	……	……
足球运动技能和体能(18＋5＝23 课时)：足球基础知识与基本技能、简单的技战术运用、体能、展示或比赛、规则与裁判方法、观赏与评价等融入相关技术教学				

(三)基本运动技能的大单元整体教学设计

《义务教育体育与健康课程标准(2022 年版)》提出基本运动技能包括移动性技能、非移动性技能和操控性技能，主要发展学生的身体活动能力，为学生发展体能和学练专项运动技能奠定良好基础。创设生动形象的情境开展游戏化教学，引导学生模仿教师动作或跟随语言提示做动作，通过扮演某种角色或对象进行学练，如模仿熊、兔子等动物的移动方式或飞机、火车等交通工具的通行方式，提高柔韧性、灵敏性、平衡能力及自我展示能力，学会与同伴友好相处。水平一在大单元整体构建时，首先要考虑体育学习起点的准确性，一定要破除传统教学中竞技性的学习方式。例如：在田径跑类教学中，先学习蹲踞式起跑、再学短距离(快速)跑的加速跑和途中跑。其实在单元教学中完全可以进行“倒置”，先让学生在学习途中跑技术和追逐跑后，再学习起跑技术更能激发学生的学习兴趣，也能更好地满足学生的体育学习需求。

在基本运动技能的大单元教学中，选取了以多种形式起动的方法与游戏作为典型课例，是基于水平一“跑”的内容标准而确定的大单元内容，主要表现为：多种形式起动、多种形式接力跑、多种形式折返跑在项目化引领下的多样化组合等。跑是个体基础性移动能力的主要表现形式，起动快速是提升移动性能力的关键，接力跑、折返跑都是体现个体移动性能力常见的形式，掌握好这些跑的基本技术能够为日常生活和专项运动技能的学习奠定扎实的基础。设计大单元时可把内容和方法与现实情境融合，在注重实践性的同时，增加内容的多样性，丰富学生学练体验，充分挖掘教材的价值意义(详见表 2-7)。

表 2-7　基本运动技能大单元(跑与游戏)教学设计(水平一)

主题	课次	内容
不同方式的起动	1	结合触觉信号的站立式起跑与游戏 活动一：各种形式起跑 学生散点站于篮球场内两条边线上，当听见教师说出的不同身体部位时用双手触碰相对应的身体部位。当听见哨声后迅速向前跑 3～5 米的距离自然放松停止下来。在练习中教师要提示学生触碰身体部位快、起跑反应积极，注意跑动中摆臂有一定幅度。 活动二：触觉反应练 两人一组，一人在前一人在后相距半米远。练习时，后方学生用手触摸前面同学背部、肩部、头部等位置后，前面同学迅速起跑，跑至 20 米后停止练习。完成后两人交换做相同练习，练习过程中教师要提示学生起跑反应要快，蹬摆协调。 活动三：弓步跳击掌跑 两人一组面对面弓步跳练习，每人跳 5 次后相互击掌并转身跑出 20 米。练习中教师要提示学生弓步跳摆动与跳相一致，起跑反应要快。
	2	结合听觉信号的站立式起跑与游戏 活动一：听信号摆臂 学生散点站于篮球场内，听音乐节奏做小碎步原地摆臂练习，当听到不用方向口令时，学生迅速转向相对应方向继续做小碎步摆臂练习，在练习过程中教师要提示学生以肩为轴摆动，加大前后拉摆幅度。 活动二：听信号站立式起跑 学生站在篮球场的两条边线上，采用站立式起跑的方式起跑，当听见跑的信号时，学生迅速跑至对面边线。在练习过程中教师要提示学生反应要迅速，蹬地有力，摆臂协调。 活动三：30 米迎面接力 将学生分为 4 组，采用站立式起跑方式开始游戏，比哪一组最先完成，在游戏中教师要提示学生蹬地与摆臂协调配合。
	3	结合视觉信号的站立式起跑与游戏 活动一：红绿灯游戏 学生站于篮球场一条边线上，教师手持红绿两种颜色标志碟站于篮球场另一条边线，当游戏开始后，学生需要观察教师手举标志碟颜色，红停，绿行。在练习过程中教师要提示学生遵守交通安全，做到反应速度要快。

续表

主题	课次	内容
不同方式的起动	3	活动二：看信号比快 学生站于篮球场一边线上，教师持不同颜色站于另一边线上，当教师向上抛出绿色标志碟时，学生迅速向前跑出，比一比谁最先到达另一条边线。练习过程中教师要提示学生起跑采用站立式起跑方式，启动反应要快，利用双脚积极蹬地发力。 活动三：30 米迎面接力 将学生分为 4 组，采用站立式起跑方式开始游戏，比哪一组最先完成，在游戏中教师要提示学生蹬地与摆臂协调配合。
	4	结合任务的不同方式的起跑与游戏 活动一：听信号找线 学生散点在篮球场内自由跑，当听见场内各种线的信号时，学生迅速跑向相对应的线，在练习时教师要提示学生反应速度要快，抬头观察，跑动中要积极摆臂。 活动二：找不同颜色标志碟 在篮球场内放置 8 种不同颜色的标志碟，每位学生分别站在一个标志碟前，当听见跑的信号时，迅速通过场地内所有和自己相同颜色的标志碟，在练习过程中教师要提示学生折返快速，摆臂协调。 活动三：30 米迎面接力 将学生分为 4 组，采用站立式起跑方式开始游戏，比哪一组最先完成，在游戏中教师要提示学生蹬地与摆臂协调配合。
不同方式的跑	5	不同方向的快速起跑与游戏 活动一：看手势跑 学生散点站于篮球场内进行原地小碎步跑，当看见教师指出不同手势时，学生迅速跑向手势方向。在练习时教师要提示学生启动速度要快。 活动二：听信号跑 学生在篮球场内进行自由慢跑，当听见教师发出不同信号，学生迅速启动找到相对应的线，并沿线跑。例如：当教师说“边线”“端线”时，学生找到边线及端线跑。 活动三：石头剪刀布比快 学生两人一组在篮球场内相距 2 米面对面站立进行“石头、剪刀、布”游戏，输的同学迅速去追赶赢的同学，赢的同学转身向前跑出，以追的同学超越赢的同学为胜。
	6	不同路径的快速起跑与游戏 活动一：抓尾巴跑 学生散点站于篮球场内，每人背一个小尾巴，当听见游戏开始时，快速起动中去抓别人的尾巴，5 分钟内比比谁抓的尾巴多，练习过程中教师要提示学生积极摆动，起动速度要快。 活动二：听信号跑 学生在篮球场内进行自由慢跑，当听见教师发出不同信号，学生迅速启动找到相对应的线，并沿线跑。例如：当教师说“边线”“端线”时，学生找到边线及端线跑。 活动三：踩影子比赛 学生站在篮球场内，当听见游戏开始时，学生迅速跑动去踩别人的影子，5 分钟内看谁踩的影子最多，在练习过程中教师要提示学生抬头观察，跑动中要急停，变向。

续表

<table>
<tr><th>主题</th><th>课次</th><th>内 容</th></tr>
<tr><td rowspan="2">不同方式的跑</td><td>7</td><td>不同节奏的快速启动跑与游戏
活动一：听音乐节奏跑
学生站于篮球场的边线上跟着音乐节奏逆时针跑动，当听见音乐节奏变化时，快速跑向篮球场中线圈摸标志桶后跑回继续慢跑。练习时教师提示学生注意观察方向与位置，启动要迅速。
活动二：追逐跑
将学生分成 8 人一组排成路队在场地内进行慢跑，当听见教师的口哨声后，排尾同学迅速启动超过排头，依次进行。在练习过程中教师要提示学生调整呼吸与跑的节奏。
活动三：追球比赛
三人一组，一人持球在中间，另两人向前慢跑，当看见持球人向前滚球时，两人迅速启动，超于滚动的球，先超越者为胜，输的同学持球，依次进行。</td></tr>
<tr><td>8</td><td>多人合作不同方式的快速启动跑与游戏
活动一：旋风跑
将学生分成 8 人一组，手牵手成一队，当听见游戏开始后，8 人牵手迅速向终点跑出，比比哪组先完成，在练习过程中教师要提示学生手不能松开，跑动节奏要一致。
活动二：贪吃蛇
学生在篮球场地内自由跑动，当听见游戏开始后，迅速找到一人进行“石头、剪刀、布”游戏，输的同学当蛇尾，继续游戏，5 分钟内比比哪条“蛇”最长，在练习时教师要提示学生遵守游戏规则，积极主动地跑动。
活动三：捕鱼达人
将学生分为 2 组分别站于篮球场的不同半场，每组选 3 名同学做渔网，当游戏开始时，3 名同学学生入场内进行捕鱼，5 分钟内看哪组捕鱼的数量多。</td></tr>
<tr><td rowspan="2">与运动项目相结合的跑</td><td>9</td><td>快速起动传运球与游戏
活动一：迎面运球接力
分四组，每组 10 人，每边 5 人相距 15 米相对而站，听哨声快速运球启动进行接力比赛。
活动二：迎面运球绕障碍接力
分四组，每组 10 人，每边 5 人相距 15 米相对而站，听哨声快速运球进行绕标志桶接力比赛。
活动三：石头、剪刀、布
每边 20 人，在篮球场的边线相对而站，听哨声，相邻的两人进行“石头、剪刀、布”游戏，赢者迅速运球至对面找下一名同学进行游戏，看哪名同学运球次数最多。</td></tr>
<tr><td>10</td><td>快速启动的折返跑传运球与游戏
活动一：快速往返
持球站于篮球场边线，听哨声后迅速运球启动至对面摸另一条边线完成往返。
活动二：你掷我跑
持球站于篮球场边线，相邻两人一组，进行“石头、剪刀、布”游戏 ，赢者拿上输者球向前方掷出，输者当球落地后迅速启动捡球运回。</td></tr>
</table>

续表

主题	课次	内容
与运动项目相结合的跑	10	活动三：往返接力 5 人一组，持球站于篮球场边线后，哨响后，第一名同学迅速运球至另一条边线，脚踩线后迅速运球返回完成接力，比比哪组 5 人完成接力用时最少。
	11	不同方向跑动下的运球与游戏 活动一：不同路径的跑动运球 成一路纵队，从篮球场底线出发，绕球场不同的线跑动运球(如底线、边线、三分线、中线等)。 活动二：运球找碟 在篮球场内随机放置 40 个 4 种颜色的标志碟，哨响后，每名同学迅速摸相同颜色的 10 个标志碟，比比谁最先完成。 活动三：你追我跑 两人一组，相对而站，进行“石头、剪刀、布”游戏，输者迅速运球追赢者，并碰触赢者“小尾巴”，赢者迅速转身运球跑至安全区。
	12	多人合作下快速跑动的传运球与游戏 活动一：跑动传接球 两人一组，在球不落地的情况下进行快速跑动传接球练习。 活动二：防守传接球 三人一组，一人在中间跑动防守，两人在避开防守者情况下进行快速跑动传接球练习。 活动三：突破防守区 五人一组，两名同学在防守区进行防守，哨响后另外三人通过配合进行跑动传运球，突破防守后到达安全区。

基本技能跑与游戏大单元整体设计一共以三大主题，12 个课时作为承载。在具体操作过程中可以根据不同的学习情况进行合理的拆分和构建，以更加符合学情的实际需要。接下来，就第一主题中第二课时进行详细的说明与解析(详见表 2-8)。

表 2-8　基本运动技能完整课例设计

课例名称	基本运动技能	学段	水平一
教学内容	田径——跑与游戏		
素养目标	1. 通过“快速往返”“你投我跑”，让 90%以上的学生说出不同形式的起跑方式，并且掌握站立式起跑动作要领；通过“你追我跑”“护宝闯关”让学生体会不同形式跑的动作，发展灵敏性、协调性、速度、力量等体能。 2. 通过游戏及比赛，激发学生运动兴趣，增强同伴之间的关系，养成良好的运动习惯，并且在课后能够运用所学积极地参与体育运动。 3. 在游戏及比赛中，提醒学生遵守游戏规则，时刻观察周边环境，注意避让，培养规则意识和安全意识。比赛中，学生相互合作，挑战自我，培养团结协作、勇于拼搏的优良品质。		

续表

课例名称	基本运动技能	学段	水平一
准备活动	活动一：师生问好，用视频直接导入本课主题，解读本节课的学习目标，鼓励学生树立完成目标的信心。对学生进行安全教育提示，确保运动安全。 活动二：沙包散置于场地内，绕场慢跑听哨声，慢跑过程中模仿老师跟做蛇、兔子、鸭子的移动方式，一声哨响全体迅速做好起跑姿势(两脚前后开立，沙包置于后脚脚跟下，面向老师)，比比谁的速度快。 活动三：动物起床操(伸懒腰、穿衣服、洗脸刷牙、打打球、跳跳绳、蹦蹦跳跳上学、跑步上学)。		
基本部分	活动一：快速往返 两脚前后开立，将沙包置于后脚脚跟下，听老师哨响后，所有学生迅速跑至中线，脚碰触线后迅速返回。两脚前后开立，听老师哨响后学生迅速拿上沙包跑至中线进行放、拿沙包的往返练习。巩固复习站立式起跑动作技术，初步体验直线跑、往返跑，保持安全距离，提高反应能力及安全意识。 活动二：你投我跑 站于场地两边，相邻两人一组，进行“石头、剪刀、布”游戏，赢者拿上输者沙包向前方掷去，输者看到沙包静止滚动后迅速起跑将沙包捡回。游戏同上，赢者拿上输者沙包向前方掷去，输者看到沙包出手瞬间迅速起跑将沙包捡回。此时，教师设问、学生思考、回答，从而进一步让学生合作、讨论、探究怎样在安全情况下完成任务。 活动三：你追我跑 站于中线处，沙包放于地上，相对两名同学进行“石头、剪刀、布”游戏，赢者拿上沙包往回跑，输者追。游戏同上，输者拿上沙包往回跑，赢者追。 游戏同上，赢者拿上沙包追，输者直接进行后退跑。 活动四：护宝闯关 三人一组，一人为闯关者，一人为守关者，一人为守护者，闯关者需要在守护者的帮助下避开闯关者将宝物(沙包)护送到达指定区域。		
结束部分	活动一：回顾课堂学习内容，师生之间交流沟通。 活动二：在音乐的节奏下做各种形式的牵拉和放松练习。 活动三：教师布置拓展作业以及安排学生收拾器材。		
课例解析	该课例是基本运动技能体验课，课例的设计围绕“学、练、赛”一体化思路，体现出了基本运动技能与体能逐步提升的教学安排。课例在设计与实施过程中有如下三个特点。 一是“有趣”，在开始，通过让学生模仿老师进行各种动物的快速移动，不同的行进方式让学生获得了更多的运动参与体验，在一种快乐的氛围中享受到了运动的乐趣，同时也为后面的教学做好了铺垫。让学生在准备活动中兼顾体能练习，同时也呼应了教学内容。 二是“有方”，教学手段要有方法，“快速往返”“你投我跑”让学生体验了加速跑、往返跑的不同跑法，同时也培养了学生协调、灵敏、反应等能力。注重让学生先练再教、以学定教，在练习及游戏中自主、合作探究，一步步解决重难点，从而掌握基本技能。让学生在游戏中学练，增强了专项化的发展。		

续表

课例名称	基本运动技能	学段	水平一
	三是“有景”，在课堂中创设“真情境”，跑是我们生活当中的一种基本技能，结合生活的游戏“你追我跑”让学生在轻松快乐的氛围中积极进行了体能的学练。游戏“闯关护宝”，将跑与运动项目相结合，内容延伸，让学练不再单一，为后面球类的移动性练习奠定了基础。同时充分发散了学生的思维，培养了团结协作的优良品质。让学生在体能练习中兼顾了技能，同时也做到了游戏课课赛、人人赛。		

(四)体能大单元整体教学设计

体能的学练主要是为学生增强体质和学练专项运动技能奠定良好基础，在构建单元课时内容时可以从专项运动技能的众多运动项目中选择，与体能学练进行有机融合。因此，在体能大单元教学设计时不应该将各种体能割裂开来，需要在教学情境中进行综合学练。对体能进行大单元进行整体设计时，还需依据不同年龄段学生素质发展窗口期(敏感期)出发，结合本学期计划学习的专项运动技能的身体素质需要及其项目特点要求进行系统设计，这样不仅尊重学生身体素质的发展规律，学生也能对某一个体能的各要素进行合理的、充分地运用和发展。

本单元整体设计结合新课标中专项运动技能水平二的球类、田径这一项目内容为载体进行大单元整体教育设计，将原本简单枯燥的柔韧性、灵敏性和协调性 3 个方面进行载体式融合设计，形成《体能练习方法与游戏》大单元，将原本“单独实施”的设计思路转化为“合作共赢”。此外，为了保证对体能既有具体评价又有综合评价，则通过多样的复杂情境另设计最后一个单元课时为综合模块，不仅是在对体能要素之间进行协调组合学练，也是让球类、田径类运动项目的情境运用得到进一步的拔高。

本单元的设计以球类、田径项目作为构建体能单元的载体，并在此载体上，结合柔韧性、灵敏性、协调性进行体能提高和体能运用。从单元结构上分析：柔韧性为大单元第 1 阶段主题。从学生的踝关节、膝关节到髋关节等方面进行针对性学练。灵敏性为大单元第 2 阶段的主题。通过视觉与听觉设计正反信号等多样信号的方式进行学练。协调性为大单元的第 3 阶段主题。用身体四肢的不同行为动作，对大脑分析能力和身体重心变化进行组合学练。

本大单元以球类、田径项目为载体，以体能内在结构为躯干导向，使体能与技能进行有机融合，从而保证学生学习和掌握结构化的体能。以健康体能培养为核心的“体能＋运用”的体能大单元教学，通过设计多种情景与游戏热身活动，提升学生学习的趣味性，使学生身体达到最佳练习状态。让学生能够将学到的体能知识运用到专项技能的实际应用中，在体能学习中巩固基本运动技能，推进专项运动技能的掌握，进一步达成课时目标(详见表 2-9)。

表 2-9 体能大单元教学设计(水平二)

主题	课次	内容
柔韧性与游戏	1	劈横竖叉与游戏 活动一：身高相近的两人一组，两人同时进行劈叉测量，每人进行 20 次劈叉测量，看看谁劈叉的距离最长。 活动二：两人一组，面对面站立，前后脚相接准备，在原地进行“石头、剪刀、布”游戏，胜方后脚不动，前脚退到后面，负方后脚不动，前脚去触碰胜方的前脚，轮流猜拳直到一方成劈叉姿势。 活动三：两人一组，在同一起点上进行“石头、剪刀、布”游戏，赢了的同学劈叉向前，输了的同学劈叉在原地方不移动，看看哪一位最先到达终点。
	2	连脚“绳”与游戏 活动一：两人一组，每人一个足球依次运球后，至同伴一侧连接脚进行劈叉，看哪一组在运球稳的情况下，最先完成“连绳”游戏一个来回。 活动二：两人一组，一人在起点劈叉，方向指向终点，另外一人以劈叉人为起点运球到对面终点再回来至劈叉人的脚下，劈叉人再以球为起点进行劈叉，运球人再进行往返运球，依次进行配合连接，看哪一组的劈叉人最先到达终点。 活动三：将全班分为四组，每人一球，从起点开始进行劈叉，后面的同伴运球运动至一侧进行劈叉连接，看哪一组最先完成一个来回。
	3	传接球与游戏 活动一：将全班分为四组，每组同学成一路纵队排队站立，同学前后之间相距 1 米，先将一个球放置在队伍前面第一个人手上，当听到比赛口令时，每组将球从头上方向后传接球，当到最后一位后，立刻将球从胯下传接球，看哪一组最先完成。 活动二：将全班分为四组，每组同学成一路纵队排队仰卧平躺，同学之间双手与双脚连接，先将一个球放置在队伍前面第一个人手上，当听到比赛口令时，每组将球从手将球传接到脚，再从脚传接到同伴的手，依次进行传接，看看哪一组最先完成一个回合传接。 活动三：将全班分为四组，每组同学成一列横队排队仰卧平躺，同学之间相距 0.5 米，先将一个球放置在队伍最左侧第一个人脚上，当听到比赛口令时，每组将球从左至右将球通过脚的传接进行一个来回的传接，看看哪一组最先完成。
	4	不同部位的柔韧练习与游戏 活动一：在指定区域内，一人作为魔法师，其他同学逃跑不被触碰到，如在原地进行劈叉动作便可躲避魔术师，如想再次逃跑则需要其他同学面对面地进行劈叉两人便可以立刻逃跑。 活动二：两人一组，一人手持足球，依次放置在髋关节、腹部、胸部以及肩关节和头部的高度，另外一人用一只脚的脚背去触碰足球，看看最高能触碰到哪个位置。 活动三：将学生分为 8 组，从起点出发后，脚跟着地，前脚掌和脚尖抬起离地，发令后，两腿伸直，用脚跟交替向前行走，返回时快速跑回与下一名同学接力。

续表

主题	课次	内　容
灵敏性与游戏	1	不同区域的跳跃与游戏 活动一：在一个指定区域内，随机地摆放若干运动小圈，同学之间来回地在小圈内进行单脚跳跃，在规定的时间内，看谁跳入的小圈最多。 活动二：在一个指定路线上，随机地摆放10个运动小圈，看哪一位同学能够用最少的时间，通过跳跃小圈快速通过路线。 活动三：两人一组进行十字象限跳，两人同时开始，看哪一位同学能够最快跳完5次十字象限跳。
	2	不同方向的躲避与游戏 活动一：在一个指定的圆形区域内，指定区域四周有5组同学进行足球传球，其他同学在圆形区域保护好自己的脚不被击中，在规定的时间内，看谁被击中的次数最少。 活动二：在一个指定的圆形区域内，指定区域四周有5组同学进行足球传球，其他同学在圆形区域保护好自己的球不被击中出圈，在规定的时间内，看谁击中的次数最少。 活动三：在一个指定区域内，指定区域两侧有5组同学进行足球传球，其他同学运球通过传球区域，在规定的时间内，看谁安全通过的次数最多。
	3	不同目标的追逐跑与游戏 活动一：两人一组，在指定的区域内，一人运球护球，一人跟踪抢球，在规定的时间内，看哪一种控球的时间或次数最多最长。 活动二：两人一组，在指定的路线上，一人背对另外一个运球人，两人相距1米，当听到开始口令时，无球人转身快速抢夺运球人的球，运球人向前运球到达目标区域。 活动三：在一个指定的圆形区域内，指定区域四周有5位同学进行足球传球，其中有一个同学圆形区域对传球进行抢断，从哪一位同学传球处抢断，便与抢断人进行角色互换。
	4	不同路线的变向跑与游戏 活动一：将方形场地的四个区域角顺时针设置为1、2、3、4号场，当听到相应的数字后，同学迅速跑到相应的区域角，看哪一位同学最先跑到对应的区域角。 活动二：将方形场地的四个区域角顺时针设置为1、2、3、4号场，每人一球，当听到相应的数字后，迅速运球到相应的区域角，看哪一位同学最先运球到对应的区域角。 活动三：将方形场地的四个区域角顺时针设置为1、2、3、4号场，每人一球，当听到相应的数字后，迅速运球到相应的区域角，在运球的过程中，还会出现一道结果为1、2、3、4的算数题，看哪一位同学最先快速算出结果并变向运球到对应的区域角。
协调性与游戏	1	不同形式的跑动与游戏 活动一：将10个标志碟成一条直线摆放，标志碟之间相距0.3米，看哪一位同学能够快速地绕过所有的标志碟。 活动二：将红绿两种不同颜色的标志碟成一条直线摆放，标志碟之间相距0.3米，看到红碟单脚支持3秒再启动，看到绿碟快速移动绕过，看哪一位同学能够正确快速地绕过所有的标志碟。 活动三：将红绿黄三种不同颜色的标志碟成一条直线摆放，标志碟之间相距0.3米，看到红碟单脚支持3秒再启动，看到绿碟快速移动绕过，看到黄碟小碎步移动绕过，看哪一位同学能够正确快速地绕过所有的标志碟。

续表

主题	课次	内容
协调性与游戏	2	不同信号的反应与游戏 活动一：同学在指定区域进行移动踩球或荡球，当听到老师说到身体的某一个部位时，同学迅速用身体的某一个部位去触碰球，看谁触碰的时间最快。 活动二：所有同学在同一起点向前进行运球，老师手持红黄绿三种标志碟，红碟停绿碟行，看到黄碟快速返回至起点。 活动三：所有同学每人一球，在指定的场地内随意地进行运球，当听到“停”字迅速将球踩在脚，当听到“换”字迅速与最近的同学进行交换球运球，当听到“抢”字时在运好自己球的情况下去破坏别人的运球。
	3	不同形式的运球与游戏 活动一：将 10 个标志碟成一条直线摆放，标志碟之间相距 0.3 米，看哪一位同学能够快速地绕过所有的标志碟。 活动二：在指定的区域内，随意放置标志碟，看哪一位同学能够快速地运球并不触碰标志碟安全地通过区域。 活动三：在两个相距 6 米的标志碟中间放置一个足球，当听到“碟”时，同学绕两个标志碟进行运球，当听到“球”时，同学迅速将正在运的足球与放置的足球进行交换，看哪一位同学反应得最快。
	4	不同形式的协调配合与游戏 活动一：将 10 个标志碟成一条直线摆放，标志碟之间相距 0.3 米，当快速地绕过所有的标志碟后，听信号将足球运球到足球场的边线或底线。 活动二：将红绿两种不同颜色的标志碟成一条直线摆放，标志碟之间相距 0.3 米，看到红碟单脚支撑 3 秒再启动，看到绿碟快速移动绕过，听信号快速地接传球运球至足球门或直接射门。 活动三：将红绿黄三种不同颜色的标志碟成一条直线摆放，标志碟之间相距 0.3 米，看到红碟单脚支撑 3 秒再启动，看到绿碟快速移动绕过，看到黄碟小碎步移动绕过，看信号接到篮球或足球进行运球突破前方标志杆并完成投篮或射门。

体能教学中柔韧性、灵敏性、协调性可以作为一个大单元整体设计，一共以三大主题、12 个课时作为承载。在具体操作过程中可以根据不同的学习情况进行合理的拆分和构建，以更加符合学情的实际需要。接下来，就第二主题中第二课时进行详细说明(见表 2-10)。

表 2-10　体能完整课例设计

课例名称	体能	学段	水平二
教学内容	足球——运球与游戏		
素养目标	1. 学生能够在“石头、剪刀、布”运球游戏中充分体验运球的感觉，在体验中遇到的问题能进行思考并能通过自己的观察，及时地判断和分析怎样控制运球的方向和节奏，在课课练中能尽全力进行柔韧性、灵敏性和协调性的学练，并将学习的运球技术运用到体能游戏中去。		

续表

课例名称	体能	学段	水平二
素养目标	2. 学生在练习过程中，能够充分地了解自己在运动中的体能状态，再根据自己的具体体能情况在日常生活中调整自己的锻炼计划和饮食习惯，提高体育锻炼的意识与习惯。 3. 学生在学练中体验到“跳一跳”才能够“够着”的成就感，从而迁移出在日常生活中，当面对小困难时不能轻易放弃，勇敢挑战的积极性心理，树立良好的个人价值观。		
准备部分	活动一：师生问好，用视频直接导入本课主题，解读本节课的学习目标，鼓励学生树立完成目标的信心。对学生进行安全教育提示，确保运动安全。 活动二：通过两人一组的“石头、剪刀、布”的运球游戏(将全班分成两队分别于场地边线上，临近两人一组进行“猜拳”游戏)。赢者可以快速将球运送到对面边线、输的同学需要再找人进行游戏，看哪位同学最先完成 10 次的运球或者两分钟内哪位同学运球的次数最多。 活动三：先复习原地踩、拨球的游戏与练习，再行进间踩球、拨球的游戏与练习。		
基本部分	活动一：在体验中，学生会出现各种各样的状况，例如：运球轻微相撞、运球出边线、使用脚的不同部位运球等。此时，教师提出设问、学生思考、回答，从而进一步让学生合作、讨论、探究运球教学中重难点。 活动二：每人一球，在规定的场地内进行脚背外侧运球，当老师说出一种身体部位后，学生迅速用该身体部位触球并把球停住。例如：头、背、脚、膝盖、手(教师可以向学生提问：在足球比赛中能不能用手触球？进一步渗透足球知识的传授)等。初步体验脚背外侧运球游戏，提高反应能力。 活动三：两人一组，一人无球慢跑，一人运球追逐。体验在运球过程中改变球的方向的技术要点，互换角色练习 5～8 次。 活动四：以“连”绳子为情境，将学生分成 6～8 个小组，每个小组，在同一起跑线上，通过足球运球的形式移动，再依次“连接绳子”，看哪一组学生接力的速度又快又稳。 活动五：以“抓”尾巴为情境，每个学生用“分队背心”作为尾巴别于腰后，学生散点在足球场内随意的运球，当老师说开始时，可以通过运球移动去抓其他人的尾巴，同时也要积极观察四周，保护自己的“尾巴”不被抓走，最后看有哪些学生能够坚持的时间最久。 活动六：以“网”小鱼为情境，选择三人一组牵手成网跑动，通过跑动“网”正在散点运球的“鱼”，如被“网”住则选择其中一人进行角色互换，看有哪些学生没有被“网”住一次。		
结束部分	活动一：回顾课堂学习内容，师生之间交流沟通。 活动二：在音乐的节奏下做各种形式的牵拉和放松练习。 活动三：教师布置拓展作业以及安排学生收拾器材。		
课例解析	该课例是以四年级足球运球及综合运用为单元的技能提升课。课例的设计围绕“学、练、赛”一体化思路，不仅突出了专项运动能力的提升，同时体现出体能在专项运动技能中的基础性和密不可分的关联性，引导学生参与结构化、整合性的体能学练，课例在设计与实施过程中有如下三个特点。		

续表

课例名称	体能	学段	水平二
课例解析	一是“趣”，教学内容设计应体现所学球类运动项目的特征，活动方法要相对简单，具有一定变化，在设计中教师紧紧抓住足球教材的特点，通过组织教学让学生获得更多的运动参与体验，并从中享受到运动所带来的乐趣。在开始准备活动的热身游戏中教师增加了偶然性因素“猜拳”，从而让学生原本枯燥的运球变得活泼生动起来，这既让学生在一种宽松愉悦氛围中做好了准备活动，同时也为后面的教学内容的学习做好铺垫。 二是“导”，引导学生主动思考学练过程中遇到的问题，提高学生合作学习的意识及分析问题、解决问题的能力，教师通过精心设计的一个个学习任务，通过语言提示一步步将学生引向学习目标，引向身心的健康发展。在运球体验中，学生会出现各种各样的状况，例如：运球轻微相撞、运球出边线、使用脚的不同部位运球等。此时，教师提出设问、学生思考、回答，从而进一步让学生合作、讨论、探究运球教学中重难点，将学生放在主体地位。 三是“变”，在新课标的要求下，倡导将教师的动作示范、重点讲解与学生的自主学习、合作学习、探究学习有机结合，其中“变”是体现在教师教学观念的变。教师根据足球这个开放式运动项目的特点遵循先学后教的教学理念，让学生由一种被动学习逐渐转变为主动学习。		

（五）专项运动技能大单元整体教学设计

体育与健康课程的基本意蕴与关键要求就是促进学生核心素养的养成，即掌握和运用体能和运动技能，提高运动能力；学会运用健康安全的知识和技能，形成健康的生活方式；积极参与体育活动，养成良好的体育品德。因此，在进行专项运动技能的大单元整体教学设计时，应该坚持以体育与健康课程核心素养为主线，确定基于真实情境下的大单元教学设计理念，始终把比赛的意识融入教学活动当中，从比赛实战出发，深入挖掘技术动作在比赛中的应用时机和情境，让学生在真实比赛情境下学习和磨炼，最终能够分析和判断在比赛中发生的情况，并根据实际情况决定下一步的行动，形成体育学科整体思维。

本大单元整体设计课例结合课程标准水平二球类运动的内容要求、学业要求和教学提示，将原本孤立的“篮球原地运球”“篮球行进间运球”“篮球急停急起运球”“篮球运球突破”“简化规则、降低难度的篮球比赛”五个方面进行整合设计，形成《多种形式的运球方法与游戏》大单元，将原本的设计思路“分单元设计”转化为“大单元设计”，将原本相对孤立的“知识点”串联成“知识链”。大单元整体构建的同时还开发一系列以“运球方法”为主要形式的游戏和比赛。在落实大单元的同时，形成多个结合“原地运球＋快速起动、快速起动＋折返跑运球、折返跑运球＋急停急起、急停急起＋运球突破、篮球比赛”五个内容进行有效衔接。此外，为了保持学习的持续性及建立项目学习的完整性，将单元的内容放在一个学期内完成，以提高教师对教学内容整体性的认知和把握能力，进而有利于设计进阶性的教学目标和层次性的教学内容，实现“以生为本”，优化学生学习、发展的路径。

本课例的设计以“篮球运球起动的活动方法”作为构建单元的基础，并在此基础上，结合“运球急停急起的活动方法”和“运球突破的活动方法”进行拓展和延伸。从单元结构上分析，“原地运球活动方法”为大单元第一阶段的主题。学生从近乎原地的操控球——移动操控——多变的运用技能——对抗情境中应用，为后面的运球折返、急停急起、运球突破等教学奠定良好的技能基础。“运球快速起动的活动方法”为大单元第二阶段的主题。其内容是在第一阶段已经具备一定运球能力后，进一步将运球技术进行运用和比赛。将“急停急起运球的活动方法”作为落实大单元的第三阶段主题。该阶段子单元内容在“快速起动的活动方法”的基础上进行开发与设计，既体现了对多种急停急起活动方法的学习，又体现了对多种快速起动运球和急停急起运球的复习。将“突破运球的活动方法”作为落实大单元的第四个阶段的主题。该阶段子单元的内容同样是在“运球快速起动的活动方法”“运球急停急起的活动方法”基础上的进一步深化，同时在难度上有所提升。在“学、练、赛”一体化的单元教学思路下“运球快速起动的活动方法”单元下的“练”和“赛”的内容也呈现了多种“急停急起”和“折返跑”的元素。因此，本大单元在“运球快速起动、运球折返跑活动、运球急停急起活动、运球突破”的内容分配比重上是相对均衡的，体现了以“运球快速起动”为载体，强调在多样化的活动中，循序渐进地促进学生运动能力、健康行为、体育品德的协同发展(详见表 2-11)。

表 2-11　大单元篮球（运球启动方法）教学设计(水平二)

主题	课次	内　容
	1	运球找线 活动一：熟悉场地 学生一路纵队在场地里面进行慢跑，教师会迅速地停在篮球场的一条白线上，学生马上“踩”住白线。 教师提问：这是什么线？有什么样的用途。 学生回答：如三分线，在这条线后进行投篮，如果球命中得三分。 活动二：运球找线 每人一球，在篮球内进行运球，当老师说出一种篮球场的线后，学生迅速运球到指定的线或者区域并且将球抱住(如：三分线、边线、大禁区、中圈等进一步渗透篮球知识的传授)等。初步体验运球游戏，提高反应能力。 活动三：运球追逐 两人一组，一人无球慢跑(将手背在后面)，一人运球追逐。体验在运球过程中改变球的方向的技术要点(推球的后中部、眼睛观察周围环境)，互换角色练习 5～8 次。

续表

主题	课次	内容
行进间运球的方法	2	运球“找朋友” 活动一：熟悉同伴与场地 学生两人一组牵手运球寻找场地里面不同的线，如：三分线、边线、三秒区、中圈等，进一步渗透篮球知识。同伴之间互左右手 5～8 次。 活动二：“找朋友”游戏 “找朋友”游戏对照儿歌“找朋友”手运球的同时，另一只手找同伴完成“敬礼、握手、再见”等动作并做到手运球球不掉。 活动三：运球追逐 两人一组，以猜拳的方式开始，输的同学追逐赢的同学。体验在运球过程中改变球的方向的技术要点，互换角色练习 5～8 次。
	3	运球拔河 活动一：“兔子舞”热身 学生散点在篮球场内听“兔子舞”音乐进行原地运球的游戏，教师提醒学生一定要跟上音乐的节奏和进行左右手互换练习，在练习过程中注意五指手张开、上下按压球。 活动二：运球拔河 两人一组，握住对方的手后以篮球场中的中线为界。通过边运球边拉手的方式将对方拉进自己的区域。在体验过程中，提醒学生不要过分地用力，一边控球一边拉手，合理、有效、安全地使用自己的左右手。 活动三：运球追逐 两人一组，以猜拳的方式开始，输的同学追逐赢的同学。体验在运球过程中改变球的方向的技术要点，互换角色练习 5～8 次。
	4	运球“抓尾巴” 活动一：高人矮人运球 学生散点在篮球场内跟着音乐节奏进行原地运球，当教师说高人时进行高运球，矮人时进行低运球，教师要提醒学生运球节奏的变化，在练习过程中要注意五指张开，上下按压，眼睛观察。 活动二：运球“抓尾巴” 两人一组，当游戏开始后相互去抓对方的“尾巴”，教师要提醒学生运用不同的运球方式和身体保护球，练习时注意运球节奏的变化及抬头观察。 活动三：运球追逐 两人一组，以猜拳的方式开始，输的同学追逐赢的同学。体验在运球过程中改变球的方向的技术要点，互换角色练习 5～8 次。

续表

<table>
<tr><th>主题</th><th>课次</th><th>内　容</th></tr>
<tr><td rowspan="3">行进间运球的方法</td><td>1</td><td>运球找碟
活动一：翻碟比快
学生一路纵队围绕篮球场边线慢跑，当听见教师口哨声后迅速跑进场内翻一个相对应的标志碟后跑回边线继续慢跑，教师提醒学生翻碟中注意抬头观察和跑速节奏变化。
活动二：运球找碟
学生站于篮球场四条边线，当听到开始信号后，迅速运球到场内，一边运球一边经过不同的标志碟，5 分钟时间比比谁找到的标志碟多。在练习中，教师要提示学生运球时抬头观察。
提问：如何才能使球快速向前移动？
活动三：运球接力
5 人一组站于边线，当听到开始信号后，每组第一名同学快速运球到达另一条边线后，抱球跑后将球交给下一名同学依次进行。比比哪一组最先完成比赛。</td></tr>
<tr><td>2</td><td>运球折返
活动一：折返找碟
在篮球场内放 8 种不同颜色标志碟，每人站一个标志碟，当听见开始信号时，快速通过场地内相同颜色的标志碟，在练习过程中教师提示学生注意抬头观察，每人快速通过 3～5 次。
活动二：运球折返
学生在场地内任意一个标志碟前进行原地运球，当听到开始信号后快速运球通过场内所有和自己所站相同颜色的标志碟，在练习过程中教师要提醒学生运球时推球的后上方，经过标志碟时控制运球速度，利用脚步改变运球方向并抬头观察。
活动三：交叉运球接力
将学生分为 8 组站于篮球场的边线，当听到开始信号时，第一名同学快速运球至对方边线后转身运球回自己队伍。练习时教师要提醒学生观察改变运球线路。</td></tr>
<tr><td>3</td><td>运球绕杆
活动一：运球找碟
学生散点在场地内运球，当听到教师喊出的数字时，要快速运球通过所喊数字个数的标志碟继续进行运球，不同数字 5～6 次，在练习过程中教师要提示学生尝试不同手运球和抬头观察。
活动二：运球绕杆
学生散点在场地内进行运球，当听见写“8”开始时，学生迅速利用场地内的不同标志碟写“8”字。5 分钟内比谁写得多。练习时提示学生找不同的标志碟练习，注意运球绕标志碟时身体重心及运球节奏的变化。
活动三：运球接力
每组 8 人站一路纵队，前后相距 2 米，每组最后一名同学持球，当听见开始信号时，持球同学迅速运球绕过前面 7 名同学后，将球从胯下滚至最后一名同学后站队伍最前面，最后一名同学接球后开始比赛，依次进行，比比哪一组最先完成。</td></tr>
</table>

续表

主题	课次	内　容
行进间运球的方法	4	运球抢球 活动一：运球抢线 一路纵队在球场边线上进行行进间运球，当听见教师口哨声后迅速运球至场内不同线上，每条线上最多不超过 8 人，比哪一条线最先站满。 活动二 ：运球抢球 将学生分男女两组分别在篮球场内三分区域内进行运球，自己运好球的同时去破坏别人的球，球出三分线将淘汰，淘汰的队员在每个半场三分线区域外进行运球抢球游戏。在练习过程中教师要提示学生护球手的运用，在保护好球的前提下抢球时要抬头观察场上变化。在练习中教师要提示学生清楚场地的布局，运球时要稳和快。 活动三：运球“老鹰抓小鸡” 将学生分为 5 人一组，一人运球当老鹰，开始后，老鹰运球去抓小鸡的尾巴，抓到或球掉则母鸡当老鹰，老鹰当小鸡依次进行。在练习过程中教师要提示学生运球折返以及护球手的运用。
急停急起运球方法	1	运球“红绿灯” 活动一：“123 木头人” 学生站在篮球场的一条边线上，教师则背对学生站于另一条边线上，当听见开始信号时，学生开始前进，当教师转头看向学生时，学生立刻单脚站立。双脚站立者则返回起点继续游戏。 活动二 ：运球“红绿灯” 学生站在篮球场的一条边线上，教师手持“红、绿”颜色标志碟站在另一条边线上，当教师举起绿色标志碟时学生迅速向前运球，当教师举起红色标志碟时学生运球做低运球练习。 活动三：运球抢宝 教师将学生分为 8 组站于中线上，并在三分线内放置标志碟，三分线上站 3 名“守宝使者”当听见天黑时每组一人运球出发在三分线内拿标志碟运回，当听见白天时“守宝使者”沿三分线进行抓人。在练习时教师要提示学生运球时要把握快慢节奏，通过脚步移动避开防守人。
	2	运球“找图” 活动一：沿线运球 学生在篮球场内利用跳绳摆成不同的图形，并沿线做运球练习。在练习过程中教师要提示学生尝试左右手运球。 提问：如何改变运球的方向？ 活动二：运球“找图” 学生在篮球场内沿自己的图形运球，当听见教师的口哨声后迅速运球找不同的图形，每到达一个图形要沿图形边线运球一圈。5 分钟看谁找到的图形多。在练习过程中教师要提示学生抬头观察场上情况，控制运球的节奏。 活动三：运球取绳 将学生分为 8 组，当听见开始信号时，每组第一名同学迅速运球出发在场地内拿回自己的跳绳，如拿绳时掉球则需要沿自己图形运球一圈再拿绳，比比哪一组最先完成。

续表

主题	课次	内　容
急停急起运球方法	3	运球摸线 活动一：听信号摸线 学生散点站于篮球场两个半场内，当听见教师所喊的线后，学生迅速用手摸对应的线，并回到原来的位置。练习过程中教师要提示学生抬头观察，摸线时注意身体重心的变化及启动与加速。 活动二：运球摸线 学生散点站于篮球场内，当听见开始信号时，迅速运球找到一位同学做“石头、剪刀、布”游戏，输的同学必须跟着赢的同学摸三条不同线后再找其他同学进行游戏。 活动三：摸桶运球接力 将学生分为 4 组，中线圈放置篮球，三分线外放置标志碟，当听见开始信号时，每组第一名同学迅速出发，至中线圈拿球运球后必须翻一个标志碟后将球运回，比一比，哪组最先完成。
	4	运球找碟 活动一：运球找线 学生散点在篮球场内进行运球，当听到教师说出不同线时迅速运球到达指定的线上。(如：三分线，短线，边线，中线等) 活动二：运球找碟 学生在场地内散点进行运球，当听见颜色口令后，迅速运球找到相同颜色的标志碟，每次到达一个标志碟时需要原地运球 5 次后再找下一个标志碟。练习时可以分不同颜色组进行，练习过程中教师要提示学生通过改变运球的部位改变运球的速度。 活动三：听信号运球 学生面向教师散点在篮球场内进行运球，当听见教师发出的不同方向信号时，学生应做相对应的运球(如：当听见“前”时学生向前运球，当听见“后”时学生退后运球等)。在练习过程中教师要提示学生运球时要控制运球的速度，及时停止及时启动。
运球突破方法	1	沿“绳”运球 活动一：沿“绳”运球 1 学生三人一组，利用跳绳摆成的直线进行运球接力的练习(注意提醒学生推球的后中部，脚步迅速跟上)。教师提问：如果我们将三条跳绳放在一起，又可以有什么样的运球方式和摆成什么样的图形了？ 活动二：沿“绳”运球 2 学生三人一组，将三根跳绳摆成一条直线，中间间距 0.3 米。学生从绳的一端运球到另一端。教师提示学生在跳绳与跳绳间隔处需要换到绳另外一个方向进行运球。 活动三：突破“白线” 将学生分成两组，一组学生在场地里面的白线上移动，另一组运球开始从底线出发，需要“躲”开白线上的防守队员，提示学生运球过程中改变球的方向以及换手运球的技术要点(推球的后中部、换手后脚步快速跟上)，互换角色练习 5～8 次。

续表

<table>
<tr><th>主题</th><th>课次</th><th>内　容</th></tr>
<tr><td rowspan="3">运球突破方法</td><td>2</td><td>换手运球
活动一：见“绳”换手 1
学生将跳绳折成一半的长度散点摆放在篮球场内，在场地内进行运球时见“绳”马上进行换手运球，提示学生在换手运球时要降低重心、眼睛观察、换手完成后迅速蹬地加速。
活动二：见“绳”换手 2
学生将跳绳打开散点摆放在篮球场内，在场地内进行运球时见“绳”后，需要向左或右移动运球最后从绳子的一端快速换手运球变向去往另外一条跳绳，提示学生在换手运球时要降低重心、眼睛观察、换手完成后迅速蹬地加速。
活动三：运球追逐
两人一组，一人无球慢跑(将手背在后面)，一人运球追逐。体验在运球过程中改变球的方向的技术要点(推球的后中部、眼睛观察周围环境)，互换角色练习 5～8 次。</td></tr>
<tr><td>3</td><td>运球“老鹰捉小鸡”
活动一：运球抢“绳”1
两人一组，将跳绳折三段后变成“尾巴”别于自己身后。两人一组通过运球抢“尾巴”的方式进行游戏，在运球过程中要利用身体合理护住球、在摆脱防守时用脚快速蹬地，手快速换手运球。
活动二：见“绳”换手 2
学生将跳绳打开散点摆放在篮球场内，在场地内进行运球时见“绳”后，需要向左或右移动运球最后从绳子的一端快速换手运球变向去往另外一条跳绳，提示学生在换手运球时要降低，重心、眼睛观察、换手完成后迅速蹬地加速。
活动三：运球追逐
五人一组，一人运球充当“老鹰”，进行“老鹰捉小鸡”游戏。在进行游戏时注意运球变向技术的合理使用，推球的后中部、眼睛观察周围环境，互换角色练习 5～8 次。</td></tr>
<tr><td>4</td><td>曲线运球
活动一：你逃我追
两人一组，一人围着一个大圆进行单脚跳逃跑，另一人在大圆线上运球追逐，如追逐者手触到逃跑者，则交换角色。
活动二：运球比拼
两人一组隔着一个大圆面对面站立进行石头剪刀布，胜方的同学追逐负方同学，同时两人必须在大圆线上进行移动运球，负方进行躲避，胜方尽量追逐触碰。
活动三：运球追逃
8 人一组，面对面围成一个圈，一人在圈外运球将球放到某一个同学的背后并迅速逃跑占位，同学发现后迅速运球追逐去触碰，如果失败便游戏继续。</td></tr>
</table>

续表

主题	课次	内容
比赛方法	1	接球得分比赛 活动一：抢球游戏 1 学生四人一组，在 8 米×4 米的小篮球场地里面。两人作为防守队员在中线上移动，另外两人通过运球传球的形式将球传给同伴，接球队员只能在底线上进行接球，互换角色练习 5～8 次。 活动二：抢球游戏 2 学生五人一组，在 8 米×4 米的小篮球场地里面。三人作为防守队员，其中两人在中线上移动防守，另外一人在场地内进行自由防守，接球队员只能在底线上进行接球，互换角色练习 5～8 次。 活动三：接球得分比赛 学生五人一组，在 15 米×7 米的小篮球场地里面。进行 5 对 5 的篮球接球得分比赛，其中一人在对方的底线进行接球成功为得一分。
	2	牵手防守比赛 活动一：抢圈游戏 1 学生 8 人一组，在 8 米×8 米的小篮球场地里面。两人一组牵手作为防守队员在场地内进行抢球，另外四人通过运球、传球的形式将球传给同伴，当防守方碰到球或者球传出规定区域须互换角色。 活动二：抢圈游戏 2 学生 8 人一组，在 8 米×8 米的小篮球场地里面。两人作为防守队员在场地内进行抢球，另外四人通过运球、传球的形式将球传给同伴(进攻一方只能在线上进行移动，不能进入场地内或出场地)，当防守方碰到球或者球传出规定区域须互换角色。 活动三：牵手防守比赛 学生五人一组，在 15 米×7 米的小篮球场地里面进行 5 对 5 的篮球比赛，其中一方拥有球权时，另外一方需要两人牵手、三人牵手进行防守，当防守方获得球权后，进攻方需要马上返回自己的底线进行两人牵手、三人牵手进行防守。
	3	背手防守比赛 活动一："遛猴"游戏 1 学生 8 人一组，在 8 米×8 米的小篮球场地里面。四人作为防守队员将手背在身后在场地内进行抢球，另外四人通过运球、传球的形式将球传给同伴，当防守方碰到球或者球传出规定区域须互换角色。 活动二："遛猴"游戏 2 学生 8 人一组，在 8 米×8 米的小篮球场地里面。四人作为防守队员将手背在身后在场地内进行抢球，另外四人通过运球、传球的形式将球传给同伴(进攻一方只能在线上进行移动，不能进入场地内或出场地)，当防守方碰到球或者球传出规定区域须互换角色。 活动三：背手防守比赛 学生五人一组，在 15 米×7 米的小篮球场地里面。进行 5 对 5 的篮球比赛，其中一方拥有球权时，另外一方所有队员需要将手背在身后进行防守，当进攻方完成一次投篮或者球出界时，交换球权。进攻方需要马上返回自己的底线进行背手防守。

续表

主题	课次	内　容
比赛方法	4	区域防守比赛 活动一：区域防守游戏1 学生7人一组，在8米×8米的小篮球场地里面。三人作为防守队员在场地内进行抢球，另外四人通过运球、传球的形式将球传给同伴，当防守方碰到球或者球传出规定区域须互换角色。 活动二：区域防守游戏2 学生7人一组，在8米×8米的小篮球场地里面。三人作为防守队员在场地内进行抢球，另外四人通过运球、传球的形式将球传给同伴(进攻一方只能在线上进行移动，不能进入场地内或出场地)，当防守方碰到球或者球传出规定区域须互换角色。 活动三：背手防守比赛 学生五人一组，在15米×7米的小篮球场地里面。进行5对5的篮球比赛，其中一方拥有球权时，防守一方必须安排两人在对方半场进行防守，其余三人在本方半场进行防守。当交换球权时，进攻方需要马上调整两人在对方半场进行防守，其余三人在本方半场进行防守。

专项运动技能篮球运球启动方法大单元整体设计一共以五大主题、20个课时作为承载。在具体操作过程中可以根据不同的学习情况进行合理的拆分和构建，以更加符合学情的实际需要。接下来，就第二主题中第三课时进行详细的说明(见表2-12)。

表2-12　专项运动技能完整课例设计

课例名称	专项运动技能	学段	水平二
教学内容	篮球——运球与游戏		
素养目标	1. 全体学生在“找朋友”游戏中唱着儿歌边手运球，另一只手与同伴完成敬礼、握手、再见的动作而且球不掉，60%以上的学生能在“双手并用”游戏中做到一手运球一手拿丝巾写出字母、名字、画圆且球不掉，知道手运球时五指张开、掌心空出、球像黏在手上一样等动作要领。发展学生左右手协调能力和手掌控物体的能力，发展灵敏性、协调性和速度等体能。 2. 积极地参与游戏，学会游戏方法并向课后延伸，养成良好的锻炼习惯，在游戏中体会与人合作和对抗的感受，保持良好的心态，与同伴形成良好的人际交往关系。 3. 通过参与游戏，建立规则意识，在规定范围内进行游戏，不故意推搡、冲撞同伴，能找到安全的活动空间，游戏中努力拼搏，挑战自我，尊重对手，形成正确的胜负观。		
准备部分	活动一：师生问好，用视频直接导入本课主题，解读本节课的学习目标，鼓励学生树立完成目标的信心。对学生进行安全教育提示，确保运动安全。 活动二：组织学生在场地安全地进行手运球，观察场地，强调安全距离，通过喊数如“1或2……”变换手势、加减法等方式，给学生提供游戏信号。 活动三：用身体的不同部位活动，用头写出自己的名字、用肩膀画一个大圆等。		

续表

课例名称	专项运动技能	学段	水平二
基本部分	活动一："找朋友"游戏 "找朋友"游戏对照儿歌"找朋友"手运球的同时，另一只手找同伴完成"敬礼、握手、再见"等动作并做到手运球球不掉。 活动二："双手并用"游戏 学生挑战一手运球，另一手持小丝巾，用小丝巾画数字、画圆、名字等，球不掉为成功。 活动三：你追我跑 小组为单位，将小丝巾别在裤子后面当"尾巴"，边运球边用另一只手抢夺对方的"尾巴"。 活动四：鱼儿快跑 运球"网鱼"游戏，学生三人一组牵手成网，通过跑动去"网"运球的"鱼"。		
结束部分	活动一：回顾课堂学习内容，师生之间交流沟通。 活动二：在音乐的节奏下做各种形式的牵拉和放松练习。 活动三：教师布置拓展作业以及安排学生收拾器材。		
课例解析	本课例用手运球的技术要点穿插于游戏中，在运球游戏过程中，通过强调抬头、五指分开、掌心空出等技术要点来指导学生学练。其次通过辅助物体(小丝巾)结合运球，一只手持小丝巾、一手运球，换手运球，同时换手接丝巾，要在丝巾落地前接住。边运球边用另外一只手用丝巾写出"110""119""120"等报警电话。通过多种练习不仅提升学生运球技术而且发展学生灵敏、协调能力，同时强调其技术的动作要领，运球时两膝微屈、将球控制在身体周围等，给学生的练习中增加一定难度，进一步激发学生练习兴趣，提升技能。最后通过将学生分成两组，每个学生把小丝巾别在裤子后面当"尾巴"，在规定场地内运球，一边运球一边抢夺其他同伴的"尾巴"。 由易到难将技术学习和运用完美地结合，以技术为核心，一步步探索、发现、思考最后获得"真知"，潜移默化地渗透了篮球运动的本质。从《手运球与游戏》课例可以看出教师、学生活动都有一个比较清晰的思维方式，而且在课堂中教师不断地激发学生去建构思维、挑战课堂。课例中有熟悉球性、各种方式的手运球练习、手运球挑战练习等由易到难地建构学习过程。其次学习材料的意义，无意义的动作技能或者单一的动作技能练习非常的困难和枯燥，形成不了联接，但把它置于有意义的环境中学练，或者同课堂之外的生活体验关联起来，就会变得容易练习或更具有意义。课例中教师让学生知道手运球的基本知识、体验并初步掌握手运球的动作和方法、积极参与手运球的多种游戏和比赛等流程，在一定程度上让手运球动作变成"活生生"的有生命的存在，不是孤立的，必须与其他技术动作连接才有存在的意义，也让学生的思维方式、学习条件的建构生成了"土壤"。 最后是知识的整理。不是罗列式地灌输知识，而是系统化地归纳成彼此关联的事项，了解学习内容的整体，形成框架。课例中将运动技术学习、掌握、运用的思维主线埋藏在课堂教学中，完成整理技术动作的学习为核心的教学。		

(六)跨学科主题学习大单元整体教学设计

跨学科融合一直是学生提高运动能力、学习健康知识和传承中华优秀传统体育的重要方式和途径。体育与健康课程应融合多门课程，充分发挥各学科综合育人功能，促进学生全面发展。体育与健康课程的跨学科主题学习部分主要立足于核心素养，结合课程的目标体系，设置有助于实现体育与德育、智育、美育、劳动教育和国防教育相结合的多学科交叉融合的教学内容。因此，在进行跨学科主题学习的大单元整体教学设计时，要坚持以体育与健康课程核心素养为主线，确定基于真实情境下的大单元教学设计理念，始终把比赛的意识融入教学活动当中，从比赛的实战出发，深入挖掘技术动作在比赛中的应用时机和情境，让学生在真实比赛情境下学习和磨炼，最终能够分析和判断在比赛中发生的情况，并根据实际情况决定下一步的行动，形成体育学科整体思维。

本单元整体设计结合课程标准水平二的内容要求、学业要求和教学提示进行大单元开发。在大单元中，结合“钢铁战士、劳动最光荣、身心共成长、破解运动的密码、人与自然和谐美”五方面的内容进行有效衔接。此外，为了保持学习的持续性和项目学习的完整性，将单元内容放在一个学期内完成，以提高教师对教学内容整体性的认知和把握能力，进而有利于设计进阶性的教学目标和层次性的教学内容，实现“以生为本”，优化学生学习、发展的路径。

本单元从单元结构上分析，“钢铁战士”为大单元第一阶段的主题。让学生尝试多学科知识解决问题，提高综合实践能力，焕发爱国热情。“劳动最光荣”为大单元第二阶段的主题。激发学生学习兴趣，增强学生的劳动意识和劳动技能，促进学生体能发展。将“身心共成长”作为落实大单元的第三阶段主题。创造性地将体育教育与身体教育相结合，以谜语导入的设置开启课堂，激发学生学习兴趣。“破解运动的密码”为大单元第四阶段的主题。通过投掷垒球单元教学，我们可以将物理的抛物线知识渗透给学生，和学生一起探讨决定投掷远度的影响因素，从技术结构分析决定实心球飞行远度的几种因素。将“人与自然和谐美”作为落实大单元的最后一个阶段的主题。通过对游泳的学习，引导学生观察并描述大自然中的各种现象，增进对自然的认识，感受人与自然的和谐之美，体验体育活动的趣味性，加深对运动美的理解，增强热爱自然和保护环境的意识。以“教会、勤练、常赛”为抓手，建构“学、练、赛”一体的课堂教学体系，真正“教会”学生体育与健康知识和技能，并把体育锻炼作为生活中不可或缺的一部分(详见表 2-13)。

表 2-13　跨学科主题学习大单元教学设计(水平二)

主题	课次	内容
钢铁战士	1	了解历史背景 活动一：长征故事 了解历史背景，观看长征相关视频导入本课主题，解读本节课的学习目标，通过分小组依次完成“过草地”“翻雪山”“四渡赤水”三个障碍跑内容，最后顺利会师，让学生尝试多学科知识解决问题，提高综合实践能力，焕发爱国热情。
	2	听信号做反应 活动一：听数做出反应 在教师的带领下，围成圆圈慢跑，教师站在圆圈中喊数，喊“1”时学生逆时针跑，喊“2”时学生逆时针侧着并步跑，喊“3”时学生逆时针向前跳，喊“4”时学生原地踏步。注意：跑步过程中，听教师的口令进行各种形式跑，动作要协调，腿部及身体各关节都要放松。 活动二：抢车位 4 人一组，站在同一起跑线，距离起跑线 30 米处有事先画好的 3 个车位，这 30 米的距离中，有很多用标志物、垫子等设置的障碍物，听到“跑”的口令后，站在起跑线上的 4 名学生跳、跨、翻、爬等姿势通过障碍冲过 30 米去抢车位，每一名学生只准占一个车位，最后一名同学没有抢到车位，将模仿小动物。初步体验障碍跑，提高身体协调能力。
	3	重走长征路 活动一：过草地 将学生分成均等的四个小组，每组按照要求有序地通过规定区域，然后利用所提供的三个体操垫依次爬过“草地”，不能爬出“草地”以外的位置。 活动二：翻雪山 将学生分成均等的四个小组，每组队员依次越过木箱，中途有未翻过障碍者，需重新翻越，直至本组队员全部到达才算结束。 活动三：四渡赤水 将学生分成均等的四个小组，每组队员依次跨过折叠成拱形的体操垫，中途有未跨过障碍者，需重新跨过直至本组队员全部到达才算结束。
劳动最光荣	1	快乐丰收节 活动一：快乐丰收 以“劳动最光荣”为跨学科主题，通过“双人抛接轻物”为教学内容，创造性地将体育教育与劳动教育相结合，创设故事情景，以巧妙的问题设置开启课堂，邀请学生们到果园里帮忙采摘，激发学生学习兴趣，增强学生的劳动意识和劳动技能，促进学生体能发展。
	2	角色扮演 活动一：老狼老狼几点了 将学生分为四个小组，并在每个场地一端画一条横线，学生站在线后边成一横排，请一个学生当“老狼”，站在横线前面。游戏开始时，学生与扮“老狼”的人一同往前走，并齐声问：“老狼老狼几点了？”“老狼”回答：“两点了。”这样继续下去，直至“老狼”回答：“天黑了”时，学生就转身向横线跑，“老狼”转身就追，但不得过横线，在横线前被捉到的为失败者。玩过几次，可另选出一人当“老狼”，游戏重新开始。

续表

主题	课次	内容
劳动最光荣	2	活动二：保龄球 创设帮助果农除草情境，把学生分为均等的四组，将10个饮料瓶摆放成正三角形，游戏开始后队员手持排球站在划定的警戒线外，当哨声响起后持球队员采用地滚球的方式，以击倒饮料瓶的多少来计分。每人一次击瓶的机会，每组累计各成员成绩加总多者胜出。成绩相同可进行决赛。
	3	各种形式摘果实 活动一：摘果实 设置几根胶带拉长两端，并固定在空中，可设置不同的高度，胶带上粘数个纸团，作为“果实”，学生通过跳跃的形式依次采摘果实，以提高学生的身体协调性和灵活性。 活动二：以抛接形式放果实 两人一组保持一定的距离相对站立，一人拿球抛，一人抱标志桶进行接球，多次练习后，互相交换角色进行游戏。抛接练习中，教师将道具球比喻成西瓜，标志桶比喻成丰收筒，生动形象，营造了轻松快乐的学习氛围，让学生在学习过程中充满劳动的乐趣。 活动三：搬运果实 将学生分为均等的四组，从起跑线开始，搬运的学生双脚蹲下，双手撑在背后，把球放到肚子上，慢慢运至前方十米处的收纳筐中，学生们以小组接力的方式，进行搬运西瓜，最先完成的队伍获胜。
身心共成长	1	猜谜语 活动一：(猜部位) 教师：同学们喜欢猜谜语吗？今天老师给同学们带来了一个谜语，“上边毛，下边毛，中间有颗黑葡萄，有它可以看书报，有它可以看世界。” 学生：眼睛。 教师：“同学们真棒，谜底是眼睛。” 活动二：(模仿操) 用一首《小眼睛》的儿童歌曲，模仿视频，活动身体各部位。
	2	“找朋友” 活动一：找朋友比多 教师：下面，我们一起来做一个游戏，游戏的名字叫“找朋友”，请一位学生上讲台，然后让这位同学以最快的速度去找他的好朋友，看看他有多快，要用多长时间。然后用事先准备好的眼罩蒙住他的眼睛，让他再去找这位同学，看看他用多少时间。将眼罩去除，请这位同学自己说说两次找人在时间上有什么不同，原因是什么？ 学生：因为第一次可以看着路，第二次眼睛被蒙上了，什么也看不见了。 教师：同学们，眼睛在这个游戏中起了很大的作用，在日常生活中你们是不是也会用到眼睛呢？谁来说一说你都有哪些事要用到眼睛。 学生：看电视、走路、学习、看书…… 教师总结：通过刚才同学们的发言和老师的小信息我们可以看出来，眼睛不仅仅是作用大，而且非常重要，这么重要的眼睛我们应该怎么来对待它呢？对，要好好地保护它。

续表

<table>
<tr><th>主题</th><th>课次</th><th>内 容</th></tr>
<tr><td>身心共成长</td><td>3</td><td>案例分析
活动一：科学用眼
教师：今天老师带来了一位“小黄帽”同学，让我们一起来看一看他是如何用眼睛的，大家在看时要认真观察，看完后我要请同学说一说“小黄帽”这样做对吗？哪些地方不对？
提问题：小黄帽有哪些不科学的用眼？
活动二：用眼儿歌
教师：同学们，今天我们讲保护眼睛是因为我国青少年儿童近视眼的发展趋势让人担忧。所以，同学们在以后的生活、学习中，既要用好眼睛，又要用心保护好眼睛，为了方便大家记忆，老师为大家带来了保护眼睛的儿歌。
保护眼睛真重要，小同学们要记牢。
坐姿端正不躺卧，强光弱光不读书，
放眼远望消疲劳，多吃蔬菜眼睛亮，
眼保健操常常做，危险游戏要远离，
明亮眼睛是件宝，时刻保护要牢记。
活动三：拓展延伸
教师总结：同学们，我们有明亮的双眼可以看见灿烂的太阳，皎洁的月亮，蓝蓝的天空，绿绿的小草，但是生活中有些人因为疾病的原因，要一辈子生活在黑暗中，他们中的好多人，虽然眼睛看不见了却依然快乐地生活着。
老师讲解奇奇的故事，让同学们说一说应该怎么去帮助盲人。</td></tr>
<tr><td rowspan="2">破解运动的密码</td><td>1</td><td>了解运动密码
活动一：抛物有弧度
通过观察、演讲、分析、绘图等活动引导学生了解不同学科知识与方法对运动技能学练和运用的作用。在投掷垒球教学中，教师可以将物理的抛物线知识渗透给学生，和学生一起探讨决定投掷远度的影响因素，从技术结构进行分析，决定实心球飞行远度的几种因素。
活动二：投物比远
每人手持一个小纸团进行投远比赛，看谁投得又高又远。在练习中教师要提示学生投出弧度像彩虹，出手速度要快。</td></tr>
<tr><td>2</td><td>合作、探究运动密码
活动一：“石头、剪刀、布”
侧向站立，手臂后引，右腿微屈，出“石头、剪刀、布”的时候蹬地转体手臂背后过肩，肘部向前，然后挥臂做出动作(以右手为例)，以建立转、挥的初步印象，使上下肢协调用力。
活动二：看谁弹得高
首先，正面快速挥臂，向地面用力投球，看谁的球反弹得高；其次，加转体的快速挥臂，让学生自己判断哪种方法弹得高；最后，加蹬地转体的快速挥臂，再进行比较判断。为提高学生的快速挥臂能力，进一步感知“转”“挥”的发力顺序，游戏练习可以让学生进一步体验快速挥臂动作，发展身体协调能力。</td></tr>
</table>

续表

主题	课次	内 容
破解运动的密码	3	实践参与 活动一：打沙包 教师将学生分成两组，一组进攻，一组防守，防守的同学被打倒淘汰，看哪一小组能够获得胜利。要求：注意安全，不要打到学生脸部。 提问学生，打沙包和投掷垒球有什么相同点？ 活动二：远度投掷 教师在场地上设置不同线的远度，4米、3米、2米，4米优秀，3米良好，2米及格，学生根据自己能力进行投掷，教师进行指导、总结归纳要点。 活动三：投准趣味练习 进行投准比赛，同学们分成四组，每组人数相同，每一名同学有一次机会，哪一组投中最多为胜利。
人与自然和谐美	1	争分夺秒 活动一：争分夺秒 参赛队员一路纵队站在起跑线后，比赛开始后拿空水杯在水桶中盛满水后向前跑至折返点返回，途中将水杯中的水倒入空水瓶中，将水杯交给下一个人，依次进行。比赛时间3分钟，比赛结束以各组水瓶中水的多少判定名次，水多的组为胜。
	2	水性练习 活动一：熟悉水性 1. 手扶池边水中行走(向前、向后、向侧行走；跳跃式行走) 2. 水中呼吸(闭气、呼气、连贯呼吸)快吸—稍闭—慢呼—猛吐 3. 抓岸呼吸配合蹬腿漂浮 活动二：泼水节 所有练习者，水中相对站立，间距约1米，听到信号后用手朝对方撩水，不能前进也不能后退，不可用手捂脸、不可背向对方，体会满脸淌水的情况下进行快速短促的换气。

跨学科主题学习大单元整体设计一共五大主题，以15个课时作为承载。在具体操作过程中可以根据不同的学习情况进行合理的拆分和构建，以更加符合学情的实际需要。接下来，就第一主题“钢铁战士”中第三课时进行详细的说明与解析(见表2-14)。

表2-14　跨学科主题学习完整课例设计

课程内容	跨学科学习	水平阶段	水平二
内容	田径——障碍跑与游戏		
素养目标	1. 通过“快速往返”“你投我跑”，让90%以上的学生说出不同形式的起跑方式，并且掌握站立式起跑动作要领；通过“你追我跑”“护宝闯关”让学生体会不同形式跑的动作，发展灵敏性、协调性、速度、力量等体能。 2. 通过游戏及比赛，激发学生运动兴趣，增强同伴之间的关系，养成良好的运动习惯，并且在课后能够运用所学积极地参与体育运动。		

续表

课程内容	跨学科学习	水平阶段	水平二
	3. 在游戏及比赛中，提醒学生遵守游戏规则，时刻观察周边环境，注意避让，很好地培养了规则意识和安全意识。比赛中，学生相互合作，挑战自我，培养了团结协作、勇于拼搏的优良品质。		
准备活动	活动一：过草地——将学生分成均等的四个小组，每组按照要求有序地通过规定区域，然后利用所提供的三个体操垫依次爬过“草地”，不能爬出“草地”以外的位置。 活动二：翻雪山——将学生分成均等的四个小组，每组队员依次越过木箱，中途有未翻过障碍者，需再重新翻越，直至本组队员全部都到达才算结束。 活动三：四渡赤水——将学生分成均等的四个小组，每组队员依次跨过折叠成拱形的体操垫，中途有未跨过障碍者，须再重新跨过直至本组队员全部都到达才算结束。		
基本部分	活动一：在体验中，学生会出现各种各样的情况，面对不同障碍物应如何应对。此时，教师提出假设，学生思考，进一步让学生通过自主、合作、探究的方式，掌握教学中的重难点。 活动二：抢车位规则，4 人一组，站在同一起跑线，距离起跑线 30 米处有事先画好的 3 个车位，这 30 米的距离中，有很多用标志物、垫子等设置的障碍物，听到“跑”的口令后，站在起跑线上的 4 名学生跳、跨、翻、爬等姿势通过障碍冲过 30 米去抢车位，每一名学生只准占一个车位，最后一名同学没有抢到车位，将模仿小动物。初步体验障碍跑，提高身体协调能力。 活动三：四人一组，进行障碍物的练习，体验在通过不同障碍物时的技术方法。		
结束部分	活动一：回顾课堂学习内容，师生之间交流沟通。 活动二：在音乐的节奏下做各种形式的牵拉和放松练习。 活动三：教师布置拓展作业以及安排学生收拾器材。		
课例解析	该课例是以水平二障碍跑及综合运用为单元的技能提升课，以“重走长征”为背景，引导学生模拟长征中的场景，开展不同障碍跑的学练。(1)通过学练，学生了解和运用与国防相关的历史、地理、安全等知识并结合不同长征情景与障碍跑相关的体育与健康知识，知道障碍跑中的“爬、翻、跨”的动作要领，并能知道游戏的练习要求和方法。(2)通过比赛，学生较好掌握障碍跑中“爬、翻、跨”的技术动作，并能根据场地障碍物布置合理运用技术，快速通过障碍物。(3)学生在游戏中，相互学习、相互鼓励，表现出良好的集体观念和拼搏精神，也培养了学生的国防意识和爱国主义精神。 以“教会、勤练、常赛”为抓手，建构“学、练、赛”一体的课堂教学体系，真正“教会”学生体育与健康知识和技能，并重视学生把体育锻炼作为生活中不可或缺的一部分。		

总之，大单元教学中包括基本运动技能、体能、规则与裁判、学生的展示与比赛、观赏与评价和体育学习思维，帮助学生养成健康的行为习惯、良好的体育品格。在构建大单元时要将课程总体目标、多个知识目标、多课时、情境、活动、学生学习、教师指导和评价等组织成为一个课程，注重学生在真实情境中解决问题的能力。特别是要注意采用同一目标、多课时实施的方式。在构建过程中，要从学科逻辑、活动逻辑走向学习逻辑，以学习者为中心、以高阶位的素养目标为导向，依据大观念、大问题、大任务来组织学生的学习单元。

以“立德树人”为根本任务，坚持“健康第一”教育理念，基于“学会、勤练、常赛”的理念，在课堂教学中以真实情境的学习方式，激发学生主动参与体育运动的意识与习惯，以基本的单一技术和简单的技战术组合学习为主线，关注个体差异，从而达到帮助学生在体育大单元学习中享受乐趣、增强体质、健全人格、锤炼意志的目的。

第三节　小学体育与健康教学原则

一、教学原则的概念

由于教学目的和教学实践面临的课题不同，以及教育家的哲学观点和对教学过程规律的认识不同，所制定的教学原则就有所不同。古今中外教育著作中提出的教学原则的名称、数目、内容和体系纷繁不一。例如：夸美纽斯依据感觉论的认识论和当时发展起来的一些自然科学知识来论证他的教学原则。第斯多惠是从学生、教材、教学条件和教师等方面提出他的“教学规则”。赞科夫从教学促进学生一般发展着眼，提出了高难度、高速度、理论知识起主导作用、使学生理解学习过程、使全班学生得到发展等教学原则。布鲁纳依据认知派的结构主义心理学，提出动机原则、结构原则、程序原则、反馈原则，等等。

教学原则是根据教育教学目的，反映教学规律而制定的指导教学工作的基本要求。它既指向教师的教，也指向学生的学，应贯穿于教学过程的各个方面和始终。教学原则反映了人们对教学活动本质性特点和内在规律性的认识，是指导教学工作有效进行的指导性原理和行为准则。教学原则在教学活动中的正确和灵活运用，对提高教学质量和教学效率发挥着一种重要的保障性作用。

二、体育与健康教学原则

体育与健康教学原则在体育与健康教学中具有重要意义。教师要有效地进行体育与健康教学，顺利完成体育与健康教学任务，就必须遵循体育与健康教学原则，并把它们贯彻到教学实践中去。只有这样，才能提高学校的教学质量，实现教育目的。

(一)体育与健康教学原则的内涵

1. 体育与健康教学原则的概念

体育与健康教学原则是实施体育与健康教学最基本的要求，是保持体育与健康教学性质的最基本因素，是判断体育与健康教学质量的基本标准。体育与健康教学原则必须体现于体育与健康教学活动的任何方面，贯穿于体育与健康教学过程的始终。教学原则在教学论中占有重要地位，只有正确认识和运用它，才有助于提高教学质量。

2. 体育与健康教学原则的含义

从体育与健康教学原则的概念中，可以了解体育与健康教学原则具有以下三层含义：

①体育与健康教学原则是众多体育与健康教学要求中最基本的内容；

②体育与健康教学原则最具有体育与健康教学特征的性质；

③实施体育与健康教学时必须遵循这些原则。

(二)体育与健康教学原则的依据

1. 理论基础

哲学、心理学和现代系统理论是制定教学原则的三大理论基础。哲学是研究世界观的学问，它在方法论上指导着体育与健康教学原则的研究和运用，所以它是可作为体育与健康教学原则的重要理论基础。社会主义的体育与健康教学原则，须坚持以马克思主义哲学即以辩证唯物主义和历史唯物主义作为理论基础，以运动的、联系的、全面的和历史的观点看待、分析和运用教学原则。

体育与健康教学原则的另一理论基础是教育心理学。体育与健康教学对象是学生，不了解学生的心理，不遵循学生的身心发展规律，就难以提高教学质量。因此，教育心理学是体育与健康教学原则的最直接的理论基础。

随着时代的发展，现代系统理论(包括信息论、控制论和系统论)与教育、教学的关系越来越密切。教学活动可以说是信息的传递与接受过程；教学活动也是一项系统工程，存在着整体与部分的关系。因此，现代系统理论也是制定体育与健康教学原则重要的理论基础。

2. 主要依据

(1)体育与健康教学原则是体育与健康教学实践经验的概括和总结。

自从体育成为学校教育的组成部分之后，人们一直围绕着如何更好地完成体育与健康教学目标，提高体育与健康教学质量而进行不断的探索。在长期的体育与健康教学实践中，人们不断地总结成功的经验和失败的教训，探究其中的规律，久而久之，就形成一系列体育与健康教学原则。

(2)体育与健康教学原则是体育与健康教学客观规律的反映。

体育与健康教学原则虽然是人为拟定，但却是体育与健康教学过程客观规律的反映，无论什么类型的体育与健康教学，无论国内国外的体育与健康教学，都有一些共同的、不以人们意志为转移的客观规律。教师依据这些客观规律来进行体育与健康教学实践。

(3)体育与健康教学原则仍然在不断发展和完善。

由于体育与健康教学原则是根据人们对体育教规律的认识而制定，所以对于体育与健康教学规律的认识受到人们认识水平的制约。随着认识的不断深入和全面，体育与健康教学原则将会不断发展完善，应与时俱进地不断探讨和研究。

(三)体育与健康教学原则的作用

1. 明确教学任务要求

体育与健康教学原则作为体育与健康教学工作的基本要求和体育与健康教学规律的具体体现，是对体育与健康教学工作的核心要求，因为以体育与健康教学原则来体现的教学要求具有很强的概括性，也更加生动和准确，各级教学指导单位可以依据体育与健康教学原则向教学的实施者提出明确的要求。可以说，体育与健康教学原则是对体育与健康教学工作的最基本要求，是教师进行体育与健康教学所不能打破的最低底线要求。

2. 帮助厘清工作思路

在体育与健康教学过程中，教师涉及的教学工作很多，有对体育与健康教学内容的选择与安排，有对学生的调动与管理，有对教学条件的准备与优化，有对教学情景的组织与设计等。但只要教师把体育与健康教学原则铭记在心，就会有明确的工作准则和思路。教师只要遵循了体育与健康教学原则，其教学工作就是基本正确的，体育与健康教学质量就得到基本保证。反之，违背了体育与健康教学原则就会降低体育与健康教学效果，就会劳而无功。

3. 扩展教学观察视角

由于体育与健康教学原则是对体育与健康教学工作的基本要求，一般来说遵循体育与健康教学原则的教学会呈现出合理的外部特征，不遵循体育与健康教学原则的教学会呈现出不合理的外部特征。因此，要用各项体育与健康教学原则作为“视角”和“焦点”观察该教学的外部特征，从而来观察和评价体育与健康教学的合理性。换句话说，体育与健康教学原则的贯彻与否也可以从外观上进行观察，可以观察和评价的教学要求可以作为体育与健康教学原则，否则就不适合作为体育与健康教学原则。

4. 丰富教学评价标准

评价体育与健康教学也牵涉方方面面内容，在实践中还经常出现“公说公有理、婆说婆有理”的现象。只要用公认的“体育与健康教学原则”来评价体育与健康教学时，就会有清晰和简明的标准①。

(四)新课程标准下小学体育与健康教学原则

1. 身心健康全面发展原则

身心健康全面发展原则是体育与健康教学中的核心理念，旨在促使学生身体各部位、器官系统的功能、各种身体素质和基本活动能力，以及心理素质等得到全面协调的发展。这一原则贯彻了“健康第一”教育理念，对于推动体育与健康教育的有效实施至关重要。

体育与健康教学作为实现学校教育目标的基本组织形式，必然遵循“健康第一”教

① 毛振明．体育教学论(第三版)．北京：高等教育出版社，2017.

育理念，始终以学生的健康发展为出发点，确保学生身体的各个器官、系统、各种身体素质和能力以及心理素质得到全面协调的发展。

强调学生整体素质的全面发展与当代教育教学改革的基本精神和教学目标是一致的。在教学原则的体系框架中，突破以知识为主的教学范式，既注重引导学生掌握知识和培养能力，又关注发展非智力因素和个性品质，以促进学生的全面和谐发展，这已成为当前教学原则研究及其发展的重要趋势之一。例如，"情景性原则""情感性原则""兴趣先导原则"等原则的提出，以及建立适应素质教育的体系，如"身心全面发展原则""为终身体育打基础原则""综合评价原则"等，都为教育实践提供了有力的指导。

因此，为了充分发挥体育与健康教学在学生全面素质发展中的作用，需要在教学过程中注重培养学生的身体素质、运动技能和心理素质。教育者应该设计多样化的学习情境，激发学生的兴趣和情感参与，引导学生在积极、愉悦的氛围中进行体育活动。此外，综合多元化评价方法也应被采用，以全面了解学生在身体、技能、情感和认知等方面的发展情况。通过这样的教学实践，以更好地促进学生的整体发展，为学生终身的体育与健康发展打下坚实的基础。

2. 人文精神原则

"人文精神"体育与健康教学是指体育与健康教学不但向学生传授体育与健康的科学理论知识、技术和技能，又要发展学生的认知、情感、理智和行为，实现学生的价值和尊严，培养学生的注意力、意志品质，突出学生的个性特征，提高学生的社会适应能力，增强学生的心理健康和身体健康①。

"人文精神"原则是体育与健康教学中的重要教学原则，其核心是以满足学生的需求为重点，以学生的全面发展和提高为目标。在贯彻这一原则时，需要将学生的身份定位在"人"上，尊重学生的人格和尊严，关注学生的兴趣和爱好。教师应该认识和尊重学生的生长和发育规律，并减少外部强制力量对学生的约束，充分发挥学生的自主发展能力。此外，可以在体育与健康教学中将"人文精神"与"科学精神"相结合，综合培养学生的理性和非理性因素。体育与健康教学不仅传授科学理论知识和技术，还培养学生的情绪控制能力、注意力集中能力、意志品质等非理性因素。这需要在教学过程中采用既能传授知识又能培养非理性能力的方法和手段。教学环境也应体现人文性，建立和谐、融洽的师生关系的同时，注重师生之间的情感沟通和关爱。

体育与健康教学应以人为中心，关注学生的全面发展和需求满足。在教学过程中，科学精神和人文精神应相结合，注重培养学生的理性和非理性因素。同时，教学内容、方法、环境和师生关系都应体现人文性，以促进学生的积极参与和全面发展。

3. 教与学相统一原则

随着人们对教学本质认识的深入，对传统体育与健康教学原则的片面性提出了诸

① 田彤．"人文性"体育教学原则研究．中国体卫艺教育论坛，2007(7)．

多批评，纷纷指责教学过程重教轻学，传统体育与健康教学原则的提出也多局限于对教师的“教”作规定，而没有对学生的“学”作指导。因此，要从教学的双边性和统一性出发，既重视对教师“教”的原则的研究，又重视对学生“学”的原则的探讨。只有明确了为学而教的思想认识，才能彻底改变教学中为知识而教的“满堂灌”的局面。因此，必须重视体育教与学相统一原则。体育与健康教学中的“教与学相统一”原则是指教师和学生在教学过程中相互作用、相互影响，共同参与并推动学习的发展。这一原则强调教学是一个动态的过程，教师和学生之间的互动和合作是促进学生学习和发展的关键。教与学相统一原则的核心理念是将教学过程中的教与学看作不可分割的整体，而不是孤立的两个单元。教师既是教学的主导者和引导者，同时也是学生学习的参与者和合作者。学生则不再是被动接受知识的对象，而是积极主动地参与学习，与教师共同构建知识和经验。

在贯彻教与学相统一原则时，教师需要具备以下几个方面的能力和做法。

①理解学生需求；

②设计启发式学习任务；

③促进合作与互动；

④提供及时纠正和反馈；

⑤引导自主学习；

⑥反思与调整。

4. 终身体育和发展性原则

体育与健康教学中要激发和培养学生的兴趣、满足他们体育与健康的需要；要使学生获得快乐、积极的情感体验；要使学生不拘泥于传统的体育与健康教学的知识传递形式，加深对体育原理的理解和运动体验、发展个性、活跃身心；要培养学生自律、自强、自信和自我发展。终身体育和发展性是指通过体育活动和运动的参与，促进个体的身体健康和全面发展的原则。这两个原则强调了体育在个体生活中的长期重要性和对个体全面发展的积极影响。具体而言，终身体育原则强调体育活动应该成为一个人终身参与的习惯，而不仅仅是一段短期的经历。这个原则的目的是鼓励学生在整个生命周期中持续地从事体育活动，以维持身体健康和提高生活质量。发展性原则强调体育活动对个体全面发展的积极影响。体育运动不仅仅是身体锻炼，还有助于培养个体的认知、社交、情感和技能等方面的发展。

5. 师生双向积极性原则

师生双向积极性的原则是体育与健康教学中的一项重要原则，它强调教师和学生之间建立积极的相互作用和互动。这一原则鼓励教师和学生之间的互动关系，促进有效的学习和教学过程。体育与健康教学的教和学相互依存、相互促进。教师的教起主导作用，它表现在教学方案的执行和教学过程的调节和控制上。学生的自觉性取决于教师的指导、传授、调节和控制以及自我的调节和控制。教学的最优化来自师生双向的积极性。

6. 综合性评价原则

综合性学习评价原则强调评价体系应该具备激励和反馈功能，并且要构建多维的评价内容、多样的评价方法以及多元的评价主体。

(1)多维的评价内容。

综合性学习评价原则强调评价内容应该围绕核心素养展开。这包括关注学生的基本运动技能、体能和专项运动技能，以及学习态度、进步情况和体育品德等方面。通过评价不同维度的内容，可以全面了解学生在体育和健康方面的发展情况，从而促进其全面发展。

(2)多样的评价方法。

综合性学习评价原则强调评价方法的多样性。评价不应仅限于传统的定量评价方法，还应包括过程性评价与终结性评价结合、定性评价与定量评价结合、相对性评价与绝对性评价结合。多样性的评价方法可以更好地捕捉学生的学习过程和表现，同时避免单一评价方法的局限性。

(3)多元的评价主体。

综合性学习评价原则强调评价主体的多元化。除了体育教师作为主要评价者外，还鼓励学生、其他学科教师、家长等参与到评价中。这样的多元评价主体可以提供不同角度和视角的评价意见，丰富评价过程，并促进学生参与和自主学习的发展。

(4)明确可操作的学业质量合格标准。

综合性学习评价原则强调制定明确、具体、可操作的学业质量合格标准。其目的是为教师提供指导，帮助他们进行有效的教学，同时为学生提供明确的学习目标。合格标准应该具备可操作性，能够准确衡量学生的学习成果，引导他们朝着目标不断努力。

7. 因材施教原则

因材施教原则是指在体育与健康教学中要贯彻“面向全体学生”的精神，根据每位学生的具体情况，实施各不相同的、有针对性的教育，使每位学生的运动技能和身心健康都能在各自的基础上得到充分的发展。因材施教原则是依据体育与健康教学受制约于学生身心发展的特点规律提出的。学生身心发展在一定年龄阶段上虽然具有一定的稳定性和普遍性，但是由于学生的发展受遗传、生长环境等因素的影响，同一年龄段学生的身心发展又表现出很大的差异性，因此，体育与健康教学需要充分考虑这些个体的差异，坚持因材施教的原则，争取使每位学生都得到平等的教育和充分的发展。其基本要求如下。

①深入细致地研究和了解学生；

②正确看待和引导学生对待个体差异；

③通过各种体育与健康教学组织形式创造因材施教的条件；

④采用各种体育与健康教学方法进行因材施教；

⑤把因材施教与统一要求结合起来。

8. 学生主体性原则

学生的主体性是指在体育与健康教学活动中，作为学习主体的学生在教师的教授、指导和引导下所表现出的积极态度以及有独立性和创造性的学习行为，具体而言是指学生在学习过程中扮演主动参与和控制自己学习的角色，强调学生不仅是知识的接受者，而且是知识的构建者和应用者。

(1)对学生而言：

①学生在体育学习过程中的自主性；

②学生在体育学习过程中的能动性；

③学生在体育学习过程中的创造性。

(2)对教师而言：

①教师要教授的目标转化为学生的学习目标；

②教师和学生共同拥有体育教材；

③教师将教学过程设计成学生的学习过程；

④教师创设民主的教学情境；

⑤教师要重视学生的学习方法；

⑥教师要创造积极的学习环境；

⑦教师要尊重学生的个体差异；

⑧教师要鼓励学生发展创造性思维和表达；

⑨教师角色的转变(从传统的知识传授者转变为学生学习的指导者和引导者)；

⑩教师要引导学生自主学习后进行反思和总结。

(五)小学体育与健康教学目标设计的原则

1. 基本性

体育与健康教学目标应与课程标准相一致，反映体育与健康学科的基本要求。教学目标应符合学生身心发展的基本特点和规律，并满足社会对人才的整体要求。

2. 整体性

整体性是指体育与健康教学目标要体现人的整体发展的需要，即涵盖运动能力、健康行为及体育品德等核心素养多方面目标，重视并处理好各类目标之间的关系，既加强各类目标之间的内在联系，又妥善处理目标分层问题，做到各类目标协调整合、相互依托、互为起始，因此，体育与健康教学目标的设计不只是并列式分解，还应在分解的基础上融合为整体，使其在密切联系中相互促进，共同达成对学生的整体要求。

3. 适中性

适中性是指体育与健康教学目标的难度要适中，既要适应课程内容的要求，又要适宜于学生的成熟水平。教学目标不宜过高或过低，要充分研究和考虑学生的最近发展区，把目标设定在最近发展区上，使学生经过努力、克服困难后能达成目标，即切实做到“跳一跳，摘到桃子”。这样既避免因目标过低难以引发学生的学习动机，从而难以促进学生的进步，又给予学生充分的信心和努力的空间。

4. 明确性

明确性是指教学目标表述要准确、明晰，即目标的行为主体应定位于学生，要对学生的表现、行为、心理活动等都做出确切的规定。

(六)小学体育与健康教学过程设计的原则

体育与健康教学过程是教师指导下的学生进行体育与健康知识技能学习的过程，教学过程设计就是对教师指导下的学生学习和体育锻炼过程的设计。在这个过程的设计中，需要遵循如下基本要求。

1. 科学性

这是指设计的体育与健康教学过程符合学生的认知规律和学习心理过程。一般而言，学生的认知过程是循着简单到复杂、感性到理性、形象到抽象的过程展开的，体育与健康教学过程也要符合这样的发展规律，紧扣学生的认知和学习心理过程来设计，以适应并促进学生的发展。

2. 自主性

这是指设计的体育与健康教学过程要有助于学生的自主学习。教学过程的核心是学生的学习活动，体育与健康教学过程的设计就要给足学生自主学习的空间，努力使学生在教学过程中充分发挥自己的独立性、主动性。

3. 探究性

这是指设计出的体育与健康教学过程要积极主动地探究问题，能够在此过程中积极地展开思维活动，能够不断地给自己提出问题或循着教师引发的问题去思考、探究并解决问题。

4. 合作性

这是指设计出的体育与健康教学过程能够给学生创设合作的情境和氛围，让学生在分工协作中获得学习成就感，体会到合作的意义、感受到合作的愉快和成功，并由此推动学生积极的实质性参与。

(七)小学体育与健康教科书内容的组织原则

为了更系统地教给学生和促进学生更好地学习，应遵照一定的原则，对教科书内容进行有序的组织和安排。具体而言，小学体育与健康在教科书内容的组织过程中，需要遵循以下基本原则。

1. 学科逻辑与心理逻辑相统一的原则

教科书的内容是按照学科内在逻辑还是按照学生心理顺序组织是教育史上争论激烈的问题。所谓学科内在逻辑就是指按照学科本身的系统和内在的联系来组织教科书内容。所谓学生心理顺序就是指按照学生心理的发展规律和特点来组织教科书内容。

传统教育主张根据学科的内在逻辑顺序来组织教科书内容，强调学科固有的逻辑顺序。按照学科逻辑来组织教科书内容，首先把学科内容按照内在的逻辑顺序安排成若干组或若干类，之后学生便按照这样的顺序进行学习。例如，地理课教材，在教材开篇，首先要明确学习地理学科的意义，由此将地理同其他学科区别开来；然后，以比较简单到比较复杂为单元，提出科学的抽象名词，如极地、赤道、黄道、地带，一个一个加以说明并做出定义，之后再以同样的方式提出更具体的事实，如大陆、岛屿、海岸、海角，如此等等。

当然，这种“逻辑的”方法并非是完美的，它也会带来一些消极影响：一是这种完全按照学科逻辑来组织的教材与学生已有的经验缺乏密切的联系。学生对所学习的东西缺乏有效理解，往往使其成为单纯形式、僵死和贫乏的东西。二是完全按照学科逻辑组织教材往往会导致学生在学习中缺乏内在的动机，不利于学生内在兴趣的培养。这是因为，严格的逻辑形式实际上体现了专家、学者的研究，即传统教材上的定义、划分、分类等是把专家们取得的各种结论加以浓缩提炼而成的，这是把内行专家的终点当成初学者的起点，是不合理的，甚至是荒唐可笑的。它忽视了学生在各个发展阶段心理特征、已有经验和认知发展水平的差异。

教科书的呈现要尊重学生的心理顺序，提出这种主张最具代表性的教育家是杜威。杜威看来，教材必须利用学习者本能的各种需要或兴趣，以学习者已经具有的经验准备作起点。对于年幼的学习者来说，教材“应当尽可能地以学生直接的亲身经验，作为统觉的基础”，把新的种种事物和事件同较早的种种经验理智地联系起来。如果教学中一味地强制学生按学科的逻辑体系来学习概括的、抽象的知识，结果就很容易使学科知识成为远离学生本能需要或兴趣、脱离学生已有的社会生活经验的空洞无物的文字符号。而这正是杜威所说的“教育中最大的浪费”“学校的最大浪费是由于学生完全不能把在校外获得的经验完整地、自由地在校内利用；同时另一方面，学生在日常生活中又不能应用在学校学习的东西。那就是学校的隔离现象，就是学校与生活的隔离”。

2. 直线式与螺旋式相统一的原则

直线式组织是把教科书的内容按照线性方式来排列，组织成一条在逻辑上前后直接联系的直线，前后的内容基本上不重复。螺旋式则要在不同阶段上根据课程目标使教科书内容不同程度、不同层次地重复出现。

直线式和螺旋式这两种教科书内容的组织形式在现代教学理论中仍然是两种主要的做法。例如，根据赞科夫的理论，教师所讲的内容不要原地踏步，而要不断呈现新的内容，使学生对教学内容保持较高的兴趣。而在布鲁纳看来，教科书内容的组织应该采用螺旋式方式组织，应该首先向学生呈现学科的基本概念和基本原理。并在以后的学习中不断重复和加深，直到学生掌握这门学科知识为止。

一般来说，在教科书内容组织的过程中，直线式组织与螺旋式组织各有其利弊。就有利方面而言，直线式可以避免不必要的重复，使教学内容逐步深化；螺旋式则容易照顾到学生认知的特点，加深学生对教材内容的理解和掌握。就各自的弱点而言，直线式组织方式的弱点在于不利于学生加深对所学内容的深入了解，而螺旋式组织的弱点在于可能导致学习的进度减慢。

3. 纵向组织与横向组织相统一的原则

纵向组织是指将各种课程要素按纵向的发展序列组织起来。由于人的身心有发展的阶段序列、学科知识有逻辑演进的序列、技能的形成有先易后难的序列，所以教科书内容就有纵向组织的必要，其中"序列"是纵向组织原则的核心概念。传统序列原则可以追溯到几百年前，夸美纽斯早在1636年就指出，要按由简到繁的序列安排学习活动。例如，在学习乘法之前要先学加法和减法。

横向组织原则认为教科书内容的组织应该摆脱传统的形式和结构，采用跨学科的方法来组织教科书内容。即横向组织意味着打破固定的学科界限和传统的教材内容，强调广度而不是深度，关心知识的应用而不是知识的形式，通过整合加强学科间的联系，加强教科书内容与个人兴趣和需要的联系，加强课程与校外经验和社会需要的联系。

简而言之，教材内容的纵向组织和横向组织两者之间并不是完全对立的。在教科书的编制过程中，两种方法都有各自的优势，应该合理地运用①。

第四节　小学体育与健康教学规律

一、教学规律

教学规律是教学现象中客观存在的，具有必然性、稳定性、普遍性的联系。教学规律具有制约教学活动的作用，是制定教学原则的重要依据。各国学者对教学规律的认识、提法各异。苏联巴班斯基认为"教学过程是与教养过程、教育过程和发展过程相联系""教学过程取决于学生的实际学习能力"；美国斯卡特金则将其分为教学过程本质上固有的客观规律性和有赖于教师活动而表现出来的规律性两种。受其影响，我国教育理论界也广泛深入地进行实践探讨和理论概括，就其教学规律认识的切入点而言，大体有这样一些观点：有的从教学过程学生掌握知识的基本阶段与教学过程中诸因素相互作用来揭示教学规律；有的从教学过程各种关系中揭示教学规律；有的主张从教学过程的基本矛盾关系，在动态中揭示教学规律；等等。上述各种对教学规律不同认识的观点，可谓各有千秋，见仁见智，也反映出我国教育理论界对教学规律认识的科

① 李森，陈晓瑞．课程与教学论．北京：北京师范大学出版社，2015.

学水平的提高和理论概括的日臻成熟。

二、教学规律与教学原则的区别与联系

教学原则与教学规律既有区别又有联系。教学规律是指教学过程中客观存在的、必然的、本质的联系。对于教学规律，人们只能去认识、发现、掌握和利用，而不能创造和改变，它是第一性的。教学原则是人们在漫长的教学实践过程中，根据对教学过程客观规律的认识，摸索出许多利用教学规律而行之有效的经验，并对其加以概括和总结，上升到理论而最后形成的，它是第二性的。科学的教学原则是对教学规律的正确反映和具体体现，教学规律是制订教学原则的客观依据和基础①。

三、体育与健康教学规律

体育与健康教学过程是一个育人过程，在教学过程中要深入实际，与时俱进，全面创新。作为一名体育教师，不仅要有精深的专业知识，更应该有广博的科学文化知识，为其适应教学的需要，应具备一专多能的学识。因此，体育与健康教学是一项严肃认真，十分细致的工作。体育与健康教学过程中教师的作用至关重要，教师掌握着教学的方向、内容、进度以及教学过程中存在的一些内在因素，在整个教学过程中起主导作用。为使这种作用得到充分的发挥，又使体育与健康教学过程成为一个秩序井然、节奏鲜明、生动有序的教学过程。确保体育与健康教学过程的质量和任务的顺利完成，必须掌握其内在的基本规律以及基本矛盾，所学知识得以在实践中更好地运用，不断提高教学水平以保证教学活动的顺利进行。

体育与健康教学过程又是一个运动、变化和发展的过程，是体育与健康教学各要素本质的和必然的联系，这不但是客观存在的，并且具有一定的规律性。同时，在体育与健康教学过程中，存在着各种内在的必然联系，这种客观存在的内在联系显现在整个体育与健康教学过程之中，这就是体育与健康教学过程中的基本规律，也就是指导体育与健康教学过程展开的理论依据。在体育与健康教学过程中，存在着各种内在的必然联系，这种客观存在的内在联系显现在整个体育与健康教学过程之中，这就是体育与健康教学过程中的基本规律，也是体育与健康教学过程的理论依据。通过认识和驾驭这些规律，根据规律去确定教学原则、教学方法、组织形式和教学手段，是实现教学目标，提高教学质量的基本保证。体育与健康教学过程的基本规律，可分为一般教学规律和特殊教学规律两类②。

四、体育与健康教学的一般规律

体育与健康教学过程的一般规律是指体育与健康教学同其他学科一样所共有的普

① 刘树仁．小学教学论．北京：人民教育出版社，2003.

② 范海荣，任继祖．学校体育学．上海：复旦大学出版社，2009.

遍规律。

(一)社会制约性规律

体育与健康教学是一种培养人的社会活动，它要受一定社会的物质、文化条件，特别是一定社会教育目标及其内容的制约。不同的社会制度，不同的国情，体育与健康教学目标和内容不尽相同。我国的体育与健康教学是学校教育的组成部分，并和其他学科教学一道成为实现学校教育目标的基本途径和重要手段。体育与健康教学过程中的社会制约性规律强调了社会环境和社会因素对体育与健康教学的影响。体育教师通过了解和应对社会制约规律，可以更好地设计体育与健康教学过程和实施体育与健康教学活动，提高教学质量和效果。同时，也需要不断关注和探索社会改革、价值观培育和文化传承等方面的工作，为体育教育提供更加有利的社会条件和环境。

(二)认识规律

教学过程以辩证唯物主义的认识论作为方法论基础。人们认识任何事物，首先是从对事物存在现象的感性知觉开始的，人靠着感觉器官，建立了与外部世界环境的联系，然后通过抽象思维，从感性认识提高到理性认识，找出事物的本质，揭示事物发展的规律，最后形成科学的概念，并通过实践去验证这些概念。教学过程是学生的一种特殊认识过程，在体育与健康教学中也遵循这一认识规律。体育与健康教学过程中的认识规律指的是学生在体育学习中获取和建构知识的规律性过程。这一规律涉及学生对体育知识的感知、理解、应用和创新等方面。了解认识规律可以帮助教师更好地指导学生的学习，提高教学效果。学生在学习和掌握体育知识、技术与技能的过程中，必须遵循认识活动的规律。在体育与健康教学过程中，教师要引导学生将感知、思维、实践三个环节紧密结合起来，缺一不可。感知是认识事物的开始，是形成表象的基础；思维是形成理性认识，掌握动作的关键；实践是巩固和运用知识，改进提高运动技术，发展身体，增强体质，促进健康，培养良好思想品德的途径①。

(三)学生身心发展的规律

教学的对象是学生，学生的身心发展具有一定的规律性。在教学过程中，制定教学目标、安排教学内容、采用相应的教学组织形式、教学方法与措施等，都需要从不同年龄、不同性别学生的身心发展的特点出发，符合他们身心发展的实际，因材施教，以期获得理想的教学效果。具体而言，了解学生身心发展的规律是制定有效教学策略的基础，教学内容的选择和安排应与学生的身心发展相匹配，教学组织形式、教学方法和措施的选择也应根据学生的身心发展特点进行调整。

(四)教与学辩证统一的规律

教学过程是教与学的矛盾运动过程。为实现教学目标，达到更好的教学效果，就必

① 黄超文，龚正伟，张子沙．现代体育课程教学论．长沙：湖南科学技术出版社，2006.

须协调好学生学习和教师讲课之间的关系，二者相互关联，缺一不可[①]。因此，必须正确认识和处理教与学的关系，既要充分发挥教师的主导作用，又要十分重视调动学生学习的积极主动性。教学过程的实质，是教师采取有效措施，引导学生学习、由不知到知之，由知之到用之的转化过程。在这一过程中，教师起着主导的作用。但是，教师的主导作用只是教与学关系的一个方面，学生是学习的主体，只有教师的主导作用，而没有学生学习的积极性、主动性相配合，教师的主导作用也不能发挥。教师是否发挥了主导作用，其程度如何，主要看学生的学习积极性和主动性是否被调动起来[②]，因此体育教师在课堂设计的过程中，就需要花费更多的时间精力，从关注学生的认知水平和兴趣爱好开始，在体育与健康教学中调动学生的积极性和学习热情，只有教师与学生努力积极地配合，协调一致，才能取得好的教学效果。体育与健康教学过程中，教与学的辩证统一是一种相互作用的关系，体现了教师和学生在教学中的相互影响和相互促进。具体而言，根据教与学辩证统一的规律，体育教师必须做到教学目标与学生需求的统一，教学内容与学生兴趣的统一，教学方法与学生能力的统一，教学评价与学生发展的统一。

(五)教育、教养和发展相统一的规律

教学过程是学生受教育的过程，教师结合对学生知识、技术、技能的传授，对学生进行思想品德教育，使他们的思想感情、精神面貌、道德情操和意志品质都受到熏陶，这是教学的教育目标；以一定的、系统的知识、技术、技能武装学生，这是体育与健康教学的教养目标；在向学生传授知识、技术、技能的同时，还必须充分发展学生的体力和智力，这是教学的发展目标。教育、教养和发展是密切相关的统一整体。教学实践表明，三者之间相互联系，相互促进，相互渗透，互为因果，统一于教学目标之中。因此，体育与健康教学过程中，教育、教养和发展相统一的规律是指教师在教学中既要关注学生的知识和技能的培养，也要注重学生品德和人格的培养，促进学生全面发展。

(六)教学内容和教学过程相统一的规律

任何一门课程都是教学内容和进程的总和。在教学过程中，内容决定形式，如根据哪些原则，采用何种教法，运用哪种组织形式等都要考虑教学内容。教学内容也影响着教学的进程。这些说明教学内容在很大程度上支配着教学过程，而教学过程的其他规律也制约着教学内容的选择和体系的形成。

教学过程是教与学的矛盾运动过程，引导学生由不知到知，由知到用的转化过程，这就是教师主导作用的实质所在。但是，教师主导作用只是教与学关系的一个方面，是外部条件，即外因；而学生是学习的主体，是取得教学成功的内部根源，是内因。

---

① 杨涛．大学体育教学的特点和规律综述．农家参谋，2017(20)．

② 范海荣，任继祖．学校体育学．上海：复旦大学出版社，2009．

外因必须通过内因起作用，教学过程中没有学生主导感知、思维、实践，即对所学的知识、技术、技能反复练习，加工与消化的过程，单凭教师的灌输，学生的认识和发展是无法实现的。这说明教师的主导作用与学生的主体作用是相互联系，相互制约的。因此，体育与健康教学过程中，教学内容和教学过程相统一的规律是指教学内容与教学方法、教学手段的相互适应和相互支持，使学生能够有效地学习和掌握所需的体育知识和技能。

(七)教学效果取决于教学基本要素合力的规律

在体育与健康教学过程中，基本要素扮演着关键的角色。在体育与健康教学过程要素中已指出体育与健康教学中的8个要素在教学过程的作用和相互关系，并且各要素对教学效果有着直接或间接的影响，它们并不是孤立的、简单的，而是相互制约、相互联系和相互作用的，也就是说在体育与健康教学过程中，各要素都会产生一定的力，产生教学效果的力并非各要素之力的简单相加，而是各要素之间实际关系中形成的一种“合力”。体育与健康教学过程中，教学效果的好坏取决于教学要素合力的结果，它们相互作用、相互影响，共同决定了教学的成效。在体育与健康教学过程中，教师是起主导作用的关键人物，教师必须认识到这种规律的存在，并且根据学生的特点和需求来选择适当的教学策略。教师应把握和处理好其他要素的关系，选用适当的方法、手段与组织形式、精选教学内容、创造良好的教学环境和准确确定教学目标等，都应充分考虑学生的年龄、个性、心理、生理特征，以及已有的知识、经验基础、动机、兴趣、态度与学习方法等，从而形成一个动态、综合的“合力”，这是决定教学效果的关键。

(八)体育与健康教学的控制反馈规律

体育与健康教学过程的控制反馈规律是指在教学过程中，教师通过不断观察和评估学生的学习情况，及时调整教学策略和方法，以达到更好的教学效果。这一规律体现了体育与健康教学过程实质是师生双向交流信息的一个有序、动态、可控、反馈的过程，如图2-1所示。体育与健康教学过程就是教师把有关教学内容经过充分准备(钻研教材、编写教案和布置场地器材等)，在开始课堂教学后，教师通过各种传播媒介向学生传出各种信息，以指导学生的学习，学生接受信息经“内化”后会做出相应的反应，并产生出效果反馈给教师，教师在接收到反馈信息后(主要是学生的学习态度、纪律状况、掌握动作与练习情况、学习情绪和完成动作质量等)，经分析并按现状与教学目标的差距，及时调整教学部署、方法与手段，再向学生发出新的信息。教学过程就是在这样的控制、反馈中完成的。体育与健康教学过程的反馈是多层次的，可分为即时反馈和延时反馈两种。延时反馈又可分为中时反馈和长时反馈。学生在课堂中的纪律、学习情绪、练习情况、课堂提问、随堂测验等均属即时反馈；单元、阶段考核属中时反馈；学期考试、毕业会考属长时反馈。在体育与健康教学中，应特别注意和处理好即时反馈，以保证产生良好的教学效果。

在体育与健康教学过程中，教师必须重视和运用控制反馈规律，以提高教学效果。教师通过持续观察和评估学生的学习情况，可以及时发现问题和困难，并相应地调整教学策略和方法，以满足学生的学习需求。通过反馈信息，教师可以了解学生的学习进展，帮助他们克服困难，进一步提高学习质量。需要注意的是，控制反馈规律需要教师具备良好的沟通和交流能力，教师应与学生建立良好的师生关系，鼓励学生提供反馈意见和建议，以促进教学的改进和发展。

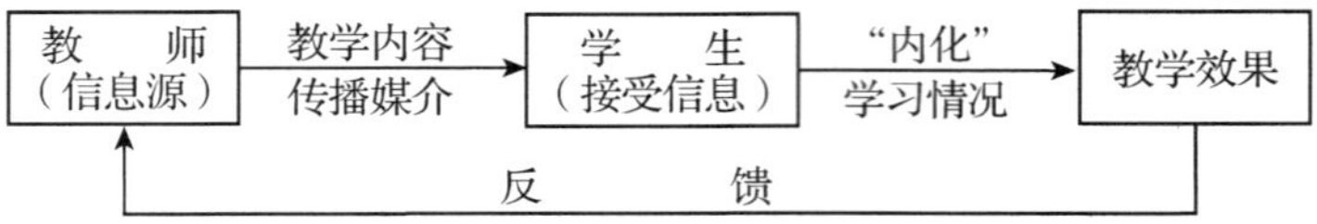

图 2-1　体育与健康教学过程控制反馈示意图

五、体育与健康教学特殊规律

体育与健康教学过程的特殊规律是指体育与健康教学过程中区别于其他教学的特有的规律。

（一）动作技能形成的规律

体育与健康教学过程中，动作技能形成的规律是指学生通过教学过程中的学习和实践，逐渐掌握和完善各种体育动作技能的过程和规律。动作技能的形成通常分为 3 个阶段，即粗略掌握动作阶段、改进与提高动作阶段和巩固与运用自如阶段。在体育与健康教学实践中，由于教学内容的难易程度、教师的教学组织水平及学生的体育基础等条件的不同，3 个阶段的具体特点和所需时间也各不相同。可见，3 个阶段的划分也是相对的，没有明显的界线。尽管如此，动作技能形成的 3 个阶段是客观存在的，体育与健康教学过程中动作技能形成的规律要求教师根据不同阶段的特点和相应的教学目标与要求，采用合适的教学手段和方法，帮助学生逐步掌握和完善动作技能。通过科学的教学过程和高效的反馈机制，从而引导学生在动作技能的形成过程中取得更好的教学效果。

（二）人体机能适应性规律

人体在进行运动时，体内产生一系列的变化，机体对这些变化，有一定的反应与适应过程，其变化过程是具有一定规律性的。当人体开始运动时，身体承受运动负荷，体内异化作用加强，体内能量储备逐步下降，这一期间，称为“工作阶段”；经过间歇和调整，可以使体内的能量储备逐渐恢复并接近或达到运动前的水平，这是“相对恢复阶段”；再经过合理的休息和能量补偿，机体恢复功能可以超过原来的水平，称为“超量恢复阶段”。超量恢复的状况将依赖于运动负荷的大小和人体新陈代谢能力的不同而有所变化。

根据这一规律，为了使学生达到增强体质之效，后一次课应尽量安排在上一堂课后的超量恢复阶段，这样才能产生体育练习的效果积累，可以提高学生身体的功能水平，如果间隔时间过长，失去了负荷后的痕迹效应和最佳时间，机体工作能力就会降低到原来水平——“复原阶段”，具体见图 2-2。通过体育与健康教学，使学生的身体机能适应外界刺激和负荷，实现逐步适应性的改变和提高。教师应该根据学生个体的特点，科学地调整训练负荷，以适应不同个体的生理差异，从而更好地实现体育与健康教学的目标。

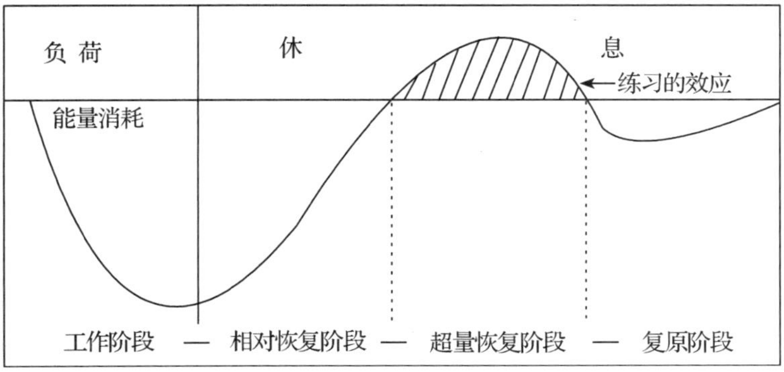

图 2-2　机体适应过程示意图

(三)人体生理机能活动能力变化的规律①

在体育与健康教学过程中，学生的身心同时参加活动，在反复地练习和休息的交替过程中，学生的生理机能和活动能力会随着时间的推移和适当的训练而发生变化，这从中有一定的规律性。从一节体育与健康课来看，呈上升——稳定——下降的趋势(见图 2-3)。对少年儿童来说，机能活动能力曲线一般是上升的时间短而快，但维持高峰阶段的时间较短。在体育与健康教学中，由于练习与休息进行反复、合理的交替，练习的负荷时有起伏，学生生理机能变化呈现出一种波浪式的曲线运动。与生理活动相适应，学生的心理活动(主要是指注意、情绪、意志)也呈现出高低起伏的曲线图像。身体训练水平越高的学生，功能活动能力提高的时间较短，达到和保持最高阶段的时间延长，并可承受较大的生理负荷。这种波浪式的曲线变化规律，形成了体育与健康教学鲜明的节奏，也是体育与健康教学应遵守的规律。需要注意的是，每个学生的生理机能和活动能力变化的速度和程度可能会有所不同。因此，在体育与健康教学中，个体差异的考虑和个别化的训练计划都是非常重要的。此外，适当的休息和饮食对于促进学生生理机能和活动能力的变化也至关重要。

---

① 毛振明．体育教学论(第三版)．北京：高等教育出版社，2017.

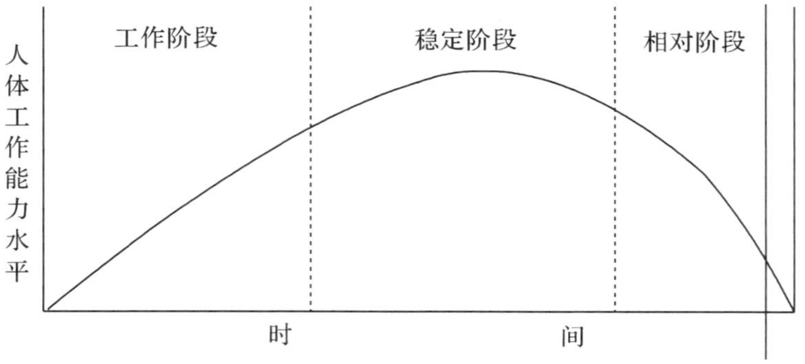

图 2-3 人体生理功能变化示意图

(四)运动技能迁移规律

运动技能迁移的规律是指学生在学习新动作技术时，已经形成和掌握的运动技能对新技术形成与掌握所产生的影响，这种影响通常分为两种情况，一种是积极的影响，即已经形成和掌握的运动技能对新技术的形成与掌握具有积极作用，会促进新技术的形成与掌握，这种情况通常也称为运动技能的正迁移；另外一种是消极的影响，也就是已经形成和掌握的运动技能对新技术的形成与掌握具有消极作用，会阻碍新技术的形成与掌握，这种情况则通常称为运动技能的负迁移。由此可见，作为体育与健康教学与训练中普遍存在的一种客观现象，运动技能迁移既可以促进学生新技术的形成与掌握，同时也可以反过来阻碍学生新技术的形成与掌握，任课教师只有深入了解运动技能迁移的规律，才能够在开展体育与健康教学与训练活动时，利用运动技能迁移规律来更好地提高教学质量与训练成效。

(五)体育知识学习和运动认知规律

在体育与健康教学中，学生学习的重要内容之一是体育运动文化和身体锻炼的知识在体育与健康教学中所培养的认知也是其他学科不能替代的运动认知，体育学科具有独特的运动认知体系，因此在体育与健康教学中也要遵循体育知识学习和运动认知的规律。

体育学科特有的运动认知体系是不断提高人体对物体、对自我的速度、对时间、空间、距离、重量、力量、方位、平衡、高度等因素进行识别和控制的能力，是一种“身体—动觉智力”。所谓“身体—动觉智力”主要是指运用四肢和躯干的能力，表现为个体能否较好地控制自己的身体并使之做出恰当的身体反应以及是否善于利用身体语言表达自己的情感和思想。构成身体—动觉智力有三个核心要素，其一是有效地控制身体运动的能力；其二是熟练地操作物体的能力，其三是体力与脑力协调一致的能力，身体—动觉智力在多元智力中占有非常重要的地位。

(六)体育学习集体形成与变化规律

体育学习集体形成与变化规律主要是指在体育与健康教学过程中，学生的学习主要是通过在集体合作、配合和相互帮助中进行的。因为体育项目和活动中大多数都是以集体形式呈现练习的，所以体育与健康教学过程中的集体性学习也体现了体育的特性和目标指向，因此，体育与健康教学中要注重突出学生体育学习的集体性规律。

体育学习集体形成与变化的规律要求教师在体育与健康教学设计中，选择体育集体性项目作为教学内容；要采用分组的小群体教学组织形式；要研究集体性学习的评价方法。只有遵循好这条规律，才能更好地把集体教育和思想道德教育融化于体育与健康教学过程之中，体现体育学科特有的集体特性和集体教育的价值。

(七)体验运动乐趣的规律

在体育与健康教学过程中，要让学生不断地体验运动的乐趣，这是培养学生体育兴趣，形成运动爱好和专长的首要条件，也是学生掌握运动技能、增强健康的前提条件，更是体育与健康教学过程中教师自始至终要把握的客观规律。

体育本身就是充满了各种乐趣的运动文化，学生对体育乐趣的追求也是体育学习动机的重要组成部分，重视体育中的乐趣因素可使体育与健康教学成为活泼和充满乐趣的过程，忽视体育中的乐趣因素也可使体育与健康教学成为“身顺心违”的过程，成为“磨难”的“畏途”。

第五节　小学体育与健康教学内容

一、体育与健康教学内容的概念与意义

(一)概念

体育与健康教学内容是反映为了达到体育与健康教学目标而选用的体育与健康知识和技能的体系。它是在体育与健康教学实践中教师教与学生学的实际材料。在一定的历史时期内，体育与健康教学内容的选择与确定总是受到社会对人才规格的需求、学生身心发展的特点、教育发展的社会条件以及教育者的研究水平等多种因素制约的，因此体育与健康教学内容又随着社会的发展而不断更新和发展。

(二)意义

体育与健康教学内容对于实现体育与健康教学目标有十分重要的意义，它是构成教学活动的基本要素，是实现体育与健康教学目标的重要条件，每一项内容的教学活动的完成都使得整个教学工作更接近最终目标的实现。

体育与健康教学内容是体育教师教学的直接依据，体育教师必须深刻理解和熟练掌握，达不到此项要求就不能算合格的体育教师。同时，由于社会对教学的要求不断提高，体育与健康教学内容也在动态发展之中，而特定时期内人的认识能力有局限性，

因此体育教师对教学内容的学习和钻研也不能一劳永逸，而必须持续不断地进行，体育教师对教学内容持续不断学习和钻研的过程，就是其不断提高自身业务水平的进步过程。

体育与健康教学内容应该是在充分研究和依据学生的身心发展特点和已有水平的基础上选择和确定的，因此它应当能对学生身心的进一步发展起到积极的促进作用。但是，这种积极作用的发挥要从理论上的可能性变为现实性，还必须经过体育教师有效组织和指导下的学生对教学内容的努力学习和训练。这就要求体育教师必须善于教育学生，善于把国家规定学校体育目标和教师选定的教学内容变成学生实际感知的自我发展需要的学习内容，从而使教师负责地教和学生能动地学统一于完整的教学活动之中，使教师教有所进，使学生习有所得。

因此，科学而合理地选定体育与健康教学内容，有利于学生顺利获得体育与健康知识和技能，锻炼身体，增强体质，形成终身体育意识和健康行为习惯，并培养良好的思想品德，发展学生的个性。

二、编选体育与健康教学内容的原则

可供选作教学内容的体育与健康知识与技能的素材十分丰富，在编选小学体育与健康教学内容时，应遵循下列基本原则。

(一)教育性原则

编选的体育与健康教学内容要符合社会主义的育人目标，体现为社会主义建设服务的方向性，提高学生的体育与健康文化素养，有利于培养学生良好的思想品德和正确的体育观、健康观，培养学生自立、自主和开拓进取的精神。

(二)适应学生身心特征原则

学生处于不同年龄阶段，其身体和心理方面存在着种种不同。不同的运动项目对学生身体和心理的刺激作用也往往存在差异。为了使选定教学内容能对学生的身心发展起到最大的促进作用，教育者应当重视研究这个问题，明晰两者之间的关系。针对小学生身心发展的实际，经过认真比较和鉴别，选择那些最富有健身价值和教育效果的运动项目和活动方式作为体育与健康教学内容，并予以恰当的编排与组合。

(三)实用性和趣味性相结合原则

选择体育与健康教学内容，要特别重视锻炼效果和实用价值，以有效地保证锻炼学生身体，增强学生体质。在安排教学内容时，要尽量使这类内容反复出现，并逐步提高要求。同时，对教学内容的选择还要重视学生的兴趣性，使实用性和趣味性相结合，不至于偏废。对于那些实用性强，锻炼价值高，但趣味性较低的项目内容，教学中应通过改进教法和变换条件来提高学生的学习兴趣。

(四)理论与实践相结合原则

理论教材和实践教材是构成体育与健康教学内容的两个最基本的部分，它们对实现教学目标各有自己独特的作用。理论教材主要帮助学生解决对体育与健康知识的理解和认识问题，实践教材则侧重于学生的身体锻炼和技能的掌握，两者相互促进，紧密联系，而不能相互割裂，顾此失彼或者相互代替。

(五)统一性与灵活性相结合原则

《义务教育体育与健康课程标准(2022 年版)》规定小学体育与健康课程内容包括基本运动技能、体能、健康教育、专项运动技能和跨学科主题学习，体现国家对小学体育与健康课程内容的具体要求。因此，义务教育阶段在设置体育与健康课程教学内容时，必须涵盖这些内容主体，具有一定的统一性。与此同时，由于我国幅员广阔，东西南北中的地理环境和气候条件差别较大，各地经济、文化的发展很不平衡，学生的体育基础、学校场地器材等资源条件也不相同，因此各地学校对教学内容的选择又有自主性和灵活性。相对统一的基本教材和比较灵活的选用教材相结合，组成我国体育与健康课程教学内容的完整体系。

(六)教学内容与目标体系相结合原则

体育与健康课程围绕核心素养，体现课程性质，反映课程理念，确立课程目标。体育与健康课程总目标主要包括：掌握与运用体能和运动技能，提高运动能力；学会运用健康与安全的知识和技能，形成健康的生活方式；积极参与体育活动，养成良好的体育品德①。体育与健康课程目标是体育与健康课程教学内容选择直接依据。因此，体育与健康课程选取的教学内容以及学业成绩考核的项目与标准，尽可能同体育与健康课程目标体系相结合。只有这样才有利于实现学校体育的课内与课外结合，教学与锻炼结合，从而提高学校体育的整体效益，顺利达到最终的育人目标。

上述原则，是编选体育与健康教学内容的历史经验的总结，是现行体育与健康课程目标对编选教学内容所包含的共同的精神和要求。随着学校体育教育和管理的不断发展，对编选体育与健康教学内容的原则还会有新的研究、新的表述，从而使之更加科学和完善。

三、小学体育与健康课程教材内容

义务教育阶段体育与健康课程围绕运动能力、健康行为和体育品德等核心素养开展。根据儿童的身心发展特征，小学体育与健康教学的基本目标是提高学生运动能力，为学生形成良好健康行为习惯和良好体育品德等奠定基础，培养对体育的兴趣。低年级以发展儿童身体的基本活动能力为主，教材内容分为基本运动技能、体能、健康教育、专项运动技能和跨学科主题学习等。

(一)基本运动技能

《义务教育体育与健康课程标准(2022 年版)》最鲜明的导向是培养学生的核心素养，

① 中华人民共和国教育部制定．义务教育体育与健康课程标准(2022 年版)．北京：北京师范大学出版社，2022.

落实立德树人根本任务。如何根据这些要求制定小学体育与健康教学内容，是落实课程标准精神的关键。课程标准针对小学水平一学生专门设计基本运动技能的课程内容，包括移动性技能、非移动性技能和操控性技能。

1. 移动性技能

移动性技能是学生在移动运动过程中体验动作技能的具体内容和练习方法，如各种方式的走、跑、跳、钻越、攀爬等活动及游戏，并在运动过程中，体验方向、水平、路径、节奏、力量和位移速度的变化，感受与他人或物体的相对关系，知道相关运动术语等。比如，移动性技能教学内容《十字跳》是双脚跳加上方向和节奏的变化运用到游戏和比赛中的一项移动性基本运动技能，要求掌握双脚起跳时肌肉的收缩力度。涉及的身体机能包括身体协调能力、肌肉力量与耐力及心肺耐受力等。在组织练习的过程中，让学生在多种跳跃运动中体验方向、路径、节奏、力量的变化，感受与同伴或不同物体的相对关系，具有多样性、趣味性等特点。该项目适用于水平一(7～8 岁)学生，包括跳房子游戏、十字象限跳、跳绳十字跳、水平方向和垂直方向十字跳、循环顺序障碍跳等。

2. 非移动性技能

非移动性技能是学生在非移动运动过程中体验动作技能的具体内容和练习方法，如伸展、屈体、扭转、悬垂、支撑与推拉、平衡等活动，以及“高人矮人”“不倒翁”“金鸡独立”“木偶人”等游戏，并在运动过程中体验重心、力量等变化，感受与他人或物体的相对关系，知道相关运动术语等。比如，非移动性技能教学内容《支撑与平衡》是发展学生维持身体姿势的能力，是做出各种身体动作的基础，是人体依靠其位觉、视觉及本体感觉等多种器官相互协调配合的一项基本能力，它存在于各项运动中，并影响着运动效果，对于维持、完成正常基本动作及技能学习至关重要。

对于运动学习而言，学习的过程实际是打破原有平衡，建立新的平衡；在对抗性项目中，集体对抗的本质是破坏对方平衡，维持自身平衡，获得局部优势。发展平衡能力是一个需要长期坚持、循序渐进的过程，低水平段打下良好的基础，高水平段才能更好地展现和运用。非移动性技能内容“支撑与平衡”适用于水平一(7～8 岁)学生，围绕高度、姿势、支撑点等相关概念的理解与练习，让学生体验重心、力量、核心的变化，感受与同伴或不同物体的相对关系，具有多样性、趣味性等特点，主要目标是初步建立平衡动作概念，包括静态支撑平衡、动态支撑平衡、双人合作支撑与平衡等。

3. 操控性技能

操控性技能是学生在操控器械运动过程中体验动作技能的具体内容和练习方法，如各种投、传、击、踢、接球，用手或用脚运球，用短(长)柄器械击球等活动，并要在运动过程中，体验方向、水平、路径、节奏、力量和位移速度的变化，感受与他人或物体的相对关系，知道相关运动术语等要求。比如，操控性运动技能“跪姿投掷”是学生双膝或单膝跪在柔软的地面上(垫子、沙地、草地)，使用不同重量的器材，要求通过手臂、胯部和肩部的运动积聚力量以投掷，属于基本运动技能中的操控性技能，涉及的身体机能包括身体协调能力、肌肉力量与耐力及心肺耐受力等。“跪姿投掷”让学生通过器材、投掷距离、投掷方式等的变化，在多种方式的跪姿投掷中体验重心、方向、力量和大关节位移速度的变化，感受与同伴或不同物体的相对关系，具有多样性、趣味性等特点。该项目适用于水平一(7～8 岁)学生，内容包括非站立式投准、跪姿投远、跪姿投掷游戏等。学习该项目不仅渗透投掷技能，还注重培养学生安全意识及不断挑战自我、超越自我的精神品质。

(二)体能

《义务教育体育与健康课程标准(2022 年版)》要求，体育与健康课程从小学三年级(水平二)开设体能教学内容。体能内容包括身体成分、心肺耐力、肌肉力量、肌肉耐力、柔韧性、反应能力、位移速度、协调性、灵敏性、爆发力、平衡能力等多方面。其中，身体成分和心肺耐力往往与人体健康方面体能相关。与运动相关体能包括人的基本运动和身体素质，走、跑、跳、投、攀爬、滚翻、平衡等最基本的身体自然活动，统称基本运动。通过基本运动的学习使学生掌握一些最基本运动项目的学习奠定基础；而肌肉力量、肌肉耐力、柔韧性、反应能力、位移速度、协调性、灵敏性、爆发力通常列入身体素质之中。小学低年级重点关注学生的基本运动能力的发展；小学高年级应重视身体素质的发展，因为该年龄段学生的身体素质大都处于快速发展期，尤其是速度、灵巧、腰腹力量、协调和柔韧性等。掌握该年龄段体能发展特点，对全面增强学生体质，进一步提高运动能力和运动技术十分有益。

(三)健康教育

健康教育教学内容始终贯穿小学各个水平阶段。其主要内容包括：健康行为与生活方式、生长发育与青春期保健、心理健康、疾病预防与突发公共卫生事件应对，以及安全应急与避险等。《义务教育体育与健康课程标准(2022 年版)》建议，体育与健康教材根据课程内容分类编写，就健康教育、体育文化和体育精神内容编写学生使用的教科书，且学生用书以健康教育为主，体育文化和体育精神为辅。显然，健康教育教学内容主要呈现在学生用书之中。对于健康教育，教师教学通常采用通俗易懂的讲述形式，通过有趣的案例、故事或设置不同场景，引导学生开展学习活动，注重体验式教学，将健康内容的知识性和趣味性有机结合，采取通俗易懂、直观形象的教学方法，结合生活实际通过图画、游戏、故事、案例等激发学生学习兴趣。使学生初步懂得健康常识、形成良好的健康行为习惯，提高初步认识自己的身体意识，帮助学生把学到的常识逐步运用到身体锻炼和生活实践中去。

(四)专项运动技能

《义务教育体育与健康课程标准(2022 年版)》要求，体育与健康课程从小学三年级(水平二)开设专项运动技能学内容。专项运动技能包括：球类运动、田径类运动、体操类运动、水上或冰雪类运动、中华传统体育类运动、新兴体育类运动等。

1. 球类运动

球类运动在小学阶段通常选取质量和型号较小的球，俗称小球类。小球类是根据学生身心特点，采用小场地和简化规则进行的小型足球、篮球、排球等活动。小足球从三年级开始教学，小篮球和小排球则分别从四年级和五年级开始学习。此外，还涉及乒乓球、羽毛球等项目。球类活动趣味性强，具有良好的综合锻炼身体的效果，能培养学生团结合作和竞争精神。

2. 田径类运动

田径类运动是走、跑、跳、投掷等运动项目，以及由以上部分项目组成的全能运动项目的总称，其特点是以个人为主独立完成速度、高度或远度等的较量。田径类运动项目可分为跑(如短跑、中长跑、跨栏跑、接力跑等)、跳(如跳高、跳远等)、投掷(如推铅球、掷实心球、掷垒球等)三类。小学阶段的田径类运动主要是基本的跑、跳、投等项目的教学，按照课程标准要求，小学阶段重点关注 100 米跑、跳远和掷实心球等项目。

3. 体操类运动

体操类运动主要包括队列和体操队形、徒手操和轻器械操等，是小学 3～6 年级的重点教学内容。队列和体操队形是对身体姿态和空间知觉的基本训练，是组织集体活动，培养组织纪律性和整齐一致的重要手段。徒手操和轻器械体操，内容多样，对培养优美的身体姿势，全面锻炼身体有较好的作用。基本体操的教学应注重提高身体的基本活动能力，注意基本动作的规范化。按照课程标准要求，体操类运动重点关注技巧、低单杠和韵律操运动。小学的韵律活动和舞蹈包括韵律动作舞蹈基本动作、表情歌舞、集体舞蹈等内容。这部分教材内容，既能锻炼身体，又能培养学生的协调性和活泼愉快的性格，同时又能表达思想感情，培养表现力，发展想象力，陶冶美的情操等。通过教学，使学生初步了解简单的韵律活动和舞蹈的基本常识，学习基本动作及其组合，重点培养学生正确的身体姿态和开朗的个性。在教法上，要注意与音乐配合进行。

4. 水上或冰雪类运动

水上或冰雪类运动是人们在水环境或冰雪环境中开展的体育活动。水上或冰雪类运动不同于旱地运动，具有独特的环境特征。水上或冰雪类运动项目可分为两类：一类是水上运动项目(如蛙泳、自由泳、仰泳、蝶泳等)，另一类是冰雪运动项目(如速度滑冰、高山滑雪、冰球等)。按照课程标准要求，水上或冰雪类运动重点教授蛙泳以及速度滑冰、高山滑雪。

5. 中华传统体育类运动

该类运动起源于生产劳动、典礼祭祀、军事战争、娱乐健身等，是经过历代传承、具有浓厚民族文化色彩和特征的体育活动。该类运动的主要特点是地域特色鲜明、技法形式多元、健身养生一体、文化形态多样。中华传统体育类运动项目可分为武术类运动项目(如长拳、形意拳、八卦掌、中国式摔跤、太极拳、射箭、射弩等)和其他民族民间传统体育类运动项目(如舞龙、舞狮、摇旱船、跳竹竿、赛龙舟、荡秋千、抢花炮、珍珠球、毽球等)。按照课程标准要求，中华传统体育类运动重点关注中国式摔跤、长拳和舞龙等项目。此外，还可选择一些本地区的乡土体育教材进行学习。这部分教学内容，活泼有趣，一般应以集体练习为主。要注重基本姿势的培养和锻炼身体的效果，适时地进行爱国主义教育。

6. 新兴体育类运动

新兴体育类运动是指在国际上比较流行、在国内开展不久或国内外新创的、大众运动色彩浓郁、深受青少年喜爱的体育活动。该类运动的主要特点是形式新颖，具有较强的时尚性和挑战性。新兴体育类运动项目可分为生存探险类项目(如定向运动、野外生存、远足、登山、攀岩等)和时尚运动类项目(如花样跳绳、轮滑、滑板、极限飞盘、跆拳道、独轮车、小轮车、飞镖等)。按照课程标准要求，小学阶段新兴体育类运动重点教授轮滑、定向越野和花样跳绳等项目。

此外，体育游戏也是小学体育与健康课程教材的重要内容，它是由一定的情节、动作、规则和结果等构成的体育活动。体育游戏分一般体育游戏和专项运动游戏。由于体育游戏内容丰富，形式活泼，深受学生喜爱。通过游戏，可以全面锻炼学生的身体，促进生长发育，提高活动能力，且能发展学生智力，培养竞争意识和良好的思想品德与作风等。

总之，学生通过专项运动技能的学习，达到相应水平目标要求包括：掌握专项运动基本知识和基本技能、技战术运用，提升与专项运动相关的体能，能够参与专项运动技能展示或比赛，了解专项运动项目规则与裁判法，以及懂得观赏与评价专项运动项目比赛。

(五)跨学科主题学习

跨学科融合一直是学生提高运动能力、学习健康知识和传承中华优秀传统体育的重要方式和途径。体育与健康课程应融合多门课程，充分发挥育人功能，促进学生全面发展。体育与健康课程的跨学科主题学习主要立足于核心素养，结合课程的目标体系，设置有助于实现体育与德育、智育、美育、劳动教育和国防教育相结合的多学科交叉融合的教学内容。如钢铁战士、劳动最光荣、身心共成长、破解运动的“密码”、人与自然和谐美等①。

1. 钢铁战士

体育运动与国防教育具有许多共通之处，主要体现在培养学生的爱国主义和集体主义精神，合理运用战略战术和发展体能，强调纪律意识、勇敢顽强、不畏艰难、责任担当等。体育与健康课程和国防教育的跨学科学习，可以结合英雄事迹、历史战役、

---

① 中华人民共和国教育部制定. 义务教育体育与健康课程标准(2022 年版). 北京：北京师范大学出版社，2022.

国家国防事业发展等内容，组织学生观看阅兵典礼、军事训练等视频资料，模拟战场战斗、救援救护等情境演练，帮助学生在主题学习过程中发展体能，运用和巩固适应环境、应对突发事件等技能，提高战术思维和应变能力，培养学生不怕困难、顽强拼搏、敢于担当的高尚品格。

2. 劳动最光荣

体育与健康课程和劳动课程的跨学科融合主要体现在身体活动、能量消耗、意志锤炼、责任担当和健康生活等方面。体育与健康课程教学可以运用学生在劳动课程中习得的日常生活自理、个人卫生、生产劳动和职业体验等知识，通过具体的劳动实践促进学生体育与健康知识和技能的学习。体育与健康课程和劳动课程的跨学科学习，可以增强学生的移动性、非移动性和操控性基本运动技能，发展学生的协调性、肌肉力量和肌肉耐力等体能，培养学生的劳动意识和吃苦耐劳、坚韧不拔等优良品质。

3. 身心共成长

体育与健康课程同学生的生活实际具有密切联系，体育与健康课程学习也深刻影响着学生身心的成长。为了帮助学生认识和把握自己的成长过程，可以结合道德与法治、劳动、科学、信息科技、生物学等内容，通过阅读、演说、绘画、辩论、生活观察、知识探究等活动，引导学生了解身体的结构和功能、不同成长阶段心理和情绪的变化、健康饮食的益处、运动对健康的影响、生活中的疾病防控、保护视力的重要性，以及紧急情况下的自救和互救等基础知识，提升学生的身体认知能力和情绪调控能力，帮助学生形成健康的生活方式，实现身心健康发展。

4. 破解运动的“密码”

体育与健康是一门基于身体活动的综合性非常强的课程，无论是基本运动技能和体能的学练，还是专项运动技能的学练，在控制身体和运动器械的过程中都涉及多学科知识与技能。为了帮助学生破解运动的“密码”，理解体育的真谛，可以通过观察、演讲、分析、绘图等活动，引导学生了解不同学科知识与方法对运动技能学练和运用的作用，以及运动所蕴含的科学价值和文化内涵，培养学生分析问题、解决问题的能力。

5. 人与自然和谐美

体育运动是展现人体之美的最佳载体，人体在运动中所体现出的蓬勃活力和生命律动能培养学生正确的身体观和审美观。定向越野、水上运动、冰雪运动等在自然环境中进行的体育运动更是兼具锻炼身心和感悟自然的双重价值。在运动认知、体能练习、运动技能学习等活动中，可以运用绘画、音乐、形体表演等艺术形式，以及重心、地理环境、抛物线、动植物等知识，引导学生观察并描述大自然中的各种现象，增进对自然的认识，感受人与自然的和谐之美，体验体育活动的趣味性，加深对运动美的理解，增强热爱自然和保护环境的意识。

案例

“跨越障碍，勇攀高峰”

案例围绕跨学科主题“人与自然和谐美”(水平三)进行活动设计，通过模拟“跨越障碍，勇攀高峰”的场景，引导学生在体育活动中综合运用地理、历史、美术、信息科技等知识和技能。

1. 育人价值

(1)通过指导学生合作创编各种障碍，并穿越各种障碍跑练习，提高学生的心肺功能，提升学生跨越障碍的运动技能，培养学生合作学习能力和团队精神。

(2)通过创设××山的景区情境，培养学生的鉴赏自然、热爱大自然的精神，达到陶冶情操的目的。

(3)通过创设“跨越障碍，勇攀高峰”情境，培养学生克服困难、勇敢顽强、自信自强、积极进取的意志品质。

2. 活动目标

(1)通过运用历史、地理等知识，了解××山的历史渊源和丹霞地貌环境，感受大自然鬼斧神工的美妙，发扬人与自然和谐美，激发热爱祖国大好河山情怀。

(2)演绎“跨越障碍，勇攀高峰”场景，提高设计与计划，组织与协同、沟通与表达、探究与创新、决策与反思等能力，增加帮助他人，突破自己的意识。

(3)在模拟“跨越障碍，勇攀高峰”的过程中，掌握跨越障碍的节奏，提高在障碍跑过程中上下肢协同能力，增强学生对障碍跑的兴趣，锻炼学生团结协作、攻坚克难、挑战自我等优良品质，发扬勇攀高峰大无畏的精神。

3. 实施过程(见表 2-15)

表 2-15　跨学科主题学习课例设计

学习任务	学生活动	教师组织	活动意图
(1)了解××山的历史及其丹霞地貌形成背景、特征，观看相关视频	(1)通过网络了解××山的历史及其丹霞地貌的形成及特征 (2)小组合作探究学习，运用地理、历史、信息技术等知识思考与分析××山丹霞地貌形成过程	(1)引导学生了解××山丹霞地貌的形成原因及其特征，并分析其他地形、地貌特征 (2)在学生遇到困难时，及时给予帮助，鼓励学生进行小组内部，及小组间相互交流和学习	(1)通过学习和了解××山历史渊源及丹霞地貌特征，尝试运用多学科知识解决问题，提高学生综合实践能力，感受人与自然的和谐美，激发学生热爱祖国大好河山的情怀 (2)尝试通过团队合作与交流解决问题，以积极心态投入探究活动之中

续表

学习任务	学生活动	教师组织	活动意图
(2)“跨越障碍，勇攀高峰”(学练障碍跑)	(1)了解在各种障碍条件下障碍跑的技术要领，提高对障碍跑的兴趣和参与意识，克服对障碍跑的恐惧心理 (2)学练障碍跑 (3)灵活设计各种障碍跑的形式(跨栏架跑、绕山羊跑、匍匐穿越体操跨栏架等)、人数(1人、2人及多人协调过障碍跑等)、路径(如非定向和定向越野等)；小组合作，相互激励，帮助同伴通过障碍，克服对障碍跑的恐惧心理	(1)导入“跨越障碍，勇攀高峰”情境，用生动具有亲和力的语言讲××山丹霞地貌美丽同时，说明××山路上障碍重重，激励大家要刻苦学习障碍跑的动作要领，引导学生自主学习障碍跑技术要领。无限风光在险峰，只有勇于攀登才能到达顶峰 (2)在学生自主学练障碍跑动作技术时，及时给予指导，重点指导学生通过障碍时上下肢协同能力 (3)引导学生在已有动作技术基础上，积极创编障碍跑的游戏方法和规则；学生障碍跑学练时，关注学生个体差异，有针对性指导个别小组及学生个人，因材施教，增加学生跨越障碍，超越自我的信心	(1)通过对各种形式的障碍跑技术要领的了解，掌握科学锻炼的方法 (2)通过尝试障碍跑、发展学生速度、力量、上下肢协同能力、心肺功能等体能 (3)通过创编障碍跑游戏、学生协同通过障碍，发展学生实践创新能力，培养学生团队合作、勇敢顽强，吃苦耐劳的意志品质
(3)模拟实际演练：还原××山实际路况，设置“跨越障碍，勇攀高峰”游戏情境	(1)了解到达××山的山顶需要克服的各种障碍情况(包括需要通过哪些形式的障碍、需要分多少小组，每组多少同学进行合作等) (2)学生设计通过各种形式障碍的方法和手段，确定目标任务，分工合作，模拟在既定时间达到指定目的地。(在遵守规则的条件下完成障碍跑游戏任务)	(1)导入学生学习和了解到达××山的山顶需要克服的各种障碍情况“跨越障碍，勇攀高峰”游戏情境所面临的困难，将××山历史和丹霞地貌人景观融入教学情境之中 (2)引导学生模拟“勇攀高峰”紧急集合，通过各种障碍(障碍跑) (3)提示学生在攀登××山高峰过程中注意自我保护和帮助他人，相互协作，增强适应气候变化的能力和对抗自然灾害等突发事件的能力，鼓励学生跨越障碍，超越自我的信心	(1)通过对攀登××山的各种形式的障碍跑模拟演练，了解此次美丽××山的丹霞地貌形成及其特征，让学生体会人与自然的和谐美，激发学生热爱祖国大好河山的情怀 (2)发挥想象力，模拟攀登××山高峰场景，激发学生运动兴趣，体验运动过程，发展学生体能

4. 设计思路

“跨越障碍，勇攀高峰”以去××山通过各种障碍为背景，引导学生模拟通过不同障碍，开展各种障碍跑学练。本活动的设计目的是让学生了解和运用地理、历史、信息科技等知识；在勇攀××山模拟演练活动中，结合不同障碍跑的学练与障碍跑相关的体育与健康知识，运用语文、地理、历史等知识学练与人交流。

缘于案例学校地处××山附近，属于拥有小学至初中的完全中学，本活动设计针对小学六年级学生，他们对××山有所了解。本次活动为学生提供了一个开放性任务，引导学生通过团队合作设计针对不同障碍场景下完成各种障碍跑任务，激发学生运动兴趣，提高学生体能。本活动分课外和课内两部分。课外活动主要是学生收集相关资料和信息等；课内活动主要是小组创编各种形式的障碍跑，学练障碍跑动作技术、进行展示与交流等，通过创设勇攀高峰情境，培养学生鉴赏自然、热爱大自然、体会人与自然和谐美，激发学生热爱祖国大好河山的情怀。

四、选择和设计教学内容

新课程标准虽然规定了课程目标，但对完成课程目标所需的内容，只是提出了基本运动技能、体能、健康教育、专项运动技能和跨学科主题学习等一个大体范围，各地区、学校、教师和学生都有相当大的选择余地。同一个目标，可以用多个教材来实现，同一个教材也可完成教学目标的多个方面。新课标下选择教学内容的依据是什么？具体选择什么内容进行教学？

(一)选择和设计教学内容的依据

体育与健康课程教学体系包含主要有四大要素：教师、学生、教学内容和教学环境。在教师、学生和教学环境相对稳定的基础上，教学内容是具有相当大的选择要素。选择和设计教学内容的依据主要体现在以下三个方面。

1. 根据“健康第一”教育理念

在教学内容上要体现“健康第一”“终身体育”教育理念，要使教学内容贴近培养学生的健康意识、终身锻炼意识、全民健身意识、与人交往合作意识等方面，并在具体的教学工作中更好地体现体育与健康课程标准理念，实现科学化、系统化的体育与健康教学必须合理选择、安排教学内容。

2. 根据水平阶段的学习目标

在课程标准的核心素养目标体系下，教师必须根据水平目标和内容框架所提出的具体任务来设定适合自己学校的学习目标。在设置这些学习目标的同时，每个教师会考虑到将通过什么样的内容来加以实现，这就是通常所说的目标管理内容。如：为了提高学生的跳跃能力，教师可以选择用跳呼啦圈的方法去加以实现，在跳跃过程中，学生可以根据自己的实际能力有选择地跳一个圈或两个圈。整堂课的课堂设计的基本依据都是围绕教学目标进行。

3. 根据学生的不同需求

小学体育与健康课程是一门以身体练习为主要练习手段，以体育与健康知识、技能和方法为主要学习内容，以发展小学生核心素养和增进学生身心健康为主要目的的课程，它具有鲜明的基础性、健身性、实践性和综合性等特点。因此，要深入学生中去考察和分析，了解小学生体育兴趣、爱好、态度、个性心理特征、实践能力，要充分考虑到小学生在身体条件、心理个性、兴趣爱好和运动技能等方面的个性差异，尽量让他们通过自身努力都能达成教学目标，使每个学生都能体验到学习和成功的乐趣，以满足自我发展的需要。不一定苛求教学内容的系统性和严密性，但是选择教学内容须具备健身性、科学性、兴趣性、实效性、简易性及地域性。同一个内容针对不同学生提出的不同的要求和目标将教学内容分解、分层次让学生选择练习，真正做到因材施教，确保每一个学生的身心得到发展。

(二)选择和设计教学内容的方法

1. 对教材内容优化、整合与改造

课程内容的选择，要以教材为框架，依据小学生身心特点并结合小学体育与健康课程目标进行选择、取舍、优化组合，改变过去那种纯粹为了学习某项技术动作或提高某项身体素质而教学的思想观念，对教材内容优化、整合，对竞技性内容进行改造主要从简化、活化和游戏化三方面进行。

(1)简化。

传统的体育与健康课教学内容，有很多都是竞技运动项目，教学方法也多类似于竞技运动的训练方法(不适应小学生的身心发展)。那么怎样使这些内容在新课程背景下还能发挥其积极的作用？关键在把这些竞技性、技术性很强的项目进行改造简化、降低要求。如“排球”的教学，以往总是像培养运动员一样进行教学，大量的时间花在垫球、发球等基本的技术动作练习上，忽视了让学生体验排球运动本身的乐趣。这时可以采用改变比赛场地，采用小场地、低网等方法，降低练习难度。同时修改比赛的规则，废除三次必须过网的规定，只要排球不落地就可以继续比赛，提高学生学习的积极性。通过这些教学方法的一些改变，把技术动作的教学有机穿插到比赛游戏过程中去，让学生在“玩球”的过程中爱上排球运动。又如，篮球比赛规则要求不能“走步”，对于小学生降低要求，可以走几步；投入篮筐才得分，可改为碰到篮筐就可以得分。具体怎样改？看学生的特点，看教学的目标。让学生在“玩中学”才能使他们真正地爱上这些运动。

(2)活化。

体育源于生活，应服务于生活。生活实际是体育与健康课程教学不竭的源泉。作为体育教师要善于观察生活，从生活中汲取更多的营养。可以搜集、选择学生课间和课外活动中喜欢玩的各种跳跃运动素材，如跳皮筋、猜拳跨步跳、跳房子、跳踢毽子等等，然后对这些跳跃运动素材进行整理和内容形式上的分类，在此前提下，根据教学的需求，予以方式方法上的充实和合理改进，并进行多种运动形式变化，搭建重组开发跳跃教材。又如，我国“神舟”飞船发射成功后，可根据这个热点设计《太空探秘》情景教学课。将课程结构分为“建造飞船、进入太空、登月考察、安全返回”四个部分，培养了学生自主学习、合作学习的意识，提高他们的想象力。再如，日常生活中有许多的废旧物品，如果能把它们充分地利用起来又是一个很好的教学资源。可以对这些废旧物品进行尝试——纸、塑料袋、自行车车胎、汽车车胎……学生们对这些废旧物品的练习特别的感兴趣，同时它们最大的优点是可以使这些锻炼从课堂延伸至课外，从而真正达到“终身体育”的意义。

(3)游戏化。

对于小学生来说游戏是最受他们欢迎的内容。而大多数运动项目和活动都可以游戏化，但是需要教师对各项目进行设计、加工。一个游戏，通过变换练习器材、练习人数、练习姿势等一些可变因素，而游戏方法、规则基本保持不变，则会“克隆”出系列“子游戏”，也会产生系列不同的教学效果。如“快快跳起”原本是一个简单的游戏，学生都能很快地掌握。但是，通过人数的变化、器材长度的变化、跳跃方式的变化，使学生每次游戏时都有不同的感受，产生了意想不到的结果。通过这样的一些游戏变换，游戏不仅仅变得更有趣了，而且对学生能力的培养也更全面了。又如，把若干个本不相干的单个游戏，通过改良组合，就会成为另一个新的游戏。比如游戏“抱数成团”和游戏“抓尾巴”组合，在学生已经熟练掌握了这两个游戏的基础上把它们组合起来，不仅提高了游戏的难度，学生对此更感兴趣，更重要的是让学生意识到通过这样的游戏活动，原来他们自己也可以创造新的游戏。再者就是创编游戏，与学生一起编辑、创作新游戏。教师根据自身知识的积累、生活的感受或其他事物的启发，和学生一起创作适合他们身心健康发展的新游戏。设计这些游戏的目的和关键是在于刻意引发学生在游戏活动中的思考和选择。比如“踏石过河”的游戏：过河的方式不限，只规定在游戏过程中充分利用所有的“工具”，在不掉下河的前提下，全体成员安全快捷地达到对岸，同时必须回收所有的工具。这样的游戏使学生在学会游戏的同时，能学会思考，学会合作，学会通过实践检验坚持或修正自己的主张，树立合作意识，培养团队精神。

2. 利用民族、民间传统体育项目发展新兴体育运动项目

教学内容除了优化、继承、改造传统教材外，民族、民间体育类项目，也是一个重要的资源。体育与健康教学本身就具有中华民族的传统文化和地方色彩。随着社会的进步、人民生活水平的提高，人们越来越认识到锻炼的价值和意义，感觉体育的作用越来越大，人们越来越喜爱寻找一些与自己工作、生活、兴趣爱好相适应的实效性强的一些体育项目来锻炼身体。如街舞、羽毛球、滑板、定向运动、棒垒球等。这些新兴体育项目对小学生的吸引力也很大，同时也能培养小学生的运动兴趣。当然，这些项目的引进要根据各校的条件、教师的能力、学生的实际情况，适量地选择。

3. 从国内外盛事中开发课程教学内容

体育源于生活，生活实际中有无穷的素材，特别是一些国内外的重大盛事，成为体育教育不竭的源泉。体育教师要时时观察生活中的盛事话题，并挖掘当中的素材与体育与健康课结合起来，不断地创造出适合小学生学习的教学内容，以此丰富学校的体育与健康课程教学。比如2008年北京申奥的成功和雅典奥运取得的辉煌成就，激起了中华儿女的民族自豪感，激励着全国人民奋起建设更加强大的中国；九运会的成功举办及申办亚运会的成功这一地方体育盛事，令广州人涌起一股全民健身运动的高潮，大街小巷到处可见踢毽球和打羽毛球的市民……在盛会发生时，可以将这些盛会及人们的强烈反响开发为体育与健康课程的教学内容，既活跃了课堂教学气氛，又激发了学生参加体育运动的兴趣，培养了学生各种运动能力。这种体育与健康教育的时效性对小学生终身体育意识的树立将会产生深远的影响。

五、小学体育与健康课程资源的开发与利用

积极开发和利用资源是实施小学体育与健康课程的重要环节。体育与健康课程教学的特点就是要使学生尽可能多地从各种渠道以不同的形式学习和参与体育活动。“学生是学习的主体”这是耳熟能详的一个基本理念，但在课堂上却往往难以贯彻，学生的主体地位时常被抑制，再加上场地、器材等一些课程资源限制，于是出现了自主活动的欠缺。许多时候，学生仍然在按部就班的课堂模式下亦步亦趋，课堂也显得沉闷、枯燥。小学生天真烂漫，对体育兴趣浓厚，教师只有充分地开发和利用资源，才能让他们“舒枝展叶”，在和谐、自由、充满生命活力的民主氛围中学习，使他们的心智获得巨大的发展。那么如何展现各种不同民族、不同地区、不同学校的特色呢？进行体育与健康课程教学资源的开发是展现风采的捷径。体育与健康课程教学资源的开发，并不仅仅是体育场地和器械、体育与健康课程教学内容和形式的挖掘，还包括体育教师的人力资源的开发和体育教科研的良好开展。新课程标准为教师和学生进行体育与健康资源的开发提供了充分发挥创造力和想象力的更大空间。

(一)体育与健康课程资源的性质与分类

体育与健康课程资源指有利于实现体育与健康课程目标的各种因素，是体育与健康课程设计、实施和评价等整个过程中可利用的一切人力、物力以及自然资源的总和。积极利用和开发课程资源是顺利实施体育与健康课程目标的重要组成部分，因地制宜地开发利用各种课程资源，可以发挥其教育优势，体现体育与健康课程教学的弹性和地方特色。

1. 体育与健康课程资源的特点

资源是生产资料或生活资料的天然来源，课程是学校教学的科目和进程。什么是课程资源？从课程的视角来看，凡是具有课程意义，能够作为课程的要素进入课程的教学资源，都可称为课程资源。显然，课程资源毫无疑问是一种教育资源。但是，并不是所有的资源都是课程资源，只有那些进入课程，与教学活动联系起来的资源才是现实的课程资源。

(1)多样性。

体育教材无疑是重要的课程资源，但课程资源绝不仅仅是体育教材，也绝不仅仅限于学校内部。体育与健康课程资源涉及学生学习与生活环境中一切有利于达成体育与健康课程目标的资源，因而体育与健康课程资源具有广泛多样的特点。

(2)价值潜在性。

多种多样的资源为学校和教师因地制宜地开发与利用提供了广阔的空间。但只有那些真正进入体育与健康课程，同体育与健康教育教学活动联系起来的资源，才是现实的体育与健康课程资源，否则只是具有潜在价值的资源，不能称之为体育与健康课程资源。

(3)多质性。

同一课程资源对于不同课程具有不同的用途和价值。例如学校附近的山，既可利用于体育与健康课程中的体育锻炼，也可用于劳动技术教育中的植树绿化，也可以在生物课中用来调查动植物的种类。因此，教师要独具慧眼，善于挖掘课程资源的多种利用价值。

2. 体育与健康课程资源分类

体育与健康课程资源一般包括：人力资源、体育设施资源、课程内容资源、课外和校外体育资源、自然地理体育与健康课程资源，以及体育信息资源等。

(二)体育与健康课程资源的开发原则

课程资源的开发与利用不是随意而行的，同样需要一定的原则来规范。基于体育与健康课程资源的特点和类型，这里主要注意以下几个重要原则。

1. 符合学生发展需求的原则

首先，要分析小学生的所需和所缺，选择最有价值的课程资源。通过调查和访谈，了解学生已经具备和尚需具备的体育与健康知识技能、情感态度、价值观等；了解哪些内容已经陈旧，需要更新，哪些内容与社会发展相适应；根据体育与健康课程目标的要求和小学生的年龄心理特征，分析体育与健康课程能使小学生最大限度地获取哪些知识、习得哪些行为、改变哪些观念、重点需要强化哪些方面。同时，还要考虑课程资源的开发利用必须是在教师自己的能力范围之内，学校能提供相应的实施条件。其次，要弄清小学生的兴趣所在，选择学生感兴趣和关注的课程资源是提高学生学习效率的关键，这样才能激发学生的学习内驱力；枯燥乏味的课程内容只会引起学生的厌学情绪，重蹈“学生喜欢体育锻炼而不喜欢体育与健康课”的覆辙。

2. 多元主体性原则

明确课程资源开发和利用的主体定位，在新课程的理念下，应确立多元主体开发利用课程资源的思想。教师在教育教学中扮演着多重角色，其中之一就是把握课程资源开发的方向、对象、形式、过程、成果、效果。学生在新课程中不是被支配的对象，同样是课程资源开发的主体，学生既是开发者、参与者，又是获益者。在课程设置、安排教学计划、设计教学形式、组织体育活动整个过程中尽量让学生参与，甚至让学生成为主角，教师为配角，这样不仅激发了学生的创造性，而且使学生真正成为课程资源开发和利用的受益者。家长和社会人士是课程资源开发的社会主体，他们的参与和支持，会使课程资源的开发利用更为丰富，并取得更好的效果。

3. 个性化原则

课程资源的开发与利用本身就是一项极具创造性的实践活动，没有个性，也就失去了创造性，就会流于机械主义和形式主义，这是需要特别加以注意的问题。为了发展学生的个性，首先要基于学生个体的经历和体验，把握好学生个性潜能发展的独特领域和生长特点，把这些因素都纳入课程资源开发的过程之中去。因此，不应强求千篇一律，而应从学生实际出发，发挥地域优势，强化学校特色，区分学科特性，展示教师风格，扬长避短。

4. 健身性原则

“健康第一”是学校教育改革的教育理念，是体育与健康课程的首要目标，因此，在开发课程资源时首先要考虑的就是健身性原则。小学生正处在身心迅速发展时期，在他们发育成长的不同时期，有着不同的体能发展敏感期。所以，在选择素材资源时，应当根据不同阶段学生身体发展的特点，科学合理地加以选择，保证这些素材能真正起到促进学生身心健康成长的作用。切忌选用一些不切合实际，无助于学生健康的素材资源。

5. 兴趣性原则

兴趣是学生学习体育与健康课程的动力，只有学生对教学的内容、方法、环境产生兴趣，才能主动、积极地参与学习。在开发体育与健康课程素材资源时，切忌选择技术要求过高，学生难以学会，或枯燥无味的素材。少儿活泼好动，应当根据他们的身心特点，选择他们喜爱和欢迎的运动素材，包括一些娱乐、休闲和新兴的体育锻炼内容，使他们的身心在学习的乐趣中得到充分发展。

6. 适应性原则

适应性原则是指在开发体育与健康课程资源时，应考虑到与学校、教师和学生的实际情况相符合。在开发课程资源的过程中，可能会发现很多很好的课程资源，但是不是能够得到很好的利用，还要看学校、教师和学生的具体情况，如学校的场地器材、财力和环境等是否具备应有的条件，体育教师是否具备开发的能力，学生是否具备应有的基础，甚至还要考虑到能不能得到家长的理解和支持等。

(三)体育与健康课程资源的开发与利用

1. 竞技运动项目的利用与开发

现有运动项目资源十分丰富，要大力开发，以适应和满足小学生的实际需要。各地学校和教师应根据学生的年龄和身心发展情况加强对运动项目的改造工作，这是课程设计的重要内容，也是教师发挥主导作用的重要方面。这里所说的运动项目的改造，主要是指简化规则、简化技战术、降低难度要求、改造器材等。

(1)竞技运动项目改造的意义。

学校的体育与健康课程应该根据小学生身心发展特点和不同需求、体育与健康课程目标、办学条件、学生体育基础等诸多因素，特别是按照增强体能、增进健康的课程目标要求，对竞技运动进行科学的选择、引进和必要的改造，或进行有针对性的重新设计，使其转化为能面向全体学生并受到广大学生喜爱的，能让学生基本学会以及能收到多种效益的体育教材内容。

(2)竞技运动项目改造的基本方法。

竞技运动项目改造的基本方法一般包括：修改内容；简化技战术结构，降低难度要求；调整场地器材规格，修改比赛规则；降低负荷要求；调整和转换竞技运动特点等。如修改内容方面，去掉不适合发展学生核心素养、学生无兴趣的重复、复杂、陈旧的内容，弱化竞技成分，淡化"达标"终结性评价内容，强化过程性评价内容；简化技战术方面，尽量保留简单的基本的技战术，激发学生兴趣，然后循序渐进向深层次发展；降低难度要求方面，对小学生而言，降低运动难度、动作难度，不苛求动作的细节，减少器械重量，改变器械功能等；改造场地器材方面，场地器材适合小学生的年龄、性别、身高的特点，满足学生的兴趣需要。

案例

"我也能扣篮"

1. 活动目的

发展学生体能，提高投篮的自信心，激发参与篮球运动的兴趣，帮助学生在运动中体验成功的快乐。

2. 活动准备

将正规的篮筐换成直径两倍的篮筐，固定在体育馆或者室内体育场的墙上，高度由3.05米降到2.4米到2.8米或者更低的不同高度。

3. 活动方法

(1)学生根据自己的身体素质、运动能力、篮球基础等实际情况，自由选择合适高度的篮筐进行投篮练习，体会投篮的动作技术，体验投篮成功的乐趣；

(2)学生根据自己的身体素质、运动能力、篮球基础等实际情况，选择合适高度的篮筐尝试扣篮动作，体验成功扣篮的乐趣。

4. 设计思路

篮球运动是中小学学生非常喜欢的一项运动。由于赛事活动的需要，许多学校的篮球场地都是标准比赛场地，3.05米篮筐的高度令女生和篮球技能基础较差的学生望而生畏，有的学生一节课都难以投中一个球，大大降低了学生的投篮自信心和对篮球活动参与的热情。通过降低篮筐的高度和增大篮筐的直径，降低动作学习和练习的难度，使学生都能找到一个合适自己练习的篮筐，既提高了掌握动作技术的自信心，又体验到成功的乐趣，从而激发他们积极参与活动的热情和学习篮球的兴趣。

2. 民族民间体育活动的开发与利用

我国是统一的多民族国家，民族体育文化源远流长，体育与健康课程应当大力开发和利用宝贵的民族、民间传统体育资源，如蒙古族的摔跤、藏族的歌舞、维吾尔族的舞蹈、朝鲜族的荡秋千、锡伯族的射箭、彝族的射弩、白族的跳山羊以及踢毽子、滚铁环、抽陀螺等。

案例 1

“打怪兽”与武术“五步拳”

1. 活动目的

利用“打怪兽”游戏选择并编排动作组合进行武术——五步拳各动作的教学，既增强了学生参与武术运动的兴趣，又使学生主动复习了五步拳各动作。

2. 教学内容

(1)游戏：打怪兽

(2)武术——五步拳(复习)

3. 教学流程

(1)学生分组，假想面前有一怪兽，各组利用五步拳的各动作格挡、打怪兽，并说出动作名称；

(2)教师巡回指导，并对各组学生的动作做出评价，评选出最合理、最优美、最协调的动作；

(3)鼓励学生自主创新，利用多个动作进行组合创编。

4. 设计思路

武术是我国民族传统体育中的一块瑰宝，但实施教学的过程中难以创新，类似广播操的教学方式枯燥无味，学生没有兴趣，积极性不高，但引导学生假想“怪兽”就在面前，运用五步拳的各动作“打怪兽”，能较好地提高学生参与热情，增强教学效果，不仅活跃了课堂气氛，激发了学生学习武术的兴趣，而且使娱乐与健身有机地结合在一起，学生自主创编动作组合对我国民族民间体育项目也是一种很好的改造与创新。

案例 2

“三人板鞋接力”

1. 活动目的

通过“三人板鞋接力”游戏，发展学生的灵敏、力量等身体素质，提高三人协调配合运动的能力，培养学生的团队协作和集体主义精神。

2. 活动准备

标出端线的空地；“三人板鞋”若干副。

3. 活动方法

学生三人一组同穿一双木板鞋“齐步”跑40～60米，要求步伐整齐、步调一致，快速跑进，依次接力，先者为胜。

4. 教学建议

(1)首先要进行“三人板鞋”的教学和练习，使学生能体验到“腰式搭配”“步调一致”等动作要领对速度的重要性；

(2)引导学生进行总结和创新，想办法保证速度的前提下达到“步调一致”，又快又齐；

(3)练习和竞赛要注意安全。

5. 设计思路

“三人板鞋接力”是流传很广的一种民间游戏活动，深受小朋友喜欢。活动时既不受场地、器材的限制，易于开展，又集运动与娱乐为一体，游戏性和竞争性较强，能够激发学生的学习兴趣，对发展学生的灵敏、力量等身体素质，又能培养学生团结协作的集体主义精神，促进身心健康均有良好的效果。

案例3

有趣的“打陀螺”

1. 活动目的

通过“打陀螺”运动，增强身体的灵活性和发展上肢力量，掌握打陀螺的技巧和娱乐方法，培养练习的兴趣和创新意识。

2. 活动准备

陀螺、绳鞭若干。

3. 活动方法

每人一个陀螺和一根绳鞭。首先将鞭子缠绕在陀螺上(缠两三圈)，然后将陀螺放在地上，用力抽拉鞭子，使陀螺在地上旋转，接着用鞭子不断地抽打陀螺，使它不停地旋转，以转动时间的长短决定胜负。

4. 教学建议

(1)先要学会制作陀螺的方法。找一个长5～6厘米、直径为4厘米的小木柱，将其一端削成圆锥形，在圆锥顶插进一根1厘米长的铁钉，其尖端外露2毫米。鞭和鞭杆各长40～50厘米为宜；

(2)要引导学生不断总结经验、尽快掌握抽打的方法；

(3)此活动适于在水泥地上进行，要注意安全。

5. 设计思路

打陀螺是流传很广的一种民间游戏活动，深受小学生喜欢。活动时既不受场地、器材及人数的限制，易于开展，又集运动与娱乐为一体，游戏性和竞争性较强，能够激发学生的学习兴趣，对发展学生的灵敏、协调等素质，促进身心健康均有良好的效果。

3. 新兴运动项目的开发与利用

根据本地、本校的实际情况在教学中适当选用健美、攀岩、现代舞等新兴运动项目，这些新兴运动项目是小学生非常喜爱的运动项目。新兴运动项目也有一个改造的问题，应当使其成为学生健康向上、安全有益的课程内容。新兴体育运动主要包括以下项目。

(1)郊游、远足、野营等野外活动；

(2)健美运动、现代舞等；

(3)攀岩、旅游、登山等；

(4)独轮车、轮滑等。

案例

“运动向前冲”

1. 活动目的

学生快速越过不同的障碍，发展速度、力量、柔韧、灵敏等身体素质，培养敢于挑战、勇于拼搏的精神，同时引导学生自己设置不同的障碍，提高参与热情和创新能力。

2. 活动准备

足球场或草地一大块，跨栏架、木箱、垫子、标志筒、皮筋、(软式)排球等。

3. 活动方法

学生自己利用现有的场地和已有的器材设置不同类型的障碍，如平衡类、跳跃类、攀爬类、爬行类、投掷类等，设置好场地后，再快速越过所有障碍，看谁用时最短。

4. 教学建议

(1)教师要引导学生设置障碍，障碍不能设置太简单，也不能设置得太复杂，最好是有一定难度，有锻炼价值，又能保证安全；

(2)教学过程中，可以让学生设置好障碍后，先让每个同学试一到两次，感受与体验障碍设置情况，也可以为正式练习的时候提供经验参考；

(3)此类运动一定要注意安全，障碍的设置和练习前的准备活动都要有安全保障。

5. 设计思路

各个地方卫视的大型户外竞技类节目，如《奥运向前冲》《夺宝奇兵》《智勇大冲关》等，近几年收视率和参与率都高，学生很了解，在学生中有群众基础。体育与健康课中利用现有的运动器材和简易的、可利用的非体育器材，引导学生发挥想象自己设置障碍，再进行练习和竞赛，学生的参与热情和健身效果都大大提高，同时也能通过此类过障碍的闯关运动体验成功的喜悦，培养勇于进取的精神。

(四)体育场地设施资源的开发与利用

体育场地、器材是加强素质教育，提高体育与健康课程教学质量，增进学生健康的物质保证。国家已制订了各级学校体育器材设施配备目录，各地学校应争取有计划、有步骤地逐步配齐，并在原有的基础上逐步改善。对现有体育设施应充分发挥应有的作用，同时要努力开发它的潜在功能。

1. 体育场地设施资源的开发与利用

(1)发挥体育器材的多种功能。

体育器材一般都具有多种功能，例如：栏架可以用来跨栏，也可以用作投射门，还可以用作钻越的障碍等；利用跳绳可以做绳操、斗智拉绳等。只要转换视角和思维方式，就可以开发出常用器材的许多新功能。

一物多用，根据器材特点确定其多种用途，是解决器材品种少的好办法。

跳绳——可以做绳操、斗智拉绳、三人角力、跳移动绳、绳球、绳投掷、跑蛇绳、二人三足、踩龙尾等。

胶圈——可以用作滚雷、多人拔河、套活动目标、网圈接球、赶圈穿梭、运输队、撒网捕鱼、踩双圈接力等游戏。

接力棒——可以用作接力跑的传接器材，也可以用作哑铃操的手持器材等。

标枪——可以用来投掷，还可以在两支标枪之间拉上橡皮筋当作跳高架等；用标枪做蛇形跑、钻“洞”跑、图形移动练习、跳跃练习等。

实心球——可以用来投掷，也可以用作负重物、障碍物、标志物，还可以用来打保龄球。

小皮球——可以用来踢足球，也可以用来投掷，还可以用来打篮球。

呼啦圈——可以用作障碍物，也可以用来替代跳绳。

橡皮筋——可以用来替代栏板、跳高的横杆等。

案例

我和刘翔比一比

1. 活动目的

发展速度、灵敏等身体素质，提高跑和跨越障碍的能力，通过跑和跨的练习，培养学生的奔跑能力和勇于拼搏的精神。

2. 活动准备

跑道或空地；小垫子若干。

3. 活动方法

(1)每条跑道上间隔合适的距离，摆放若干个竖立的小垫子(或多个垫子结合布置出不同高度、不同宽度的障碍)，用小垫子代替跨栏架，对学生进行跨栏的教学，并组织练习。

(2)学生可以根据自己的速度、柔韧、灵敏等身体素质和掌握跨栏动作的熟练程度自由选择不同组别，不同组别小垫子设置的高度、宽度、类型不一样，小垫子之间的距离也不一样。

4. 设计思路

此练习适合在跑道和空地上进行，可以充分利用小垫子灵活的特点，变换小垫子的组合方式，布置类型不一样的障碍，如单一的“人”字形障碍、增加宽度的矩形障碍、复合的双“人”字形障碍等，还可以在“人”字形障碍前平铺一张垫子以拉长跨越距离等。用小垫子不同的组合设置不同的障碍代替竞技比赛用的跨栏架，降低了竞技性，增强了安全性，提高了学生学习的自信心和兴趣，由于小垫子不同组合的特性还可以充分激发学生自主创新设计不同障碍的能力。

(2)制作简易器材。

各地学校可以结合本校实际，制作简易器材，改善教学条件。例如：用废旧的铁锹杆、锄把等制作接力棒，用废旧的竹竿和橡皮筋制作栏架，用废旧足球、棉纱和沙子等制作实心球，用废旧的棕垫、帆布制作沙袋，用木块制作起跑器，用树桩制作“山羊”，用砖头水泥或石块砌成乒乓球台，用砖头、木板、竹竿代替球网等。

利用废旧物品解决器材的短缺，改善教学条件，是一个“量材录用”、因陋就简的积极办法。另外，以生活物品、生活设施和生产工具等作为器材替代物，也是一个解决器材数量少的简单办法。

例如：

①发动学生自己动手，用废旧布和豆子或沙子制作沙包；

②书包——可以用作负重物、障碍物、标志物；

③上衣、手绢——可以用作传接物，进行接力跑；

④网兜和实心球——可以替代球；

⑤椅子、扁担——可以用作传接物，进行合作跑、协同跑；

⑥校园里的水泥道沿——可以替代平衡木，让学生在上面进行平衡走。

(3)改造场地器材，提高利用价值。

把学校成人化的场地器材改造成适合小学生活动的场地器材，这里有大量的工作要做。例如：降低篮球架高度，降低排球网高度，缩小足球门，缩小足球、排球、篮球的场地等。要把场地器材改造成小学生的运动乐园，就要打破竞技化的、成人化的场地器材规格限制，一切从小学生的实际和兴趣出发，重新对学校场地器材进行规划、设计，以满足小学生体育活动的需要。

(4)合理布局学校场地器材。

学校场地器材的布局，应当既要满足教学的需要，又要满足课外体育活动和校内比赛的需要；既要方便组织，又要方便教学活动；既要确保安全，又要保证学生有地方活动；要形成相互依托、互为补充的多功能活动区。

(5)合理使用场地器材。

应当根据本校和周边环境，合理规划、充分利用空地，进行安全、适宜的体育活动。学校要加强场地器材和周边环境的协调、管理工作，安全地、最大限度地提高场地器材使用率，同时要加强场地器材的保养工作，合理地使用有限的财力、物力，使每项设施都能起到尽可能大的作用。例如，在课余时间对学生开放体育场地，安装多向篮球架，因地制宜设计自然地形跑道等。

案例 1

利用非体育器材发展速度练习

1. 活动目的

培养和激发学生参与活动的兴趣，发展速度和快速跑能力。

2. 活动准备

田径场跑道；学生自己提供的可以用来接力的器具，如红领巾、围巾、校徽、校园卡等。

3. 活动过程

(1)学生分组，各组人数相等。

(2)各组自行选取本组成员随身携带的物件替代接力棒，进行往返接力、迎面接力游戏。

4. 教学建议

(1)教师引导学生选取合适的物件替代接力棒，物件太小，传接的时候容易漏掉，物件太大，影响跑速。

(2)物件的选取一定要符合安全要求。

5. 设计思路

接力游戏能很好地发展学生的速度素质，教学过程中，利用学生随身携带的物件替代接力棒进行接力游戏，学生有新鲜感，能激发学生参与的热情，达到理想效果。

案例 2

“投掷＋奔跑”游戏

1. 活动目的

发展手臂力量、奔跑能力，培养团队合作精神，体验运动的乐趣，促进身心健康。

2. 活动准备

小垒球若干个；不干胶纸若干。

3. 活动过程

(1)学生分组，人数相等，由左至右报数，每人记住自己对应所报的数字；

(2)在不干胶纸上写上一组的数字，如一组是八人，则写上数字“1～8”，每个数字贴到一个小垒球上；

(3)活动开始，第一组同学每人拿一个小垒球使劲投向足球场，同时教师一声口令，第二组所有同学全体出动将与自己的报数相对应的小垒球迅速找回，并迅速回到集合地点，各组交换进行，看哪个组用时最短为胜。

4. 活动建议

(1)全班学生分组组别不可太多，以增加运动量和练习密度；

(2)小学男女生的力量和速度有差异，尤其是处于发育期的学生，差异较大，对于游戏竞赛结果有影响。改变规则，男、女生可以同场竞技，如规定区域(半个足球场内)，凡是投到区域以外的小垒球可以不找回，算成功。

(3)在小垒球上也可以写名字、学号等，学生自发创造，能一一对应即可。

5. 设计思路

利用“投”小垒球和“追”小垒球，学生一方投，一方追，活动量比较大，能充分发展学生的投掷和奔跑能力。在小垒球上写上与自己对应的号码或名称，学生感到新鲜、有趣，参与热情高，运动的自主性和竞争性强，锻炼效果很好。

案例 3

多功能短绳

1. 活动目的

培养学生动手动脑能力，发展速度、力量、灵敏等身体素质，体验运动带来的快乐。

2. 活动准备

半个足球场；学生每人一根短绳。

3. 活动过程

(1)单人跳绳：每人一根短绳，跳绳比赛，看一分钟内谁跳得多，看谁跳绳的花样多。

(2)抓尾巴：每人将短绳捆在腰间，在背后留 10～20 厘米的“尾巴”，想办法既要抓到别人的尾巴又要躲避被抓。

(3)投掷游戏：将短绳扎成束，看谁扎得好，投得远。

4. 教学建议

加强安全教育，注意调动学生练习的积极性，唤起参与的意识，培养动手动脑能力，让学生体验成功的快乐。

5. 设计思路

本节课教师只利用一根短绳做练习器材，一物多用，引导学生除了正常的跳绳外，开动脑筋利用短绳进行多种多样的游戏活动，使学生在不知不觉中发展了速度、力量、灵敏等身体素质，又在有趣的气氛中体验到了运动带来的快乐。这在如何开发和利用体育器材资源方面，给我们提供了很好的范例。

案例 4

逃离火场

1. 活动目的

发展学生的体能，培养学生的团队作战的能力，培养学生的安全、纪律、秩序的意识，以及应对突发事件的能力。

2. 活动准备

四分之一块足球场；四个跨栏架。

3. 活动方法

学生按集合队形听老师讲明规则后游戏开始(不给学生商量和组织的时间)。教师喊“着火了”，同时鸣哨开始，学生须分两组用最快速度先将队伍两边打倒的跨栏架扶起(打开教师前后的门)，而后依次从跨栏架下钻过(走出教室门)，再绕到教师身后穿过另外一个跨栏架(下楼梯)，到达指定地点(安全区域)。第一次活动，教师不告诉学生，暗自计时。第一次结束后，教师小结，对逃离火场的知识进行讲解(如下蹲低行、三点着地等)，尤其强调组织纪律和逃离的秩序。第二次活动前给学生两分钟的商量和组织的时间，但是，教师在活动前可以把现有的队形进行调换后再进行，让学生还是有一种措手不及的感觉。第三次活动前再给学生一定的时间组织。最后总结三次活动的用时、学生活动中好的方面和不足的方面，再对学生进行安全教育。

4. 设计思路

在操场上设计教学楼的情景，并模拟设计出火灾现场，要求学生在最短时间内“逃离火场”，使学生的参与热情提高，在集体“逃离”的过程中通过钻越、奔跑等达到发展体能的目的，同时对学生进行安全、组织纪律和公共秩序的教育。

案例 5

足球射门＋庆祝展示

1. 活动目的

培养学生足球兴趣和创编能力，学习简单射门技术，提高准确性，引导学生体验集体成功的喜悦。

2. 活动准备

半个足球场；四个跨栏架；足球若干个。

3. 活动方法

(1)足球脚背正面踢球教学；

(2)学生分成四个小组，每人一个足球，每组一个跨栏架，间隔五米，往跨栏架里射门练习；

(3)一组学生一次射门，要求，射门成功超过半数，就允许全组成员展示庆祝一次(之前在室内课介绍过的足球比赛中球员进球后的集体庆祝方式，课前要求以组为单位自行设计和准备庆祝方式)。

4. 教学建议

(1)此教学内容需要有课前的准备，包括学生理解和了解足球竞赛中球员进球后的庆祝方式，以及课前各小组有所准备；

(2)女同学射门技术有些影响，男女同学可以适当调整射门的距离；

(3)第一次射门成功没有超过半数的组，再给一次机会，尽量让所有的组都有机会展示。

5. 设计思路

多数同学通过电视看过高级别的足球比赛，对进球队员的忘情庆祝记忆尤深，以此激发学生学习脚背正面踢球技术，并在射门练习时加入全组同学集体展示庆祝方式的“奖励”，学生课前准备充足、设计新颖，课中练习认真，展示的时候能充分体现中小学生的创造能力。本课很好地利用栏架作为“小足球门”，在足球脚背正面踢球中作为目标，引导学生掌握正确的踢球技术，保证出球的方向，是一个很好的现有器材充分利用的范例。

2. 自然地理资源的开发与利用

我国地域宽广，幅员辽阔，地况地貌千姿百态，季节气候气象万千，蕴藏着丰富的课程资源，应注意大力开发和利用。利用空气，可以进行有氧运动，如散步、慢跑、有氧操等；利用阳光，可以进行日光浴；利用水，可以进行游泳、温泉浴等。春季可以开展春游、远足；夏季可以开展游泳、沙滩排球；秋季可以开展爬山、越野跑；冬季可以开展滑冰、滑雪。风天、雨天、雪天，可以练习长跑；晴天，可以练习骑自行车，可以登高望远。利用江河湖海，可以进行水上安全运动；利用荒原，可以进行步行拉练、野营等；利用雪原，可以滑雪、滑雪橇、滚雪球、打雪仗等；利用草原，可以进行骑马、武术等；利用森林山地，可以进行安全的定向运动、攀爬活动；利用山地丘陵，可以进行登山运动和开展有氧耐力运动；利用沟渠田野，可以进行越野跑、跳跃练习等；利用海滩或沙地，可以进行慢跑、沙滩排球、沙滩足球等；利用沙丘，可以进行沙疗、爬沙丘、滑沙等活动。

案例

草地玩乐

1. 活动目的

通过在天然草地的活动，培养学生合作意识、竞争意识和创新能力，增强体能，在玩乐中激发学生对体育运动的兴趣。

2. 活动准备

(1)长绳、短绳若干；软式排球或气球若干个。

(2)草地上准备活动：关节活动操、跳短绳、长绳。

3. 活动过程

(1)教师介绍草地活动的内容、方法及比赛规则；

(2)学生分若干组用长绳、短绳“画”出几个较小的排球场，并由两人在中间拉一根长绳作球网；

(3)学生分组进行软式排球比赛，或用气球替代排球比赛。

4. 设计思路

农村有较为丰富的天然场地资源，如草地、收割后的田野、沙滩、河滩、山坡等，教师要敢于创新，设计合适的教学内容，并加以实施。本课是利用草地和长、短绳布置出排球场地，组织学生进行软式排球比赛，可以培养和训练学生适应当地的气候、自然、地理环境的能力。教师在组织实施这类课程内容时，应当把安全教育放在首位，如沙滩活动要注意涨潮时间，雪上活动要防止塌方，山坡要提防泥石流，冰上活动要防止冰场是否安全，以及是否为血吸虫病传染区等。

(五)人力资源的开发与利用

人力资源是最重要的资源，因此，开发人力资源显得尤为重要。学校教育活动的直接参与者是教师和学生，在体育与健康课程实施过程中，除了体育教师以外，同样需要尊重有体育特长的各种人才，挖掘人的潜能，发挥人的多种作用，体现人的多种价值，使他们有展现能力的机会。体育人力资源包括：体育教师、学生和其他人力资源。主要涉及校长、体育教师、班主任、有体育特长的教师、校医、有体育特长的学生、社会体育指导员、家长等。在体育与健康课程教学过程中，应充分调动学生的主动性和积极性，发挥有体育特长学生的骨干作用，如请他们作示范、当教学助理等。

(六)课外和校外体育资源的开发

随着我国人民生活水平和教育水平的不断提高，学生的校外体育活动形式越来越多种多样，活动场所越来越多，活动内容越来越丰富多彩。因此，必须加强引导、鼓励和指导学生参加家庭体育活动、社区体育活动和竞赛、区县镇的体育活动和竞赛、少年宫体育活动、业余体校训练、体育俱乐部活动、节假日体育活动和竞赛等。

1. 课外体育资源的开发

这里所说的课外泛指课前、课间和课外体育锻炼时间等。各地要开展课前和课间体育锻炼活动，可以把课间操时间延长到 20～30 分钟，开展大课间体育锻炼活动，改变课前和课间只做广播操的单一活动内容，增加防治脊柱侧弯操、眼保健操、跑步、球类活动、民间体育、游戏活动等内容。各地学校应抓好课外体育锻炼和校内体育比赛，应保证小学生每天一小时体育锻炼时间。班级、锻炼小组或课外体育俱乐部是课外体育锻炼的基本组织单位。锻炼内容可以由锻炼小组或班级确定，学生也可以自选锻炼内容。

2. 校外体育资源的开发

校外体育资源包括：家庭体育活动、社区体育活动和竞赛、区县镇的体育活动和竞赛、少年宫体育活动、业余体校训练、体育俱乐部活动，以及节假日体育活动和竞赛等。其中，节假日体育活动和竞赛，如：传统节日中的元旦拔河、长跑；春节的秧歌、舞狮；元宵节的骑竹马、太平鼓、跳百索、抖空竹；清明节的踏青郊游、放风筝；端午节的赛龙舟；重阳节的登高等；再如：学校假日中的体育夏令营、体育冬令营、春游以及校订节日中“体育节”“游戏节”“舞蹈节”“传统项目节”“健康节”等。

(七)体育信息资源的开发

充分利用各种媒体如广播、电视、网络，获取体育信息，不断充实和更新课程内容。由于地区的差异性极大，在条件相对较差的学校，也可以利用教学挂图、黑板绘制简图等提高教学效果。

体育信息资源具有时代气息，可以利用各种媒体获取新的体育活动方法，观赏体育比赛等，不断充实课程内容。体育远程教育资源是不容忽视的课程资源。远程教育方兴未艾，它有助于体育基础教育的跨越式发展。

让教师和学生一起充分开发和利用信息化的体育资源，使学生在课内和课外都能进行体育学习。例如，学龄初期的儿童年龄小，生性好动，注意力不能持久，教师应顺应他们的心理特点来进行教学，教学方式应生动活泼，可采用图片、录音、录像、多媒体等手段来辅助教学，课堂上应多设计一些儿歌、游戏、趣味活动，练习时则可采用摘苹果、夺红旗、找朋友等方式进行，在上小沙包投掷时，可先准备一些苹果图片，动作练得好的、距离投得远的学生就可以获得。这样学生在快乐地学习中既掌握了知识又锻炼了能力，同时得到大家的肯定，这样的教学安排使学生上课不但不会感到厌倦，而且兴趣盎然。

案例 1

分享体验——耐力跑(室内课)

1. 学习目标

培养学生获取知识和运用知识的能力，增强对耐力跑的体验。

2. 学习内容

了解耐力跑“极点”“第二次呼吸”的概念。

3. 教学过程

(1)教师由校运会的长跑比赛引出今天的主题；

(2)请长跑成绩很好和不好的同学谈一谈参加比赛的感受，教师在教室播放田径比赛中运动员出现“极点”时的症状与特征，并及时调整自己继续前行，引导大家分享整个长跑过程中各时段不同的生理和心理感受；

(3)小结不同学生的体验，讲解耐力跑“极点”“第二次呼吸”的概念，并给予同学参加长跑比赛或锻炼时的建议；

(4)鼓励同学参与耐力跑锻炼，既锻炼身体，又磨炼意志。

4. 设计思路

这是一节“分享体验式”的体育室内课，案例中，教师很好地引导不同学生与大家一起分享长跑各时段的生理、心理感受，很好地体现了开发和利用室内资源这一精神。同时，教师从学生自身的感受总结教学的内容，比直接讲解相关概念的效果要好得多。

案例 2

奥运我参与(课外实践课)

1. 学习目标

了解有关奥运会的各项知识，提高对体育运动的兴趣；培养学生获取知识和运用知识能力，提高欣赏重大比赛的能力。

2. 学习内容

奥运会的各项知识；以及奥运会看点的介绍。

3. 教学过程

(1)由奥运会引出本堂课的主题；

(2)教师引导学生一起分享有关奥运会的知识；

(3)教师讲解奥运会的历史、常识和重要项目、运动员等；

(4)布置课后任务：2～4人一组，以今年举行的奥运会为主题，通过各种途径收集资料，制作出一份手抄报。

4. 设计思路

课后拓展的方式在文化课中运用较为普遍，但体育与健康课重视实践，应用却较为困难。本课是一堂创新的课后拓展体育与健康课，利用现有知识的传授进行拓展，要求学生课后进行相关资料和信息的收集和整理，教师利用布置课后作业的方法为学生提供一个学习和掌握信息的平台，很好地体现了开发和利用体育信息资源这一精神，并展现出现代信息教学的雏形。课后作业没有要求独立完成，而是自由2～4人组合完成，如收集、整理、书写、绘画等合理分配，便可以更好地发挥集体的力量，更能培养学生团队协作的能力。

(八)文化资源的开发和利用

北京申办2008奥运成功后，极大地鼓舞了各行各业中国人民的热情，有关奥运的话题更是众说纷纭，街头巷尾，谈论不休。从人们的谈论中，知道许多人对体育文化还很欠缺。针对这一情况，以2008年北京奥运会为契机，以“奥林匹克体育文化”为题进行专题讲座，使学生明白奥林匹克外在形式是竞技游戏，而其中心思想是人的和谐发展；同时让学生了解一些独特而鲜明的标志，像奥林匹克标志、奥林匹克格言、奥运会会旗、奥运会会歌、奥运会会徽、奥运会奖牌以及奥运会吉祥物等。

(九)开发和利用体育与健康课程资源应注意的问题

首先，在开发和利用体育与健康课程资源时要注意课程内容的选取。

其次，在开发和利用体育与健康课程资源时要注意更新课程理念，根据体育学科核心素养及整体健康观进行课程设计，防止“穿新鞋走老路”，活动的内容和方法要有助于学生达成体育与健康课程目标。

最后，在课程开发过程中要注重继承和发展，处理好沿用、改造、继承与创新之间关系。

第六节　小学体育与健康教学方法

一、小学体育与健康教学方法的概念

教学方法是构成教学论的主要组成部分，是教学活动顺利开展的直接方法论基础。合理使用有效教学方法关系到教学目的实现与否及实现程度。古今中外，对于教学方法的界定数量繁多，并且不尽相同，比如：王汉澜、王道俊认为，教学方法是为了完成教学任务而采用的方法。李秉德认为，教学方法是在教学过程中，教师和学生为实现教学目的、完成教学任务而采取的教与学相互作用的活动方式的总称。还有的学者认为教学方法是指教师在教学过程中为了完成教学任务所采用的工作方式和在教师指导下学生的学习方式。虽然这些界定并不相同，但存在一些共同的特点：第一，教学方法是为实现教学目的、完成教学任务服务的，与教学目的、教学任务紧密相连。第二，教学方法既包括教师教的方法又包括学生学的方法，是教法与学法的统一。第三，教学方法由一系列的教学方式组成，既包括教师教的方式又包括学生学的方式。

目前，随着体育与健康课程的广泛开展和教学的创新改革观念渗透，人们对体育与健康教学的研究也逐步深入，并引入众多相关学科知识体系到体育与健康教学中，因此在体育与健康教学中形成了许多新型的教学理论和方法。体育与健康本身的方法具有多样性，如体育锻炼方法和运动训练方法等，使得体育与健康教学方法的概念更加复杂。概观我国体育学者的研究发现，随着时代的发展和变化，学科不断发展，体育与健康教学方法界定从“教学过程采取的途径和手段”到“为完成教学目的，进行的活动方式、途径手段的总和”再到扩展体育与健康教学方法的内涵和外延。这一过程为一线体育教师理解和使用提供精确的指导，也有利于学生对体育与健康教学方法的掌握（见表 2-16）。

表 2-16　不同教材对体育与健康教学方法的定义

序号	教材	体育与健康教学方法的定义
1	《学校体育学》（人民体育出版社 1996 年版）	体育教学方法是体育教学过程中完成教学任务所采取的教学途径和手段。
2	《体育教学论》樊临虎著	体育教学方法是指在体育教学过程中，教师指导学生为达到一定的教学目标所进行的一系列活动方式、途径和手段的总和。
3	《学校体育教学论》张学忠主编	体育教学方法是指在体育教学过程中，由一定的教学原则指导，师生相互作用的，共同为实现体育教学目标，合理组合和运用场地、器材手段的活动方式。它既包括了师生在教学活动过程中内隐的思想、心理活动，也包括了器材的运用或演示和身体活动方式等。

续表

序号	教材	体育与健康教学方法的定义
4	《学校体育学》 潘绍伟、于可红主编 （高等教育出版社）	体育教学方法是指在体育教学过程中，教师为实现教学目标，组织学生进行学生活动所采取的教与学相互作用的活动方式的总称。
5	《体育教学论》 毛振明主编 （高等教育出版社）	体育教学方法是指在体育教学过程中，为达到一定的教学目标和任务，教师指导学生所进行的一系列活动方式、途径和手段的总和。可以分为“教学理论”的宏观层次、“教学方略”的中观层次、“教学方法手段”的微观层次。

基于以上认识，可将小学体育与健康教学方法界定为：在小学体育与健康教学过程中教师和学生为实现教学目标，完成教学任务，所采取的一系列活动方式、途径和手段的总称。

教学方法是体育与健康教学中的一个重要范畴，是提高教学效益的关键所在。教学有法，却无定法，贵在得法，重在创法。随着社会的发展、学校体育与健康教学改革的不断深入，有些教学方法已不能适应新时代教学的需要而出现各种弊端，改革传统的教学方法应取其精华，舍其陈腐，以适应现代教学；同时，新的教学思想、新的教学观念、新的教材和教学目标，必然要有相适应和配套的教学方法，这就需要从实践中，从理论研究中创新教学方法。

体育与健康教学方法受教育目标与任务制约，是由不同的教学内容、目标所确定的。因此，体育与健康教学方法的改革必然涉及学校体育改革的各个方面各个环节，而不能单独看待体育与健康教学方法的改革与相关的问题。在讨论体育与健康教学方法前，应厘清以下几个相关的概念。

体育与健康教学法是教学方法的上层概念，它包括教学的原理、原则和方法。

体育与健康教学方式是教学方法的具体活动细节或构成部分，如提问、操作、练习等。教学方式不能独立完成教学任务。

加快教学手段是指为提高教学方法效果而采用的各种器具和设备，也称为教学辅助手段。

二、小学体育与健康教学方法的分类

关于教学方法的分类，不同的学者提出不同的分类标准和具体的划分方式，了解不同的划分方式，有助于更好地认识教学方法的分类及教学方法本身的特点。

周登嵩主编的《学校体育学》①提出，“由于体育教学方法本身的复杂性、多样性和多层次性等，对体育教学方法分类的依据也是多种多样”。之后，按照体育教学方法的外部形态（信息传递途径）和学生认识活动，将体育教学方法分为：语言传递信息、直

① 周登嵩．学校体育学．北京：人民体育出版社，2004.

接感知、身体练习、比赛活动、探究性活动为主的五大类方法。

张学忠主编的《学校体育教学论》①一书提出了三种分类体系。第一种体系侧重从教师“教”的方面进行分类，包括直观教学法、分段教学法、观察法等；第二种体系侧重从学生“学”的方面进行分类，包括视听法、记忆法、比赛法等；第三种体系根据体育教学的功能分为四类：(1)传授体育文化知识、技术和技能的方法；(2)激发情感类的方法；(3)培养审美的教学法；(4)进行人文教育的教学法。

杨贵仁主编的《中国学校体育改革的理论与实践》②，将常用的教学方法分为语言法、直观法和分解法等。其中，体育与健康课程改革倡导的方法包括自主学习法、探究式学习法和合作学习法等。

以上学者对教学方法划分方式可知，每一种分类体系都是依据一定标准建立起来的，有自身的优越性和局限性，没有一种完善的分类体系能够解决所有问题，这也正是教学方法分类的复杂性和困难所在。根据小学体育与健康教学特点，结合诸多学者的分类方法及相关研究成果，将小学体育与健康教学中常用的教学方法划分为：(1)语言传递信息类教学方法；(2)直接感知类教学方法；(3)身体练习类教学方法；(4)情景和游戏活动类教学方法；(5)引导探究类教学方法(见表 2-17)。

表 2-17　常用的体育与健康教学方法分类③

类别	语言传递信息	直接感知	身体练习	情景和游戏活动	引导探究
具体教学方法	讲授法 谈话法 讨论法	动作示范法 演示法 保护与帮助法	分解练习法 完整练习法 循环练习法	情景法 游戏法 唱游教学法	探究法 发现法 小集团学习法

三、体育与健康教学方法的选择与运用

(一)教学方法的选择

1. 教学目标、任务

教学目标和任务影响教学方法的选择，不同的教学目标和任务需要借助不同的教学方法来达成。因此，应参照体育与健康课堂教学目标与任务，选择适合的教学方法，以提高教学效果。不同的教学目标和任务层次需要不同的体育与健康教学方法来实现。

2. 教学内容的特点

教学内容与教学方法密切关联。不同的教学内容，有不同的教学特点，教学方法要与教学内容相符合。在体育与健康教学过程中，应根据具体的体育与健康教学内容及其特点，选与之对应的教学方法。

① 张学忠．学校体育教学论．北京：人民体育出版社，2002.

② 杨贵仁．中国学校体育改革的理论与实践．北京：高等教育出版社，2006.

③ 毛振明．体育教学论(第三版)．北京：高等教育出版社，2017.

3. 学生学情

作为教学对象的学生，是教学中最关键、最活跃的因素。为了更好地让学生掌握体育与健康知识和技能，必须对学生的年龄、性别、身心发展特征、身体素质及体育技能基础等学情进行充分了解。根据学生的学情，采取适合的教学方法。

4. 教师特点

体育教师自身特点也是教学方法选择的一个影响因素。教师根据自身的专业素养、教学能力水平、教师个性特点等选用不同的教学方法，做到扬长避短。

5. 教学条件

教学条件制约教学方法的选择。体育教师需根据学校现有的体育场馆、器材，多媒体设备等，选择适宜的体育与健康教学方法。

(二)教学方法的运用

1. 整体性原则

要求教师在运用教学方法时，应该考虑体育与健康教学各构成要素之间的有机组合，协调好教学方法与其他教学要素之间的关系，根据教学目标与教学内容，实现教学方法的整合，做到方法之间要衔接自然。

2. 综合性原则

单一的教学方法往往会降低学生学习的积极性，学生比较疲劳，采用多样的体育与健康教学方法，有利于调动学生的积极性，提高学习效率。综合性原则就是要求体育教师博采众长，发挥方法各自优势，将教学方法价值最大化。

3. 灵活性原则

灵活性原则是指体育教师在教学过程中运用教学机智，应对体育与健康课堂中发生的各种情况，灵活、适时地调整教学方法，有效地实现体育与健康教学目标。

4. 启发性原则

启发性原则是体育教师运用教学方法须遵循启发式的教学思想。“启发式”对应“灌输式”，“灌输式”的教学思想会忽视学生的主体性，把学生当作被动接受知识的容器，无视学生主动参与和思维活动。因此，在体育与健康教学中教师要遵循启发性原则，最大限度调动学生主动积极地学习，激发学生自主意识，尊重学生的主体地位，培养他们的思维能力和创造精神。

四、小学体育与健康教学方法的应用及要求

根据体育与健康教学双边活动的特点和教学的任务，体育与健康教学方法可分为三大类：教师指导方法(包括语言传递信息类教学方法、直接感知类教学方法、身体练习类教学方法、情景和游戏活动类教学方法、引导探究类教学方法等)；学生练习方法(包括自学法、自练法、自评法等)；思想教育方法(包括说服疏导法、典型榜样法、竞赛评比法、表扬与批评法等)。

（一）教师指导方法

1. 语言传递信息类教学方法

以语言传递信息为主的教学方法，是指教师通过口头语言向学生传递体育与健康知识、技能的教学方法。这类方法的优点是能充分发挥体育教师在教学过程中的主导作用，并且能够在较短的时间内向学生传授大量的、系统的学科知识。在体育与健康教学过程中，常见的以语言传递信息为主的教学方法有讲授法、谈话法、讨论法等。

(1)讲授法。

讲授法是指体育教师通过简明、生动的语言向学生传递系统的体育与健康知识，提高学生对体育与健康知识、技能的认知，发展学生的智力，运动能力的方法。

讲授法是历史最为悠久，也是使用最为普遍的教学方法。体育教师在使用其他教学方法的时候都离不开讲授法。从这个意义上讲，讲授法是小学体育与健康教学中最为普遍的一种教学方法，但基于体育与健康课程的特殊性，小学运用讲授法时需注意以下要求：

①讲授时间不宜过长，用简洁、扼要的语言传递有用的信息；

②讲授的内容要与体育与健康知识，思想教育等内容有机地结合起来。在传授知识和技能的同时，融入思政教育，这也是强化思政教育渗透的主要方式之一。

(2)谈话法。

谈话法又称问答法，指教师在教学过程中依据一定的教学目的、任务和内容，通过教师和学生口头问与答的互动方式，使学生获得新知识，巩固旧知识的方法。谈话法也是一种历史悠久、行之有效的方法。谈话法的优点可以了解学生掌握体育与健康知识的情况，启发学生的思维，培养学生思考能力和语言表达能力。针对小学生的身心特点，谈话法更有利于唤醒和保持学生在课堂中的注意力和对体育的兴趣。小学体育与健康教学过程中使用谈话法有以下要求：

①注意提问的方式，注意启发学生的思维；

②根据体育与健康教学的特点灵活运用谈话法；

③一般在体育与健康教学的开始和结束部分运用此方法。

案例：

教学中不良的提问方式与良好的提问方式

1. 老师做的示范好不好？（学生回答只有单纯的是好与不好之分，“好”或“不好”）

2. 大家这节课练习认真吗？（大部分学生回答“认真”）

3. 第一组同学做的示范好吗？我们给第一组同学鼓掌（实际上没有给学生发表意见的机会）

以上问题只是单纯的“是”与“否”的回答，没有任何意义。因此，提问时应该提出启发学生思维的问题。

教学中良好的提问方式：

提问1：想想刚才老师做的示范和你们自己的动作有哪些不一样的地方？（学生可以归纳出老师动作与自己的不同点，不存在好坏的评价，属归纳性提问）

提问2：大家评价一下第一组和第二组，哪组做练习的积极性高？为什么这样说？（同学们可以自主判断，属价值判断和归纳性问题）

提问3：谁来回答一下，他做得示范好吗？好在哪里？有哪些不足？（属价值判断和归纳性问题）

(3)讨论法。

讨论法是根据教学要求，学生在老师的指导下，围绕与课程有关的问题各抒己见，通过集体或分组讨论、辩论等活动，获得体育与健康知识的教学方法。通过讨论法可以培养学生的思维能力、探索能力、语言表达能力、组织管理能力。小学体育与健康课程教学过程中采用讨论法有以下要求：

①讨论法要求学生具备一定的基础知识、理解能力、思考能力。小学低年级的学生不适合使用讨论法，适合小学高年级的学生；

②小学体育与健康课程教学过程中，教学时间有限和教学内容的特殊性，决定了讨论法使用的时间不宜过长，体育教师采用讨论法时应该根据教学内容难易程度、课堂设计等方面来整体把握讨论时间；

③注意优化讨论过程，讨论前做好讨论设计，引导学生有效顺利地进行讨论，最后老师要做好讨论的归纳总结。

2. 直接感知类教学方法

以直接感知为主的体育与健康教学方法是指在教学中教师通过实际的演示或外力帮助，借助学生的视觉、听觉、触觉、肌肉本体感受器官来直接感知获得知识的方法。常用的直接感知为主的教学方法有：动作示范法、演示法、纠正错误动作与帮助法等。

(1)动作示范法。

动作示范法是指体育教师(或体育教师指定的学生)以自身动作为范例，用以指导学生进行学习的方法。通过动作示范，学生获得动作形象、结构、要领等。

动作示范的基本类型：

a. 正面示范：当教师与学生面对面站立时就会形成两个示范面，正面示范和镜面示范。

当教师需要展示正面动作要领时采用正面示范。如武术的手形、持球动作等。

b. 镜面示范：镜面示范也是教师与学生面对面站立，但教师与学生动作相同，方向相反，这种示范最大优点：一是便于教师及时观察学生，二是便于学生模仿教师示范动作，适用于简单的动作的教学。如准备活动时进行的一系列的活动操、广播体操等。

c. 侧面示范：教师侧向学生站立时进行的示范称为侧面示范。侧面示范为了展示侧面动作，或前后方向完成的动作。如足球掷界外球、体操跳马等。

d. 背面示范：教师背对学生站立时进行的示范是背面示范，展示背面动作或左右移动的动作。对于动作复杂，方向路线复杂的技术动作通常采用背面示范。

动作示范的技术要素：

a. 速度：一般情况用常规的速度进行示范，但突出显示动作结构的某些环节时，应采用慢速度示范。

b. 距离：示范距离的长短，取决于动作示范的活动范围，学生人数和安全等问题。

c. 视线：视线与示范面越接近垂直越有利于观察，学生在观察动作示范时，应该避免强光照射、应背光，侧光，或者背向风向。

d. 多种媒介途径配合：示范应与讲解(听的媒介)、学生的思维(想的媒介)紧密结合。

e. 错误示范：教师展示学生错误动作的示范，这种示范的重点是使学生了解错误产生的原因，指导如何避免错误。

动作示范的基本要求：

a. 要求明确目的：体育教师在教学过程中要有明确的目的，根据教学任务，教学步骤和学生的实际情况确定示范内容、时机等。

b. 示范要正确：示范动作力求做到八字方针——准确、熟练、轻快、优美。

c. 正确选择动作的位置与方向：教师与学生的位置关系及演示动作方向的选择尤为重要。示范位置的选择(见图 2-4)。位移距离不长，活动范围不大，动作速率不快的项目，如武术、健美操等项目，示范位置如图 1 所示；位移距离长，动作速率快。如标枪项目，示范位置如图 2 所示；位移距离不长，活动范围不大，动作的变化较大。如铅球项目，示范位置如图 3 所示。

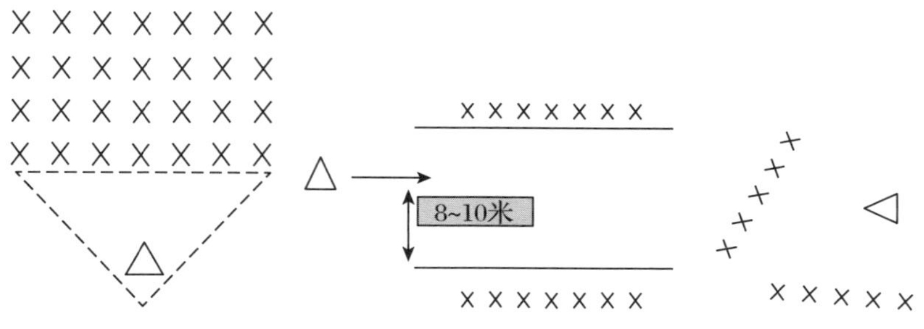

图 1　　图 2　　图 3

图 2-4　示范位置

多个示范面相结合。在教学过程中，进行动作示范时，不完全是运用单一的示范面进行示范，可以多个示范面结合进行教学。

示范与讲解有机结合：

体育教师应根据教学目标、教学内容、学生特点等具体选择与讲解结合的方式。

先讲解后示范、先示范后讲解、边讲解边示范等。

(2)演示法。

演示法是体育教师通过展示实物、模型等直观教具，或利用幻灯、投影、录像等设备的演示，使学生获得或巩固体育知识的方法。如健康知识介绍人体肌肉时可以用人体模型；篮球、足球、排球等技术动作战术讲解时可以采用战术板、新授课技术动作可以采用图片、图画等小道具进行教学。

在运用演示法时应注意：

①明确演示的目的与任务；

②要做好物质准备；

③选择适当的时机，采用适当的方法；

④教具的设计与制作大小适当，以便能让学生清晰观看。

(3)纠正错误动作与帮助法。

纠正动作错误与帮助法是体育教师为了纠正学生的动作错误所采用的教学方法。在教学中，学生的技能提高是伴随着动作错误的不断出现与不断纠正而进行的。体育与健康教学中的纠正动作错误和帮助，不仅是学生掌握运动技能的需要，也是避免运动损伤的需要。

3. 身体练习类教学方法

(1)分解练习法。

分解练习法是指将完整的动作分成几部分，逐段进行的教学方法。这种教学方法的优点是把动作技术的难度相对降低，便于学生掌握和突出教学重点和难点，同时还有利于提高学生学习的信心。其缺点是不利于学生对完整动作的领会，有可能形成对局部和分解动作的单独掌握，甚至妨碍完整地掌握动作。分解练习法注意要求：

①动作的划分要根据各项教材结构的特点，准确地分成几个部分；

②要使学生明确动作各部分在完整动作中的位置、作用，以及与其他各部分的联系，并为各部分动作的连接做准备；

③运用分解法的时间不宜过长，要适当地与完整法结合起来运用。

(2)完整练习法。

完整练习法是从动作开始到结束，不分部分和段落，完整、连续地进行教学和练习的方法。完整法的优点是教学中能保持动作结构的完整性，便于形成每个动作技术的整体概念和动作间的联系；其缺点是用于应该分解而又不宜分解的动作(如体操运动中的翻转动作)时给教学带来困难。

完整练习法教学应注意以下几方面：

①抓住教学重点进行突破，如一些运动虽无分解，但其中的要素，如动作时机和动作要领可以进行分解，以帮助学生有重点地进行练习；

②简单的动作采用完整法，复杂的动作采用分解法；

③开发辅助练习和诱导性练习相结合的方式。

(3)循环练习法。

循环练习法是根据教学和锻炼的需要选定若干练习手段，设置若干个相应的练习站(点)，学生按规定顺序、路线和练习要求，逐站一次练习并循环的方法。

采用循环练习法时应该注意事项：

①科学设计循环练习的方案：练习手段、练习量、练习站以及循环练习方式的确定，均应服从教学任务和教学条件、学生的运动能力以及场地器材等，练习站不宜太多或太少，一般6个为宜；

②要有明确的目的：练习站应将发展基本活动能力与身体素质、培养心理品质、激发兴趣、促进学生交流等内容合理地搭配，组合在一起，全面锻炼学生的身体，完成教学任务；

③练习内容和手段不宜太难：每个练习站必须有定量、定时、定性等要求；各练习站的练习要注意负荷大小不同的练习交替安排；要注意教会学生掌握自我监督、自我检查和自我评定等锻炼评价方法。

(4)注意运动负荷的控制。

练习量大时，强度应相对较小，反之，强度大时，练习量不能多，在循环练习中还要注意合理的间歇。

4. 情景和游戏活动类教学方法

(1)情景法。

情景教学法是指在体育与健康教学中，教师通过语言描述、实物演示、音乐渲染等手段创设课堂教学的场景，诱发学生学习体育的主动性与积极性的教学方法。情景教学是有目的地引入或创设具有一定情绪色彩的场景，让学生入景动情，以引起学生的主体体验。同时引导学生兴趣指向学习内容，产生优势兴奋中心，充分调动学生学习、锻炼的积极性。在情景教学的具体操作中，教师必须根据教学目标、教学内容和学生的实际，通过设计相关的故事情节、场地器材和情景氛围，用语言描述、提问、音乐、场地等各种方式进行情景的创设。一般操作的程序是：创设情景——激发运动兴趣——体验情节——产生运动乐趣。根据这个程序，教学时可从以下几个方面来创设。

a. 以语言描述情景：情景的创设只有融入了参与者自己的思想和情感，才能真正起到激发学习兴趣和求知欲的目的。因此在教学时可以用生动的语言、用激动的语调来叙述情景，使学生受到感染，学生的情绪跟着教师的语言描述而变化，如在组织学生进行准备活动时，可采用适宜的解说词来配合学生动作练习，会给学生以身临其境的感觉，从而以积极的姿态进入学习。

b. 以生活展示情景：利用学生已有的生活经验创设生活情景，能激发学生的好奇心，调动学生学习的积极性，如在球类教学时，可组织学生观看世界杯赛的录像和电视，有意识地引入或创设具有情绪色彩和形象生动的具体场面，以加深学生的情感体验，从而使学生有兴趣地学、积极地学。在跑的教学时，可列举国家体育运动队的刻苦训练，优秀运动员取得成功时的情景，使学生产生练习跑步的欲望。这比在学生实际练习时教师的指导、讲授，效果好得多。

c. 以实物演示情景：有情、有景的活动教学，能使学生产生浓厚的兴趣，从而提高其学习的积极性和主动性，加深对所学内容的记忆。直观教具、形象化的头饰是学生所喜爱的。教学时可以有意识地加以运用，能让学生达到一定的内心感受和情绪体验，从而积极地参与各项体育活动，如在立定跳远教学时，让学生戴上自己或教师准备的小白兔、小青蛙头饰，在“小河”里的“荷叶”上进行跳跃、“找家”比赛，这会将学生在练习中的兴趣充分调动起来，使他们能更加主动、积极地进行动作的学习。

d. 以角色扮演进入情景：低年级学生喜欢动物、好表现、善于模仿。在教学时让他们扮演自己喜爱的小动物进行学习、游戏，学生会在角色扮演的环境中体验到学习的乐趣，并自觉、积极地学习动作，如在教学双脚跳时，让学生扮演一个个“小青蛙”来进行争当“青蛙王子”的活动，学生从扮演的角色中快乐地学习、练习动作，会乐此不疲。

e. 以音乐渲染情景：音乐给人以振奋的感觉，可以把人带入特定的环境，会令学生在不知不觉中进入角色。教学中适时地引入适宜的音乐，会使学生的兴趣盎然、情绪高涨，学习气氛更加浓厚，如在“运送地雷”的游戏中，当学生在进行运送时适时地播放飞机的轰炸声、战场上的呐喊声，练习的气氛一下子就进入了高潮，比赛变得更激烈了。根据教材的特点适量地播放预选的乐曲，不仅可以调节课堂气氛，还能消除学生的疲劳，从而轻松而主动地掌握动作技能，如当学生进行武术动作的练习感觉既单调又枯燥时选用一些民族音乐伴奏，不仅能使学生提高学习的积极性，还能增强对古老的中华武术的热爱之情，从而情不自禁地伸拳踢腿，提高自主参与的意识。

f. 以多媒体再现情景：运用多媒体教学，能展示丰富多彩、形式多样、声情并茂的画面。通过画面的展示能使学生对画面中的慢动作和分解动作看得一清二楚，以激发学生更好地掌握动作要领，如在教学技巧前滚翻时，可利用多媒体软件把滚翻的过程演示给学生看，学生就会明白“圆”的东西最容易滚动，从而在学习中有意识地注意团身、更好地完成动作。

体育与健康情景教学的核心是让学生“入境”，让学生在饶有兴趣的情景中体验学习的乐趣，从而快乐地学习和掌握动作技能。因此，情景教学最适合于低年级教学。因为低年级学生意识水平较低，易“心甘情愿”地“入境”；而高年级学生意识水平相对增长，一般不易“跟随”教师“入境”。

另一方面，情景法在体育与健康课的结构各个部分运用，通常体现在以下方面。

a. 作为处理教材的手段：可以根据一堂课的几项(通常为两项)基本教材，创设一个连贯的情景，如创设以“劳动教育”为主题的情景，整节课以劳动(劳动模仿操)为主题如打害虫——捡麦穗，颗粒归仓(游戏)——庆丰收(放松小舞蹈)用一条劳动的主线贯穿起来。这样的教育内容更加现实化、形象化，学生易于接受。

b. 作为课堂导入的一种手段：如学习立定跳远，可以从童话故事“小蝌蚪找妈妈”导入课堂。教师用语言描绘法描述故事情节的同时，师生共同进入角色，模仿小蝌蚪寻找妈妈时遇见的各种小动物，如小猫、大公鸡、小鸭子、大象、小猴子、小兔子，最后找到了青蛙妈妈。于是引出青蛙妈妈教本领，这个本领就是立定跳远。

c. 作为开始准备、整理活动的手段：通过模仿各种动物形态、各种人物状态，以及各种事物如小汽车、大火车、马车、大气球等，达到身体由相对安静状态向运动状态过渡或由运动状态向相对安静状态过渡的目的。如四队学生分别模仿开四辆不同的大汽车，然后做搭桥、钻桥的游戏，最后四队接成一列长长的火车。这个情景的设计，主要目的是进行主要教材之前的热身运动，通过改变慢跑形式提高学生的兴趣。

d. 作为组织教学的手段：要求学生(小组或个人)以最快速度，到达指定的场地位置，或站成规定的队形，或完成布置场地、器材的任务而创设的情景活动。如将梯形队调成半圆形队时，可以让学生模仿小燕子飞过去、蚂蚁搬家的游戏走过去，或者是四队可分别模仿开大汽车、开拖拉机、赶马车、推着小推车，跑到教师指定的地点。

e. 作为渗透思政教学的重要任务之一：在设置模仿人物形象的情景时，应引导学生从人物形象的模仿逐步转化到人物行为的学习上来。如一位教师设计了“红军不怕远征难”的模仿红军叔叔的情景，在模仿红军爬雪山、过草地、过铁索桥的过程中，不失时机地向学生进行了爱国主义、集体主义教育，以及学习解放军叔叔听从指挥、遵守纪律、在困难面前顽强勇敢、不屈不挠的精神。

(2)游戏法。

游戏法是教师组织学生做游戏来完成教学任务的一种教学方法。游戏法通常有一定的情节和竞争成分，内容与形式多种多样。但正是游戏中结合竞争、合作等要素可以帮助体育教师在学习的过程中培养学生思考和判断能力，陶冶学生的情操，对学生进行心理锻炼等，因此在教学中游戏法被广泛地采用。

运动游戏，也称为体育游戏，是由基础运动动作组成的、具有情节的体育手段。是一项古老的、至今仍充满活力的活动。运动游戏具有基础性、简易性、情节性、趣味性、教育性、适应性、开放性、娱乐性等。游戏对于孩子来说，不仅是娱乐，也是一种学习，而且是最自然、最有效的学习形式。

小学游戏教学内容所占比重。一般情况下，小学一二年级游戏教学内容比重占30%；小学三四年级游戏教学内容比重占18%；小学五六年级游戏教学内容比重占12%。

游戏教材选配的基本原则：要根据教学目标来选配教材，小学阶段的体育与健康教学目标主要是兴趣的培养；要符合学生的身心发展特点；要具有教育意义；要具有可行性。

游戏的教法的组织：主要是直观教学法，多做示范，给学生以直观形象；教师的语言要符合学生的身心特点，具有启发性，包括：场地器材的准备、游戏的讲解、分组与分队、游戏的组织、裁判员及裁判工作、游戏的评价。

a. 课堂常规方面的游戏设计：常规教学中的队列训练，学生不仅会感到特别枯燥而且不容易做对、做好。站队时，应给每人编上号，然后通过“找找火车头”“找找小伙伴”和“快快集合”的游戏，帮助学生很快记住自己在队伍里所处的位置，并能很迅速站好队。六七岁孩子的空间知觉不好，对事物的形状、大小，特别是方位认识模糊。但可以通过“咕噜，咕噜捶”“请你像我这样做”“吹泡泡”“图形跑”和“无声操”等游戏，使学生的空间知觉得到较快提高。

b. 教材部分的游戏设计：小学体育与健康教材与幼儿园的体育活动教材不同，它不单纯是由游戏构成，它还包括走、跑、跳、投、技巧、攀爬等技术性项目。在教学时这些技术不仅要教会学生，而且还要让他们兴趣十足。因此游戏要设计得巧妙，既不能喧宾夺主又不能使学生感到枯燥乏味，如走步教材，它主要是培养学生走步能力，是跑步教材的过渡性教材。在教学中，有些教师把这一教材单纯理解为“齐步走”，只片面地强调整齐，而忽略了走步教材的真正目的。成人化、军事化的训练更是使孩子产生畏难情绪。这类教材应多采用学生喜闻乐见的游戏，如“月月花”“击响走”“模仿人物走、模仿动物走”“蚂蚁搬家”“两人三足走”“穿大板鞋走”“滑雪橇走”，等等。跑步是孩子喜欢的项目，但教学的组织形式毫无变化，孩子也会很快失去兴趣。在教学中加一些游戏，如“老狼老狼几点了”“邮递员送信”“抓尾巴”“小动物赛跑——圆周跑”“迎面接力”等，这样孩子们就会自发地在教师的引导下玩着、奔跑着、欢笑着。

c. 放松部分的游戏设计：放松的方法多种多样，但其目的都是一样，都是使身心放松、愉悦。游戏方法较其他方法更加简便易行。如游戏“抓舌头”“给球打气”“参观自然保护区——模仿各种小动物”“风吹雪花飘”等，这些游戏具有简单、有趣、运动量小的特点，能够起到很好的放松作用。

d. 过渡性游戏的设计：游戏不仅可以作为主要教材出现，它还可以作为过渡性教材出现。其目的是使课中所有教材衔接紧凑，过渡自然。如在篮球和实心球教材中，拿球、放球的小游戏就要精心设计，“头上胯下传球”“腰部左右传球”“传地滚球”“双脚夹球跳去跳回”等。通过这些游戏，不仅使孩子人手一球，更重要的是活跃了课堂气氛。

5. 探究活动类教学方法

(1)探究法。

探究式教学(Inquiry Teaching)，又称研究法，是指学生在学习概念和原理时，教师只是给他们一些事例和问题，让学生自己通过观察、实践、思考、讨论、听讲等途径去独立探究，自行发现并掌握相应的原理和结论的一种方法。它的指导思想是在教师的指导下，以学生为主体，让学生自觉地、主动地探索，掌握认识和解决问题的方法和步骤，研究客观事物的属性，发现事物发展的起因和事物内部的联系，从中找出规律，形成自己的概念。可见，在探究式教学的过程中，学生的主体地位、自主能力都得到了加强。

体育与健康教学过程中运用探究教学的注意事项如下。

①合理设置问题：体育教师提出的问题应充分考虑学生的基础与学习内容的特点，要能激发学生的探究动机；

②鼓励学生积极探究：体育教师应有目的、有意识地鼓励学生提出问题，大胆创新，对于学生在探究过程中出现的不足，甚至错误应给以宽容、理解；

③充分发挥小组的集体智慧：体育教师应注意充分发挥小组成员的集体智慧，群策群力，各显神通，取长补短；

④注意运动技能学习的特点：运动技能的探究学习，不仅是解决懂不懂、知不知，更是解决会不会的问题。教学过程中要注意结合学生的体能和运动技能的基础，注意运动的安全。

总之，充分发挥学生积极性，大胆尝试探究式教学，让学生体验运动的乐趣。提起探究会给人一种很高深的感觉，似乎只有科学家才有探究世界奥秘的本领，小小一个学生能探究些什么呢？其实，探究行为是儿童的一种常见表现，他们从小就爱问“为什么”，但往往由于大人们的忽视，不愿意去回答他们提出的看似简单、荒谬、愚蠢的问题，从而使儿童越来越少地问“为什么”，越来越少地探究这个世界。在传统的体育与健康教学中，教师习惯于用最明确的结论告诉学生该怎么做，不该怎么做，学生只要照着做就行了，不必问为什么。久而久之，学生的探究意识也就越来越淡化。那么，在体育与健康教学中，应该如何指导学生进行探究式学习呢？我们可以引导学生对一些约定俗成的事物去进行探究。例如：为什么篮圈与地面的高度是 3.05 米，高一点行吗？低一点行吗？还可以引导学生对事物的潜在功能进行探究。例如：单杠是不是只能用来发展力量？滚翻究竟应该翻得快些还是慢些？滚翻运动在实际生活中有哪些用途？

(2)发现法。

发现教学法是从学生好奇、好问、好动的心理特点出发，以培养研究性思维为目标，以基本教材为内容，使学生通过再发现的过程进行学习的一种方法。在体育与健康教学中，发现教学法是指由教师提供一定的线索，引导学生运用自己已有的知识和经验，发挥主观能动性去进行探索，从而较好地完成教学目标。

在具体运用时一般可以从以下几个步骤来考虑。

①创设问题情境。让学生根据提出的问题或创设的问题情境，去尝试、探索；

②验证学习方法。学生通过小组、集体等各种形式的反复练习，验证学习的方法；

③组织展开讨论。让学生谈练习过程中的方法、体会；

④掌握动作技能。在教师的引导下正确地掌握所学的动作。

教学时，可以结合这几个步骤，把动作技能的学习、练习紧密地穿插其中，将促使学生有效地掌握学习方法，较快地掌握所学动作和有关知识。如在刚入学的一年级学生学习“小篮球”时，在对小篮球做简单的介绍后，可以向学生提出：“你们谁愿意当小小发明家来发现小篮球的玩法?”学生每人一球散开在操场上练习：可以独立练习各种玩法；可以几人一组练习抛球、撞球、传球等动作；可以跑到篮球架下去投篮，也可以几人一组进行小篮球游戏。从中可以发现，学生的玩法是多种多样，动作是千姿百态。在此基础上引导学生学习基本拍球法，通过教师引发的问题：“如何能使球听你的话?”“如何拍起球来又快又稳?”让学生通过讨论、思考，并反复练习，体验正确的拍球动作，再由学生来谈练习体会，最后在教师引导下学生自己总结拍球的动作要领和方法。

发现法给我们的启示是学生能非常投入地、自主地进行学习，但并非所有的教学内容都适用，对于复杂的、难度较大的教学内容就不宜选用此法。因此，在运用时应与其他教学方法结合起来使用，应结合教学内容，并利用学生提前了解的学情，提出合理的探索问题，并采取由简到繁、由具体到抽象，步步深入的方法，因势利导鼓励学生标新立异地进行学习。

(3)小团队学习法。

小团队学习法，是教师在课堂中留给学生广泛的时间和空间，让学生在各自的小组中练习和巩固学到的知识、技术和技能。它的目的是促进学生合作学习和自主学习。在“小团队”教学中，学生除了直接与教师发生联系外，学生之间还存在着密切的联系。他们互帮、互练、互学、互相评价，学生的角色发生了变化。担当小老师的学生，会有一种光荣的使命感，在为别人指导动作的同时，动作的要点得到了巩固，能力得到了提高。被指导的学生，特别是那些胆小、理解能力较差的学生，在同学面前精神放松了，思想顾虑在融洽的气氛中消失了。此时，教师要充分发挥主导作用，及时给予纠正与辅导，鼓励学生开动脑筋勇于创造，引导他们想了练、练了想、想中练、练中想，反复尝试体会。通过“小团队”教学法的运用，不仅增加了练习密度、提高了动作水平，还可增强他们的义务和责任感，发展融洽的人际关系，增强社会适应力。

(二)学生练习方法

学生练习方法即是学练法，学练法是指学生在教师指导下，按照一定的要求，相对独立地进行学习与练习的方法。体育与健康教学中的学练法包括自学法、自练法、自评法。

1. 自学法

自学法是指在教师的指导下，学生学习体育与健康知识，学习理解掌握动作技术的方法。自学法主要包括阅读法和观察法。

2. 自练法

自练法是在教师的指导下，以学生自身的独立活动为主，有目的地反复进行身体练习或实际操作，掌握体育与健康健知识，形成巩固提高运动技能的方法。自练法包括模仿练习法、反馈练习法、强化练习法。

模仿练习法是学生按照提供的动作模式进行模仿性练习。

反馈练习法是为获取学生自己所掌握的运动技能、操作技能与标准动作模式之间的差异的信息，以加强自我诊断，不断改进与提高运动技能与操作技能的方法。

强化练习法是在多次反复练习的基础上，为了更好地掌握运动动作，创设比较复杂多变的练习条件与外部环境，通过自我强化，进一步巩固提高运动动作技能的方法。

3. 自评法

自评法是指在教师的指导下，学生相对独立地依据一定的标准对自己所学的知识，所掌握的运动技能进行判断，促进知识与运动技能学习的方法。自评法包括目标自评法、动作自评法、效果自评法。

(三)思想教育方法

体育与健康教学中思想品德教育的基本方法：说服疏导法、典型榜样法、竞赛评比法、表扬与批评法等。

第七节　小学体育与健康教学手段

一、体育与健康教学手段的概念

“手段”一词的基本含义是，为了达到一定目的所采取的方法和措施。体育与健康教学手段是指教师与学生开展体育与健康教学活动所使用的器械设备以及所借助的有利于教学的技术条件。体育与健康教学手段定义又有广义和狭义之分。广义的体育与健康教学手段包括教学原则、教学内容、教学方法和一切组织与技术措施。狭义的体育与健康教学手段，特指为了达到体育与健康教学目标所运用的物质方面的场地、器材、仪器、设备等。

理解体育与健康教学手段的概念需把握以下几点。

(1)教学手段有多种形式。

教学中的器材、电脑、教材、人体模型、战术板这些看得见摸得着的器械设备是大家熟悉的教学手段。近年来随着科学技术的发展，有些学校建设一些云课堂，使用在线检索工具，或者开展一些虚拟仿真实验室进行运动技能学习。这些看不见，摸不着的技术条件同样是体育与健康教学手段。

(2)教学手段为教学活动创造条件。

以运动穿戴设备为例，课堂上学生佩戴运动心率带，实时监控采集学生的心率，根据身体数据为每位学生制定不同的运动量，让学生达到适合自身的运动训练。穿戴运动设备不仅提升教学智慧化、个性化水平，还能保障学生运动安全，有效提升运动效果，也为小学生体育活动与训练开辟一条新的路径。

(3)教学手段不等同于教学技术。

体育与健康教育技术强调物理意义上工具的存在性和存在感，它为体育与健康教学手段提供丰富的潜在资源。但体育与健康教育技术能否真正成为体育与健康教学手段，还需通过教学过程中对教学技术的筛选、转换、设计、应用等一系列过程。

(4)教学手段的重要性。

教学目标是选择运用教学手段的工作指向和直接依据，教学手段则是实现教学目标的现实条件和必要前提。教学目标不确定或不明确，教学手段的选择和运用就必然是盲目的、无根据的，因而也不可能取得应有成效。但教学目标作为教育者在进行教学工作之前所提出的愿望和要求，它必然带有预期性和主观性，它必须经过相应的一系列实际工作过程，经过各种教学手段的正确选择与合理运用才可能变为现实。因此，教学目标和手段紧密联系，相互依存，相互制约。

二、体育与健康教学手段的分类

随着科技的进步体育与健康教学手段不断丰富，不同的体育专家学者对体育与健康教学手段的分类也提出了不同的分类形式。

(一)按教学手段的时代性特征来划分，有传统型和现代型

传统的体育与健康教学手段包括普通的体育场地、器材、理论知识课教学的教室、室内设施、黑板、模型、图表等。现代教学手段是指随着现代科学技术的发展而出现的幻灯、投影、广播、电影、电视、录音、录像、计算机等新型教学仪器设备。

(二)按教学实践中运用的经常性特征来划分，有常规型和专门型

常规型是指就全国整体而言，大部分学校经常而广泛运用的简易、轻便的各种教学设备与物品。与上述传统的教学手段基本吻合，可适当包括某些简单的电教手段如幻灯、投影等。专门型主要指比较新颖、精密、价格也较昂贵的仪器、设备，与上述现代型的基本一致。应当说明，上述两种分类标准只是相对的，随着科技和教育的发展，现代型和专门型的某些手段也会逐步向传统型和常规型转化。

(三)按各种手段作用于人的感官的不同来划分，可以分为视觉型、听觉型、视听型和综合型

视觉型的手段如板书、挂图、教具、模型、幻灯、标志物等；听觉型的手段如收音、录音、播音机和手鼓、节拍器等；视听型的手段如电影、电视、录像、多媒体教学软件等；综合型的手段主要指包括运用触觉、视觉、听觉等在内经常运用的体育场地、器材和设备等。

此外，还可以根据设备的可移动性分为固定型和可动型；根据仪器设备的技术性能的不同分为硬件和软件等。上述各种分类方法都可根据不同的教学要求来有针对性地选择和运用。

三、体育与健康教学手段的功能

体育与健康教学手段在教学中的作用，就像舞台上的道具对于演出效果所起的作用一样，不同的教学手段具有不同的教学功能。概括起来可分为以下几个方面。

(一)直观呈现教学内容

黑板、挂图、多媒体、体育教材、视频资料等常见的教学手段发挥着体育与健康教学内容载体的功能。

(二)沟通信息，调控教学过程

师生往往通过视觉、听觉接收信息，而这些信息通过使用各种体育与健康教学手段才能传出，体育与健康教学所使用的场地、器材、设备、工具(包括电视、录像、电影等)，从广义讲，都可以看作是体育与健康教学手段，都具有沟通信息的作用。

(三)加强信息的接收效果，提高教学质量

信息发出后，被对方接收并经转化储存起来的接收量，是决定信息效益的重要条件。信息被接收的条件，一方面是信息本身的可接收性，即新颖性、刺激性、有效性；另一方面是客体(接收者)的状态，主要指动机、态度、情绪、兴趣、神经系统的兴奋程度等。使用多种体育与健康教学手段，对这两方面都能产生积极的影响。例如，在足球教学中，可以在课堂上播放比赛集锦，并利用视频技术将比赛中的动作进行分解和放大，使学生对技术动作的了解更加深入和具体，并形成更为直观的印象。

(四)加快认识过程和充分发挥两个信号系统的作用

从认识论角度来说，直观教学手段(如展现教学挂图、演示教具模型、放映电影电视、设置定向标志物等)，有利于学生获得感性认识，从而形成理性认识。从生理学角度来说，在良好的第一信号系统作用发挥的基础上，学生就更容易发挥第二信号系统的作用，对语言文字的接收、理解和记忆的效果会提高。而运用各种体育与健康教学手段或手段的组合，就能充分发挥两种信号系统的作用。例如：足球教学中经常使用的另一种教学手段是标志桶。通过对标志桶的位置、数量、形状、结构进行改变，对学生施以不同要求，丰富了教学手段，而且能够引起学生的兴趣，起到了很好的辅助教学的作用。

(五)提高体育教师的指导水平

现代教学论认为，教师的职责不仅仅在于“传道、授业、解惑”，而且还要关心学生身心整体协调发展，尤其是个性和能力等方面的发展。在体育与健康教学中，教师通过使用各种教学手段，一方面可以在指导工作中，为学生提供高质量的信息，使体育与健康教学真正成为一个有明确目标的、有正确指导的和可控制的过程；另一方面，某些教学手段的运用，可以使体育教师的教学“锦上添花”。

四、体育与健康教学手段的运用

体育与健康教学手段是为实现体育与健康课程教学目标而创造的，它也必须根据教学目标的具体要求进行选择和运用。不同的教学手段对同一教学目标的实现其作用必然不同，不同的教师运用同一手段来教学，其效果也会有差异。

(一)教学手段运用的基本模式

1. 辅助式

这种模式如图 2-5 所示，教师根据体育与健康课的任务与要求，主要借助于教学媒体向学生讲授理论知识或传递教学信息，教师和学生进行双向反馈。采用这种模式，要求教师选择恰当的媒体和运用正确的方法。在体育与健康教学实践中，各类不同教学目标的新授课经常会用这种模式。例如，讲述人体运动系统的结构或某一运动动作的技术要领时，可借助于图表、幻灯、录像等媒体，向学生展示直观的内容。

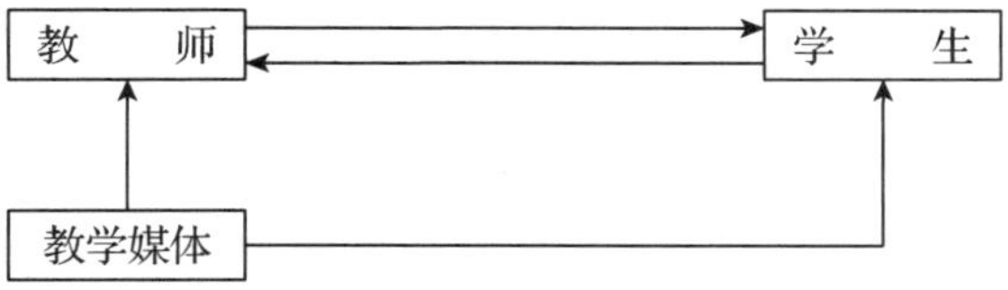

图 2-5　辅助式模式

2. 直接式

这种模式如图 2-6 所示，表现了学生直接借助于教学媒体进行运动练习，是完成体育与健康教学目标的主要形式。体育与健康实践课中，身体素质练习课、球类课、田径课、体操课、考核课等都是这种模式的典型代表。教师在课中起着指导和调控作用。

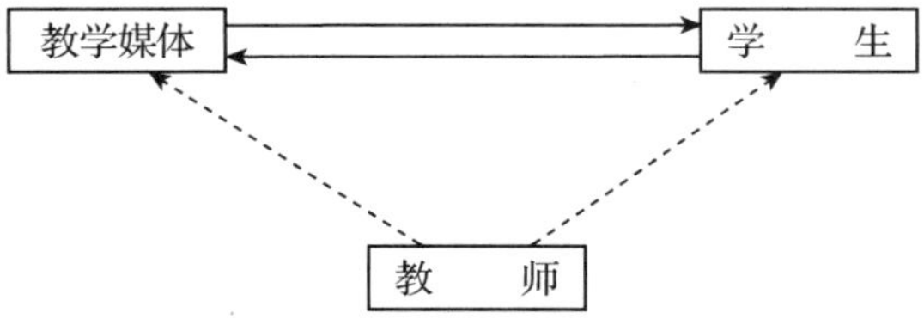

图 2-6　直接式模式

(二)教学手段的安排与运用

1. 体育场馆的安排与使用

体育场馆包括田径场、风雨运动场、球类场馆、各类运动区、游戏馆、游泳池等。这类场馆一般都属于永久性建筑物，在设计建造时，通常根据学校整体规划，考虑到方便、经济、实用、安全等因素。建成后，要制定场馆的使用管理办法，科学管理，周密安排，最大限度地发挥其作用。教学时，要根据教学内容、目标、学生人数和教学方法，合理划分区域，精心布置场地。

2. 体育器材的安排与使用

体育器材的种类很多。体育器材的保管和维修直接关系到体育与健康课教学工作的正常进行和教学质量。体育器材的更新完善直接影响到体育教材教法的改革。因此，在体育与健康教学过程中，要根据教学目标，结合教材内容和学生特点，考虑安全因素，恰当地选择和运用好这类器材。

在安排与使用体育器材时，教师要发挥创造性。因为每一种体育器材，既可以完成特定的教材内容，又可作为一种循环锻炼身体的媒介。通过科学设计和配置不同种类器材，不仅可以提高体育器材的利用率，还可以丰富教材内容，变换练习形式，活跃课堂气氛，提高教学效果。

3. 教学图表的设计、安排与使用

教学图表是为教学任务服务的。在设计体育与健康教学图表时，应根据教学内容和相关条件，绘制出图文并茂、新颖直观、方便实用的图表。教学时应区分不同类别的图表，选择恰当的时机和位置，进行展示、讲解或指导学生使用。

4. 现代教学手段在体育与健康教学中的运用

体育与健康教学中的现代教学媒体如幻灯机、录音机、电影放映机以及多媒体软件等，在教学中的常用方法主要有演播法和插播法两种。

(1)演播法。

演播法是指在体育与健康课堂教学中，根据教学需要，借助现代教学媒体进行演示图像、播放录音和传达信息。采用这种方法，教师主要是做好组织和引导工作。运用演播法教学的步骤与方法是：

①提示：提示一般在演播前进行，其内容有说明片段名称，简介片段内容和视听目的，提出视听思考题和其他要求；

②播放：一般由教师播放，也可由学生或专业人员播放。播放过程中，教师可适时做一些必要的提示；

③讨论：播放结束后，教师应结合视听目的，及时组织讨论或有重点地进行提问，以巩固所学内容；

④小结：教师进行简短小结，或让学生谈谈视听体会；

⑤作业：根据教学任务，结合视听要求，适当布置个性化作业。

(2)插播法。

插播法是指在体育与健康教学过程中，教师根据需要，穿插播放音像教材的有关片段，为讲授提供感性材料，以帮助学生直接地理解学习内容。在体育与健康教学实践中，对一些运动技术较复杂，并且教师难以用分解方法向学生进行讲解示范时，常常可以借助现代媒体以插播方式向学生展示技术细节。展示过程既可以动态慢放，也可以静态观察，还可以不断重复。插播法一般遵循“提示——播放——讲解——播放——讨论——小结”的步骤进行。

在体育与健康教学中，运用现代化教学手段进行演播和插播时，应当遵循的基本要求是明确目的，讲求实效、多媒体优化组合、直观与抽象结合、及时反馈调控、效果性与经济性结合、集体施教与个别施教结合。同时应当注意以下几点。

①做好播放前的准备工作：包括分析教学内容，确定教学目标；选择教学媒体，确定教学方法；设计教学程序，编定教学方案等；方案应标明播放的方式和时间，提示和补充讲解的内容，对学生提出观看要求，拟定思考题等；

②调控好播放过程：教师要注意学生的知觉过程，及时接收学生的反馈信息，注意掌握教学节奏，随时调整教学过程使学生注意力集中，思维跟得上，使课堂气氛管而不死，活而不乱；

③播放与讲解紧密结合：做到播放适时，讲解恰当、语言精练、富有启发、提示及时；运用现代化媒体要遵守程序，规范操作、注意安全、及时处理各种偶发事件。

5. 现代教学手段在教学中运用的优化作用

在体育与健康教学中合理地运用现代化教育技术，对于优化教学情境、激发学生的学习兴趣、调动学生学习的积极性、突出教学重点、突破教学难点有事半功倍之效。在教学中，运用电教手段优化教学，犹如一座架设在学生和体育与健康知识技能之间不可替代的桥梁，具有举足轻重的作用。

(1)充分利用电教手段，激发学生的学习兴趣。

人民教育家陶行知先生认为："学生有了兴趣，就肯全副精神去做事，学与乐不可分。"爱因斯坦说："兴趣是最好的老师。"学生对老师所教授的内容感兴趣，才能有激情。

体育教师可以利用理论课的空间，课前充分做好准备，了解和分析学生们的兴趣爱好，结合实际，有的放矢。通过体育视频播放等把教材的知识性、趣味性、思想性融为一体，全面刺激人体各器官，能使学生轻松愉快的接受信息，避免呆板的讲解和空洞的说教。例如，在篮球技术"原地单手肩上投篮"的教学中，由于这一动作牵伸全身多个关节，节奏较快，动作复杂。因此掌握有一定难度。如果采用电教手段，先让学生观看篮球比赛的视频资源，欣赏精彩进球。让同学们产生浓厚兴趣，激发学习上的激情和求知欲。在同学认真观察的基础上回放"单手肩上投篮"这一动作的慢镜头。然后把镜头定格在"蹬、伸、屈、拨"四个技术要点动作上，并用投影仪在银幕上显示出相应的文字说明(即具体动作要求、易犯错误等)。讲课做到了重点突出、语言简洁、图文并茂、生动形象，充分调动了学生学习的积极性，同时为实践课上的模仿和练习打了坚实的基础。

(2)合理利用电教手段，优化课堂教学环境。

由于体育与健康室内课理论知识比较抽象，文字、材料、插图单调，体育与健康实践课动作技术强，结构复杂，学生理解吃力，模仿不得要领。如果把理论和实践知识有创造性地制成投影片，并与视频资源的部分镜头有机结合起来，形成完整的技术动作，通过“慢镜头”或“定格”的方式逐渐展现在学生面前，逐次讲解各个分解动作，抓住重点，讲深、讲透，让学生在屏幕上清楚地看到所要掌握动作的技术要领，增强理解深度，激发学生向所喜爱的优秀运动员、运动项目模仿学习的兴趣，创设教学环境，以动静相结合，声像合一，使学生从感性认识上升到理性认识，再从理性认识指导实践，从而有效地调节教学结构。使课堂教学的综合性、实践性、趣味性、应用性得到进一步加强，学生学习获得事半功倍的效果。

(3)正确利用电教手段，能成功突破教学中的难点，突出重点。

在教学中，由于学生身体素质和技术技能水平的限制，许多教学内容所涉及的技术动作难以掌握和完成。如果利用电教手段可以充分突出教学重点、突破教学难点，缩短学生从形象思维到抽象思维的发展，达到“启其所感，导其所难”的目的的同时也为开发学生的智能、培养学生能力，提高单位时间内的教学效果提供了技术保障。

(4)利用电教手段，提高学生的审美情趣，陶冶情操。

从美学角度讲，体育本身就是审美意识的物态化。它有着强烈的美感和价值。像韵律体操、各种运动技能技巧、足球、篮球、排球、乒乓球、武术课的学习都需要教师自身示范动作，作为媒介来塑造美的形象。然而体育与健康课程教学内容之多，技能之杂，大多数体育教师难以样样拿手。如果使用电教手段，就可以真实地反映出体育与健康教学中的各种技能技巧，可较好的帮助引导学生去感知、体验、欣赏及评价。如在艺术体操的教学中，许多学生只是机械地模仿学习，不能真正地领悟其中美的价值。如果通过有计划地、有组织地使用电教手段进行教学，让学生观看艺术体操视频资源，同时加上体育教师的技术指导，学生们就逐渐领悟了其中美的内蕴，陶冶了情操，增强了学习的自信心，同时学生的动作也显得舒展、大方并初具欣赏韵味。

(5)利用音响等播放设备增强课堂氛围感。

体育与健康课堂教学大部分在室外进行，当学习一些技术动作时，学生就会感到单调、枯燥无味。如果能播放点适合学生口味的富有节奏感的音乐，创造一个轻松和谐的环境，同学们就会觉得耳目一新，跟着节奏做动作，即使较长时间的练习一个项目，也会兴趣浓厚；又比如在课堂上紧张激烈的比赛活动中，来点节奏感比较强的音乐，学生既体会了竞赛的激烈，又缓解了紧张的心情、愉悦了身心。

五、教学手段与体育器材

教学手段中的器具包括部分体育与健康教学器材，体育与健康教学器材不等于教学手段中的器具，体育与健康教学器材的作用包含于教学手段的作用。

1. 教学手段与教法、教学目标关系

教学手段与教学方法：教学方法旨在体育与健康教学过程中，完成体育与健康课堂教学目标而采用的教学方式、方法和途径，它是实现体育与健康教学目标的具体工作措施。体育与健康教学手段与教学方法既有区别又有联系，两者相互作用、相互制约，教学方法是对教学手段的运用，教学手段使教学方法得到拓展和落实。

教学手段与教学目标：教学目标是选择运用教学手段的工作指向和直接依据，教学手段则是实现教学目标的现实条件和必要前提。选择适宜的手段，以吃透教学文件精神为前提，针对教学目标和内容，考虑实施的可能性，显示教学手段的时效性。

2. 教学手段的选择和运用

体育与健康教学手段的选择和运用，一般应注意以下几点。

(1)有助于提高教学质量。

选择和运用某一种体育与健康教学手段，首先要明确目的，为什么选它？怎样使用它？一般应有助于激发学生学习的动机，创造良好的学习条件(如提供鲜明、生动、准确的信息)，以及检查学习效果等。

(2)注意协调人机关系。

现代化电教手段是先进的，但它代替不了有思维，有情感、有创造能力的人的。因而，在教学中，既要使用电教手段，更要注意发挥师生双方的主动性、积极性、协调人机之间的关系。

(3)从具体条件出发，逐渐充实和完善体育与健康教学手段。

由于各种原因，我国目前普通学校中，常规型的手段数量不足，电教手段更少。因此，仍以发展和使用常规型的体育与健康教学手段为主，有条件的学校和单位应积极使用电教手段。在强调使用常规型体育与健康教学手段时，也应发扬自力更生、艰苦奋斗的精神，改革和创新常规型的体育与健康教学手段，发明新型体育器材，会收到良好的使用效果。在发展常规型教学手段的基础上，电教手段也会得到发展，呈现全新面目的智慧体育。

现代体育与健康教学手段日趋多样化，对体育与健康教学的发展起到极大的促进作用。因此，在教学过程中可以采用多种形式、彼此交叉的教学手段来提高教学效果；但教学手段的选择要合适，无论多么先进的教学手段，也只是教学过程的一种辅助，而不应喧宾夺主；体育与健康教学手段的选择要符合课程内容，应根据课程特点来选取不同的、与之相匹配的教学手段。

总之，利用现代教学手段，只要精心设计、认真组织，就能优化课堂教学，提高学生上课的积极性，更好地完成教学任务，从而开辟智慧体育的新局面。

第八节 小学体育与健康教学组织

体育与健康课程教学的目标、内容、方法、原则要落实到小学体育与健康活动过程中才能发挥作用。小学体育与健康教学活动的实施需要考虑诸多问题。教学过程中如何组织小学生，通过个别、小组还是班级形式？课堂形式是固定的形式还是灵活变动的？在室内上课还是室外上课？体育与健康教学时间和教学空间如何分配？这些问题都是体育与健康教学组织形式要研究和解决的问题。

一、体育与健康教学组织形式定义

体育与健康教学组织形式是指为了实现教学目标，体育教师和学生按照一定要求组合起来进行活动的结构方式。体育教师课前设计教学任务，学生通过集体、小组、个人形式等方式完成学习任务。每一种体育与健康教学组织形式，总是有与之匹配的学习内容和任务，一种教学手段不能适用于所有教学任务。每一种小学体育与健康教学组织形式，都有它的优势和局限。在具体运用时应根据每种体育与健康教学组织的条件和要求，选择恰当合理的教学组织形式。

二、体育与健康教学组织的内容

(一)理论课组织的内容

主要有课堂常规、集中学生注意力、提问、讨论、板书、演示挂图模具、组织学生朗读、课堂测验和练习以及布置作业等。

(二)实践课组织的内容

主要包括课堂常规(包括课前常规、课中常规、课后常规 3 个部分)、队列、体操队形、编班分组和分组教学、组织学生练习和锻炼身体、安排保护、帮助和休息、队伍调换、场地器材的布置以及体育干部的培养和使用等。

三、体育与健康实践课的课堂组织

在教学过程中，教师、学生、教材三者通过复杂的相互作用使教学成为一个动态的统一过程，在这一过程中，教师采取一定的组织教学形式和手段来完成一定的教学任务，实现教师的“教”和学生的“学”的目的。然而，教学有法、教无定法，每一种教学方法和组织形式都是根据一定的教学内容和教学对象而制定的。如何组织小学体育与健康课堂教学，主要从以下几个方面进行。

(一)抓住课堂常规，实施教学过程

体育与健康课堂常规是规范课的必要条件。因此，教师必须严格认真落实体育与健康课堂教学常规管理，精心组织教学。坚持不懈地抓好课堂常规教育，尤其是要抓

好整队集合、服装、精神状态、礼貌行为、组织纪律、学生守则、场地器材的布置与收拾等常规训练与教育。在教学中，教师要严格要求，反复训练，使学生行动变成自主行动，以保证课的顺利进行。

抓好课堂各阶段的组织教学。体育与健康教学过程，常规是由开始、准备、基本、结束四个部分组成的(也可为三个部分)，由于四部分教学内容和学生情绪各不相同，因此，教学中教师要灵活地组织教学，充分调动学生的学习积极性，切忌出现先紧后松、虎头蛇尾的现象。

上课前，教师要组织学生布置好场地器材等，为上课做好准备。上课开始时的组织教学特别重要，教师要抓住学生大都还处在课间休息活动的兴奋状态中的特点，采用趣味游戏，如“请你跟我这样做”“高人矮人”“反口令训练法”等方法集中学生注意力，使他们兴奋的情绪稳定下来。基本部分是课中的重点部分，教师应力求做到精讲多练，语言生动，并不断改变练习方法，如在练习中引入竞争性游戏，不同形式的分组练习等，提高学生学习兴趣。结束部分学生注意力容易下降，此时教师的组织教学更不能忽视，应采用一些调节情绪和恢复体力的放松性练习，保持学生兴趣，如舞蹈放松、意念放松等，同时做好课堂小结。

(二)抓住教学内容，认真组织教学

体育与健康课中，同一教材在不同课时中重复练习的难度要求是不一致的。例如，三年级投掷教材第一次课的要求是教会学生投掷方法；第二次课则要求学生初步掌握投掷方法，通过多次的重复练习，使学生进一步掌握投掷方法等，每一次重复练习的难度都有所提高。对此，教师在教学中对同一教材的重复练习，如果每次都采用同样的组织教学方法，学生自然会感到枯燥无味而分散注意。因此，对于同一教材的重复练习，教师要根据“动型”规律逐步提高动作难度，适当改变组织教学方法，激发学生的学习兴趣。如上面举的投掷一例，随着课时的变化，教师可采用“打靶”一类趣味性游戏或竞赛等，达到教学的目的。

针对不同教材的组织教学，小学体育与健康课程包括田径、球类、技巧、武术、体操等多种教材，不同的教材有其不同的特性。因此，教师在教学中要善于把握教材特点，挖掘教材潜力，将组织教学与教材特点有机结合，改变传统的千篇一律的组织教学形式，变学生被动地接受为主动地学习，从而充分发挥每个学生的主动性和创造性，提高教学效果。如田径教材的“跑”，教师可以充分利用跑的特点，运用竞赛、奔跑游戏等增加教材的趣味性。

(三)抓住身心特点，激发学习兴趣

儿童的生理和心理特点主要表现为：有意注意时间短，兴奋过程和无意注意占主导，好奇、好动、好模仿、好竞争等。同时，一节课中，学生学习的注意力、意志和情绪等心理活动的变化也是不同的。教学中，教师要充分利用儿童生理和心理特点进行组织教学，合理安排教学内容。由于学生注意力在课的前半部达到最佳，意志力在课的中后部达到最强，情绪则在课的后半部达到最好。根据这一特点，教师在组织教学中应把新教材安排在课的前半部分，有利于学生对新教材的学习、理解和掌握；在课的后半部分则应安排一些竞争性、游戏性较强的内容，激发学生学习兴趣，同时，要做好主教材与辅助教材的搭配，尤其要抓住主教材与辅助教材的内在联系进行组织教学，以提高课堂教学效果。

在教学中，针对儿童生理和心理特点，灵活运用组织方法。教师的组织教学要尽量体现出“新、奇、活、实”的原则，采用形式多样的、生动活泼的，使学生能够产生强烈兴趣和新鲜感的组织形式，以增强教学的吸引力，激发学生的学习兴趣和热情。如一节课中，把准备部分(热身)设计为“开放式”教学，放手让学生自主学习、自主探究、相互合作、交流等。克服传统的慢跑、集队、做操。把基本部分(传授知识、技能)教学设计为“情境”教学，让学生感受情境中的体育魅力，感悟活动的乐趣，陶冶美的情操。把结束部分设计为舞蹈放松(随音乐)、意念放松(智力拼图)。同时，教师在教学中还要充分发挥“手势、眼神、语言”的作用，即用“手势指挥、眼神暗示、语言激励”组织方法。“手势、眼神”是无声的语言，具有其他组织方法不可替代的作用。如学生在教学中注意力分散开小差时，教师用眼神暗示，就会集中学生注意力等，教师的语言激励要以表扬性、勉励性的语言为主，不断激发学生的学习兴趣。

总之，教师在教学中要根据教学内容，因地制宜，因人而异，因材施教；根据具体情况，灵活运用与组织教法，创新教学过程，确保课堂教学的有效实施，从而实现教学目标。

四、体育与健康实践课堂组织形式

教学组织形式涉及教学活动应怎样组织和进行，教学的时间和场所以及设备等应如何有效地加以控制和利用等问题。在体育与健康课堂教学中，教学组织形式运用得合理、科学、恰当，对提高课堂教学质量具有直接影响。在过去的几十年里，体育与健康在课堂教学结构的改革上做了许多有益的探索，但在教学组织形式上几乎没有什么变化，常见的课堂教学组织形式主要有班级教学、分组教学、个别教学和复式(合班)教学几种形式。随着基础教育课程改革的不断深入，体育与健康课程在“健康第一”和“健身育人”教育理念的指导下，在许多方面正发生着巨大的变化，其中，课堂教学组织形式面临的许多新课题需要进行深入的研究。

目前，在小学体育与健康课程教学中，主要采用的是以自然教学班为单位的教学组织形式，即男女混合班上课。其优点是形式固定、组织方便、学生相互了解；缺点是学生之间或男女性别的差异难以区别对待。在具体的课堂教学中按照数量结构的不同，所采取的教学组织形式主要表现为班级教学、合班分组教学(走班制教学)、班内分组教学、个别教学、复式教学等。其中，班级教学是以行政班为单位的教学组织形式，是我国体育与健康教学的基本组织形式，合班分组教学、班内分组教学和个别教学则是班级教学的补充，复式教学是在我国的山区、牧区、渔区由于学龄儿童(指一个年级)人数少，只好两个或三个年级放在一起进行复式教学。

(一)班级教学组织形式

1. 自然班教学组织形式

自然班级教学又称全班教学，是按年龄、文化程度把学生编成有一定人数的行政教学班，按照课程表上课的一种教学组织形式。这种班级统一教学的组织形式是目前小学课堂教学中普遍采取的基本组织形式。它是以自然教学班为单位的教学组织形式，即男女混合班上课。自然行政班(主流)一般有50人左右/班。在绝大多数情况下，体育与健康教学与其他学科一样，都是采取这种以行政划分的班级来进行上课的，即全班学生根据教师提出的任务和要求，在教师统一指导下，同时或依次地进行练习的组织形式。这种组织形式一般在场地器材条件充足情况下使用，大多都在课的开始阶段和结束阶段，以及进行队列、广播操、诱导练习、武术、舞蹈、提高身体素质等活动时用得比较多。

这种大课堂式的组织形式是教师同时面对全班学生进行教学，所有学生每次的学习内容、学习进度都是一样的，其优点是教师不必将同样的内容和问题重复若干遍，便于教师的统一指导，全面观察，增加了学生“互相激励、互相帮助”的机会，但同时也存在着一定的局限性：其主要方式是教师讲、学生听、练，课堂成为演出“教案剧”的舞台，教师是“主角”“主演”，能力强的学生是主要“配角”，大多数学生是不起眼的“群众演员”。相对小组活动形式来说，学生之间的交往不多，教师通常与一小部分学生交往频繁，而容易使另一部分学生游离于教学活动之外，因而对每个学生的情况给不出确切和及时的反馈，对不同个性的学生进行针对性的指导比较困难。换句话说，班级教学组织形式难以适应学生在学习速度、学习方式和个性方面的差异，难以进行个别指导，不易充分调动和发挥每个学生学习的积极性。

就当前和今后一段时间内我国中小学的现状而言，体育与健康课采用行政编班仍将是主流。因此，体育教师应考虑的是如何对全班教学组织形式进行改革，并同小组教学、个别教学等形式相结合，以发挥教学形式的整体功能。

2. 合班分组教学形式

合班分组教学形式(通常也称之为走班制教学)，即是将同年级几个班级学生重新编班分组，由若干体育教师分别进行教学的相对稳定的教学组织形式。通常有按性别分组、按体质健康水平分组、按体育水平分组、按体育项目以及兴趣爱好分组等。优点是可以根据学生的不同情况制定教学目标，选择教学内容，安排调控生理负荷，能充分调动学生学习与锻炼的自觉性、积极性；缺点是给课程安排增加难度，教师人数少，场地器材不足的学校难以进行。

3. 小班化教学

小班化教学是为了提高体育与健康课堂教学质量和效果，让教师尽可能观照每个学生学习情况，人为控制教学班级学生人数(一般在20～30人)的一种教学组织形式。小班化教学是体育与健康课程教育教学改革的发展趋势。

(二)课内教学组织形式

1. 全班教学

全班教学是对全班学生进行的统一教学。其优点是便于统一调动指挥，全面照顾学生，有较高的练习密度；缺点是不利于因材施教、个别辅导。

2. 班内分组教学

班内分组教学是根据课的教学目标和要求将全班学生分成若干个小组分别进行练习，以实现教学目标的教学组织形式。采取分组教学，主要是考虑到教学班中学生之间的差异。教师根据需要灵活掌握教学要求与教学进度安排，调整教学组织结构。相对全班教学来说，这种组织形式更加个别化，更能增加小组成员合作学习的机会。目前在大多数学校体育与健康教学中仍采用男女合班上课的形式。因此在教学中，除低年级外，可以按不同性别分组，按掌握情况分组，或是根据身体发育、健康状况和体育基础分组，也可以以相同内容和不同内容分组。

班内分组方法有：随机分组、同质分组(体能和技能大致相同的划分为一组)、异质分组(男女搭配分组；不相同体能与技能分在一组)、合作分组、帮教分组、友伴分组。

班内分组教学主要形式有分组不轮换和分组轮换。分组轮换又有两组一次等时轮换、三组二次等时轮换和先合(分)组，后分(合)组。一般可分为分组不轮换和分组轮换两种形式。

分组不轮换是将学生分成若干组，在教师统一指导下，各组按教材内容安排顺序，依次独立进行学习并完成教学目标。其优缺点与全班教学基本相同，一般在场地器材条件充足的情况下，应多采用这种教学形式，以便提高练习效果。在小学阶段，特别是在小学高年级，一般也采用分组不轮换的形式，即男、女生分别在同一课中按不同的内容进行学习。

分组轮换是将学生分成若干组，在教师的指导和小组长的协助下，各组分别学习不同性质的教材内容，按预定的时间轮换学习内容的教学组织形式。目前，小学体育与健康教学中较多采用这种教学组织形式。其优点是在班级人数多、场地器材不足的情况，可以使学生获得较多的实际练习的机会以及提高练习的密度，培养学生独立学习的能力，有利于学生开展互帮互学，提高学生自学、自练、自评能力；其不足之处是教师不易全面指导学生，不易合理安排教学顺序和灵活掌握教学时间。分组轮换的形式很多，一般可采用以下几种形式。

(1)两组一次等时轮换。

在学生人数不多，学习新内容比较困难，复习内容也比较复杂的情况下，可采用这种教学组织形式，即上课时分成男、女生两大组进行相同内容的分组练习，一组学习新内容，另一组复习旧内容，课上 30 分钟为提高运动技能时间，到 15 分钟时互相轮换一次(见图 2-7)。

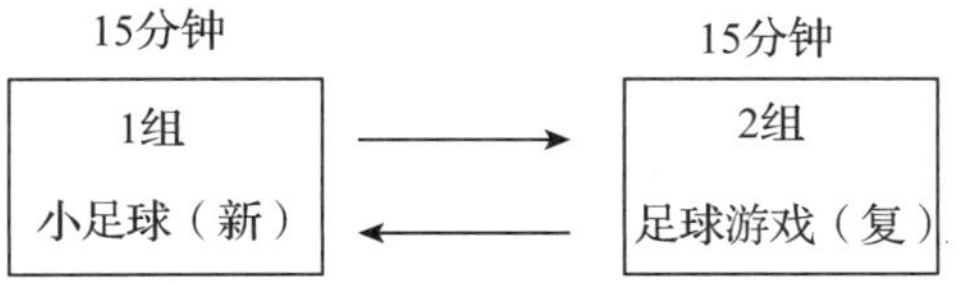

图 2-7　两组一次等时轮换示意图

(2)两组一次不等时轮换。

在学生人数不多，学习新内容比较复杂，需加强辅助练习时，可采用这种教学组织形式，如上课时基本部分 28 分钟，第一组学习跳远 16 分钟，其中前 4 分钟进行跳远辅助练习，后 12 分钟进行跳远练习；第二组练习攀爬(复习)，到 12 分钟由教师讲解示范跳远动作，指导安排辅助练习(4 分钟)，到 16 分钟轮换，第一组复习攀爬，第二组练习跳远(见图 2-8)。这种形式便于教师指导做辅助练习，保证学习内容的时间和效果。

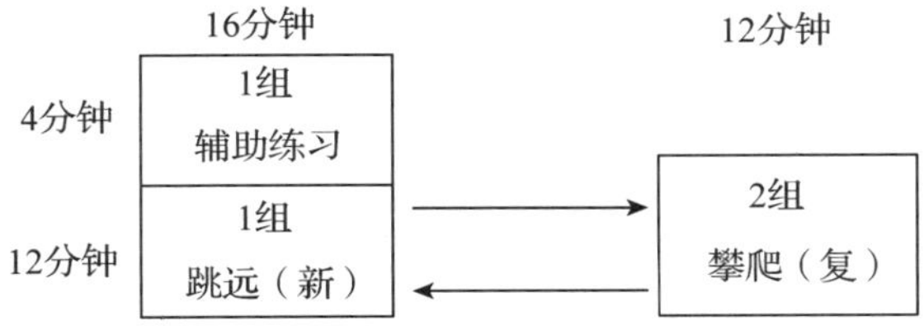

图 2-8　两组一次不等时轮换示意图

(3)三组两次等时轮换。

在教学班级学生人数多，器材较少，学习新内容比较容易，复习内容比较熟悉的情况下，宜采用三组两次等时轮换。如上课时基本部分 30 分钟，第一组学习乒乓球(新授)10 分钟，教师重点指导学生练习乒乓球；第二组练习跳高 10 分钟(复习)；第三组练习篮球 10 分钟(复习)，每组完成 10 分钟后按顺时针方向交换 1 次(见图 2-9)，再练习 10 分钟，然后按同样方法再交换一次。这样全班每个学生既学习了新授内容乒乓球，又完成了复习内容跳高和篮球的练习。这种形式既有利于教师集中对新内容的教授，又加大了学生的练习密度。

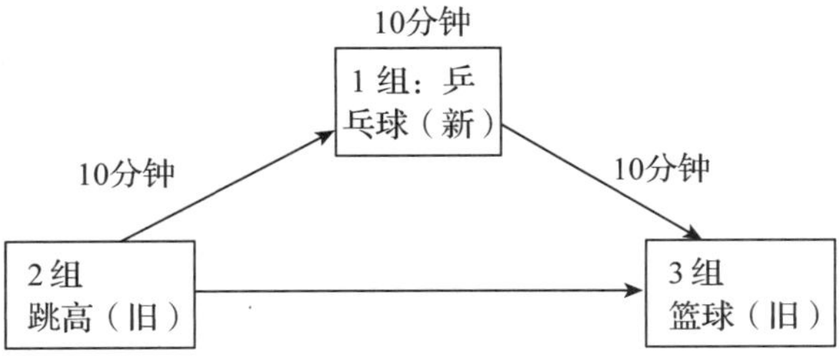

图 2-9　三组两次等时轮换示意图

(4)四组三次等时轮换。

在教学班学生人数较多，综合课考核前的复习课或是体能练习都可采用这种教学组织形式。如在进行“立定跳远”的练习时，可将全班学生分成4组分别练习不同的内容，到一定时间(5分钟)，4组依次轮换，再到一定时间(10分钟)，再轮换一次，到15分钟时间，再次轮换。这种教学组织形式能巩固学习效果，但对教师的组织管理水平和学生的自觉性要求较高(见图2-10)。

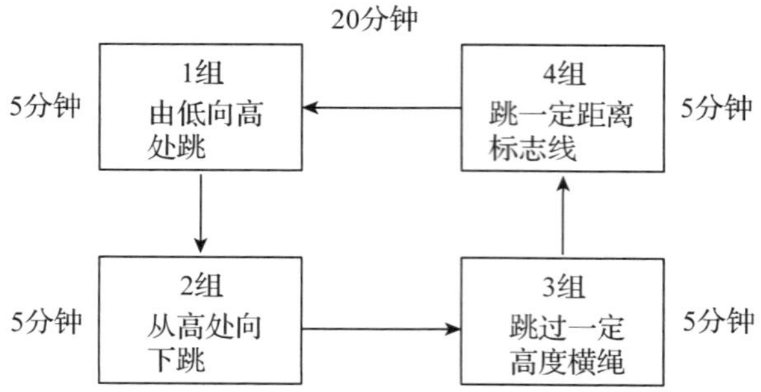

图 2-10　四组三次等时轮换示意图

(5)先合(分)组，后分(合)组。

这种形式是课中先全班集中练习同一内容，然后分组练习不同的内容，并按时轮换，或反之。在课的内容有时不易分开练习时可采用这种组织形式，如对学生某方面的成绩进行测定、评价时，先集中进行成绩测定前的辅助练习，然后分组复习学习过的内容，到一定时间再进行轮换(见图2-11)。

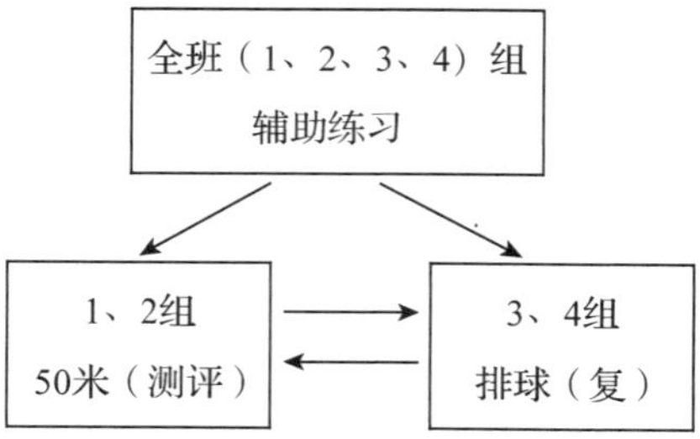

图 2-11　先合(分)后分(合)组示意图

此外，根据教学的需要还可以实行临时分组等形式进行教学。

由于小组中各个学生的情况不完全相同，分组教学组织形式依然存在着一定的适合个别学生需要的局限性。但不论采用哪一种分组教学组织形式，都应照顾到体质较弱的小组、运动技能水平差的组和女生组，优先保证他们按合理的顺序进行练习。此外还应重视体育骨干学生的培养和发挥他们的作用，协助做好分组教学组织和队伍调动，同时需加强学生的自觉管理能力。

(三)个别教学

个别教学组织形式是指教师因人而异地单独指导个别学生的学习。它与个别辅导有所区别，个别辅导作为全班教学组织形式的补充，对学习进度慢的学生进行补习，对学习进度快的学生提供提高的练习活动，而个别教学组织形式是与全班教学组织形式并立的，是分别与每个学生接触，以学生自学为主，教师进行必要的辅导。

有时形式上虽有很多学生同在一起学习，并接受一位教师的指导，但如果教学时教师对一个个学生单独进行指导，这样的教学就其实质来说是一种个别教学的形式。其优点是能做到有的放矢，有利于学生个性发展，真正体现因材施教；不仅使优秀学生能进一步提高自己的运动技能水平，更重要的是能帮助后进生及时补上自己学习上存在的缺陷。但在有限的40分钟内，一个教师要面对四五十位学生，如果采取单个具体指导，很难完成教学目标。因此，这种教学组织形式常穿插于集体活动中，作为全班和分组教学组织教学的补充，但在小班化教学中这种教学组织形式比较合适。

相对来说，小班教学的人数并不是很多，一般以20～30位学生为一个班。研究表明，实践性课堂教学的人数最好控制在20～30人，以便于教师及时关注每一个学生的操作情况，手把手地进行辅导。学生越少，教师对每一位学生进行辅导与关注的程度就会越大。可见，小班教学有利于教师对不同学生进行具体的辅导，特别是有利于对能力差的学生进行辅导。在课堂教学时有条件、有时间允许每个学生按照自己的速度来达到教学目标，允许学生采用各自不同的学习方式，可以在一定程度上能使不同学生的需要得到满足。可以预测，随着教育改革的深化和发展，小班化教学组织形式必将在不久的将来得到推广。

在教学中恰当地采用个别指导性的教学，会大大提高学生练习的兴趣和信心，如在低年级学生学习“持轻物投准”时，先采用“全班教学”，在学生初步理解动作要领的基础上，让学生分散自由练习投准。此时，教师可不失时机地采用个别教学，由于小班人数少，教师就有足够的时间，一个不漏地关注和指导学生，让每个学生燃烧起学习的内部动力，学生就会越学越有信心。个别教学强调的是让学生通过自主学习，达成目标要求。例如，练习中可以允许学生根据自己的能力选择不同的距离来进行投准，并不断提高自己的能力，教师则在进行个别指导中逐个提高要求来增强学生各自的能力。运用这种教学组织形式，能使教师根据各个学生的需要，与学生一起制定学习范围和进度，并提供各种材料，给予反馈和评定，以更好地达成教学目标。

(四)复式教学

复式教学是指由一位教师在同一节课上分别对不同年级(两个或两个以上年级)的学生进行教学的组织形式。它一般是在一些师资力量薄弱和办学条件较差的地区(如山区、牧区、渔区等)，由于同年龄和知识水平相近的学生人数较少，如果进行个别教学，教师数量不够，因而采取由两个或两个以上年级的学生共同组成一个班级，由一位教师进行教学。复式教学虽然是一个教师要兼教几个年级，给教学管理带来了不小的困难，但它也具有一些独特的潜在优势。

复式教学中的教学对象虽然有差异，但有利于以大带小、以小促大、共同进步。如在“跳短绳”的教学中，刚入学的一年级学生往往动作不协调、不连贯，但对于二三年级的学生来说，“跳短绳”是非常容易的事情，教学中让他们来指导和帮助一年级学生练习跳绳动作，不仅练习气氛活跃，而且一年级学生学习起来特别有信心，二三年级的学生更有一种成就感和自豪感。

进行复式教学，还有利于培养学生自学、自控、自制的能力。稍高年级的学生为了给小弟弟、小妹妹们做榜样，更具主体意识和责任感，自然能努力学习，学习积极性高。而低年级的学生自然也不甘落后，决心与大哥哥、大姐姐们比一比、赛一赛。如此一来，学生自觉、主动学习的风气自然形成。

由于复式教学包括的年级多少不等，因此在编班时应根据不同的情况采用不同的做法。一般有单班多级复式、两班复式编班等形式。由于复式教学班上学生年级不同，教师教学时要考虑的问题很多，如动静的搭配问题(如低中年级复式教学时可安排二动二静；低高年级复式时可安排一动二静、二动一静等)、线路问题、时间分配问题等，学生自学能力培养问题，建立良好的课堂常规等，这些问题都需要精心组织、认真安排。因此，教学时采用何种组织形式要根据具体的实际情况来全面考虑，灵活掌握，只要正确加以组织、合理编班，注意小助手的培养和利用，复式教学同样可以取得较好的教学效果。

(五)俱乐部制教学组织形式

这里所指的俱乐部并不同于由社团、体育爱好者自发的较为松散的自由体育俱乐部，而是由教育行政渠道(体育部、室)所组建的教学俱乐部。

体育俱乐部就是打破原有体育与健康课的传统做法，而把体育与健康教学、课外体育与健康活动、运动队训练三者有机地融为一体，成为一种综合的体育与健康教学形式。这种教学形式就目前来说还是属于理想型的教学组织形式，但相信在不久的将来，这种教学组织形式将会被更多的学校所采用。

俱乐部制采用以学生为主体的教学组织形式，教师由原来的传授者变为组织者和辅导者。教学的基本形式是教师集中辅导，学生分散练习。每周教师以课的形式辅导一次，并要求学生参加本俱乐部辅导站的活动 1～2 次。俱乐部的活动时间绝大多数安排在下午，不占用正课时间，这样有利于集中安排俱乐部杯联赛和俱乐部组织的各种活动。

为了解决学生体育与健康学习的连续性、阶段性，可以将俱乐部分为初级和高级。依据各项目的特点，可以分设男、女俱乐部，以解决个别差异的问题。此外，还应注意的是俱乐部活动必须依据学生的个人兴趣和爱好进行，以发展学生的个性，培养和完善学生独立人格为目标。

复习思考题

1. 如何制订小学体育与健康课程教学计划？
2. 请针对小学水平三学生进行一个大单元教学设计。
3. 试述《义务教育体育与健康课程标准(2022年版)》理念下的体育与健康教学原则。
4. 谈谈你对选择小学体育与健康教学内容基本方法的认识。
5. 试述新时期小学体育与健康课程常用的教学方法。
6. 小学体育与健康实践课教学组织主要包含哪些具体内容？
7. 试述小学体育与健康实践课课堂常见教学组织形式及其优缺点。

第三章　小学体育与健康评价论

第一节　小学体育与健康教学质量的评价

为了提高教学质量，培养适应时代所需要的人才，作为一名新时代体育教师应该不断改进教学，总结和积累教学经验，上好每一堂课。小学体育与健康课程教学质量的评价是通过系统收集学生的课内体育学习态度与表现、课外体育锻炼情况与成效、健康行为等信息，依据学业质量对所反映的核心素养水平及学生的体育与健康课程学习情况进行判断和评估的活动，是不断完善课程建设的重要环节和途径。通过多样化的学习评价，促进学生达成课程目标，培育核心素养。

体育与健康课是体育与健康教学的重要组织形式，一节体育与健康课的组成包括很多因素。要上好每一节课，就必须遵循一定的评价标准，并以此标准来评价与要求体育教师。

一、教学质量评价

体育与健康课的好坏要根据《义务教育体育与健康课程标准(2022 年版)》教学要求，综合分析，才能制定出科学的评价标准。它不仅包括对一节课中任务完成的情况，教材处理是否得当，教师的讲解、示范、组织、教法、教学原则的运用，而且还需对学生运动能力发展的水平、健康行为的养成情况、体育品德的培养效果等方面进行全面评价。在评价过程中可归纳为以下三个主要方面：首先是教学内容及准备的评价；其次是教学组织与教学方法的评价；最后是教学效果的评价。

(一)教学内容及准备的评价

1. 教材的选择与搭配

体育教材主要由《体育与健康》学生用书和《体育与健康》教师用书两类教材组成。教师用书主要包含基本运动技能、体能、专项运动技能及跨学科主题等学习内容；学生用书主要包括健康教育、体育文化、体育精神等学习内容。教材内容的选择与搭配要求：①精选基本内容和最新成果：选择符合学生学习、锻炼与比赛需求的必备基础知识、基本技能和基本方法，反映体育与健康的新知识、新成果；②重视运动和健康情境与活动：创设与学生体育学练、健康成长等相关的情境，设计丰富多样的主题活动；鼓励学生积极思考，运用结构化、综合性知识与技能解决实际问题，建立正确的身体认知和健康认知；③突出中华优秀传统体育的内容：注重传承中华武术和具有地域特色的民族民间体育活动，引导学生感悟中华优秀传统体育的魅力，涵养家国情怀，增强文化自信。重视跨学科融合。教材内容设计应体现与不同学科知识的关联及整合，提高学生综合运用多学科知识与技能解决实际问题的能力。

2. 课程任务提法确切，符合学生的实际

课程任务的提出要符合社会的发展需要，符合学生身心发展需要，要根据学生身心发展规律制定符合各个年龄阶段不同学段的体育与健康教学任务，让体育与健康课的教学内容有效与学生的生活实际相联系。小学体育与健康教学的基本任务如下：①运动能力的发展，包括基本运动技能、体能、专项运动技能的提高程度，运用所学体育知识与技能解决实际问题的能力，在展示或比赛中的表现等；②健康行为的形成，包括体育锻炼情况、所学健康知识与方法的掌握程度、运用所学健康知识与技能解决实际问题的能力、情绪调控与环境适应能力、健康意识与行为习惯的养成等；③体育品德的养成，包括学练、展示或比赛中表现出的体育精神、体育道德和体育品格等。

3. 高质量的教学设计有助于课程完成

教学设计是体育与健康教学中最基本的教学方案，是体育教师进行课堂教学的依据。一份高质量的教学设计是上好课的基础与前提。

4. 课前场地、器材准备充分

课前场地、器材准备充分，有利于顺利地完成教学任务。体育场地器材的准备应考虑布局合理，安全卫生，整齐美观。

教师课前对场地和器材的检查，往往可以避免因场地、器材损坏而出现的危险，使课堂教学更加安全。

5. 认真做好准备活动

准备活动是一节课的关键。充分合理地安排准备活动，能达到热身、热心和预防运动损伤的目的，使身心做好准备，为基本部分的教学奠定基础。

(二)课程组织与教法的评价

1. 教法的科学性、实效性

体育与健康教学方法是实现教学目标，联系体育与健康教学基本要素的桥梁或纽带。体育与健康教法多种多样，只有正确、恰当地选用适合学生的教学方法才能完成教学任务，提高教学质量。体育与健康教学采用语言法、直观法、练习法、预防和纠正错误法作为运动技能的基本教学方法。

2. 组织工作有利于教法的实施

体育与健康课程特点决定了上好体育与健康课比其他课更复杂，因而体育与健康课程组织工作就显得更为重要。组织方法、形式也是多种多样的。组织教学要基于核心素养构建内容体系，呈现结构化的知识与技能，避免对单一知识和技术的过多描述；创设丰富的活动情境，引导学生理解并综合运用知识与技能，在懂技术的同时又懂原理，会运用更会比赛，让学生在学习过程中学会融会贯通、举一反三，解决学习和生活中的实际问题，并且进行有效的迁移。

3. 教师的示范动作规范、优美

体育与健康教学中最常用的教学方法就是动作示范。尤其是在小学低年级阶段，学生理解能力较差，但模仿能力强。动作示范是最直观、最生动、最简单可行的教法之一，使学生能了解所要学习的动作表象、结构、要领和方法。

4. 讲解正确清楚

讲解是传授知识的重要途径。运用动作术语，讲解要清楚直接，简洁明了，突出重点。用形象、生动、幽默的语言激发学生学习的兴趣，让学生能够快速有效地接受与理解。

5. 运动量、密度恰当合理

体育与健康课应尽量减少教师讲解、示范、队形调动等时间，让所有学生充分动起来，每节课应有10分钟左右体现多样性、补偿性、趣味性和综合性的体能练习。改变以往“不出汗”的体育与健康课现象，在增进学生体质健康同时促进学生掌握运动技能。每节课群体运动密度应不低于75%，个体运动密度应不低于50%；每节课应达到中高运动强度，班级所有学生平均心率原则上应在140～160次/分钟。

6. 对小干部、体育骨干的培养和使用

体育与健康课中除了发展全体学生的身体素质，学习技能技巧外，还应注意对小干部、体育骨干的培养。这些学生对体育有浓厚兴趣，对他们的着重培养可以激发他们更大的兴趣，发挥他们的特长，不仅加强了学生自我管理的能力，还提高了学生之间的团结精神。

7. 教师的仪表、教态得体大方

学生如同一面镜子，他(她)会毫无保留地映射出教师的影子。作为一名体育教师，应具有教师的典范性，在教学过程中做到仪表、教态得体大方。

8. 学会运用信息化教育手段和方法

在教学中，根据小学生感性认知能力强的特点，积极开发与利用多种现代信息技术，帮助学生通过线下与线上相结合的方式，打破学习的时空壁垒，拓宽体育与健康课程的学习视野。

(三)教学效果的评价

1. 对教材任务提出要求，学生完成好，教学质量高

体育与健康课的教学效果需要教师结合教材任务，使学生能够良好地掌握以及运用所学的技能与方法，学生积极参与教学活动，教师抓住重点难点。师生相互配合，高质量完成教学内容。

2. 教师主导作用的良好发挥

在教学中教师应具有主导作用。小学生的认知能力较差，教师的主导作用更为重要。体育教师掌握教学的方向、进度与内容，用自己先进的教学知识、高超的运动技艺、幽默而生动的语言，教育和影响学生①。

① 陈良勇．对高校体育教学过程中教学要素的探讨．黑龙江科技信息，2010(20).

3. 思想教育贯穿全课

通过体育与健康教学，把学生的身体锻炼和思想道德教育相互关联，教育学生热爱社会、热爱祖国，树立群体意识，培养组织性、纪律性和集体荣誉感。

4. 为学生创造思维和宽松环境

体育与健康课要为学生提供一个自由发展、创造的平台，创造一个有利的学习环境和轻松的学习氛围。让学生积极主动投入比赛、练习、游戏之中，让他(她)们在体育学习中享受乐趣、增强体质、健全人格、锤炼意志。

5. 教师的创新精神与特色

体育与健康教学是体育教师不断进行创新和超越、体验生命律动以及实现自我生命价值和意义的过程。体育教师的教学创新精神可通过多种形式呈现，如体育与健康教学方案的设计、采用多样化的教学方法、运用科学的教学手段、使用合理的教学组织都能反映出教师的创新精神。体育教师的表现特色就是在创新精神驱使下，体育与健康课堂教学中所表现出的与他人不同的教学风格。

二、教学质量评价的前瞻

教学质量的评价包括教学效果和教学效率两部分。效果标准和效率标准主要用于衡量教学的结果，但最终的教学结果是通过教学过程、学生学习后的结果取得的，只有把教学过程的各个环节包括在内，才能对教学质量作出全面的评价。一节好的小学体育与健康课的评价标准应包括对体育与健康课的教学设计(备课)的状况，对体育与健康课的组织实施，教师的主导作用和发挥的学生主体性，体育与健康课学习后的结果四个主要方面。

第二节　小学体育与健康教学评价的实施

对一节小学体育与健康课进行教学评价主要是对体育教师的教学方法与手段的评价。对教师教学进行评价的目的是发现教学活动中的优点和不足，提供具体准确的反馈信息以帮助教师改进教学工作，促进教师自身的发展和教学研究水平的不断提高。

教师教学评价是指对教学以及背后的专业素质的全面评价，包括完成教学工作的数量、质量、职业道德、教学能力等方面。

教师对教学的评价形式包括两种，一是“教师之间的相互评教活动”；二是“教师对自己教学的自我评价”。

一、体育与健康课的教学评价

对一节体育与健康课进行教学评价可以从以下几个环节入手，即教学思想、教学目标、教学内容、教学组织、教学方法、教学效果等。

(一)教学思想的评价

评价教学思想是提升教育质量的重要环节。通过系统评估教学思想，可以深刻理解其适用性、科学性及对学生成长的影响，这有助于教育工作者调整教学策略，完善教育模式，推动教学改革。定期的评价有助于保持教学的活力和质量，促使教育体系适应社会发展和学科变革，确保学生获得全面而深刻的学习体验。具体可从以下几个方面进行评价：

①是否体现现代教学理念，坚持“立德树人”指导思想；

②是否以学生发展为中心，践行“健身育人”，重视学生的主体地位和发展需要；

③是否树立情感教育的意识，激发学生兴趣，增强学生信心。

(二)教学目标的评价

教学目标的评价，主要是看教学目标是否明确、具体、科学。

看体育与健康教学目标是否包括体育与健康课程要培养的核心素养三个主要方面的内容(运动能力、健康行为和体育品德)，也就是说，目标的设置不仅要重视运动能力的发展、健康行为的培养，还要对体育品德目标提出明确的要求，使其由隐性变为显性、由原则性要求变为可观测的行为表征，以利于学生在学习中的自我认识与体验，也利于教师判定教学活动的成效，使其更具操作性①。

(三)教学内容的评价

评价教学内容需要考察其实质、深度、适应性和连贯性。通过定期评估教材的内容，可以及时发现并解决可能存在的问题，确保内容与学科标准、学生需求相符，有助于提高教学的实用性，推动教学内容与时俱进，满足不断变化的学习需求。具体可从以下几个方面进行评价：

①是否有利于目标的达成；

②是否贴近学生的现实生活，适合学生的身心发展水平；

③是否能够引发学生的学习兴趣；

④是否具有基础性、健身性、实践性和综合性；

⑤是否对增强体能、增进健康有较强实效性；

⑥是否简单易行。

(四)教学组织的评价

评价教学组织有助于确定教学过程中的潜在问题，提高教学的效率和秩序。有效

---

① 谷香芹．浅谈教学情境在小学数学教学中的应用．教育艺术，2011(2).

的组织评价能指导教育者优化课堂结构，提高学生参与度，促进学习效果，提升教学质量，可从以下几方面进行：

①组织教学是否思路清晰，实际效果明显；

②是否具有新意又与学生实际和教学内容相符；

③组织分组形式是否符合课的目标和场地实际；

④教学环节时数分配是否合理；

⑤准备活动和素质练习的内容搭配是否合理；

⑥教学重点、难点是否突出。

(五)教学方法的评价

评估教学方法可以发现和改进不适用或不足的教学策略，提高学生的学习体验。有效的教学方法评价有助于创新教学，促进师生互动，确保教学活动与学科发展和学生需求相匹配，从而提升教学效果、激发学生兴趣。具体可从以下几个方面进行评价：

①教学方法是否灵活、有效；

②是否在传统教学方法基础上注重学生情感体验；

③是否加强学法指导，重视学生自主学习、探究学习和合作学习的能力；

④是否重视个性发展，引导学生创新，启发学生积极思维，激发学生兴趣和学习动机；

⑤是否注意因材施教，注重个体差异；

⑥课堂讲解是否精简、生动，示范准确优美。

(六)教学效果的评价

评价教学效果是为了全面了解教学过程中取得的成果和学生的学习表现。该评价涵盖学生的知识水平、技能掌握、思维能力和情感态度等多个方面。有效的教学效果评价为调整教学策略、改进教学方案、提高学生学习动机提供依据。具体可从以下几个方面进行评价：

①是否达成本节课的教学目标。对达成目标的评价不仅是对结果目标的评价，还应重视过程目标的评价；

②教师是否在教学过程中做到：激发兴趣，使学生积极主动地参与，在活动中体验学习和成功的乐趣，在愉快的学习过程中获得进步，培养学生的创新意识和创造能力，使学生养成良好的运动习惯、开朗的生活态度，等等[①]；

③注意学生在学习前后变化的评价。

(七)其他

除以上几点，还应当看：

①场地、器材布局是否安全、合理、适用；

① 袁清华．浅谈体育教师的教学评价．科学时代，2012(22).

②全课的练习密度、平均脉搏(平均心率)是否适宜;

③师生、生生间的配合是否默契，关系是否融洽，课堂气氛是否民主、和谐，等等。

二、对体育教师说课的评价

通过体育与健康学习评价，能够准确了解学生在体育与健康课程学习状况，改变传统甄别式评价，倡导动态性、过程性评价，以及学生通过学习个人前后变化的评价，促使其各项核心素养得到全面发展。

小学体育与健康课程说课活动评价方法及标准具体如下：

①教学整体设计，能渗透现代体育与健康教学思想、观念和理论;

②说课与上课的统一，理论与实践的有机结合;

③教学设计具有新颖、独特和创新;

④说课、上课具有艺术性、实效性和推广价值。

案例 1

说课活动评价表(总分：100 分)

评价指标	评 价 因 素	分 值	评估等级				得分
			A	B	C	D	
教学目标	1. 教学资源分析全面、正确	10					
	2. 教学目标科学、合理、全面，重难点突出	15					
教学过程设计及理论依据	3. 注重学生亲身体验、情境感知，教学情境的创设有利于学生积极、主动地学习	10					
	4. 教学流程的设计突出重点，化解难点，重视过程和应用，有创新	10					
	5. 学习活动的设计有实效，体现自主、合作、探究、开放等原则	10					
	6. 教学过程的设计注重学生学习能力的提高	10					
	7. 教学媒体的应用实用、有效，培养学生的创新能力，提升教学的精准性和实效性	10					
教师基本功	8. 语言流畅、精练，普通话规范，表述科学，教育理论素养高	10					
	9. 有个性、有特色，体现学科特点	5					
	10. 教学应变能力强，回答同行的问题质量高	10					
总评	定性评价意见：						总分：

案例 2

通常评分分为说课、上课两部分，若总分为 100 分，可说课、上课分值各占一半。具体可见下面两个表格，说课评分细则与上课评分细则。

1. 说课评分细则(总分：50 分)

分类	内容	要素	评价		
			A	B	C
说课内容	教材分析	处理搭配、重点难点、价值内涵、深化创新	3	2	1
	学情分析	基础起点、身心特点、条件习惯、与课联系	3	2	1
	教学目标	确切、合理、具体、可操作	3	2	1
	教师教法	教法、学法紧扣目标、切实有效、探索创新、体现主导	10	8	6
	学生学法	充分活动、明白道理、学会学习、体现主体			
	教学过程	设计合理、过程清晰、优化组合、目标达成、理论与过程结合	16	12	10
	场地器材	充分利用、变化新颖、一材多用、改革创新	3	2	1
说课艺术	讲述	普通话、脱稿、清晰、激情、时间	4	3	2
	艺术	教态、节奏、表现力、感染力	4	3	2
	媒体	合理、实效、现代技术	4	3	2
加分因素		有特色、有创新、效果显著	酌情加分		

2. 上课评分细则(总分：50 分)

分类	内容	要素	评价		
			A	B	C
教师教学能力	教　　材	教案与说课内容的衔接，说课的思想、理论在教案中的体现——创意	5	4	3
	教学目标	符合纲要、符合实际、合理明确、可操作、有评价——达成度	5	4	3
	教学过程	内容、方法、手段、场地、器材、组织、教与学的优化整合——流畅	10	8	7
	教学效果	目标达成、德育渗透、体育与健康教育、运动负荷——明显	10	8	7
	教学特色	模式、方法、思维、创新	5	4	3
	学习态度	注意力集中、积极参与锻炼、思维活跃、听从指挥——体现主体	3	2	1
	意志情绪	进取精神、克服困难、情绪饱满、体验乐趣	3	2	1
学生学习表现	目标达成	在原有基础上有所提高	3	2	1
	师生关系 同学关系	师生融洽、同学合作、和谐民主、相互尊重	3	2	1
	思维能力	思维活跃认知、思维、活动相结合，有创造意识	3	2	1
加分因素		有特色、有创新、效果显著	酌情加分		

案例 3

体育与健康学习评价的目的旨在了解学生学习的基本情况。该项评价主要了解体育与课程教学的达成度，找出问题及不足，为教师后续教学提供参考。具体见案例表。

1～6 年级体育与健康课堂教学同行评价表

学校________ 班级______ 授课人______ 课题________ 评价人______ 时间______

评价内容		评价标准	权重	分值
教学目标（20%）	教学目的	1. 能依据《义务教育体育与健康课程标准》和学生实际情况制定教学目标，目标明确具体、可操作 2. 践行“健康第一”教育理念，注意核心素养目标的有机联系	10	
	教学内容	1. 能依据教学目标，科学选择教学内容，利用课程资源，很好地达成教学目标 2. 把握教学内容的重难点，抓住关键；内容的组织和安排符合教材特点和学生的实际，有利于因材施教	10	
教学实施（50%）	教学环境	1. 面向全体学生，因材施教。创设让学生积极参与活动、自主探索的学习条件，关注学生的情感体验，为学生提供展示自己能力水平、个性的机会，形成合作与交流、民主、平等的和谐学习环境 2. 根据教学目标，体育学科特点，选择恰当的教学方法，教学组织形式多样化，充分发挥游戏活动作用，激发学生兴趣	20	
	教学方式	1. 学生能在学练、模仿的基础上，组成学习小组，让学生相互观察、相互帮助、相互纠正，在合作学习中，提高动作质量，发展学生社会适应能力 2. 学生主动参与活动，强调保护与帮助，培养学生对自己学习过程和学习结果进行反思的习惯	20	
	学习评价	1. 注重多元评价，有针对性，讲求实效，能有利于学生的发展 2. 评价学生课堂参与活动，自主探究过程深度，学生交流、合作的技能，掌握动作情况；评价学生在学习活动中的兴趣、情感、自信心、意志等精神	10	
教学效果（30%）	知识与技能	1. 各类学生在掌握知识发展体育技能方面达到教学要求，形成有关的学习能力 2. 学生能在教师指导下使自己达到适宜负荷，学生练习密度在60%～70%，根据学练内容合理安排练习强度，同时还应有 10 分钟左右体现多样性、补偿性、趣味性和整合性的体能练习，方法有效、实用，确保达到中高运动强度(整体平均心率 160 次/分以上)	10	
	过程与方法	1. 认真积极地参与学习活动，能够与他人合作、交流进行体育活动，增强自尊、自信，能调节情绪克服困难 2. 运用已有的知识和技能，采用多种方法进行学习，提高运动水平和效率	10	
	情感、态度、价值观	1. 学生体验到体育活动的乐趣与成功，有参与体育活动的兴趣愿望。能正确认识体育活动与健康的关系 2. 能克服困难，持之以恒地完成体育锻炼	10	

续表

评价内容	评价标准	权重	分值
其他特色(5%)		5	
总评 建议		总分	

三、教师对教学的自我评价

教师自我评价是通过教学反思来分析问题与不足，及时进行总结并作简要评述的过程，是一种自我认识、自我教育和自我提高的具有内省机制的评价。

教师自我评价

评价内容	教学思想、教材化、个性化的教学模式、教学方法的恰当性、教学效果
评价方法	自省、自评、自我总结
评价手段	目标的回顾、阅览学生的学习卡片、对比学生的前后变化、听取学生的意见

第三节　小学体育与健康学习评价的内容

课程学习评价是新一轮基础教育课程改革的重点。如何科学合理地评价学生的体育与健康成绩，使评价成为促进学生更好地进行体育学习和参加体育活动的有效手段，是我国体育与健康课程改革亟待解决的问题。

在体育教育改革中，体育评价至今仍然是一个很薄弱的环节。但评价又是教育中最重要的一项内容，这种问题的重要性和解决问题的难度构成了体育学习评价的现状。小学体育与健康学习评价的目的更重要的是为了进一步提高体育与健康学习效率，以期通过学习评价来发现体育与健康教学过程中的问题，以便改进教学，及时纠正。依据学业质量对所反映的核心素养水平及学生的体育与健康课程学习情况进行判断和评估的活动，是不断完善课程建设的重要环节和途径。通过多样化的学习评价，促进学生达成课程目标，发展核心素养。

一、关于评价的相关概念

(一)诊断性评价

诊断性评价是指活动开始之前，使其计划更加有效地实施而进行的评价，有关专家也称这种评价为事前评价。要求把握被评价事物的两种状态：一是症状诊断；二是原因诊断。前者要求对所评价事物的状态做出判断，着重找出存在的问题；后者要求对存在问题的原因做出分析，并对发展变化的可能性做出预测，以便采取有效的措施。

诊断性评价在学校教学工作中用得较多，一般在学期初或学年初进行。其目的是调查并掌握学生现阶段的学习基础，以便为实现新的教学目标做好准备。通过诊断性评价判断学生是否达到原定的教学目标要求。

诊断性评价有两个显著特点：一是重判断，即对原来的状态和效果判断；二是重治疗，即对发现问题加以改进。

（二）形成性评价

形成性评价主要目的是明确活动运行中存在问题和改进方向，及时修改或调整活动计划，以期获得更加理想的效果。主要任务是调整学习活动，强化学生的学习，提供学习的矫正处方①。

（三）总结性评价

总结性评价是指活动后为判断其效果而进行的评价。一般是在学期末或学年结束时进行。总结性评价是对活动的最终效果所进行的评价，是确认达到目的的状态。

（四）相对性评价

相对性评价是指在团体以内自己所处的地位同他人相比较而进行的评价，其评价的标准是设在团体以内的。评价学习时要求把个人的得分同团体其他成员的得分相比较，从而明确自己在团体中的地位，达到评价学习成果的目的。

相对性评价使用时注意：一是无论在个体还是在团体进行评价，都应坚持比较的等值条件；二是比较要力求实效，把评价的着眼点放在研究和改进教学上，不要把它作为惩治某些同学的手段②。

（五）绝对性评价

绝对性评价是指判断完成既定目标的程度而进行的评价。实施绝对性评价是以个人的得分同既定的评价标准对照比较，从而判断完成目标的程度。

绝对性评价所关心的是评价对象是否达到目标及达到的程度，它是以到达目标的形式把评价内容表现出来的。因此在进行绝对评价时所用的考试题目，范围要广，综合性要强，并有一定的代表性。绝对性评价的最大特点就是有一个共同的客观标准可循，学生可以通过同这个既定标准相比判断自己的学业水平③。

二、体育与健康学习评价的理念

通过体育与健康学习评价，能够准确了解学生在体育与健康课程学习状况，改变

---

① 许静如．多元智能理论在小学英语学生评价中的实践研究．南京师范大学硕士学位论文，2017.

② 张雪梅．浅谈相对评价法、绝对评价法在学生评价中的应用．中国农村教育，2008(5).

③ 周永奇，付海峡，李湘远．高校体育教学评价的改革构想．内蒙古体育科技，2002(4).

传统甄别式评价，倡导动态性、过程性评价，以及学生通过学习个人前后变化的评价，促使其各项核心素养得到全面发展。其评价理念包括以下几方面。

①强调评价内容的全面性和可选择性；

②在评价方法的选择上要关注学生的个体差异；

③实现评价主体的多元化；

④关注学生的进步与发展。

三、体育与健康学习评价的目的

体育与健康学习评价的目的旨在了解学生学习的基本情况。该项评价主要了解体育与课程教学的达成度，找出问题及不足，为教师后续教学提供参考。具体目的包括以下几点。

①对学生的学习行为进行观察、诊断、反馈、引导和激励，以判断课程目标达成度；

②判断学生在体育学习中存在的不足；

③为学生提供展示自己能力、水平、个性的机会；

④培养学生正确认识和评价自己与他人的能力，达到自我教育和互相教育的效果；

⑤为教师和学生提供及时、多元的有效反馈，促使学生更积极地学与教师更有效地教。

四、体育与健康学习评价的方式

传统体育与健康课程评价方式集中地体现了竞技化倾向。课程标准把评价作为课程、教学的有机环节，认为评价“不是为了给出学生在群体中所处的位置，而是为了让学生在现有基础上谋求实实在在的发展”，通过评定形成学生自我认识、自我教育、自我发展的能力。具体表现在以下几方面。

①评价指标和评价主体：从一元到多元；

②评价目的：从注重甄别到注重发展；

③评价重点：从关注学生学习差距和不足转变为发现学生在学习过程和结果等方面的成绩和长处；

④评价方法：从单向到多向；从终结性评价到过程性评价。

五、体育与健康学习评价的内容

课程评价是通过系统地收集课程设计、课程组织实施的信息，依据一定的标准和方法进行价值判断的活动①。课程评价包括对学生的学习、教师的教学和课程建设三方

① 魏相博．我国中小学体育课程政策变化轨迹的发展研究．西北师范大学硕士学位论文，2010.

面的评价。

课程评价过程一般包括四个步骤：①确定评价的目标——根据课程标准和具体评价任务，确定评价目标、评价对象和评价内容；②选择评价的方法——依据评价目标、评价内容，确定评价的指标和评价的方法；③收集评价所需要的信息——通过系统收集学生的课内体育学习态度与表现、课外体育锻炼情况与成效、健康行为等信息；④依据标准进行评价；依据一定的标准，对所收集信息进行价值判断和解释，并及时反馈给评价对象，用于改进以后教学。

小学体育与健康课程学习评价内容主要包括：体能的评价、知识与技能的评价、学习态度的评价，情意表现与合作精神的评价、健康行为、体育品德的评价等。

1. 体能的评价

发展体能既是体育与健康课程重要的学习内容，也是体育与健康课程的重要目标。以习近平新时代中国特色社会主义思想为指导，并考虑到目前我国青少年儿童学生的健康现状，体育与健康课程标准将体能作为学生学习成绩的评定内容①。

体育与健康课程标准中所指的体能的评定与以往体育与健康课中的身体素质与运动能力考核既有联系，又有区别。体能包括与运动技能相关的体能和与健康相关的体能。

2. 知识与技能的评价

体育健康知识与运动技能的评定内容主要包括：对体育与健康的认识，体育与健康对人、社会的价值和重要性；掌握体育与健康的相关知识并能运用于实践；能掌握符合一定学习水平和目标要求的运动技能在展示或比赛中的表现等。

3. 学习态度的评价

从终身体育的角度来看，体育与健康课程的重要目标就是要树立学生对体育与健康的正确认识，使学生形成正确积极的体育学习态度。所以，学生对待体育学习与练习的态度应是体育与健康课程学习成绩评定的重要内容。体育学习态度的评价指标可以包括以下几个方面：

①能否主动、自觉地参与体育活动；

②在体育活动过程中能否全身心地投入；

③能否积极主动思考，为达到目标而反复练习；

④能否认真接受老师的指导。

4. 情意表现与合作精神的评价

提高学生的心理健康和社会适应水平是体育与健康课程的重要目标之一。在体育与健康课程中，学生的心理健康主要表现在能否战胜胆怯和自卑，充满自信地进行学习与练习；能否敢于和善于克服各种主观、客观的困难与障碍，不断挑战自我、战胜

① 赵军．健康体育模式的评价探析．科学时代，2011(9).

自我，坚持不懈地进行学习与练习；能否善于运用体育活动等手段较好地调控自身的情绪。

在体育与健康课程中，学生的社会适应能力主要表现在能否对其他同学和老师理解与尊重，并在学习过程中表现出良好的人际交往能力和合作精神；努力承担在小组学习与练习中的责任；遵守规则、尊重裁判；能做到不计较胜负，赞扬对手；能做到认真分析失败原因，不埋怨他人；能与他人很好地沟通交换意见。

5. 健康行为的评价

体育与健康课程标准中，除了设置六大类专项运动技能系列以外，还有一个健康教育专题系列。因此学生的健康行为也成为体育与健康学习评价的内容之一。

学生的健康行为评价内容主要有：是否有不良生活习惯，是否学会制定合理的作息制度，是否注意个人的卫生，是否为维护公共卫生而努力等。

第四节　小学体育与健康学习评价的实施

一、体育与健康课程学习评价标准

体育与健康课程学习评价标准包括：真实、及时、有效，突出能力评价，特别是学生运用知识解决问题的能力；完善行为评价，特别是学生健康行为和良好品德的评价。要注重评价的多样化，多角度评定学生的核心素养水平；要重视过程性评价，不仅关注学生学习的结果，更要关注学生成长和发展的过程等。体育教师根据教学实际制定相应的评价标准。

(一)标准测验

它是根据考试的理论、运动统计手段，按照科学程序设计与实施并且具有统一标准的考试。标准测验的水平教育具有代表性、科学性和可靠性。体育与健康课程常见评价标准有：①体育与健康课学习表现的评价标准；②体育基础知识的评价标准；③身体素质的评定标准；④运动技能的评定标准。

(二)非标准测验

非标准测验也称非正式测验，是教师自制的或自行掌握标准的测验，这种测验只能在本班或本校就学生的知识和能力进行测定和比较，属于相对评价。评价的内容难于标准化，便于教师灵活掌握，适合于定性评价的指标，如运动技能的评分、心理健康的评价、社会适应的评价、学生进步程度的评定等。

(三)教师对学生学习“过程性”评价

过程性评价也称形成性评价。评价内容包括学生的学习目标、参与程度、拼搏精神和学习效果，其主要方法有表扬、批评、抑制、激励。经常采用的评价手段为：口头指示、手势、眼神、问卷、技能小测验、简短评语等。形成性评价主要依靠观察法。

二、体育与健康学习评价方法

体育与健康学习的评价方法应该多样化，综合考查学生在不同方面的表现。以下是一些常见的评价方法。

①定性评价与定量评价相结合；

②终结性评价与过程性评价相结合；

③相对性评价与绝对性评价相结合；

④教师评价与学生评价相结合。

三、体育与健康学习评价形式

体育学习评价形式主要有：教师评价、学生自评和互评、家长评价。

学习评价既要有教师的评价，同时也要重视学生的自我评价和学生间的相互评价。

①师评——依据学生的学习目标达成度、参与度、行为表现和进步幅度等，参照学生自评与互评的情况，对学生的健身技能、健身参与、自我健身能力、情意表现与合作精神等诸方面的学习成绩进行综合评价①；

②自评——对自己的健身技能、健身参与、自我健身能力、情意表现与合作精神，关注健康的行为等进行的评价；

③互评——对组内其他成员的健身技能、健身参与、自我健身能力、情意表现与合作精神等进行的评价。

四、学生学习评价评语案例

评语评价——以教师评价为主，是对学生学习过程和结果的客观评价，内容多为非智力因素。

教师要制订和撰写符合本校学生的实际情况且简便易行的评价内容和方法，以下提供的评语案例提供思路与参考。

案例：3～4 年级(突出某一方面的评语)

(一)学生在体育学习中的态度与能力：

你盛满热情、聪慧……上课时，你思维敏捷、发言积极，那独到的见解令人钦佩；你别具一格的见解，常给老师一个意外的惊喜……而你唯一不足的是体育与健康课成绩与你的学习成绩不相媲美。但不要着急，这需要慢慢锻炼，老师相信——你能行！

① 赵超．浅谈体育与健康课学习评价内容和方法．科学大众·科学教育，2017(6).

(二)学生在活动中表现出的个性与特长:

你是我们班上年龄最小，个子最小的女孩，但在竞赛中有股不服输的劲，校运会上为班争光，你是班级的骄傲，你总能以优异的体育成绩向老师和同学们报喜。老师为你高兴并向你祝贺。

教师(签名)

五、学生学习表格式评定案例

体育与健康课程学习的评价与考试是通过系统收集学生的课内体育学习态度与表现、课外体育锻炼情况与成效、健康行为等信息，依据学业质量对所反映的核心素养水平及学生的体育与健康课程学习情况进行判断和评估的活动，是不断完善课程建设的重要环节和途径。通过多样化的学习评价，促进学生达成课程目标，培育核心素养。

量化计分的评价和定性评价——以教师评价和学生评价相结合的形式，是对学生学习过程和结果的客观评价，多为学生技术、技能成绩等因素内容。

(一)学习评价

1. 确定评价目的

评价的主要目的是对学生的学习行为进行观察、诊断、反馈、引导和激励，以判断课程目标达成度，给教师和学生提供及时、多元的有效反馈，促使学生更积极地学与教师更有效地教。

结果评价表(100分制)

作为结果对学生体育与健康成绩的评定内容和方法			
评价方面	分值	评分内容	评分方法
学习态度	10	出勤率、态度评定	出勤率＋主观评价
知识掌握	20	体育运动项目知识、体育锻炼知识	知识考试＋主观评定
运动素质	40	速度、耐力、柔韧、灵敏、力量等运动素质	素质测验＋主观评定
运动技能	30	有关运动技能的评价	技评考试＋主观评定

2. 选择评价内容

评价内容的选择应围绕核心素养，紧扣学业质量，结合具体的教学内容，评估学生核心素养的发展水平。具体评价内容主要包括以下三个方面。

①运动能力的发展。包括基本运动技能、体能、专项运动技能的提高程度，运用所学体育知识与技能解决实际问题的能力，在展示或比赛中的表现等。

②健康行为的形成。包括体育锻炼情况、所学健康知识与方法的掌握程度、运用所学健康知识与技能解决实际问题的能力、情绪调控与环境适应能力、健康意识与行为习惯的养成等。

③体育品德的养成。包括学练、展示或比赛中表现出体育精神、体育道德和体育品格等。

结果评价表

作为结果对学生体育与健康成绩的评定内容与方法(5分制)			
评价方面	分值	评分内容	评分方法
运动能力	3	特长、技能方面、体育锻炼知识	参考运动能力考核与知识方考试的主观评价
运动参与	1	积极态度、爱好	参考行为观察和态度问卷的主观评价
健康行为	1	病假率、体适能	参考出勤和健康标准测试的主观评价

3. 选择评价方式

依据评价目的、评价内容、评价主体、评价情境等实际情况，注重过程性评价与终结性评价、定性评价与定量评价、相对性评价与绝对性评价、教师评价与学生评价相结合，积极探索增值评价，健全综合评价。应特别注意以下三点。

(1)注重评价方法多样化。

教师可根据学生实际，综合运用清单式评价、观察评价、等级评价、展示或比赛评价、书面测评、口头测验、成长档案袋等方法，充分发挥不同方法的特点和优势，多角度评定学生的核心素养水平。

(2)重视过程性评价。

教师应将评价贯穿于学生学习的整个过程，不仅要关注学生学习的结果，更要关注学生成长和发展的过程。教师应结合具体的内容。选择适宜的方法，记录学生的课内外表现与进步情况，并及时向学生提供个人学习情况信息，帮助学生反思和改进学习方法，有效地评价学生核心素养的提升过程和程度。

(3)加强运用现代信息技术开展实时和精准的评价。

教师可以充分利用信息技术跟踪学生的学习过程，采集数据并基于数据分析结果，及时反馈和评估学生的学习情况，如利用运动监测设备记录学生的课堂行为表现和运动负荷，准确分析和评价学生的运动能力等。

4. 利用评价结果

教师应充分发挥评价的反馈、导向、激励和改进功能，采用口头评价、记录表呈现等不同方式，及时将评价结果反馈给学生，帮助学生改进学习。

学生自评的目的是学生通过自我评价，了解自己和同伴的学习表现以及学习的程度；判断自我学习过程中存在的不足及原因，改进学习；培养与提高学生自我认识和自我教育的能力；培养学生的合作精神和集体意识。

学生自评表

评价内容	自己学习目标、参与程度、拼搏精神和学习效果
评价方法	自省、自评、自我反馈、自我暗示
评价手段	目标的回顾、学习卡片、成绩前后对比、行为的检点

学生互评时有很多“不确定性”，因此要注意以下几点：

①要把学生的互评作为一种教育性的，集体养成的评价，是一种非正式的评价；

②要把学生的互评与功利分开；

③要通过教育端正学生对他人正确评价的态度和能力；

④可主要围绕技能学习的相互帮助和问题学习的讨论进行互评，不要过多地对他人的人格进行评价；

⑤要先团队后评价，在小组有团队意识后再进行小组内的互评。

学生互评表

评价内容	同伴的学习目标、参与程度、拼搏精神和学习效果
评价方法	互评、互议、学习同伴的优点、指出同伴的不足
评价手段	观察、学习卡片上的互动，课中讨论

(二)学业水平考试

义务教育体育与健康学业水平考试是以学业质量标准、课程内容为依据，由省级教育行政部门统筹，地方教育行政部门组织实施的考试，旨在检测和衡量学生在义务教育阶段结束时的学业成就，反映学生核心素养发展状况，为判断学生是否达到国家规定的毕业要求提供主要依据。在具体命题设计过程中应注重以下四个方面。

(1)以考查核心素养水平为测试目的。

学业水平考试命题应基于核心素养内涵，以四个水平的学习内容和学业质量合格标准为依据，从学业质量描述中提炼出具体的测试指标，为命题设计做准备。

(2)创设贴近生活、具有较强应用性的情境。

学业水平考试命题离不开情境和学科知识。在具体情境中，学生利用已学的知识与技能分析问题和解决问题，反映出学生核心素养的发展水平及学业质量的达成情况。考试情境可以由考核内容、应用场所和参与方式组合而成。其中，考核内容主要包括体能与运动技能的学习情况、展示或比赛中的表现、日常锻炼的行为、体育欣赏与评价能力等。

(3)以结构化的知识与技能为主要命题内容。

基于核心素养的命题设计重在评估学生在特定情境中解决问题的能力，应主要关注学生在具体情境中如何处理自己与他人、环境的关系，以及在此互动过程中如何更好地完成具体任务。因此，要注重设计结构化的知识与技能命题内容，引导学生关注知识的完整性、结构性和关联性，重视评价学生对知识与技能的运用能力，尽量避免对单一知识或技能的考查，避免从孤立的、过细的知识点角度命题。

(4)命题形式以实践测试为主。

学业水平考试主要包含实践测试和纸笔测试两种类型，以实践测试为主。纸笔测试侧重健康教育、体育文化和体育精神内容。

(三)综合评定

采取过程性评价与学业水平考试相结合的评定方式，将评定结果作为高一级学校招生录取、地区教育质量评估等参考依据。

六、优化评价过程

以往体育与健康课程学习评价的内容突出表现为过分注重结果和运动技能的评价，而忽视了达到结果的过程和学生的身心健康的评价。课程标准增加了实施部分，并完善了学习评价内容，关注学生的个体差异，真正体现面向全体学生的基本理念，真正体现评价的公平性。因此，在实施过程中，我们要改变以往的评价方法，创新一些新的评价标准，切实提高学生学习的积极性。

(一)从重结果到重达到结果的过程

随着体育教育评价目的的变化，小学体育学习评价的目的也相应发生变化，以往体育学习评价的目的主要是诊断体育与健康教学活动中的问题，显然，仅仅关注体育与健康教学活动的结果，体育学习评价也就失去了它积极的意义。

在表 3-1 中，只注重对学生学习结果的评价，忽视了对学生学习过程的评价，有些学生可能永远达不到优秀的标准，造成这种情况的原因有两种，既评价标准过高或学生天生的体质原因。课程标准则完成了从重结果到重过程的转变。

在表 3-2 中我们可以看出，新的评价理念更加人性化，也更加注重学生的自身发展。通过学生的自我学习评价，学生对自己各方面的情况有一个清醒而正确的认识，在此基础上看到自己的长处与不足，以便发扬长处，弥补不足。通过实践我们可以发现学生的学习兴趣有很大的提高。

表 3-1　小学 3～4 年级体育与健康学习成绩表

项目	50 米		立定跳远		1 分钟跳绳		仰卧起坐		投沙包		等 级
姓名	成绩	得分	成绩	得分	成绩	得分	成绩	得分	成绩	得分	

表 3-2　小学 4 年级体育与健康学习评价表

评价内容	你获得了多少小图标
你的小组表现最好	
你的表现令人羡慕	
你已经能够完成各项任务	
你的表现有了很大进步	
你的学习态度非常认真	

(二)从重动作技术到重身心健康

因为体育与健康教育的目标定位，以往的体育学习评价更加注重学生对运动项目和动作技术的学习掌握程度。如果体育与健康学习评价只是注重评价和动作技术的掌握程度，那么就不能对学生的身心健康发展做出有价值的分析，也不可能提出真正有意义的建议①。如果从素质教育的理念来看，体育是教育必不可少的环节，从人的发展和社会对人才需求的角度来看，体育与健康学习评价出现了从重动作技术到重身心健康的变化②。提高学生的心理健康水平是体育与健康课程的重要目标之一。在体育与健康课程中，学生的心理健康主要表现在能否战胜胆怯、自卑，充满自信地进行学习与练习；能否敢于、善于克服各种主观、客观的困难与障碍，挑战自我、战胜自我、坚持不懈地进行学习与练习；能否善于运用体育活动等手段较好地调控自己的情绪。

以往的体育与健康学习评价中，只有极少数学生达到优秀标准，大多数学生属于中等，另外一小部分学生是体育与健康学习的困难者。虽然这一部分学生经过努力有了一定的进步，但还是达不到优秀的标准，他们的自信心必然会受到一定的打击，久而久之，一些学生的性格会变得孤僻、不合群，这势必会影响这些学生的身心健康。为了使体育与健康学习评价能真正激励和促进学生学习、提高学生参与活动的积极性、提高学生的心理健康水平，体育与健康学习评价不仅只有教师参与，同时还要学生进行自我评价与相互评价。为此，在体育与健康课堂教学中，积极地组织、科学地指导学生对自己的体育与健康学习成绩进行评定以及学生在小组范围内进行互相评定，这样学生既能发现自己的进步，从而体验成功带来的快乐，又能了解自己的不足之处，以便进一步改进学习。

(三)从与感情无关到注重体育的陶冶性

体育与健康这门学科，其认知方式有别于其他教育学科，体育与健康教学以动作技术学习为对象，以肢体活动为手段。尽管其表现形式有特殊性，但就其机能而言，体育与健康同其他学科教育一样，具有教育学上的一般特性，即文化实体的传递和文

① 陈雪梅．体育评价再认识．体育与科学，2003(3)．

② 周信德．评价机制在体育教学中的运用．宁波教育学院学报，2004(2)．

化价值的传递，以及认知过程和情感过程。教育现代化强调，教学过程不仅仅是促进学生认知发展的过程，同样也是促进学生情意发展的过程。为此，学习评价就不能只评价认知的发展，同样也要评价学生在学习中的情感发展①。

运动是作为生命存在的基本形态，生命的存在本来就表现为运动态。体育与健康教学恰恰是以身体运动为基本形式的，学生在运动技术的学习过程中，特别是在分组学习和具有竞技性的集体性运动中，是可以唤起人们自身原初具有的运动欲望的，从而有助于学生形成终身热爱运动的情感性意向②。兴趣是最好的老师，学生对一门课程兴趣的大小在很大程度上决定了它能否很好地学习这门课程。因而作为对学生诊断的教育评价，如果不对学生学习兴趣与动机状态做出判断，是很可能对学生学习的问题做出“误诊”的。体育运动的特殊性更是如此。因此，在教学实践中，我们为学生提供展示自己能力、水平、个性的机会，并鼓励和促进学生的进步与发展。通过学习评价，让学生在充分展示自己体育学习方面长处的过程中，体验体育活动中成功的乐趣与喜悦，增强体育学习的自信心，这有助于学生进一步地学习与发展。

总之，从教育的目的出发，小学体育与健康学习评价不应盯着简单的结果测试，以往简单的身体素质检测和学习结果量化考核（也称为“技评”）是不可取的。身体教育作为教育的范畴，与现代教育的目的任务应保持一致性，这是不争的事实。面对社会发展对学校教育培养人才的要求，学校体育作为不可或缺的组成部分，教学目标亦是人才培养③；小学体育与健康学习评价的视野要拓宽，着眼于每个学生。体育与健康教学要使所有学习者的身心发展都有提高，这就要求教师在体育学习评价上贯彻区别对待原则，促使每个学生在各自原有的基础上得到良好的发展；体育与健康学习评价的尺度应从共性标准转化为每个学生必须达到的“共性基本标准”和因材施教的“个性发展标准”。

复习思考题

1. 如何对一节小学体育与健康课进行教学评价？
2. 谈谈小学体育与健康课程学习评价主要包含的内容。
3. 结合体育与健康课程核心素养，制订一份小学课堂教学评价方案。

① 陈雪梅．体育评价再认识．体育与科学，2003(3).

② 周信德．评价机制在体育教学中的运用．宁波教育学院学报，2004(2).

③ 邱泉．简论素质教育背景下体育教学评价理念的更新．体育与科学，2003(1).

第四章　小学体育与健康教案论

第一节　小学体育与健康教案形式与分类

一、教案的概念

教案亦称课时教学计划，它是根据教学进度和单项教学计划以及教学的实际情况进行编写的具体课时的教学计划或方案，教案是上课的依据，一份教案，往往能够反映一名体育教师的思想和业务水平。

备课是写教案的前提，教案是备课的结果。撰写好教案是对每一位教师的基本要求，教师撰写教案，必须在充分备课的基础上进行。写好教案不仅能克服教学的盲目性和随意性，使教师在教学中做到心中有数、有的放矢，还可以提高教学工作的科学性、计划性和艺术性，以保证教学任务的完成，达到增强学生体质的实效。

二、体育与健康教案的形式与分类

(一)体育与健康教案的形式

体育与健康教案的形式是表达教学内容和过程的结构和方式。

内容是构成事物一切要素的总和。体育与健康教学的要素很多，它包括教师、教学内容、教学方法、组织形式、体育场地与器材、运动负荷、运动密度、学生个性培养等，在体育与健康教学中，这些要素在一节体育与健康课的教学过程中综合、交替展开。

形式是把内容诸要素统一起来的结构和表现内容方式。体育与健康教案就是根据教学任务的需要，由任课教师设计出的教学基本结构和过程的书面表达形式。教案的形式有外在形式(格式)与内在形式之分。内在形式与教学的内容和过程密切相关，它是用文字表达的教学内容和过程。外在形式与教学的内容和过程不直接相关，是指体育与健康教案的格式。因此，体育与健康教案的外在形式是多种多样的。这样并不是说教案的格式可以随意书写，对于同一内容可以有多种表达形式，但是，教案形式必须有利于教学任务的完成，它与教学内容是统一的、完整的、讲求实效的。

(二)体育与健康教案的分类

对体育与健康教案进行分类是为了把各种各样的教案进行归纳和分析。从体育与健康的类型出发，它可以分为理论课教案和实践课教案。从实践课的类型再细分，又可分为教学教案、活动课教案和考核课教案。从实践课教案的形式进行分类，它可以分为文字教案、表格式教案和卡片式教案。

1. 文字教案

按教学程序编写，具体形式为：①教材内容；②任务要求；③场地器材；④教学步骤；⑤预计生理负荷曲线；⑥练习密度预计；⑦课后小结。

2. 表格式教案

表格式教案是运用图表的形式将教案的内容科学、合理地分配到每一栏目中，其优点是清楚明了，目前大部分体育教师都采用表格式教案。

(1)体育实践课表格式教案。

不同省份和地区有着不同的教案格式，现列举几种常见格式。

格式 1

<table>
<tr><td>执教人</td><td colspan="2"></td><td colspan="2">执教人单位</td><td colspan="4"></td></tr>
<tr><td>大单元
学练内容</td><td colspan="3"></td><td>大单元
课 次</td><td></td><td>授课
年级</td><td colspan="2"></td></tr>
<tr><td>本课时
学练内容</td><td colspan="8"></td></tr>
<tr><td>本课时
学练目标</td><td colspan="8">运动能力：
健康行为：
体育品德：</td></tr>
<tr><td>本课时
学练重难点</td><td colspan="8"></td></tr>
<tr><td>结构</td><td colspan="2">学练内容</td><td colspan="3">组织、教法和要求</td><td>次数</td><td>强度</td><td>时间</td></tr>
<tr><td>准备部分</td><td colspan="2"></td><td colspan="3"></td><td></td><td></td><td></td></tr>
<tr><td>基本部分</td><td colspan="2"></td><td colspan="3"></td><td></td><td></td><td></td></tr>
<tr><td>结束部分</td><td colspan="2"></td><td colspan="3"></td><td></td><td></td><td></td></tr>
<tr><td>器材准备</td><td></td><td>密度预计</td><td></td><td colspan="2">运动量预计</td><td colspan="3"></td></tr>
</table>

格式 2

<table>
<tr><td>教学内容</td><td colspan="5"></td></tr>
<tr><td>教学任务</td><td colspan="5"></td></tr>
<tr><td rowspan="2">课的结构</td><td rowspan="2">时间</td><td rowspan="2">课的内容</td><td colspan="2">运动量</td><td>组织教法与教学要求</td></tr>
<tr><td>时间</td><td>次数</td><td></td></tr>
<tr><td>激发兴趣活跃
情绪阶段</td><td></td><td></td><td></td><td></td><td></td></tr>
</table>

续表

保持活跃情绪发展运动能力阶段					
稳定情绪身心恢复阶段					
教　具		课后记录		心率曲线	

格式 3

教　材			教　具	
任　务			场地布局	
内容 结构	教学内容	教师指导	学生活动	检查与评价
生理负荷曲线预计			练习密度	
课后小结				

格式 4

教　材				任　务		
教学顺序	时间	练习时间	教学内容	重点、难点	组织教法	场地及队形
课后小结		器材		预计心率曲线		预计练习密度

格式 5

课　次				单元	
主　题				时间	
目　标	运动能力： 健康行为： 体育品德：				
类　型				学习方法	
顺　序	队形组织	学习要点	指导与学习	时　间	注意事项

格式 6

教学对象			任课教师
教学内容			
教学目标			
教学重点			
教学难点			
时　　间	教学内容	教学要求	组织教法
……	……	……	……
场地器材		练习密度预计	
		%	
运动负荷预计		课后小结	

(2)体育理论课表格式教案。

格式 1

课　　题		
教学对象		
教学目标		
教学重点		
教学难点		
时　　间	教学内容及教程	板书设计
……	……	……
课后小结		

格式 2

讲授课题:

教学目标:

教学重点:

教学难点:

续表

课的结构	教学内容与过程	板书与教法
导入部分		
展开部分		
结束部分		
教　　具		
课后小结		

3. 卡片式教案

卡片式教案是将教案组成的各个部分和环节的主要内容以卡片的形式反映出来，在教学过程中可随时翻阅。卡片式教案一般按教学过程的时间或教学组织顺序来设计程序卡片的，卡片式教案的最大特点就是简单、方便、便于携带。常见形式如下所示。

情景导入	情景展开	情景结束
1. 教学常规	1. 教学内容一	1. 教学内容
2. 情景导入	教师活动、学生活动	放松、总结
3. 课堂任务	2. 教学内容二	2. 教学要求
4. 游戏内容	教师活动、学生活动	

第二节　小学体育与健康教案的基本术语

设计和书写体育与健康教案一般都需要运用一系列术语。

一、体育与健康课的任务

体育与健康课的任务是指一节课要达到的目标。一般在教案的开头部分书写，是一节课的基本思想。这节课任务的制定应做到全面、恰当和具体。

(一)全面

这里的全面一般是指体育与健康课程所要达到的核心素养目标(运动能力、健康行为、体育品德)的方方面面。

(二)恰当

这里的恰当是指对实现不同的教学目标程度使用的一系列术语。例如：对学习新教材的描述一般使用“学习……初步掌握……发展……增强”这样的术语。这里的“学习”“初步掌握”的含义是指学生基本完成了对技术学习的泛化期的过渡。对复习旧教材的描述一般使用“复习……改进……提高……进一步提高……”这样的术语。这里的“复习”“改进”的基本含义是指学生初步完成了对技术的分化期的过渡。“提高”“进一步提高”的基本含义是指学生基本完成了对技术学习向熟练掌握的过渡。对发展学生身体素质和提高身体机能方面的描述一般使用“发展……增强……提高……促进……”这样的术语。对思想品德方面的描述一般使用“培养……加强……发扬……调动……”这样的术语。

(三)具体

具体是指任务定得明确、不含糊，从任务中可以反映出新授课、复习课、考核课，而且可以看出在完成教材上、教学和教育上的要求。例如：通过仰卧起坐增强学生腹部肌肉的力量；通过老鹰抓小鸡的游戏培养学生团结友爱的精神。最好能使用定量化的指标，如蹲踞式起跑要求85%的学生基本掌握该技术。

二、动作要领

动作要领是身体练习的技术基础。它包括身体练习的主要环节及其动作顺序。在体育与健康课教案中，对新教材技术的描述用动作要领的概念，这种描述是比较细致的。与动作要领比较接近的概念是动作要点(或称技术要点)，它是指对动作要领的简洁描述。在体育与健康课的教案中，对复习教材的技术描述多用动作要点的概念，这种描述比较简单，它常常用技术口诀的形式表达。如短跑途中跑技术用口诀这样描述。

身体自然微前倾，蹬折摆顶髋前送；
缩小半径摆速快，后蹬用力跑直径；
保持步频增步长，用力放松交替行；
上下配合要协调，动作舒展向前冲；
直快大前扒松记，掌握要诀效果明。

三、重点

体育与健康教案一般有两个重点。

(一)教材重点

教材的重点是客观的，它不以学习对象的不同而改变。例如：跳远教材的重点就是助跑与起跳的结合。

(二)教学重点

它是指一节课的主要任务，一般而言，短短的一节体育与健康课不可能面面俱到地完成所有的体育与健康教学任务，它仅是学期或单元教学计划的有机组成部分之一。因此，一节体育与健康课应该有一个教学重点。在中小学体育与健康教学中，体育与健康课的重点一般是指新、难、险的内容及其要达到的目标。

四、教材的难点

教材的难点是指学生对某教材的技术不易掌握的部分。教材的难点具有主观性，它不仅与教材有关，更与教学对象的学习能力、身体素质等有关。

例如，跳远教材从难点的角度出发，有些人可能是起跳与助跑的结合(从这一点上看，教材的重点和难点是一致的)掌握不好，从而影响了整体技术的提高；也有些人可能是助跑步点不准确，腾空时不平衡甚至前倾，落地时小腿不能前伸，等等。总之，教材的难点是因人、因时而异。

五、一般性练习

一般性练习是指为了全面发展学生的身体或充分调动学生的各器官系统机能的能力，使之进入良好的工作状态而进行的活动。一般性练习多用于一般性准备活动和课课练的教学活动。

六、专门性练习

专门性练习是指为了学习某项基本技术而选用的身体练习。它包括诱导性练习、辅助性练习。专门性练习多用于专门性准备活动。

诱导性练习是指为了帮助学生掌握较难动作而设计的技术结构与所学身体练习相似、技术又简单的练习。这种练习多是通过调整身体练习的要素，降低所学身体练习的难度，从而有利于学生较快、较顺利地学习运动技术。

辅助性练习是指为了帮助学生掌握动作而采取的相关身体素质练习。学生进行这种练习多是弥补他们专门的身体素质储备不足，从而顺利学习某项技术。辅助性练习应该在学习某项技术之前的一段时间进行，不一定临时安排，因为某方面的身体素质的储备需要一定的时间。

七、教学组织

教学组织是指教学的分组、基本练习、队形、体育器材的布置以及教师指挥与示范的位置(与学生的距离与角度)等方面。在体育与健康教学的教案中，教学组织可以用图或符号表示，这样可以使教案简明扼要。

八、教学步骤

教学步骤在教科书中没有明确的定义，它实际上是教学方法和教学流程的复合词，是指学、练、赛的有机结合及其有序过程。

例如，学习肩肘倒立，首先是讲解内容，包括动作要领(直腿坐开始，后倒同时向上举腿伸髋，两臂用力压垫，在上伸接近最高点时，两手撑腰背，同时两肘内夹)和重点(举腿伸髋压垫)、难点(展髋夹肘)以及保护与帮助(保护者站在学生侧后方，在其后倒举腿时，轻扶两腿顺势上提)。也可以先练习撑腰提踵趣味练习，再教技术性动作，最后组织巩固技能的小比赛。

九、要求

体育与健康教案中的要求是指教师对学生提出的基本愿望和条件。它包括教学过程中教师对技术规格(标准)、教学组织(包括思想品德和个性培养)以及保护与帮助(部位、用力时机)等的要求。在教案中，一般在教法之后提出要求，有时也可以分别对每一次练习或组织提出要求。对比赛和游戏，教师往往用“规则”代替“要求”进行描述。

第三节　小学体育与健康室内课教案撰写的基本要求

小学室内课教案的编写包含室内理论课与室内技能课两种形式，其中室内技能课是对室外体育技能课的补充，从而打破场地与器材、恶劣天气等不利因素的局限性。体育与健康室内课是一种重要的教学形式。室内理论课的教案，从整体上讲应有教学设计、简案(提纲)和详案(讲稿)之分。

一、教学设计

体育室内课的教学设计是对课的特点、重点、学生情况、教学对策等的简要分析和说明。其内容主要有：教学目标、教学内容、课时安排、教学重点、教学方法等。教学设计应明确目的、突出重点、有张有弛、逻辑性强。在教学设计中应该把先讲什么，后讲什么、怎样讲、怎样提问、怎样练习以及讲、练、思的分配、相关的作业和检查等进行系统的安排。室内体育理论知识课的教学过程与体育室内技能课的教学过程有所区别，理论课需要把课的结构分为导入部分、展开部分和结束部分。而室内技能课与实践课的教案编写基本一致。

二、导语

导语是理论课教学必不可少的一个环节，导语设计的好坏直接影响教学的整体质量，同时关系着教师的威信。导语的设计有不同的形式，常用的导语有交代背景式、介绍名人式、以旧带新式、音像图示式、巧解题目式等。体育理论课导语要求有鲜明的目的性、内容的准确性、强烈的情感性和方法的灵活性。下面是两节小学室内课的导语示例。

小学营养教育课

小朋友看，我们教室里的花开得美不美？（学生回答：美！）那么，大家知道它们由一棵幼苗长成现在这个样子，开出美丽的花朵都需要些什么吗？（学生回答：浇水、施肥……）这些水分、肥料、阳光等就是花儿需要的营养。

同样，我们小朋友从不会走路、不会说话的婴儿，长成现在这么一副又能跑、又能跳的棒棒的身体，需要些什么呢？（学生回答：营养。）我们的营养从哪里来呢？（学生回答：平时吃的饭菜。）那么，你们每天吃些什么呢？（学生举例说明）刚才大家所讲的肉、蛋、牛奶、蔬菜和水果中就含有丰富的营养。大家想不想知道人体需要的营养都有哪些呢？今天我就和大家一起学习和讨论。

《障碍跑》室内技能课

小朋友们，大家好！欢迎大家来到美丽的大森林，教师是这儿的森林管理员，请问大家想不想和老师一起穿越这美丽的大森林呢？（学生回答：想！）但是森林里可能遇到小溪、山洞、荆棘丛，可是我们该怎么通过这些障碍呢？（学生回答：爬、钻、跨、跳……）同学们回答很棒，接下来老师今天就教你们如何安全、快速地通过森林里的障碍。赶紧和老师一起来学习吧。

三、提纲与板书

体育理论课教学提纲是教师教授内容的要点。从另一个角度看，它是为教案设计框架。

板书是指在黑板上写的字。在体育理论课教学中它是指教学主要条目与图表等在黑板上有序的排列组合。板书有主板书与副板书之分。主板书指教学主要条目，一般写在黑板的左侧，副板书一般是对主板书的说明或有关图表，一般写在黑板的右侧。

板书的设计也有不同的类型，常用的有提纲式、线索式、摘要式、表格式、对比式、递进式、评论式、简图式、综合式等。板书设计应具有鲜明的目的性、较强的针对性、高度的概括性、周密的计划性、适当的灵活性等。

下面是一节理论课提纲和板书结合的示例。

人体呼吸系统的发育(板书)

一、呼吸系统的组成及功能(板书)

(一)呼吸道与功能(板书)

1. 鼻与咽(板书)(图)

提问与说明：为什么用鼻呼吸比用口呼吸好？

2. 喉(板书)(图)

提问与说明：为什么吃饭时不能说笑？

3. 气管与支气管(板书)(图)

提问与说明：痰是怎样形成的？

为什么不能随地吐痰？

(二)肺(板书)(图)

1. 肺的结构(指导看书、回答问题)(板书)

2. 肺的功能(进行气体交换的场所)(板书)

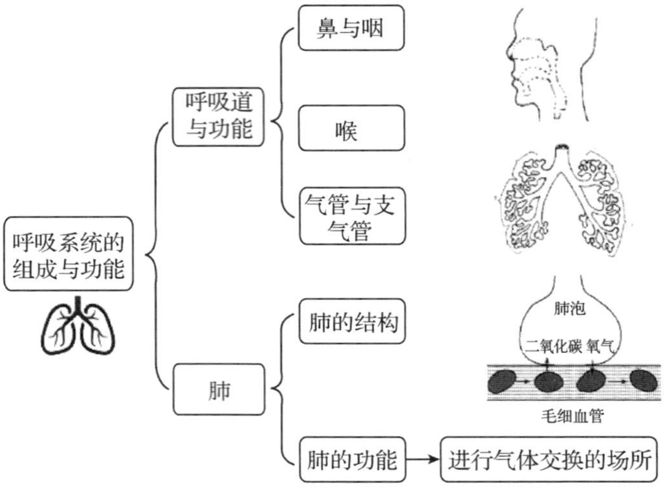

二、肺活量(板书)

(一)概念(板书)

(二)测定的方法(板书)(表)

三、知识总结(板书)

(一)小结

(二)布置作业(板书)

四、室内课教案书写的注意事项

(一)书写教案注意事项

书写体育与健康室内课的教案应有醒目的符号，用不同字体或颜色等标出重点。

(二)书写教案易犯的错误

在书写教案时应尽量避免出现以下错误：

①平铺直叙，过分详细，不知取舍，重点不突出；

②主观机械设想，脱离实际；

③照搬范例，缺少变化；

④书写先认真、后潦草，写得密密麻麻，不留修改补充的余地。

对于这些问题，只要加以注意，勤于思考，是比较容易克服的。

第四节　小学体育与健康实践课教案撰写的基本要求

实践课教案有多种形式，但是，在实践中用得较多的形式还是表格式教案。下面提出一些处理好表格式教案的几个关系和基本要求。

一、左右关系

表格式教案一般分左右两部分。

表格式教案左边是教学内容，主要是写学生学习什么或教师教什么的问题。在准备部分，应依次填写课堂常规、一般性准备活动和专门性准备活动的内容。在课的核心部分，应依次填写动作名称、动作任务、重点、难点、保护与帮助等。在结束部分，应依次填写放松整理的内容、小结的内容，如果安排游戏和比赛的教学内容，应写明游戏比赛的方法。

表格式教案的右边是组织教法。在这一栏主要填写学生怎样学习或教师怎样教的问题。在教案的右边，一般应对应左边学习的内容，分别依次填写教学组织、教法步骤、要求、易犯错误及纠正方法等。

二、上下关系

在表格式教案中，上下关系指对内容的书写应有一个顺序。自上而下一般顺序为：表头、教材内容、任务、重点、难点、开始部分、准备部分、基本部分、结束部分、课后小结、场地器材布置、密度负荷预计等。对于左侧基本部分的教学内容，一般是按顺序书写身体练习的名称、动作要领、重点、难点、保护与帮助；对于右侧基本部分的组织教法，一般按顺序书写组织、教法步骤、要求等内容。

三、对应关系

在表格式教案中，左右两栏填写的内容形成对应关系，即右边的内容总是对应左边的内容。以基本部分为例，左边有个学习教材，右边就有组织、教法步骤和要求与其对应，并且右边“组织”一词与左边“动作要领”一词书写的高度一致，表明这个“组织”仅是对左边一个教材而言的。如果基本部分的“组织”是分组轮换，这个“组织”就应写在比第一个教材要高的位置上，表明这个“组织”是对两个教材而言的。

四、粗细关系

书写教案的内容应处理好粗细的关系。对于不同类型的课，对粗与细有不同的要求。新授课的教案一般写得较细致(对新动作应写明动作要领)，复习课的教案书写相对较粗(例如，推实心球的最后用力可以写动作要点，即蹬、转、撑、送、挺、推、拨

7个字）。

五、书写教案的基本要求

书写教案的基本要求是：任务明确、要求具体、教材实际、重点突出、组织严密、方法科学、手段多样、负荷适当、场地合理、文字简单、思想新颖，并做到图文并茂。

第五节　小学体育与健康教案的编写

一、体育与健康课时设计

体育与健康课时设计（设想）是指在体育与健康课备课的过程中，明确本节课的指导思想和主题，对整个体育与健康教学过程及其各个环节、各个步骤、每种教法与学法进行系统研究后，议定出比较详细的实施构想。

课时设计与课时教案不同。教案是在课时设计的基础上，用文字根据课时设计的构想，编写出科学、合理、切合实际的计划或方案，而课时设计只是拟定出比较详细的实施构想。

一般来讲，传统的体育与健康教学比较注重单一技术的学习，学习单元之间呈现碎片化特征，缺少整体性设计与系统性进阶，忽略学生组合技术的学习和实战能力的提高，导致学生学会技术但不会在实战中应用。大单元整体教学以“教会”“勤练”“常赛”为抓手，构建“学、练、赛”一体化的教学体系，强调以学生发展为本，创设不同的情境，引导学生学习结构化技术以及体验项目的完整性，让学生在长时间、系统化的大单元教学安排下，进行实战情境的技战术学练，不仅学习体育技能的动作方法，更重要的是学会在比赛中如何正确使用技战术，最终提升项目实战能力。特别值得注意的是，单元与单元、课时与课时之间的关系不是并列或散点的，而是要呈锁链状结构，上一环节完成了下一环节才能启动。一般来说，一个完整的学习单元不仅仅是知识技能的学习，而是要诱发认知冲突、依靠亲身体验、唤起情感等活动来“点燃”整个学习的事件。不管是学习一个单一技术动作，还是面对一个复杂组合技术的练习或是在比赛中处理一些棘手的问题，整体化设计的单元都是目标明确且聚焦的，并指向体育学科核心素养的进阶。

大单元教学课时设计的内容主要有以下几个方面：

①确定课的教学任务、重点和难点；

②确定课的类型与教学结构；

③分析教材的意义；

④选择适当的教学方法和教学手段(教具)等;

⑤语言的运用;

⑥议定辅助性教学措施。

大单元教学设计的要求是：吃透两头(教材与学生的实际情况)、把握目的(学科教学、大单元教学和本次课时教学目的)、抓住重点、剖析难点、筛选教法、精心安排。

案例：基本运动技能片段课例

课程标准明确提出：基本运动技能包括移动性技能、非移动性技能和操控性技能，主要发展学生的身体活动能力，为学生发展体能和学练专项运动技能奠定良好基础。针对水平一目标，专门设置基本运动技能的课程内容，为体能和专项运动技能学练奠定基础。所以在构建大单元整体设计之初，应该考虑在水平一阶段要让学生积极参与体育游戏，感受体育活动乐趣，学练移动性技能、非移动性技能、操作性技能等运动技能。这一水平阶段的目标主要是要求学生发展身体活动的能力，为后续体能和专项运动技能水平的提高奠定良好的基础，也就是体育与健康课程学习之初是“尝一尝”各种运动项目的游戏化。

学段水平：水平一

课例内容：田径——跑与游戏

课例目标：在形式多样的趣味比赛中，激发学生的运动兴趣，让学生明确规则的重要性，同时体验了不同方向、路线、节奏的跑，更是在自主学习过程中提高了体能，也进一步巩固了本节课所学内容并加以运用。

课例描述

活动一：你追我跑。站于中线处，沙包放于地上，相对两名同学进行“石头、剪刀、布”游戏，赢者拿上沙包往回跑，输者追。游戏同上，输者拿上沙包往回跑，赢者追。通过“石头、剪刀、布”游戏进行快速判断，既提高了学生的反应能力、启动速度，同时也培养了学生的思维能力。

活动二：护宝闯关。三人一组，一人为闯关者，一人为守关者，一人为守护者，闯关者需要在守护者的帮助下避开守关者将宝物(沙包)护送到达指定区域。将跑进一步与运动项目结合，多方位地跑动，为球类教学打下了基础，同时在游戏过程中树立了学生的规则意识。

课例解析

1. 本节课注意引导学生参与多样化的活动，如跑动时进行变换方向、路径、节奏的练习，追逐跑中根据不同信号做出不同的停止动作，与同伴做镜像游戏等，丰富运动体验，培养学生对时空变化和身体变化的感知。

2. 在课堂中创设“真情境”，跑是我们生活当中的一种基本技能，结合生活的游戏“你追我跑”让学生在轻松快乐的氛围中积极进行体能的学练。游戏“闯关护宝”，将跑与运动项目相结合，内容延伸，让学练不再单一，为后面球类的移动性练习奠定了基础。同时充分发散了学生的思维，培养了团结协作的优良品质。

3. 在不同跑动的游戏及练习中，提醒学生遵守规则，时刻观察周边环境，很好地培养了学生的规则意识和安全意识，让学生在公平、安全的环境中积极完成学练。

二、如何编写教案

(一)编写教案原则

①简明：指简短明了；

②清楚：指条理清晰；

③扼要：指重点突出。教案的重点是课的任务、教学的重点和难点、教学组织。

(二)实践课教案的主要内容

实践课教案的主要内容包括：教学目标、教学内容、教学组织、教学方法、教学步骤、教学重点和难点、时间的分配、运动负荷和练习密度的预计、场地器材的布置等。

(三)编写实践课教案的步骤

1. 确定课时任务

体育与健康课程任务包括三个方面：一是掌握运动知识、技能的任务；二是发展学生身体素质和提高学生运动能力的任务；三是发展学生良好的个性和培养思想品德、意志品质方面等的教育任务。确定课时任务要求：正确、全面、具体。

2. 合理安排课时教材内容

合理安排课时各项教材。根据课程任务、主要教材的要求和学生身心特点，安排好准备性练习和辅助性练习之外，教师还应选择好教学过程主要部分的教材，要做到这点，教师要深入钻研教材，研究教材对增强学生体质、传授知识技能以及发展学生个性、培养良好品德的作用，掌握教材的重点和难点、教材本身的系统性、与其他教材的联系及对学生身心的影响。

根据课时任务还要安排好教材的教学顺序，根据学生的认知规律和机能活动的特点安排教材。

安排教材的一般规律

安排在课的前半部分	安排在课的后半部分
技术复杂的教材及新授教材	易兴奋的教材(活动性游戏)
发展速度、灵敏的教材	发展力量和耐力的教材
运动负荷小的教材	强度较大的教材

根据主要教材的性质和学生的具体情况选择辅助练习、诱导练习和身体素质等练习，以利于提高学生练习的兴奋性和灵活性。

3. 选择合理的教学组织形式

合理的教学组织，不仅能培养学生的组织纪律性，还能让场地器材得到充分利用，加大课程的密度，便于因材施教。课程的组织是正确实施教法，完成教学任务的保证，所采用的组织方法和队形要最大限度地保证学生的学习和练习时间。充分利用场地器材，有利于教法的贯彻实施、有利于队伍机动灵活的变动、有利于安全措施的设置。队伍的组织形式最关键的是便于学生与教师的观摩，还要考虑课上每一个练习内容所站队形的衔接，例如，上一个队形变一个方向就是下一个练习的队形，使得整个课时严密，学生精力集中，课时内容能顺利完成。课时组织形式一般采用分组轮换或分组不轮换两种。在场地许可的情况下，可采用分组不轮换，这样有利于教师集中指导。在场地条件较差，必须采用分组轮换时，就要对主要教材和次要教材分别进行要求。对提高身体素质的练习，可采用流水作业和循环练习的组织形式进行。

4. 安排课的教法步骤

教法是编写教案的核心，它是为教学任务服务的，选择教法要符合科学性、系统性及学生的接受能力，有利于学生尽快掌握动作；要适应学生的生理和心理要求，能调动学生学习的主动性、积极性，促进身心健康成长；要有利于因材施教和区别对待。

5. 确定课的运动负荷

各项练习的次数、时间、强度都要根据课的任务、教材的难易、学生的实际水平及场地器材等来确定。一般情况下采用有效的教法来增大练习密度，采用游戏、竞赛法来提高练习密度，但是在安排课的运动负荷时要考虑到体育与健康课程对其他课程学习的影响。

(四)编写教案应注意的问题

①各种形式的教案本首页，最好将所教的年级各班基本情况(包括班级学生人数、性别、健康状况、生长发育情况、身体素质情况、技能情况、特长生情况、弱势学生情况等)，以及课堂常规等都扼要地写出来，以便备课和实施课堂教学时随时翻阅。

②在编写每次课的教案时，在开始部分可以增加思想动员，即是对本次课的内容从思想上的要求。然后把编写各部分动作名称写清楚，动作的要点、重点、难点、保护帮助的方法等都要在教案中写出来。

③在教案中还要简明扼要地写出安全措施。特别是体操和投掷项目，对保护帮助与安全措施进行周密考虑。

④合理分配各部分的时间和每个教材的教学时间。如果一节课的总时间是 45 分钟，一般开始和准备部分 10～12 分钟，中间主要部分占 30 分钟，最后结束部分 3～5 分钟。这绝不是固定不变的，但是编写教案时首先要考虑中间主要部分和主要教材的教学时间，以确保主教材有足够的时间学习。

⑤要上好课，首先要备好课，写好教案。教案必须在上课前写好，做到备教材、备学生、备场地、备器材、备时间、备气候、备伤病、备教师、备教法、备负荷。教

案要写得全面、科学、清楚，便于观摩检查。每次上完课要认真做好小节，把课的组织教法的优点以及思想上应变情况、突发事情的处理、测验的成绩，各班的情况一一写清楚，便于下次备课和编写教案时参考。

(五)怎样写好课后小结

不论做任何一件事情，都有这样一个规律，就是把你所学的知识，所掌握的方法，运用到实践当中去，这需要一个过程，这个过程既是逐步掌握的过程，也是一个熟练的过程。体育与健康教学同样如此。怎样才能达到熟练地掌握和运用这些方法和原则呢？这就要求每一个体育教师要在自己的教学实践当中，不断进行总结和提高，使已经从理论上学会的原则和方法，尽快地运用到实践中去。同时也把实践中积累的经验，通过不断总结，上升为理论。

第六节　小学体育与健康室内课教案的设计

本节主要列举了4份小学室内《体育与健康》课的设计方案，其中包含2份理论课教学设计与2份室内技能课教学设计，以供参考。

教案1　室内理论课：预防损伤(对象：水平二)

学习内容	1. 健康常识：红色研学之旅——爬山秘籍 2. 室内活动：登山游戏
学习目标	1. 引导学生分析已有的爬山经历，做好安全的爬山准备。 2. 指导学生掌握爬山的技巧与解决突发状况的能力。 3. 培养学生成为终身运动者，责任担当者，问题解决者的新时代接班人。
教学重点	掌握爬山准备与爬山的相关技巧，学以致用
教学难点	解决在爬山中的各种突发状况，增强安全意识
教具	希沃白板、绷带、红旗
教学内容及过程	一、师生问好 二、宣布课的内容 教学过程： (一)导入新课 1. 教师通过红色旅行团团长的身份导入情境，然后通过教师的提问："你们喜欢爬山吗？爬过哪些山？"并选1名同学进行分享。 2. 播放岳麓山的风景视频，并引出红色研学活动——爬岳麓山的主题。 教师语言：游客们我们通过一段视频来了解一下本次研学活动的目的地，岳麓山美不美？ 3. 爬山路线与景点(PPT显示图片) 教师语言：你们知道岳麓山除了美景外，还有其他更珍贵的东西是什么？就是它深

续表

教学内容及过程	厚的红色文化底蕴，今天导游姐姐将会带领大家参观爱晚亭、黄兴墓等著名景点，大家期待吗？ 4. 成立登山小分队 (1)教师语言：请游客们带上旅行社为大家准备的太阳帽，准备出发！ (2)每一次参与活动积极的小组将会获得一面小红旗。 (二)授课环节 活动一：爬山有准备 1. 说一说 讨论爬山前需要做哪些准备？ 2. 看一看 岳麓山的地形图 教师语言：岳麓山北面有荆棘丛与小溪，南面多岔路，山顶台阶青苔密布。 3. 选一选 爬山物资准备 (1)根据岳麓山的地形地貌，选择出相应的必备物资，最先选完的小组上台来进行希沃课堂游戏的展示。 (2)选完物资后，请上台的同学分享本组选择这些物资的原因(希沃的课堂游戏)。 4. 爬山初体验 (1)同学们前后两组为一大组，左边的同学向后转，右边的同学将石块放在脚下，排头接排尾围成一个大圈准备出发，唱着《春天在哪里》欢快地出发吧！(两个圈后停下来返回座位) (2)顺利到达第一站——爱晚亭，唐代著名诗人杜牧，曾作诗写道：“停车坐爱枫林晚，霜叶红于二月花。”伟人毛泽东主席也最喜欢在这里看书学习，可见这是非常有灵气之地。参观完后，咱们得向上继续出发！(PPT 出现陡峭湿滑的登山台阶) 活动二：爬山有技巧 想要到达接下来的蔡锷墓与黄兴墓需要穿过一片陡峭而蜿蜒的道路，咱们需要具备红军不怕远征难的精神，并且熟练地掌握登山技巧才能到达黄兴墓。 1. 观看一段完整的上山视频(进食＋准备活动＋上山＋休息喝水＋下山＋利用器械＋放松活动)，让学生根据视频相关信息，整理爬山秘籍，注意语言简练。 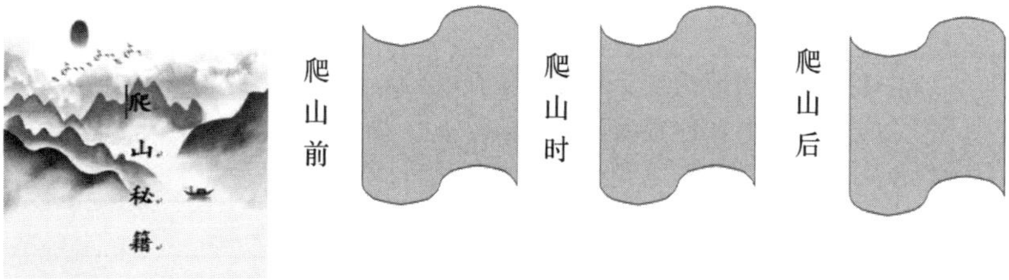 2. 分组知识竞赛 回答出 3 个以上的小组加一面红旗，全部正确的加上两面红旗(希沃的选择题游戏)。注意：小组中需要选出负责举答案的游客。 3. VR 爬山闯关体验 (1)游客们，咱们即将出发去下一个景点，但是路途中道路崎岖险峻，如何科学利用爬山秘籍登山，成了我们即将面临的挑战，你们有信心吗？好，那咱们先拉伸一下关节，做好准备活动。好的，接下来咱们就准备出发吧！ (2)做完活动后，咱们还需要做哪些放松活动呢？我们一起坐着按摩一下小腿(拉、揉、捏、搓)

续表

教学内容及过程	活动三：爬山怎么办 惊险刺激的林间山路，在大家熟练的爬山技巧中顺利通过啦！但是隔壁团队有一位导游发生意外。 1. 突发的“小意外”——如何正确处理扭伤 (1)那咱们该怎么处理呢？（希沃蒙层功能弹出选项） (2)讨论与分享。 2. 体验关节8字包扎法 (1)跟着视频看一看，想一想，如果是我们队友受伤了我们怎么做？ (2)包扎体验环节，三人一组进行包扎。 (3)前后两大组相互评价包扎的水平，并相互之间进行评价。（加红旗） 三、结束部分 1. 祭奠革命先烈 (1)通过我们智慧的爬山技巧，已经顺利到达山顶的黄兴墓，接下来咱们一起来参观吧！ 介绍：黄兴先生是我国著名的革命家，在推翻清朝封建统治中起到了不可磨灭的作用，也是孙中山先生的第一知己，岳麓山脚下埋葬了20多名辛亥革命的无名烈士。我提议，大家为烈士们敬一个队礼，起立——脱帽——敬礼！ (2)接下来，作为少先队员的我们，一起在烈士陵前光荣地唱一曲《我们是共产主义接班人》，大家说好不好？ 2. 总结 我们今天的红色研学活动即将接近尾声，相信爱国主义的种子已经在我们的心中萌芽，接下来即将分组踏上返程，按照今天所学的登山秘籍有序下山，期待下期历险之旅，再见！

教案2　室内理论课：体育锻炼　（对象：水平三）

<table>
<tr><td>教学内容</td><td colspan="3">1. 介绍体育锻炼的作用及意义；
2. 培养学生自主参与体育锻炼的习惯。</td><td>课时</td><td></td></tr>
<tr><td>教学目标</td><td colspan="5">1. 理解参加体育锻炼的意义和参与体育锻炼的状况；
2. 树立自觉积极参加体育活动的意识；
3. 根据实际，自觉积极地参加课外体育活动。</td></tr>
<tr><td rowspan="2">教材分析</td><td>重点</td><td colspan="4">理解参加体育锻炼的意义</td></tr>
<tr><td>难点</td><td colspan="4">能自觉地参加课外活动</td></tr>
<tr><td>学情分析</td><td colspan="5">现在人们的生活条件越来越好，体育锻炼也减少了，这样会对身体健康产生一定的负面影响，很多六年级学生并不了解这些，因此，本节课学习体育锻炼对人身心的益处。</td></tr>
<tr><td>选择教法</td><td colspan="2">讲授法、提问法、问卷调查法</td><td>教具学具</td><td colspan="2">投影机、图片、黑板、粉笔</td></tr>
<tr><td>板书设计</td><td colspan="5">1. 参加体育锻炼的益处；
2. 引用古代名人名言引导学生积极地学习，提高学生学习兴趣；
3. 联系实际，奥运精神——参加比取胜更重要；
4. 调查了解自己参加体育锻炼的现状。</td></tr>
</table>

续表

教学过程

一、导入部分

同学们，我们为什么需要经常参加体育锻炼？经常参加体育锻炼到底给我们带来哪些好处呢？

古希腊人对参加体育锻炼的益处有深刻的认识，他们在公元前6世纪，在埃多斯山崖上刻下了脍炙人口的名言：

如果你想强壮，跑步吧！

如果你想健美，跑步吧！

如果你想聪明，跑步吧！

我国先秦时期，古人在《吕氏春秋》一书中，以东方人特有的睿智，用形象的比喻阐释了“生命在于运动”的真谛：“流水不腐，户枢不蠹，动也。”

二、展开部分

1. 现代科学研究和实验证明，经常合理参加体育锻炼，能全面增进人的健康使人充满活力。

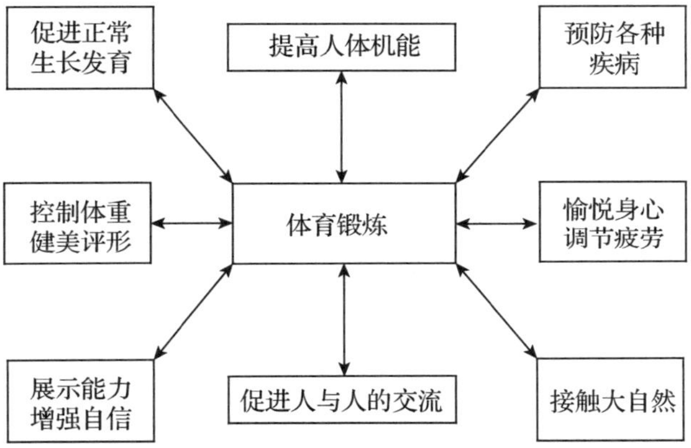

2. 奥运精神——“参加比取胜更重要”

“参加比取胜更重要”是现代创始人顾拜旦先生所提倡的一种奥运精神。顾拜旦认为：这种精神“可以扩展到诸多领域，对于人生而言，重要的绝非凯旋而是战斗。这意味着主要不是获胜，而是进行战斗。传播这些格言，是为了造就更加健壮的人类——从而使人类更加严谨审慎而又勇敢高贵。”

那么，要求我们参与体育活动时应具有积极，乐观的态度和奋勇拼搏的进取精神，并把这种态度和精神渗透在自己的学习和生活之中。

三、结束部分

检测：了解自己参与体育的现状。

请如实回答下面问题。

1. 你每周参加体育锻炼(不包括上体育与健康课和课间操)的次数大约为几次？

A. 1次　　B. 2次　　C. 3次　　D. 4次

2. 平时在课外还练习体育与健康课上学习的内容吗？

A. 从不　　B. 很少　　C. 较少　　D. 经常

3. 你平时在节假日参加体育活动吗？

A. 决不　　B. 不太坚持　　C. 比较坚持　　D. 经常坚持

续表

4. 你经常代表班级参加学校的各种体育比赛吗？
A. 从不　B. 很少　C. 较少　D. 经常
5. 你经常和同学一起参加体育活动吗？
A. 从不　B. 很少　C. 较少　D. 经常
6. 你每周和家人一起参加体育锻炼吗？
A. 从不　B. 很少　C. 较少　D. 经常
7. 你每周参加体育锻炼(不包括上体育与健康课和做课间操)的时间大约为多少？
A. 1～2 小时　B. 2～3 小时　C. 3～4 小时　D. 4～5 小时
8. 与花在看电视，玩电子游戏等娱乐活动的时间相比，你平时用在体育锻炼方面的时间多吗？
A. 最少　B. 较少　C. 较多　D. 很多
9. 你平时在课余时间阅读有关体育的书报和杂志吗？
A. 从不　B. 很少　C. 有时候　D. 经常
10. 在学习任务比较重的复习阶段，你还坚持参加体育活动吗？
A. 从不　B. 很少　C. 较少　D. 经常

题号	答案及得分			
	A	B	C	D
1	1	2	3	4
2	1	2	3	4
3	1	2	3	4
4	1	2	3	4
5	1	2	3	4
6	1	2	3	4
7	1	2	3	4
8	1	2	3	4
9	1	2	3	4
10	1	2	3	4

评价参考标准
(1)40～33 分：说明你具有很好的体育参与性。
(2)32～25 分：说明你具有较好的体育与性。
(3)24～17 分：说明你的体育参与性尚可。
(4)16～20 分：说明你的体育参与性有待提高。

本教案的评议：

这篇《体育与健康》课教案内容选择合理、格式新颖、可操作性强，该教案进行教学时，能吸引学生的注意力，调动学生学习兴趣等优点。主要有如下特点。

1. 导入部分

用提问的方式切入教学的话题，指出经常参加体育锻炼的作用和意义，而后引用名言和典故进一步强调体育锻炼的重大作用和功效。过渡自然，引人入胜。

2. 展开部分

利用图表列举出了体育锻炼促进身心健康六大作用。逻辑性强，容易说服人，同时条理清晰，一目了然，有利于上理论课时板书。

3. 结束部分

在这个教学环节中，对学生进行问卷调查并让学生做完问卷后对照评价参考标准进行自我检测，了解学生本人得分状况，所有这些让学生对自己参与体育锻炼情况有了清楚的认识，从而促进他们积极主动参与体育锻炼，达到很好的教学目的和效果。

教案 3　室内技能课：排球正面双手垫球（对象：水平二）

教材	排球正面双手垫球			场地器材	非洲鼓一个、自制气球 20 个	
重点	找准击球部位，基本掌握插、夹、提、压					
难点	击球时重心上提，以及肘关节夹紧伸直					
教学目标	运动能力：利用桌椅及书本让学生在教室内掌握排球的插夹提压的动作要领，先是以游戏暗线的形式让学生在玩中掌握动作要领，再以一条明线课堂活动答题的形式让学生基本掌握。同时本节课通过让学生在移动中击球，让学生了解排球的技能发展规律，同时提升学生的体能与反应能力 健康行为：排球垫球的动作技能可以正向迁移到生活中的其他项目中，让学生养成与他人积极配合的习惯，主动去完成自己职责内的任务，并喜欢上与人协作的运动项目 体育品德：用垫排球的鼓励方式给予同伴鼓励，学会坦然地面对失败与成功，养成团队合作与规则意识					
教学步骤	教学内容	教师活动	学生活动	组织与场地	次数	时间
准备部分	一、课堂常规 1. 师生问好 2. 宣布课的内容和任务 3. 安排见习生，检查服装和饰物	(一)教法 1. 清查人数 2. 安排见习生 (二)要求 教师声音洪亮，精神饱满	(一)学法 1. 学生报数口令清晰 2. 认真听老师宣布学习内容 (二)要求 快、静、齐	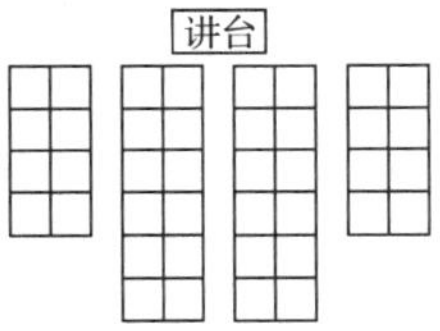 	1次	1分钟
	二、准备活动 1. 游戏——鼓圈 跟随老师的步伐拍打桌面，注意轻拍桌面，爱护公物	(一)教法 1. 讲解规则和要求 2. 学生在练习时及时给予学生提示与鼓励 (二)要求 教师语言简明扼要，声音洪亮	(一)学法 1. 认真听老师讲解规则 2. 熟悉排球场地 (二)要求 积极参与，遵守游戏规则	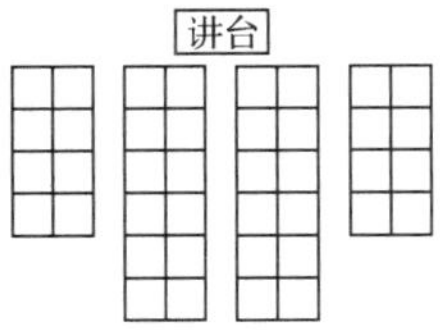 	6~8次	3分钟
	2. 热身操 ①头部运动 ②体转运动 ③体侧运动	(一)教法 由教师带领全班同学跟着音乐做练习，并且动作规范 (二)要求 教师声音洪亮，动作有力	(一)学法 认真观察，跟随老师口令，模仿练习 (二)要求 根据教师口令节奏认真练习	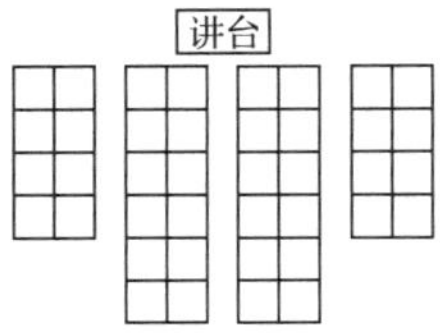 	1次	2分钟

续表

教学步骤	教学内容	教师活动	学生活动	组织与场地	次数	时间
基本部分	(一)发现问题 根据之前对排球垫球的了解，想一想如何接腹部以下的来球更合适			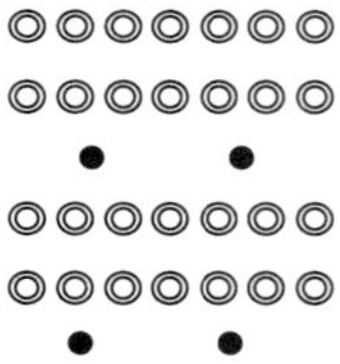	1次	3分钟
	(二)解决问题 1. 叠掌式手型 利用课桌与鼓声，手腕下压让手指贴桌面，形成顶肘与压腕的标准动作	(一)教法 1. 教师巡回观察 2. 展示后，及时评价 (二)要求 积极参与	(一)学法 每人练习5次 (二)要求 认真练习，仔细观察，积极思考	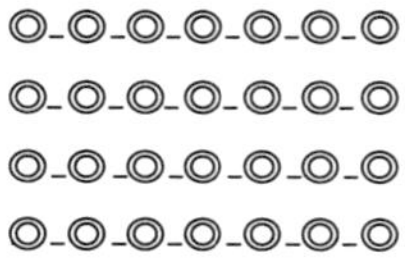		
	2. 徒手练习 (1)照镜子学生模仿教师做相应动作，看谁做得最像最好 (2)指尖游戏，以排球的徒手动作，进行VR游戏的挑战(左、右、中)	(一)教法 1. 边讲解边示范 2. 反复强调动作要点 3. 学生练习时，教师巡回指导 4. 纠错及时 (二)要求 仔细观察、讲解简明	(一)学法 1. 认真看视频，模仿练习 2. 合作学习，积极配合 (二)要求 积极思考，按照老师口令认真练习	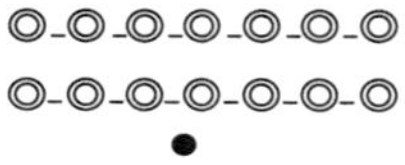 	5～8次	17分钟
	3. 击准游戏 将教师发的标志物贴在手腕上15厘米的位置，用标志区域去碰桌子的下沿，强化插的动作要领	(一)教法 1. 边讲解边示范 2. 学生练习时，教师巡回指导 3. 评价及时 (二)要求 教师声音洪亮，讲解简单明了	(一)学法 1. 观看视频，模仿练习 2. 根据老师提示认真练习 (二)要求 注意所站位置，积极参与		5～8次	5分钟

续表

教学步骤	教学内容	教师活动	学生活动	组织与场地	次数	时间
基本部分	4. 击球游戏 两人一组，击固定球练习；两人一组，观看视频，分组模仿练习 (三)拓展练习 左右跑位徒手垫球 (四)课课练 室内骑行	(一)教法 1. 教师示范讲解 2. 来回巡视，语言鼓励 3. 强调注意安全 (二)要求 教师语言简明扼要，声音洪亮	(一)学法 在老师带领下认真练习 (二)要求 按照要求练习，注意安全		2次	3分钟
结束部分	一、冥想 二、集合、课后小结 三、安排收拾归还器材 四、师生再见	(一)教法 1. 教师带领同学们利用轻松的音乐进行冥想 2. 教师带领学生们一起回顾本课的内容，并总结 (二)要求 口令清楚洪亮，动作示范到位	(一)学法 学生根据老师口令认真练习 (二)要求 拉伸到位，认真听讲	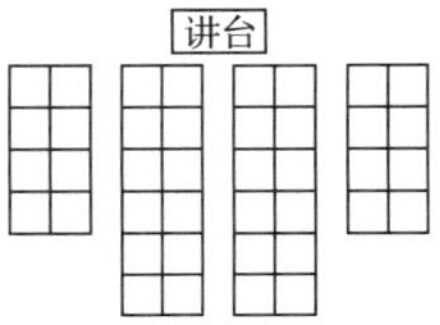	1次	4分钟
平均心率		140～150次/分钟	预计生理曲线	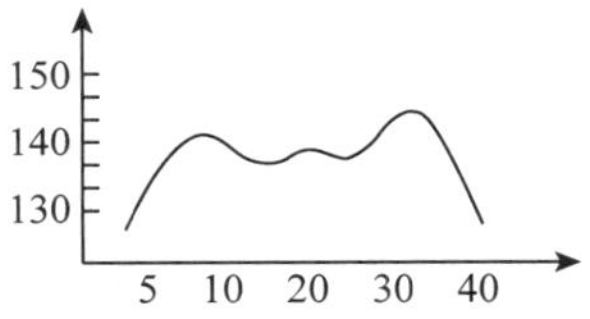		
预计密度		50%～60%				

教案4　室内技能课　障碍跑（对象：　水平二）

教学内容	1. 钻、跨的动作要领 2. 游戏：舞龙大赛	教学重点：跨：动作协调，快速蹬地　　钻：侧身、重心下移 教学难点：钻跨的协调连贯配合
教学目标	运动能力：利用桌椅及彩色卡纸让学生在教室内掌握障碍跑的钻、跨的动作要领，先是用多个游戏的形式将教学内容串联，让学生充分体验在玩中学，充分调动学生的积极性及自主思考能力 健康行为：障碍跑中的钻、跨的动作技能在日常生活中都有许多应用，通过本堂课让学生不仅在课堂上学，更要积极应用于生活，让学生养成积极思考的习惯 体育品德：在课堂的学习和交流中，通过提醒学生遵守游戏规则，互相观察与纠错，从而培养学生的观察和合作意识	

续表

教学步骤	学习内容和方法	师生互动	组织与场地	时间	次数
开始部分	1. 师生问好 2. 宣布本次课的内容与要求 3. 检查服装、安排见习生 4. 安全提示	1. 教师检查上课场地，准备好上课器材 2. 宣布上课内容，师生问好 3. 进行安全提示以及上课要求 要求： 1. 精神饱满，座位整齐 2. 桌椅轻拿轻放，静悄悄	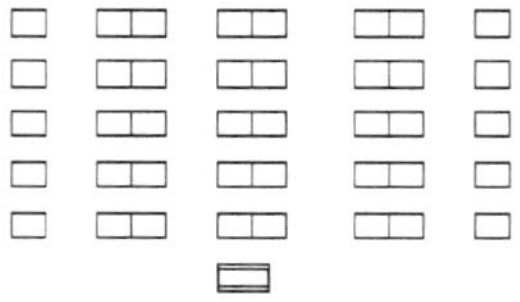	1分钟	1次
准备部分	一、情景导入 通过营救被盗的小动物，导入森林冒险的主题 二、热身操(快乐的歌) 方法：教师领操	1. 教师情境引入，激发学生的兴趣 2. 教师带领学生伴随着音乐的节奏跳热身操 要求： 1. 动作不宜过大，注意安全 2. 动作规范	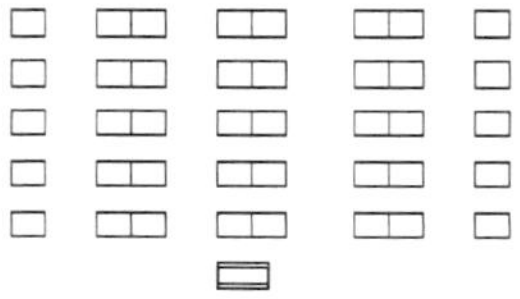	4分钟	1次
基本部分	一、情景升华 导入：距离猎人住所必须钻过一个山洞和跨越一条小溪 二、小溪(复习跨越) 1. 观看视频，分组模仿练习方法 2. 分组练习 3. 讲解动作，并纠错 4. 小溪测试(由易到难) 方法：学生分组练习，教师巡视指导纠错	1. 导入时语言生动形象 2. 学生在讨论时，给予提示性的语言 3. 教师讲解图片示范 4. 游戏(小溪测试)检查动作的掌握情况 要求： 1. 认真观察视频，积极思考，勇于探索 2. 学生根据图片以及教师的动作要领，主动练习 3. 学生严格按照游戏规则进行练习	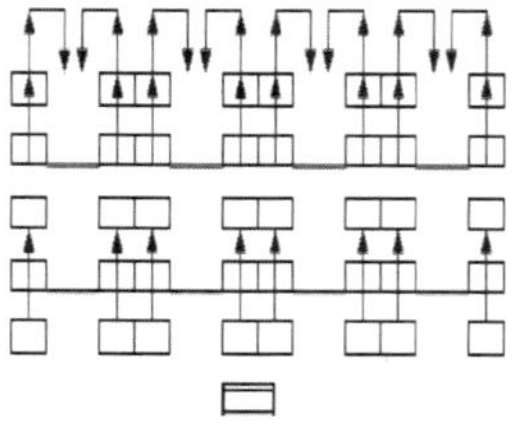 跨小溪	10分钟	1次 2次

续表

教学步骤	学习内容和方法	师生互动	组织与场地	时间	次数
基本部分	三、山洞(钻) 1. 分组讨论如何搭建山洞 2. 观看视频，分组模仿其练习方法进行体验 3. 讲解动作，并纠错 4. 观看秘籍视频，并模仿练习 5. 山洞测试 方法：学生分组练习，教师巡视指导纠错，多用鼓励性语言，培养学生兴趣	1. 分组讨论时，教师要给予提示 2. 组织学生观看视频时，要强调保护与帮助的团结协作 3. 观看秘籍视频时，与教师的现场示范相结合 要求： 1. 学生认真观察视频，积极思考 2. 学生严格按照规则进行练习 3. 在练习时要时刻注意保护与帮助，并观察其他同学练习，纠正错误动作	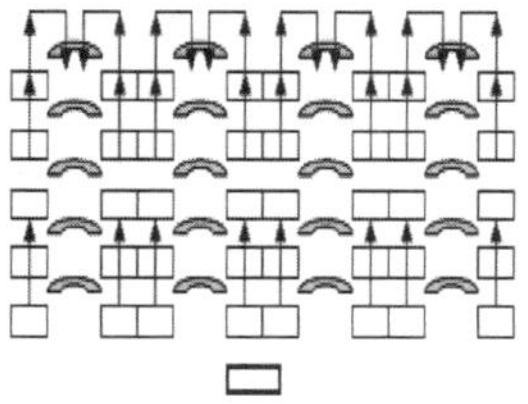 钻山洞 钻山洞秘籍	11分钟	1次 2次
	四、大营救 将学生分成 A、B 队，按视频的路线进行营救，看看哪组学生以最安静、快速及安全的方法到达原位 方法：练习时由师生共同进行评价	1. 分小组个人练习 2. 教师巡视指导 要求： 1. 严格遵守比赛规则 2. 注意保护与帮助，确保不要移动桌椅	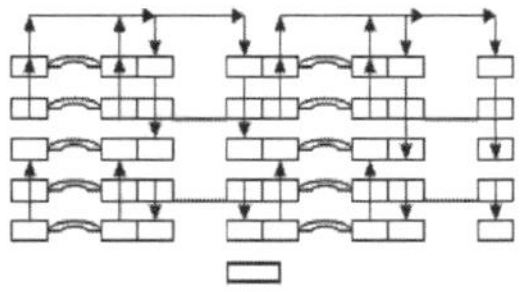 大营救	5分钟	2次
	五、游戏：舞龙大赛 方法：以组为单位建立舞龙队，由教师担任龙珠的角色，看看哪组模仿得最逼真，教师先讲解再示范	1. 讲解游戏规则 2. 指导学生练习，并参与活动 3. 小结游戏 要求：学生守规则，注意安全	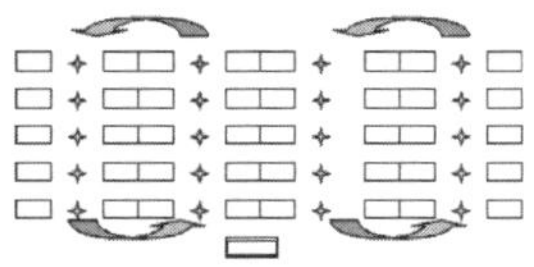 舞龙	5分钟	1次

续表

<table>
<tr><td>教学步骤</td><td colspan="2">学习内容和方法</td><td colspan="2">师生互动</td><td>组织与场地</td><td>时间</td><td>次数</td></tr>
<tr><td>结束部分</td><td colspan="2">一、放松操《左手右手》
二、颁奖典礼
三、安排收拾归还器材
四、师生再见</td><td colspan="2">1. 教师带领学生边唱边做
2. 教师带领学生们一起回顾本课的内容，并颁发机票给获胜的小组
要求：口令清楚洪亮，动作示范到位</td><td>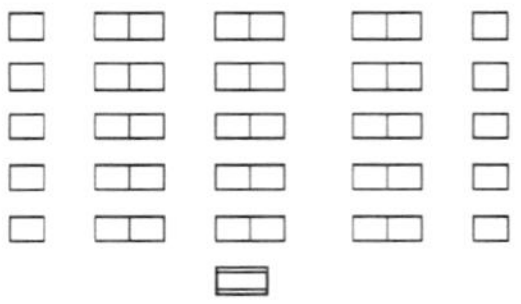</td><td>4分钟</td><td>1次</td></tr>
<tr><td colspan="2">场地器材</td><td colspan="2">1. 桌椅 40 套；
2. 彩色卡纸 40 张；
3. 音响及多媒体设备一套</td><td rowspan="3">预计生理曲线</td><td colspan="3" rowspan="3">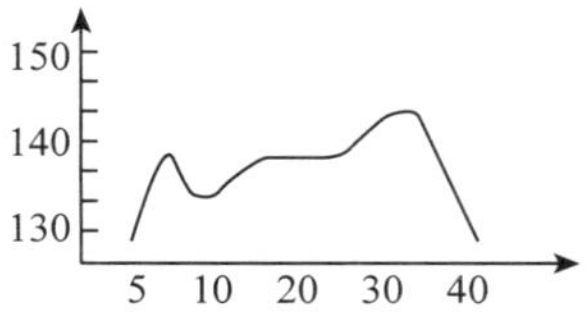
</td></tr>
<tr><td colspan="2">平均心率</td><td colspan="2">130～145 次/分钟</td></tr>
<tr><td colspan="2">预计密度</td><td colspan="2">50%～60%</td></tr>
<tr><td colspan="2">教学反思</td><td colspan="6"></td></tr>
</table>

以上室内《体育与健康》课教案内容选择合理、格式新颖、可操作性强，该教案进行教学时，能吸引学生的注意力，调动学生学习兴趣等优点。主要有如下特点。

1. 导入部分

用提问的方式切入教学的话题，指出经常参加体育锻炼的作用和意义，而后引用符合教学水平学生的学情的情境，使学生在环环相扣的复杂情境中，不知不觉地掌握了本课重点，过渡自然，引人入胜。

2. 展开部分

利用图表与视频直观地展示教学方法与组织形式，大大地节省了教师讲解的时间，更多地去实施高效的练习方法，室内理论课注重体验式的教学，让学生知其然更知其所以然。

3. 结束部分

在这个教学环节中，既有对学生进行问卷调查与评价标准的自我检测方式，还有课堂 VR 体验式的游戏检测，以及希沃课堂活动的全体答题互动等方式。所有这些让学生对自己参与体育锻炼情况有了清楚的认识，从而促进他们积极主动参与体育锻炼，达到教学目的和效果。

第七节　小学体育与健康实践课教案的设计

专项运动技能包括：球类运动、田径类运动、体操类运动、水上或冰雪类运动、中华传统体育类运动、新兴体育类运动六类，每类包含若干运动项目。本节列举了6份小学体育与健康课程六大类专项技能运动实践课教案的设计方案，以供参考。

教案1　球类运动《足球脚内侧传接球》教学设计

(一)指导思想

依照《义务教育体育与健康课程标准(2022年版)》基本要求，本着“健康第一”教育理念，采用多元的教学方法，寓教于乐，帮助学生熟练掌握在足球战术中至关重要的传接球技术，指导学生熟练掌握足球基础技巧，全面提高学生身体素质，培养学生顽强拼搏的精神和团结协作的意识。

(二)教材分析

本课内容为足球脚内侧传接球技术的内容讲解，该内容是学习其他复杂足球技术动作的必要前提。结合教学对象的身心特点及足球技术掌握水平，设定本节课的动作要点为：支撑腿选位踏脚；踢球腿屈膝外转，脚尖稍翘起；大腿带动小腿快摆击球；击球后的随前动作。

(三)学情分析

四年级学生的运动意识与认知能力均已达到良好水平。而大多数学生仅仅只在体育与健康课上对足球有过认识，较少地进行系统学习，足球技术更是无从谈起。由此，本单元从基本的、常见的脚内侧传接球开始教学，设计新颖的教学形式，让学生掌握传接球技术。

(四)教学目标

运动能力：通过教学使90%的学生掌握脚内侧传接球的动作要领，使70%以上的学生能够掌握屈膝外转、脚尖稍翘起的动作。

健康行为：通过练习，发展学生协调、力量、柔韧等素质，改善学生的心肺功能。

体育品德：培养学生的竞争和规则意识以及团结协作的精神。

(五)教学重、难点

重点：屈膝外转，脚尖稍翘起，对踢球的力量和方向以及时机的把握。

难点：动作连贯，传球的准确性，传球时对时间和方向的把握。

(六)教法与学法

教法：根据学生运动技能形成规律，结合本节课的教学目标和学生实际情况，本堂课采用了讲解示范法、直观法、练习法、游戏法、竞赛法等教学法。

学法：本课采用了自主性、合作性的学习方法，培养学生在集体中乐于与他人合作，共同完成任务的能力。

(七)教学过程

1. 准备部分，占本次课时20%

①课前教师设计好教学；②安排见习生；③体育委员整理队伍、报告人数；④宣布本次上课的内容；⑤在教师的引导下开始这场特殊的足球赛，并通过音乐进行各种形式的跑动。

2. 基本部分，占本次课时70%

①球性练习；②教师讲解脚内侧传接球技术要领；③教师带领学生完成脚内侧传接球无球练习；④完成脚内侧传接球动作练习；⑤学生展示，教师纠错；⑥两人一组完成传接球练习；⑦四人一组完成传接球练习；⑧开展小小足球赛。

3. 结束部分，占本次课时10%

①集合队伍、太极放松操；②师生之间评价，回顾脚内侧传接球技术要领；③宣布下课。

(八)预计效果

练习密度：55%～60%；平均心率：150～160次/分钟；场地：足球场；器材：标志碟若干、展板、音响、小球门10个、足球40个。

《足球脚内侧传接球》教案

课次：第一课时　执教者：　　年级：水平二　　人数：40人　地点：足球场

<table>
<tr><td rowspan="2">教学内容</td><td rowspan="2" colspan="2">1. 脚内侧传接球(以右脚为例)
2. 小小足球赛</td><td>重点</td><td>屈膝外转，脚尖稍翘起</td><td rowspan="2">安全预案</td><td rowspan="2" colspan="2">1. 检查场地安全，强调学生避免发生碰撞。
2. 练习中加强安全意识。</td></tr>
<tr><td>难点</td><td>动作连贯，传球的准确性</td></tr>
<tr><td>教学目标</td><td colspan="7">运动能力：通过教学使90%学生掌握脚内侧传接球的动作要领，使70%以上的学生能够掌握屈膝外转，脚尖稍翘起的技术动作；发展学生协调、力量、柔韧等体能素质。
健康行为：通过脚内侧传接球的练习，促使学生积极主动学习，培养坚持锻炼身体的行为习惯，改善学生的心肺功能。
体育品德：学习中体会到成功的喜悦，与他人合作的乐趣，培养学生的竞争和规则意识、爱护环境、团结协作的精神。</td></tr>
<tr><td>教学步骤</td><td colspan="2">学习内容和方法</td><td colspan="2">师生互动</td><td>组织与场地</td><td>时间</td><td>次数</td></tr>
<tr><td>开始部分</td><td colspan="2">1. 师生问好
2. 宣布本次课的内容与要求
3. 检查服装、安排见习生
4. 安全提示</td><td colspan="2">1. 教师检查上课场地，准备好上课器材
2. 宣布上课内容，师生问好
3. 进行安全提示以及上课要求
要求：
1. 精神饱满，队伍整齐
2. 集合整队，快、静、齐</td><td>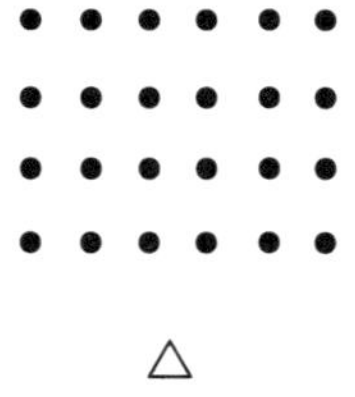</td><td>2分钟</td><td>1次</td></tr>
</table>

续表

教学步骤	学习内容和方法	师生互动	组织与场地	时间	次数
准备部分	一、情景导入 足球小常识：以提问的形式引出足球比赛的三个部分：上半场，中场休息，下半场 安全教育：足球比赛中红黄牌出现情况 二、热身跑：跑动穿越小球门 三、球性练习：用脚内侧运球穿越小球门（环保教育：爱护环境，不乱扔垃圾）	1. 教师情境引入，激发学生的兴趣 2. 在规定场地内以慢跑、后踢腿跑、膝腿跳的形式穿越小球门 3. 学生带球穿越小球门 要求： 1. 跑动速度适中，注意安全，避免撞到其他同学 2. 带球环节，用脚贴贴纸部位进行	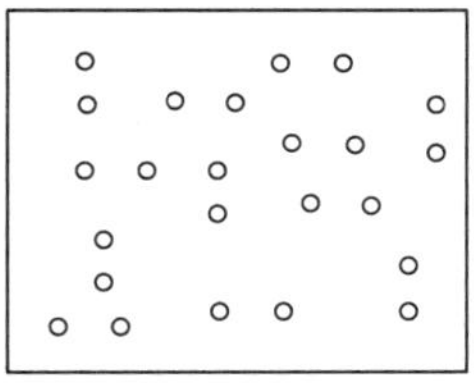	6分钟	1次
基本部分	一、脚内侧传接球学习 1. 看教师完整示范 2. 讲解动作，分解教学 3. 练习方法 ①教师指挥，学生完成无球练习 ②两人一组，一人踩住球，一人完成踢固定球练习（利用手环进行辅助） 4. 两人一组，进行传接球完整动作练习 5. 加大难度，缩小球门大小，教师巡视指导纠错 6. 四人一组进行传跑练习	1. 学生认真观看教师示范 2. 学生听分解动作教学，认真思考 3. 择优示范，进行评价 4. 教师指挥，学生认真完成练习 要求： 1. 认真观察动作示范，积极思考，勇于探索 2. 学生根据教师的动作要领，主动练习	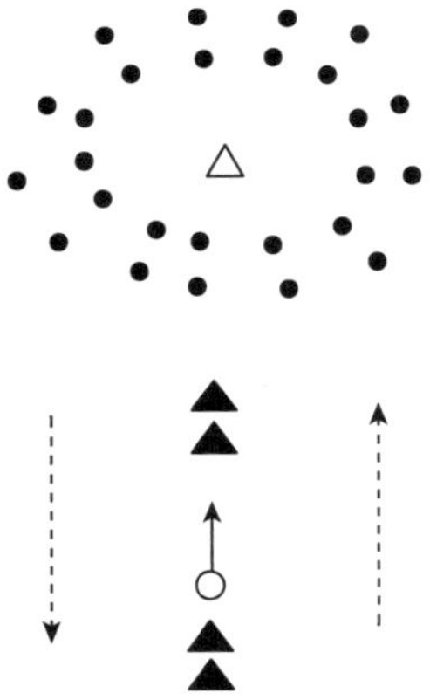	22分钟	1次 4次
	二、小小足球赛 全班同学分成四人一组，对应一个小球门，一名同学消极防守，一名同学带球进行脚内侧射门，另外两名同学进行原地小步跑，准备进攻与防守，四名同学依次进行循环	1. 讲解竞赛规则 2. 学生尝试练习 3. 教师巡视指导 4. 开始比赛 要求： 1. 严格遵守比赛规则 2. 避免在跑动过程中撞到同学	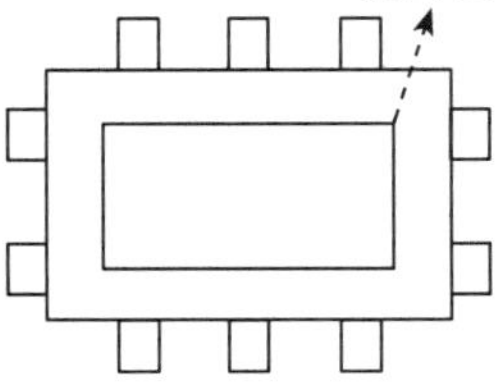	6分钟	2～3次

续表

教学步骤	学习内容和方法	师生互动	组织与场地	时间	次数
结束部分	1. 太极放松 2. 课堂总结 3. 向观众致谢 4. 安排学生收还器材	1. 教师带领学生做放松太极 2. 教师带领学生们一起回顾脚内侧传接球动作要领，同时布置课后练习 要求：口令清楚舒缓，动作示范到位	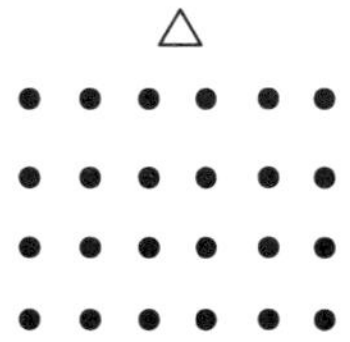	4分钟	1次
场地器材	足球场、标志碟若干；足球40个；小球门10个；音响；展板				
平均心率	150～160次/分钟				
预计密度	55%～60%				
教学反思					

教案2　田径类运动：《原地侧向投掷轻物》教学设计

(一)指导思想

本课以“强身健体、健康第一”为教育理念，以弘扬爱国主义精神为教学主线。着力培养学生忠诚爱国、吃苦耐劳的优良品质，以及团结协作的精神，达成课程思政的效果。

(二)教材分析

投掷运动极为基础，是学生感兴趣却比较单一、枯燥的内容，本课设置为“军事训练营”教学情景，用多样的练习形式增进学生对动作的基本认识，帮助学生掌握正确的技术动作。

(三)学情分析

三年级学生活泼、好动，乐于参加富有趣味性的活动，想象力丰富，模仿能力强，但注意力的指向性和持续性较弱，所以在选择器械与游戏组织上要能吸引学生积极参与练习。因此，以军事训练营的主题导入，激发学生兴趣，让学生能够主动积极地参与学习。

(四)教学目标及重难点

根据教材特点和学生学习能力及年龄特点确定以下3个教学目标：

①运动能力：了解正确的原地侧向投掷轻物的动作要领，90%的学生初步掌握、10%的学生熟练掌握肩上屈肘，蹬地转体的投掷方法。

②健康行为：通过运送物资游戏、投弹训练和比赛等多种形式练与赛，提升速度、灵敏度、协调性，提高投掷能力。

③体育品德：在“军事训练营”战斗情景中，培养学生良好的合作意识，创建互帮互学的良好学习氛围，提升学生的爱国主义情怀，增强学生的集体荣誉感。

教学重点：肩上屈肘、挥臂速度与出手角度。

教学难点：蹬地转体挥臂动作的协调，连贯。

(五)教学方法

1. 学练赛评内容分布表

教学方式	内容安排
学	坐姿投掷；跪姿投掷；原地侧向投掷。
练	坐姿投掷攻占敌人碉堡；跪姿投掷攻占敌人指挥部； 原地侧向投掷攻占敌人大本营。
赛	大比武；运送物资。
评	参与学练的兴趣、完成动作的姿势和质量、动作的协调配合、比赛的参与程度、体育精神、体育道德与体育品格情况。

2. 教法与学法

(1)教法。

教学中以“军事训练营”情景教学贯穿整个教学过程，同时结合启发式教学法、讲解示范法、分解与完整练习法、分组练习法、预防与纠正错误法、循序渐进法、积极性评价法、游戏竞赛法等多种教学方法交叉使用。培养学生积极探索、敢于进取的学习精神。

(2)学法。

在教学过程中，学生主要采用观察法、模仿练习法、小团体练习法、小团体评价法等进行动作的学习。通过教师引导、启发，学生进行自主练习，使学生动手、动脑、充分发挥学生的主体作用。

(六)课堂评价

鸿雁勋章	评价方面
三颗 (一等功)	参与运动兴趣高，完成动作质量好，姿势正确，动作协调；技术动作在比赛中的应用、遵守规则、礼仪、体育品德方面表现突出。
二颗 (二等功)	参与运动兴趣较浓，完成动作质量较好，姿势正确，动作较协调；技术动作在比赛中的应用、规则、礼仪、体育品德方面表现相对较好。
一颗 (三等功)	参与运动兴趣一般，完成动作质量一般，动作紧张不协调；技术动作在比赛中的应用、规则、礼仪、体育品德方面表现一般。

(七)教学程序

1. 准备部分

①讲述英勇牺牲的五位“戍边英雄”的故事引导学生进入“军事训练营”的情景；

②用军歌带领学生慢跑进入训练场，到达“训练场”后宣布“投弹”任务后再热身。

2. 基本部分

①教官带领学生进行模拟“坐姿投弹攻占敌人外围碉堡”“跪姿投弹攻占敌军指挥

部”两次“战斗”，让学生初步体会转体、挥臂、肩上屈肘等动作，建立投掷的初步认知。

②引导学生思考问题：为什么坐姿投弹比跪姿投弹远？通过师生讨论，引出肩上屈肘、转体、挥臂投出的球更高更远。如何将手榴弹投到更远、更高的敌军大本营？引出原地侧向投弹的动作教学。学生利用平板、挂图，积极讨论、提炼出原地侧向投弹的动作要点。

③教师讲解、示范原地侧向投弹，并指导学生进行分解、完整动作练习，后让自主进行徒手动作练习，教师巡回指导纠错，并给表现较好的同学给予“鸿雁勋章”奖励。

④观察学生练习情况，找出“上、下肢不协调”“出手不及时，出手点低”的普遍性问题，引出本课两个辅助练习手段：辅助练习 1：借助弹力带，2 人一组，做蹬地、转体结合练习。目的是练习蹬地、送髋、转体，形成“满弓”动作，解决上、下肢配合不协调，投掷时只用手臂力量的问题。辅助练习 2：以一列横排 10 人为一组，掷过“2m 高度线”。目的是解决投掷时轻物砸向地面，出手不及时，出手点低的问题。在辅助练习中引导学生自主建立帮扶小组，培养学生互帮互助、不抛弃、不放弃的精神。

⑤辅助练习后，组织学生展示原地侧向投弹动作，并组织学生对动作进行点评，最后教师总结，给出“小妙招”即挥动弹力带时发出的声音越大手臂挥动得就越快，要求挥臂速度慢的同学自主进行练习。

⑥通过一系列练习后，发动大决战——原地侧向投弹攻打敌军大本营，并进行大比武，即成功投进敌军大本营就获得一枚笑脸，最后笑脸多的小组获得“鸿雁勋章”。

⑦通过“运送物资”素质小游戏，锻炼学生的下肢力量，培养学生的合作意识，

3. 结束部分

带领学生进行伸展练习，重点放松上肢肌肉，在课堂总结和临别赠语中引导学生发挥不怕苦、不怕累的战士精神。布置课后作业及安排下节课学习内容，最后组织体育委员回收器材。

(八)教学中可能出现的问题及解决预防方法

①直臂甩出和体侧掷出。纠正方法：屈肘于肩上，肘关节向前徒手做挥臂和连续挥臂练习。

②上、下肢配合不协调，投掷时只用手臂力量。纠正方法：两人一组，使用弹力带反复做蹬右腿、送髋、转体练习。

③投掷时轻物砸向地面，出手不及时，出手点低。纠正方法：投掷过 2m 高度线，解决出手角度的问题。

(九)安全防范

课前进行安全检查并提出安全要求；充分做好准备活动，练习时运动强度由低到高，遵循运动规律；在规定要求下进行投掷与捡沙包，避免跑动中相撞，提醒学生遵守规则。

（十）教学创新

1. 结合课程思政，落实核心素养，发挥学科育人功能

本课不仅关注运动技能本身的学习及价值，更注重学科育人的作用，在“军事化学习”中强化学生的爱国及顽强拼搏的精神，真正做到了以体育智、以体育心，落实核心素养。

2. 细化教学目标，营造主动探究氛围

本课将教学目标和重难点进行了细化分解，通过情景驱动的方式，将分解的小目标落实到每一个具体的学练环节当中，帮助学生有目的地学练，发挥学生的能动性，达成学习目标。

3. 注重学、练、赛、评有机结合

本课采用情景化教学，逐步将单一技术融入原地侧向投掷动作练习中，再到课堂投掷与素质练习比赛，通过学、练、赛、评的有机结合，真正做到系统学习、学以致用。

《原地侧向投掷轻物》教案

年级：三年级　　班级：　　人数：40 人　　课次：2　　日期：　　教师：

<table>
<tr><td>教材内容</td><td colspan="4">原地侧向投掷轻物</td></tr>
<tr><td>核心素养目标</td><td colspan="4">1. 运动能力：了解正确的原地侧向投掷轻物的动作要领，90％的学生初步掌握、30％的学生熟练掌握肩上屈肘，蹬地转体的投掷方法；发展速度、灵敏、协调素质，提高投掷能力
2. 健康行为：通过运送物资游戏、投弹训练和比赛等多种形式练与赛，培养学生参与运动的习惯
3. 体育品德：在“军事训练营”战斗情景中，培养学生良好的合作意识，创建互帮互学的良好学习氛围，提升学生的爱国主义情怀，增强学生的集体荣誉感</td></tr>
<tr><td>教学分析</td><td colspan="4">重点：肩上屈肘、挥臂速度与出手角度
难点：蹬地转体挥臂动作的协调，连贯</td></tr>
<tr><td>课的结构</td><td>时间</td><td>教学内容</td><td>练习次数</td><td>组织教法与要求</td></tr>
<tr><td>开始与准备部分</td><td>8 分钟</td><td>一、课堂常规
1. 集合整队，检查人数
2. 师生问好
3. 安排见习生
二、课堂导入
导入五位戍边英雄的故事，宣布全班同学变成“小战士”进入军事训练营训练，保家卫国</td><td>1 次</td><td>组织：成四列横队。
◇
× × × × ×
× × × × ×
○○○○○
○○○○○
要求：快、静、齐。守纪律，听指挥
教法：教师带领学生慢跑并带喊口号
学法：充满活力，有序慢跑
组织：一路纵队跟随教师绕场地慢跑，齐喊口号</td></tr>
</table>

续表

课的结构	时间	教学内容	练习次数	组织教法与要求
		三、热身活动 1. 雄赳赳气昂昂奔赴训练场(慢跑) 口号： 太阳起床我就起；来到天鸿练身体； 张嘴吸进新空气；眨眨眼睛心欢喜 2. 组织学生进行韵律操热身	4×8拍	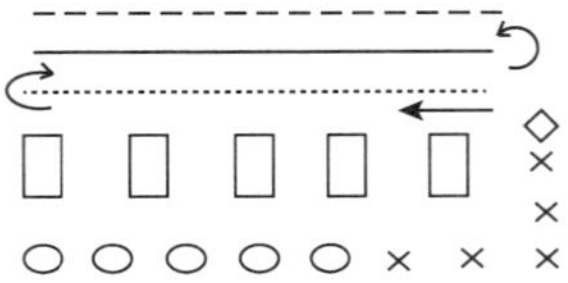 要求：队列整齐，声音洪亮，情绪高昂 认真练习，动作到位，充分热身
基本部分	28分钟	一、坐姿投弹与跪姿投弹 1. 学习“坐姿投弹” 动作要点：肩上屈肘，快速挥臂向前投  2. 学习“跪姿投弹” 动作要点： 找到掩体低重心；转体、挥臂快发力 3. 攻打“敌人外围碉堡”(坐姿投弹)与“敌军指挥部”(跪姿投弹) 4. 引导学生思考 ①两轮战斗后，哪种投弹姿势投得远？ 答案：跪姿投弹 ②为什么跪姿投弹比坐姿投弹威力大？ 答案： 坐姿投弹：运用了快速挥臂的力量 跪姿投弹：运用了转体、挥臂鞭打的力量	1次 1次 1轮	教法： 1. 组织学生以作战小组为单位，借助挂图、电脑(平板)等教学手段对坐姿、跪姿投弹姿势进行探究学习 2. 以“攻占敌人外围碉堡”“打掉敌人指挥部”的情景导入形式，要求学生完成坐姿与跪姿投弹 3. 教师统一口令指挥投掷与捡沙包 4. 教师巡回指导，强调向后引臂“肩上屈肘”和“挥臂鞭打”的动作要点，纠正“直臂”“挥臂速度慢”动作错误 5. 对表现积极、练习刻苦的学生给予“鸿雁勋章”认证 学法： 1. 小组内积极讨论，对坐姿投弹、跪姿投弹动作进行模仿 2. 根据教师的情景引导完成坐姿、跪姿投弹动作 3. 听指挥，守纪律，捡沙包后由两侧慢跑排至小组队尾 4. 小组内互帮互助，相互纠正错误动作 5. 积极思考问题，踊跃回答 6. 表现积极，练习刻苦 组织： 1. 学习“坐姿投弹”“跪姿投弹” 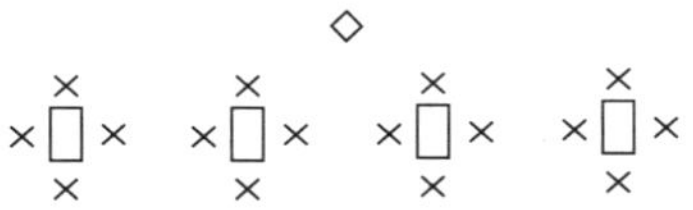 形式：一路纵队4人为一组，进行探究学习

续表

课的结构	时间	教学内容	练习次数	组织教法与要求
			1 次	2. 攻占敌人外围碉堡与指挥部 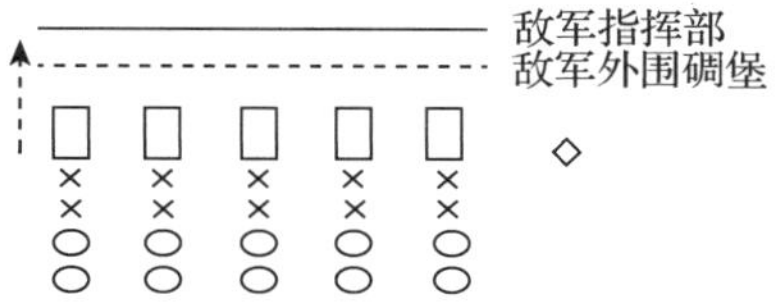 形式：一列横排 10 人为一组，每人投掷一次后，将沙包捡回排至队尾，依次循环
		二、“大决战”原地侧向投弹（攻占敌军大本营） 1. 学习“大决战必杀技”原地侧向掷弹动作  动作要领：左脚前，右脚后，侧对投掷方向，左手指向投弹方向，右手持弹向后引臂，形成肩上屈肘动作，通过蹬地转体、快速挥臂将手榴弹掷出。 口诀：一屈肘；二蹬转；三挥臂；四出手 动作重点：肩上屈肘、挥臂速度与出手角度 动作难点：蹬地转体挥臂动作的协调，连贯	1 次 1 次	教法： 1. 引导学生思考：怎样才能把手榴弹投到又远又高的敌军大本营中 2. 组织学生以作战小组为单位，借助挂图、单兵电脑（平板）对原地侧向投沙包动作进行探究学习 3. 讲解、示范、领做原地侧向投沙包的动作方法，强调动作重、难点 4. 组织学生自主练习，巡回指导动作 学法： 1. 积极讨论教师提出的问题，畅所欲言 2. 小组内认真探究学习，体会动作要领 3. 认真听讲解、看示范。认真模仿动作 4. 自主练习，小组内互相纠正动作 组织： 1. 探究学习：4 人为一组 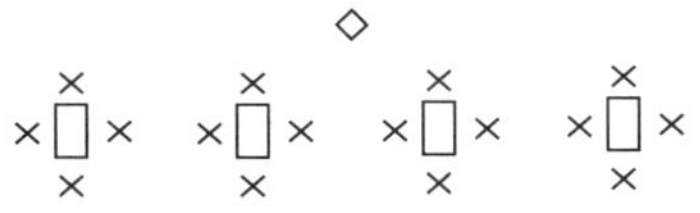 2. 讲解、示范、领做：四列横队 引导学生进行蹬地、转体动作的结合练习，形成“满弓”，体会投掷过程中自下而上的发力顺序 小组内相互纠正动作，体会投掷过程中自下而上的发力顺序 成四列横队 2 人一组相互协作，相互纠错

续表

课的结构	时间	教学内容	练习次数	组织教法与要求
		2.“大决战”最后冲刺 练习 1：借助弹力带，2 人一组，做蹬转结合练习  练习 2：以一列横排 10 人为一组，掷过“2m 高度线” 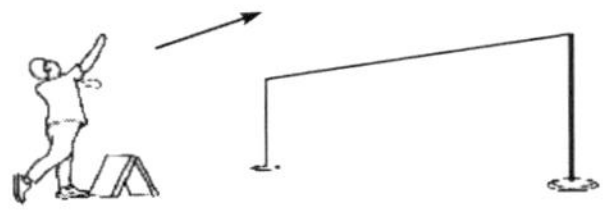	10 次/组	教法：引导学生在蹬转结合的基础上向斜上方进行投掷，体会投掷过程中正确的出手角度 学法：小组内相互纠正动作，体会蹬转结合中正确出手角度 组织：四列横队 形式：一列横排 10 人为一组，每人投掷一次后，捡回沙包排至队尾，依次循环
		3. 尖兵展示 ①组织学生展示原地侧向投掷沙包动作，进行互相评价 ②小妙招：挥动弹力带，提高学生挥臂速度  弹力带发出响声越大，手臂鞭打的速度就越快	1 轮	教法： 1. 调动学生情绪，组织学生展示动作 2. 引导学生对展示后的动作进行自评与互评 3. 总结评价，找出不足，给出解决方法 学法： 1. 踊跃参与原地侧向投弹动作展示 2. 积极参与展示动作后的互评 3. 找出自身问题，取长补短，获得进步 要求：敢于展示自己的动作并能客观地进行自评与互评
		4. 打响“大决战” （攻占敌军大本营）  动作要领：左脚前，右脚后，侧对投掷方向，左手指向投弹方向，右手持弹向后引臂，形成肩上屈肘动作，通过蹬地转体、快速挥臂将手榴弹掷出 动作口诀：一屈肘；二蹬转；三挥臂；四出手 动作重点：肩上屈肘、挥臂速度与出手角度 动作难点：蹬地转体挥臂动作的协调，连贯		教法： 1. 对展示动作进行总结评价，找出挥臂速度慢问题 2. 引出小妙招 3. 借助多媒体进行动作示范与讲解 4. 要求在大决战中原地侧向投弹时自觉挥动弹力带练习 学法： 1. 认识到挥臂速度慢问题 2. 学习多媒体中的动作示范与讲解 3. 在大决战中原地侧向投弹时自觉进行挥动弹力带练习 要求：挥臂速度慢的学生自主进行练习

续表

课的结构	时间	教学内容	练习次数	组织教法与要求
		5.“大比武” 规则：以一路纵队 4 人为 1 个作战小组，共 10 组，听统一指令向“敌方大本营”进行投弹 奖惩：成功投进“敌军大本营”后奖励 1 颗“小红旗”，一轮投弹后，对“小红旗”累积最多的小组，奖励“鸿雁勋章”	1 次 1 次 2 轮	教法： 1. 以“攻打敌军大本营”情景导入形式，要求学生完成原地侧向投弹 2. 教师统一指挥投掷与捡沙包 3. 教师巡回指导，强调“肩上屈肘”“挥臂鞭打”的动作要点，纠正“蹬转投不连贯”“出手点低”动作错误 学法：1. 根据教师的情景引导完成原地侧向投弹动作 2. 听指挥，守纪律，捡沙包后由两侧慢跑排至队尾 3. 小组内进行互帮互助，相互纠正错误动作。表现积极，练习刻苦 形式：一列横排 10 人为一组，每人投掷一次后，将沙包捡回排至队尾，依次循环 要求：积极参与，注意安全
		三、素质小游戏(运送物资) 规则：学生分成 10 组(一路纵队 4 人为一个作战小组，手持“物资”)。响哨后，各组排头持沙包采用单脚跳的形式(途中可换脚)在终点卸下物资后折返回起点，并与下一个队友击掌接力，依次进行，直至全部完成运送 奖惩：最快、最安全将物资运输完成的小组获得“鸿雁勋章”奖励	1 轮 2 轮	教法：1. 讲解示范游戏的要求和方法 2. 组织学生尝试性练习 3. 组织学生比赛 学法：1. 认真听讲，明确练习内容 2. 学生尝试性练习 3. 积极参与，遵守练习要求 形式：一路纵队 4 人为一小组，手持“物资”进行素质小游戏 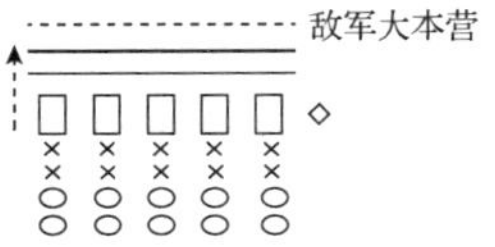 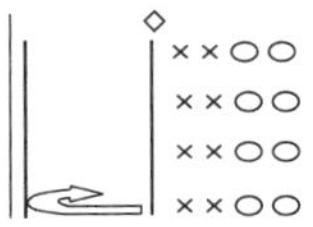
结束部分	4 分钟	1. 放松运动 2. 总结 反思： 1. 你对自己今天的表现满意吗 2. 你认为谁是你今天学习的榜样 布置作业：课下勤加练习，下节课继续解决出手角度与蹬地转体结合问题 临别赠语：向五位戍边英雄学习，成为自己的小英雄，父母眼中的好孩子	4×8 拍 1 次	教法：1. 带领学生做放松练习 2. 反思本节课的学习情况，表扬表现积极，训练刻苦的学生 3. 布置家庭作业 4. 宣布下节课学习内容 5. 师生再见与安排器材回收 学法：1. 在场地上做放松练习 2. 小组内进行自我和相互评价 3. 体委送还器材 组织：四列横队成体操队形散开练习

续表

场地器材	篮球场 1 个、一体机 1 台、平板 5 台、音响 1 个、沙包 40 个、弹力带 20 条、体操垫 20 个、黑板 1 个、笑脸 20 个、“鸿雁勋章”10 个、跳高架 2 副、长绳 4 根		
预计运动负荷	练习密度：75% 运动量：中等	课后反思	

教案 3　体操类《后滚翻》教学设计

(一)指导思想

以《义务教育体育与健康课程标准(2022 年版)》为依据，以习近平新时代中国特色社会主义思想为指导，本课通过创造符合学生感兴趣的情景来提高学生参与的积极性，使学生在学中乐，在乐中学，让学生在运动中体会到成功的喜悦，努力通过教学体现灵活多变的教学方法，使枯燥的技巧课变得有趣。

(二)学情分析

本课的授课对象是小学三年级学生，他们对体育与健康课特别感兴趣，课堂上有较强的表现欲望和竞争意识，乐学、好动、爱模仿、喜欢游戏是他们的特点。通过第一课时对《后滚翻》的接触，他们对技术动作的学习兴趣大，但仍处于分化阶段，注意力不够集中，对体育活动的兴趣和热情来得快，去得也快，难以持久。根据这些特点在设计本节课时增加音乐与新器材的开发，利用听、视觉等多维刺激活跃课堂氛围，使学生始终保持在最佳状态下学习、锻炼。在整堂课中始终把增进学生身心健康和适应社会的能力作为目标，为学生营造平等、民主、宽松、和谐的学习气氛，使学生在课堂上积极参与、体验、创想、感受，达到本节课的技能目标要求。

(三)学习目标与教学内容分析

1. 目标分析

本节课为第 2 课时，根据第一课时的作业情况，对学生进行了技能目标分层：初级组独立完成或者在帮助下完成后滚翻；中级组独立完成后滚翻；高级组连续两个后滚翻。

2. 内容分析

《后滚翻》第 2 课时的学习，主要是在第一课时的基础上，解决学生没掌握到位的问题。问题主要集中于以下几点：翻掌贴肩的手型不太稳定、2 个推手没有力气、后滚速度不够快、团身不紧。身体素质不同而展现出来的动作有三种情况：①翻滚不过去；②能勉强翻滚过去，但整体的动作掌握不太好；③动作掌握好，轻松完成后滚翻。

(四)教学策略分析

①根据第 1 课时的课堂学习情况，摸索出学生对新鲜事物感兴趣，对情景教学“小刺猬学本领”很有想象力。因此本节课在第一课时的情景基础上，用情景“小刺猬森林

大闯关”进行教学。

②根据第 1 课时学生提交的作业分析出来的问题，进行逐个问题的攻破。

(五)重难点分析

重点：团身紧、推地有力；难点：动作连贯，滚动圆滑。

(六)创新点分析

在本堂课中，解决重难点的方法为滚下坡和后滚翻钻圈；针对个体差异，进行运动技术目标分层教学；课中运用信息化技术手段，课件里音乐和提示音的制作，选择同学有代表性的动作，进行投屏展示等。课课练为本课补偿性练习。选择本年级所学歌曲，学生边唱边舞蹈，达到身心放松的目的。

体操类《后滚翻》教案

<table>
<tr><td>课时</td><td colspan="3">第 2 课时</td><td>总课时</td><td colspan="3">4 课时</td></tr>
<tr><td>内容</td><td colspan="7">后滚翻；课课练</td></tr>
<tr><td>教学目标</td><td colspan="7">运动能力：通过本次课的学习使 90%以上的学生初步掌握后滚翻的基本动作方法，并在解决动作重难点后达到分层目标，为后期滚翻组合做好基础；提高学生柔韧性和上下肢协调能力
健康行为：培养学生锻炼习惯，并能在生活中运用后滚翻保护自己
体育品德：培养学生的耐心，同伴之间团结协作，勇于克服困难的品质，享受运动的乐趣</td></tr>
<tr><td>重点</td><td colspan="2">团身紧，推地有力</td><td colspan="5">预计练习密度：55%</td></tr>
<tr><td>难点</td><td colspan="2">动作连贯，滚动圆滑</td><td colspan="5">预计平均心率：140～150 次/分钟</td></tr>
<tr><td rowspan="2">顺序</td><td rowspan="2">教学内容</td><td rowspan="2">组织与要求</td><td rowspan="2">教师活动</td><td rowspan="2">学生活动</td><td colspan="3">运动负荷</td></tr>
<tr><td>次数</td><td>时间</td><td>强度</td></tr>
<tr><td rowspan="2">准备部分</td><td>情景导入：(小刺猬森林大闯关)
1. 集合整队，清点人数
2. 师生问好
3. 宣布本课内容
4. 安排见习生</td><td>××××××
××××××
××××××
××××××
◎
组织：四列横队
要求：强调遵守规则</td><td>1. 集合整队
2. 向学生问好
3. 宣布教学内容
4. 检查着装，安排见习生</td><td>1. 体委整队，报告人数
2. 向教师问好
3. 认真听讲
4. 见习生出列</td><td></td><td></td><td></td></tr>
<tr><td>第一关：热身活动
1. 热身跑
跳圈、跨垫子、绕垫子
2. 自编热身舞蹈</td><td>组织：一路纵队，跟随教师围绕场地热身跑
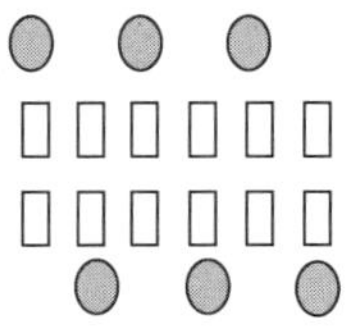
要求：按要求完成，注意安全</td><td>1. 带领学生热身
2. 及时提醒和要求</td><td>1. 学生一路纵队
2. 学生听音乐节奏，仔细观察模仿
3. 听从指挥，注意力集中</td><td>1</td><td>5</td><td>中</td></tr>
</table>

续表

顺序	教学内容	组织与要求	教师活动	学生活动	运动负荷		
					次数	时间	强度
基本部分	第二关：复习翻掌贴肩和后滚翻 1. 后滚并滚回来站立，引导学生后滚翻第二个推手 2. 复习后滚翻，并利用秘籍练习	组织：四列横队 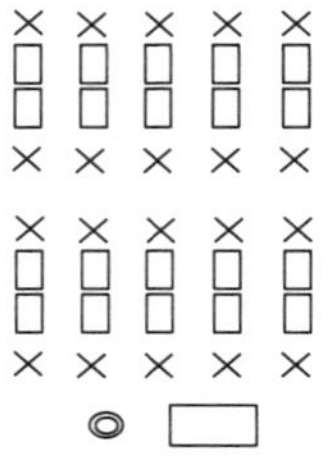 要求：练习中不乱走，滚动后回到自己的垫子后	1. 学生练习时，巡查纠正，拍摄视频 2. 示范各环节练习内容 3. 拍摄视频 4. 保护与帮助特殊 学生 5. 及时评价 学生	1. 认真听讲观察 2. 尝试练习 3. 积极思考问题 4. 认真跟着教师进行练习 5. 保护与帮助同伴并及时评价	1	5	中
	第三关： 1. 斜坡后滚翻，体会后滚速度，引导学生后滚翻第一个推手 2. 后滚翻钻圈，使学生主动团身紧 3. 利用希沃软件，将有代表性的同学动作进行投屏，动态截图等，展示动作要点 4. 技能目标分层：通过第一课时后的作业收集，学生分为初级组、中级组、高级组。初级组目标为独立或帮助下完成后滚翻，中级组目标为独立完成后滚翻，高级组目标为连续2个后滚翻。期间，充分利用秘籍，放在团身不够紧凑的部位 5. 分层展示学习成果 6. 课课练：补偿性体能练习	组织：四列横队 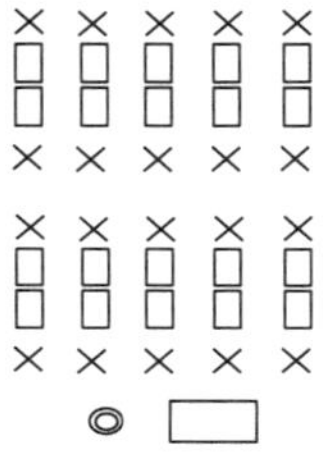 要求：练习中不乱走，滚动后回到自己的垫子后 组织：四列横队  要求：练习时注意安全，认真保护与帮助	1. 学生练习时，巡查纠正，拍摄视频 2. 示范各环节练习内容 3. 拍摄视频 4. 保护与帮助特殊学生 5. 及时评价 学生	1. 认真听讲观察 2. 尝试练习 3. 积极思考问题 4. 认真跟着教师进行练习 5. 保护与帮助同伴并及时评价		25	大

续表

顺序	教学内容	组织与要求	教师活动	学生活动	运动负荷		
					次数	时间	强度
结束部分	一、放松操(小舞蹈) 二、课堂总结，希沃投屏 三、课后延伸与拓展 四、师生再见 五、回收器材	组织：四列横队 ×××××× ×××××× ×××××× ×××××× ◎	1. 带领学生进行放松 2. 总结本次课，对学练进行评价 3. 布置课后作业 4. 宣布下课	1. 积极放松 2. 认真总结、反思 3. 下课 4. 收还器材		5	小
场地器材	体操垫 41 个 希沃显示屏 1 台 手机 1 台 移动音箱 1 个 A4 纸 20 张	生理负荷预计与曲线图： 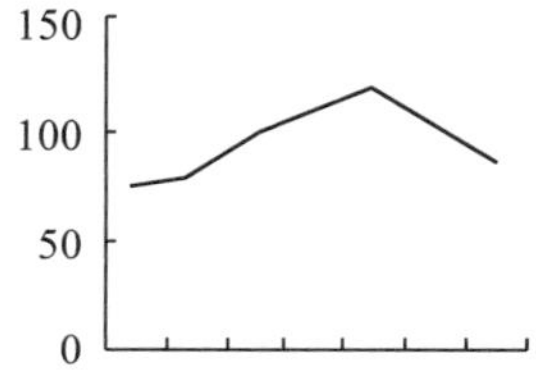		安全措施： 1. 热身活动充分，活动颈部、肩部、手腕 2. 活动时学生保持合理的间距 3. 保护与帮助要叮嘱，并严禁学生开玩笑 4. 高低垫的设置教师先体验并调整合适的高度、宽度 5. 课课练时的安全提醒			
课后反思							

教案 4　水上或冰雪类运动类《旱地冰球》教学设计

(一)指导思想

本课以新课标为依据，以“健康第一”为教育理念，重视学生主体地位，通过教师创设教学情境、带领学生制作体育器材，激发学生运动兴趣，不断启发学生思维，以合作、自主、探究的方式来教学，体现灵活多变的教学教法，增强学生身体素质、树立终身体育理念。

(二)教材分析

教材内容多为旱地冰球的内容讲解，对难以开展冰雪运动的校园来说教学难度较大，学生在旱地冰球的攻防中会进行不停地跑动，进行各种躲闪和手眼脚配合，可以增强学生身体的协调、灵敏与平衡、反应等身体素质，提升学生的身体素质、增进学生的团队协作能力。

(三)学情分析

三年级学生具有一定的自主管理能力、对体育运动抱有广泛热情，同时对知识技能有一定的理解和认识，能够对动作进行分析、判断和模仿学习。旱地冰球运动充满速度与激情，开始时不需要特定的技巧，规则简单易行，安全性高，非常适合该水平段的学生学习。

(四)教学目标及重难点

根据教材特点和学生学习能力及年龄特点确定以下3个教学目标：

①运动能力：学生将旱地冰球运动和日常运动结合起来，了解基本技术，建立动作概念。80%的学生能基本掌握旱地冰球运球技术，20%学生能熟练掌握旱地冰球运球技术。

②健康行为：借助跨学科主题活动，激发学生思维，锻炼学生的协调性和灵敏性。

③体育品德：培养学生自主学习能力、小组合作精神与挑战自我的优良品质。

教学重点：找准触球部位；

教学难点：人与球的结合。

(五)教学程序(为了完成本课目标采用以下教学设计)

1. 准备部分

通过回顾冬奥会期间师生制作冰球教材、爱国卫生运动等引入教学，运用信息技术大屏幕辅助的“酷跑”游戏，带动学生在3D游戏情景中完成热身，激发学生学习兴趣。

2. 基本部分

①播放扫地(即原地左右拨球)技能的视频，让学生模仿此动作，并且进行思考和讨论老师提出的问题：球杆应该触球的哪个部位？让学生主动探索动作的要点。

②讲授原地运球的动作，逐个纠正学生动作，帮助学生建立正确动作模型。

③让学生通过打扫教室的形式进行旱地冰球曲线运球练习，找准触球部位，达到运球能稳定速度与自由控制方向。

④在场馆内贴上不同形状的地贴，让学生打扫公共区卫生也就是运各种图形的球，鼓励学生根据自己的能力选择简单或者难度大一点的图形练习，鼓励学生互相观察动作、纠错。

⑤教师组织学生进行一场5V5的实战比赛，学生将所学的技术运用到实战中去，让学生回归到这项运动本身，体会到手眼脚协调和攻防的配合，让整节课的节奏推向了高潮。

3. 结束部分

利用球杆进行拉伸，在拉伸时总结课程内容，使学生放松并学有所获。

(六)教学策略与手段

教学采用情景式、启发式的教学模式，采用了帮教法、合作练习法、自主学习法及分层练习法进行教学，对于能力稍弱的学生有助于他们树立信心，有助于体育品德的培养。

(七)教学效果预计

①预计80%以上的学生能初步掌握本节课所学的动作技术；

②预计本节课学生的运动强度为中等，最高心率160次/分钟左右，平均心率150

次/分钟左右，练习密度为65%左右。

(八)教学中可能出现的问题及解决预防方法

人、球分离太远。教师反复提醒学生不挥大杆、不起高球，同时重心往前，跟上球。

(九)场地器材的布置回收

教师课前布置好5个地贴，授课时学生根据指令布置场地，结束后各自回收器材。

《旱地冰球》教案

年级：三年级　班级：　　　人数：40人　　　课次：第3次课　　　教师：

教材内容	旱地冰球——运球的基本技术			
教学目标	1. 运动行为：借助跨学科主题活动，创造多种劳动情景，激发学生思维，学生协调性和灵敏性得到锻炼，80%的学生能基本掌握旱地冰球运球技术，20%学生能熟练掌握旱地冰球运球技术 2. 健康能力：学生将旱地冰球运动和日常劳动结合起来，了解基本技术，建立动作概念 3. 体育品德：学生能在运动中体验到成功感，激发运动兴趣；培养学生自主学习能力，小组合作精神与挑战自我的优良品质			
教学分析	重点：找准触球部位 难点：人与球的结合			
课的结构	时间	教学内容	练习次数	组织教法与要求
准备部分	2分钟 5分钟	一、课堂常规 1. 体委整队、报告出勤人数、师生问好 2. 导入课堂 带领学生回顾2022年北京冬奥会冰雪运动比赛场景，检查上节课师生共同制作的旱地冰球道具，创设爱国卫生运动校园大扫除的情景，宣布本节课的学习内容及要求 准备活动 热身游戏：酷跑(握杆，双手一上一下)	1 1	教师： 1. 观察集合情况，听体委报告人数 2. 关注学生身体、心理变化 学生： 1. 站队要做到快、静、齐 2. 认真听教师安排本节课内容 组织：四列横队 教师： 1. 带领学生一起做，学生模仿 学生： 2. 充分热身，以免运动中受伤 组织：同上

续表

课的结构	时间	教学内容	练习次数	组织教法与要求
基本部分	3分钟	一、引导学生探究性学习 1. 模仿练习：学生观看视频并小组模仿扫地劳动技能（原地拨球动作） 2. 思维培养：讨论教师提出来的问题：球杆应该触球哪个部位（培养学生主动思考和集体探究合作的意识）	1 1	教师： 1. 组织学生分组讨论，引导学生积极思考 2. 巡场指导 学生： 积极探讨，认真模仿 组织：四列横队
	5分钟	二、劳动技能学习：原地扫地（原地运球） 动作方法：一人一杆一球用拍头中部正反面拨动球向左右移动，快速提杆用拍头另一面触球，改变方向 要点：拍头贴球移动 转向动作迅速 1. 听哨声 20 次 2. 集体 50 次	若干	教师： 1. 示范与讲解动作要领，强调重点 2. 巡回纠错 学生： 1. 认真听讲解，听从口令指挥 2. 相互探讨，积极思考，认真练习组织：四列横队 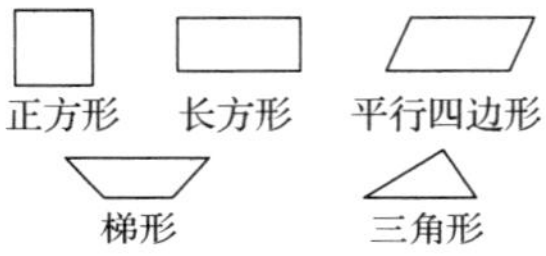
	6分钟	三、校园劳动大扫除打扫：教室（曲线运球） 动作方法：学生分为 8 组，打扫教室课桌，膝关节弯曲，重心在两腿之间，身体前倾，拍子贴球推侧后方，绕过每个标志桶向前进方向运球 要点：找准触球部位	若干	教师： 1. 讲解，示范并组织学生进行有效练习 2. 巡回指导纠错，奖励优生鼓励后进生 学生： 1. 积极思考，认真练习 组织：四列横队
	6分钟	四、校园劳动大扫除打扫：公共卫生区（运不同形状障碍） 动作方法：学生分为 5 组，根据自己的能力选择合适场地进行绕边线运球练习，可相互轮换 要点：人球不分离	若干	教师： 1. 示范讲解，强调动作，巡场指导，鼓励后进生练习，培养学生的体育精神 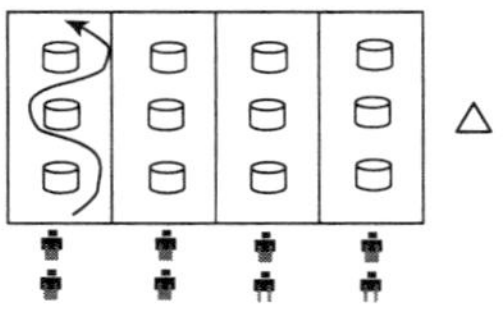 学生： 进行分层练习 组织：
	2分钟	五、展示与点评 学生自愿展示动作技能，开展教师评价和生生互评	1	教师： 教师评价，总结要点 学生： 学生互评，相互学习

续表

课的结构	时间	教学内容	练习次数	组织教法与要求
基本部分	6分钟	六、比赛 5 V 5 半场对抗赛，将学生分成 4 组，每组对抗时间为 5 分钟，进球多的小组胜 规则：不得出现起高杆、挑杆、裆下抢球、推人等犯规动作	若干	教师： 1. 教师讲解游戏规则并示范 2. 提示并要求学生遵守游戏规则 3. 组织比赛，巡场指导 学生： 1. 认真理解并积极参与游戏 2. 按照要求完成游戏 组织： 
结束部分	5分钟	1. 球杆拉伸 2. 课时小结 3. 回收器材 4. 师生再见	1	教师： 1. 在放松的音乐中带领学生做拉伸操 2. 对本课内容进行小结，对课中好的现象给予肯定与表扬，并提出希望 3. 教师布置作业，组织学生收拾器材 学生： 1. 注意力集中，积极参与充分放松身体各个部位 2. 认真听老师总结，与老师再见
场地器材	篮球馆体操垫 40 床，球 40 个，杆 41 根，五个地贴	预计运动负荷		练习密度：60%～65% 运动量：中
课后反思				

教案 5　中华传统体育类运动《武术伞》教学设计

(一)指导思想

结合《义务教育体育与健康课程标准(2022 年版)》及小学生身体、心理特点，以“健康第一”为指导思想，以学生为主体，以加强学生武德修养、提升身体素质以及放松、平和心态为指向设计本课程。

(二)学情分析

五六年级的学生处于提高身体素质、提高运动能力的敏感期，同时也是学习掌握基本动作技术的最好时期，对武术套路学习充满好奇，对较为陌生的武术伞更是兴致高涨。基于此，将带领学生学习武术伞的技术动作，并能将新学的套路动作做到连贯、舒展，进而通过最后的分组展示，树立学生对武术伞的更多学习兴趣和自信心。

(三)教材分析

武术伞并非常见的武术套路，教学也改变单一、传统教学，向健身性、娱乐性、观赏性、趣味性、实用性体育的方向发展。本节课将之前所学的内容进行复习，并学习新的四个组合动作，并将其融会贯通，形成一套完整的套路组合。

(四)设计思路

整个课程以“伞”为主线，通过与伞有关的小练习引入，激发学生兴趣，增加对武术伞的熟悉度；通过导、组、练来提高学生对动作的理解和掌握，充分挖掘每个学生潜在能力，发挥学生在课堂中的主体作用，促进学生完成教学目标；最终以与伞有关的素质练习收尾，在趣味游戏中获得协调性、敏捷度、下肢力量的提高，整个课程以“伞”贯穿始终。

(五)教学策略

1. 教学方法

通过教师示范讲解、分组探究学习、互相点评、小组配合纠错、分组展示练习来达致较好的学习效果。

2. 教学手段

教师采用分组练习和集体练习相结合、集体纠正和个别辅导相结合、教师讲解示范和学生自主探究学习相结合的手段，激发学生练习兴趣，提高学生武术伞的动作质量。

(六)教学过程

1. 课的导入及热身阶段

通过跨伞做出武术基本动作为热身，迅速让学生进入上课状态，便于巩固已学动作。

2. 复习阶段

带领学生巩固已学的武术伞的技法，完善已学动作不标准之处，达到反复练习的效果。

3. 学练阶段

组织学生学习新的武术伞的四个动作，提高学生对动作要点的掌握→进一步教授一段套路组合，通过模拟对练的方法讲解套路中各个基础动作的用途，激发学生的学习兴趣→教师讲解技术要领，让学生能够顺利地将几个基础动作串联起来→各小组进行动作练习，展示练习成果→两人一组击打泡沫板强化伞的力量和速度，学生模仿体会，并组织学生两人一组互相交流→配合音乐再次集体练习，强调套路的节奏性和劲力，让学生在积极参与练习的过程中体验到参与运动的快乐和享受到成功的喜悦。

4. 素质练习

通过移形换伞加伞上轻功的趣味游戏，让学生提高协调性、敏捷度、下肢力量的提高。

5. 放松讲评

以双人坐姿太极，带领学生在音乐声中完成最后的整理放松，平稳心率。教师总结学生的练习情况，对学生能够积极参与练习提出表扬，引导学生自我评价。

《武术伞》教案

内容主题	武术伞组合动作	授课教师： 课次：第四次课	重点：动作规范，路线清晰，连贯大方
		授课对象：6 年级 人数：40 人	难点：动作刚劲有力，形神兼备
学习目标	健康行为：学生能够了解武术伞的组合动作路线，了解相关知识和实用价值，并形成锻炼的行为习惯 运动能力：80%的学生能独立完成武术伞成套动作，20%的学生能够跟老师基本完成动作 体育品德：学生练习时敢于自我展示，并能与同学团结协助		

课序	时间	教学内容	运动负荷			教与学的活动	组织与队形
			次数	时间	强度		
开始部分	2 分钟	课前准备 1. 布置场地 2. 体育委员组织队列，检查出勤情况并向教师汇报 3. 师生问好 4. 教师讲解本堂课教学内容及任务	1 次	2 分钟	低强度	教师要求： 1. 开课导言 2. 讲解本堂课的教学内容及任务、注意事项 3. 教师声音洪亮，精神饱满 学生要求： 1. 学生站队要快、静、齐 2. 认真听教师的任务安排和注意事项 3. 在教师的指导下积极参与学习	整队地点：武术房 整队队形：四列横队 ◎◎◎◎◎◎◎◎ ◎◎◎◎◎◎◎◎ ◎◎◎◎◎◎◎◎ ◎◎◎◎◎◎◎◎ ●
准备部分	6 分钟	练场地慢跑并进行一系列热身动作(配合音乐)	1 次	6 分钟	低强度	慢跑及热身要求： 学生跑步动作规范，队列整齐，随音乐节奏穿篮球场，随后跨伞做出基本的武术动作，后将队形变回四列横队	慢跑及热身队形： ◎◎◎◎◎◎◎ ◎　　　　　◎ ◎　　　　　◎ ◎◎◎◎◎◎◎ ↓ ◎◎◎◎◎◎◎ ◎◎◎◎◎◎◎ ◎◎◎◎◎◎◎ ◎◎◎◎◎◎◎
基本部分	26 分钟	1. 复习武术伞组合动作 2. 教师再进行一次套路的完整示范 3. 学习新的组合动作：弓步云扫伞—丁字步收伞—马步刺伞—歇步开伞 4. 教师讲解技术要领，让学生能够顺利地将几个基础动作串联起来	4 至 6 次	26 分钟	中强度	教师要求： 1. 带领学生对已学动作进行"武"回忆和改进，并进行巡回、指导、纠错 2. 先跟随音乐进行一次完整示范，让学生有直观的感受	复习队形：四列横队(左右间隔一臂) ◎-◎-◎-◎-◎-◎-◎ ◎-◎-◎-◎-◎-◎-◎ ◎-◎-◎-◎-◎-◎-◎ ◎-◎-◎-◎-◎-◎-◎ ● (1)模拟对练： 以一名学生为假想敌，教师与其进行模拟对

续表

课序	时间	教学内容	运动负荷			教与学的活动	组织与队形
			次数	时间	强度		
						3. 教师通过模拟对练的方法讲解套路中各个基础动作的用途，激发学生的学习兴趣 4. 耐心讲述动作要领，先让学生理解如何将基础动作串联起来，再强调如何将武术套路的节奏和劲力融入其中 学生要求： 对新学动作积极思考，努力模仿，力求做到标准	练，将套路中的各项动作以技击法的形式向学生进行展现，随后简单讲解各个动作如何使用以此来最快激发起学生的学习兴趣 (2)套路教授： 将套路拆解开来，带领学生在学习一遍的同时，逐一讲解动作之间的串联过程，脚步的移动 分组练习队形： ◎◎◎◎◎◎◎ ◎◎◎◎◎◎◎ ● ● ◎◎◎◎◎◎◎ ◎◎◎◎◎◎◎ ● ●
		5. 学生分成四组进行自主练习，展示成套动作 6. 小组展示，选派两小组进行比武大赛 7. 强化练习：两人一组，用泡沫垫进行速度与力量的练习 8. 集体配合音乐展示成套动作				1. 通过小组的指导加深自身对动作的理解和熟悉程度 2. 两人一组，将伞的基本动作通过击打泡沫垫来提高和加强手上力量和出手的准确度	配合音乐进行套路练习队形：四列横队(左右间隔一臂) ◎-◎-◎-◎-◎-◎-◎ ◎-◎-◎-◎-◎-◎-◎ ◎-◎-◎-◎-◎-◎-◎ ◎-◎-◎-◎-◎-◎-◎
结束部分	6分钟	课课练： 移形换伞—伞上轻功	1次	6分钟	中强度	教师要求： 提醒学生在练习中注意安全，充分调动学生的积极性 学生要求： 积极参与练习，在趣味游戏中获得反应能力、敏捷性、心肺能力的提高	移形换伞：两人一组，教师发出哨声指令后，两人同时松手，互换站位，接住对方的伞 伞上轻功：根据教师的口令进行步伐练习，如单脚左右跳跃，单脚前后跳跃，双脚交替跳跃，跳跃变向等 组织队形(10人一排)

续表

课序	时间	教学内容	运动负荷			教与学的活动	组织与队形
			次数	时间	强度		
结束部分	5分钟	1. 放松操 2. 教师评价与总结 3. 师生再见 4. 整理器材并及时归还	1次	5分钟	低强度	教师要求： 对本堂课进行总结和评价，带领学生认真完成最后的整理放松，平稳心率 学生要求： 认真听取教师的小结，积极完成放松，将身体状态调至平稳	放松部分：跟随教师用太极的形式，以两人对坐的形式开始进行上肢放松，继而起身进行简单的下肢放松，配合舒缓的音乐，让学生在愉快的氛围达到放松 ◎-◎-◎-◎-◎-◎-◎ ◎-◎-◎-◎-◎-◎-◎ ●
运动负荷	平均心率：140～150次/分钟　最高心率：130次/分钟　预计练习密度：55%　实际练习密度：53%　运动负荷：中等强度						
教学反思	本次课程为武术伞的教学课，以习练一段套路表演为课程核心，学生在此前已有部分武术伞基本动作的练习基础，但是还没有接触过武术伞的套路表演，对武术伞的了解也还比较肤浅，因此我将“伞”这个教学用具贯穿在课堂始终，从热身活动一直到放松整理活动都设法融入了这一元素，通过多种游戏增强了学生的敏捷性、反应能力、上肢力量、速度，同时也增强了学生运用武术伞的熟练度 此次教学充分利用最后的分组展示评价环节，有效激发了学生的学习热情，每位学生都希望能以最好的状态对所学的动作进行演练，因此在课堂开始我就特别强调了最后会有一个展示评价环节，以期在整个课堂各部分中都能有效地调动起学生的积极性，最后的实际效果也达到了预期						

教案6　新兴体育类运动《校园寻宝》教学设计

(一)指导思想

本课设计以“健康第一”为教育理念，并结合水平二的儿童身心特点，在课堂中实践“以生为本”的教育理念。运用启发式的教法和情景导入的教学方法，让学生在“体验”中发展，在“合作”中进步。在教室有限的空间里，通过新颖的教学设计，多元的教学手段，激发学生的学习兴趣，让孩子们在“尝试—引导—实践”的教学过程中轻松地掌握动作技能及锻炼身体的方法。

(二)教学内容

定向越野——校园寻宝。

(三)教材分析

水平二的《定向越野——校园寻宝》教材，作为新兴体育运动项目，需考虑如何结合实际场地与器材进行有效教学，并通过有效的多元教学手段来引导学生主动参与，主动思考，鼓励学生展现自我，调动他们对定向越野的兴趣，培养学生的团结协作、勇于克服困难、顽强拼搏的好品质。

(四)学情分析

水平二的学生身体和体质状况都处于发展期，本节课采用视频辅助教学，提高学生兴趣和注意力。通过学习方位和认识地图的技能，提高学生的耐力和灵敏性。同时学生具有活泼、好胜的心理特点，应多采用游戏比拼的方法来进行练习，这样能使学生在玩中学，学中玩，从而激发学生的学习兴趣，培养终身体育意识。

(五)教学重点与难点

教学重点：准确找方向。

教学难点：快速准确打点。

(六)教学思路

《义务教育体育与健康课程标准(2022年版)》对水平二学生的基础知识与基本技能要求是能找到正确的方向，并提升学生跑的能力。为了促进低年级段定向越野跑的提升，教师采用首先通过微课前置学习，让学生在课前对定向越野已有一个初步的认知，并激发了学生的学习兴趣。学：通过视频教学展示，让低年级段的教学方法可视化，同时游戏化。练：针对学生难以找准方位，用打点大战的游戏方法，让学生在玩中掌握动作要领。赛：最后赛一赛，教师将找方向与耐久跑相结合，让学生在具有神秘色彩的《寻宝大战》中完成小组合作学习的任务。评：本堂课的评价是通过班级优化大师进行评价，将过程性与总结性评价，自评与互评相结合，让学生、家长可以实时看到小组的得分，激发学生学习的积极性。

(七)教法与学法

教法：采用情景导入法、讨论法、视频完整示范法与直观法、练习法、巡回纠错法等。

学法：小组合作学习、自主学习法。

(八)教学效果预计

①通过本节课的学习，预计95%以上的学生初步掌握本节课的动作要领。

②预计本节课学生的运动强度为高等，最高心率为160次/分钟左右，平均心率145次/分钟左右，练习密度为55%左右。

(九)教学中的安全预案

①在跑动时要时刻注意避让，不要与其他组别的同学发生碰撞。

②在打点时要注意减速，不要撞到标志桶，打完点将水彩笔放回原位。

(十)场地器材

①标志桶 4 个；②A4 纸 10 张；③矿泉水瓶 20 个；④彩笔 1 盒。

《校园寻宝》教案

执教者：　　　年级：三年级　　　单位：

<table>
<tr><td>教学内容</td><td>定向越野——校园寻宝</td><td colspan="4">教学重点：准确找方向
教学难点：快速准确打点</td></tr>
<tr><td>教学目标</td><td colspan="5">健康行为：学生初步了解定向运动的特点，对于定向运动中识别地图的意义有较深的理解
运动能力：初步学会识别地图，尝试利用地图找物件，提高学生的力量与灵敏素质
体育品德：激发学生主动参与运动和承担小组的角色任务的积极性，培养学生观察和合作意识</td></tr>
<tr><td>教学步骤</td><td>学习内容和方法</td><td>师生互动</td><td>组织与场地</td><td>时间</td><td>次数</td></tr>
<tr><td>开始部分</td><td>1. 师生问好
2. 宣布本次课的内容与要求
3. 检查服装，安排见习生
4. 安全提示</td><td>1. 教师检查上课场地，准备好上课器材
2. 宣布上课内容，师生问好
3. 进行安全提示以及上课要求
要求：精神饱满，快静齐</td><td>* * * * * * * * * *
* * * * * * * * * *
* * * * * * * * * *
* * * * * * * * * *
▲</td><td>5 分钟</td><td>1 次</td></tr>
<tr><td>准备部分</td><td>一、热身跑
跟着教师越野跑，同时模仿教师做相应动作
二、热身操(快乐的歌)
方法：教师领操</td><td>1. 教师情境引入，激发学生的兴趣
2. 教师带领学生伴随着音乐的节奏慢跑并完成热身操
要求：
1. 动作幅度较大，注意安全
2. 动作规范</td><td>一、校园越野跑
组织：
校园越野跑
二、关节操
组织：同上</td><td>5 分钟</td><td>1 次</td></tr>
<tr><td>基本部分</td><td>一、情景升华
宝藏就我们身边，首先得定位宝藏的方向
二、找一找
1. 找方向大比拼
2. 分 10 组进行比赛，看哪组的速度最快
3. 讲解动作，并纠错
4. 测试(由易到难)
方法：学生分组练习，教师巡视指导纠错</td><td>1. 在教师报到东、南、西、北等方向时，学生必须马上跑到准确的位置上做相应动作
2. 教师讲解示范
3. 游戏检查动作的掌握情况
要求：
1. 认真观察视频，积极思考，勇于探索
2. 学生根据图片以及教师的动作要领，主动练习
3. 学生严格按照游戏规则进行练习</td><td>一、方向大比拼
组织：
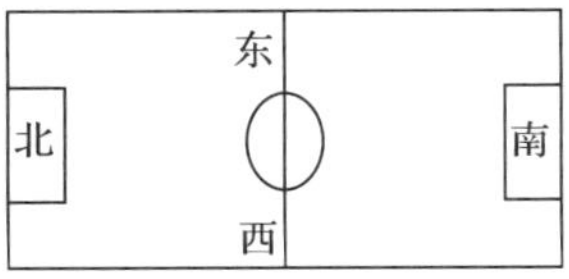

二、找一找
组织微信扫码，让学生观看视频
方向大比拼</td><td>5 分钟</td><td>3～4 次</td></tr>
</table>

续表

教学步骤	学习内容和方法	师生互动	组织与场地	时间	次数
基本部分	三、寻一寻 1. 同学们可以找到邻近的标志桶打点，学生可以根据学生的实际情况打一个点位或多个点位。在根据规定的时间内打点最多的学生则为胜 2. 讲解动作，并纠错 3. 测试(由易到难) 方法：学生分组练习，教师巡视指导纠错	1. 教师讲解示范 2. 游戏检查学生的定位方向的掌握情况 要求： 1. 认真观察视频，积极思考，勇于探索 2. 学生根据教师的动作要领，主动练习 3. 学生严格按照游戏规则进行练习	三、寻一寻 组织： 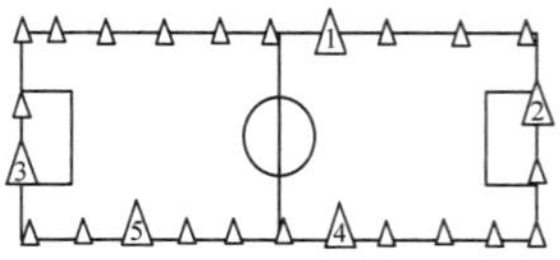 △：代表着标志桶(点) 打点大战	5分钟	2次
	四、比一比 1. 分组研究图纸(5人一组) 2. 分组按图纸的顺序寻宝(每组的顺序不一样)，根据图纸规划出最短的路程，然后按路线出发，看看哪组最快(第二次各组交换图纸) 3. 讲解方法，并示范 4. 测试 方法：学生分组练习，教师巡视指导纠错，多用鼓励性语言，培养学生兴趣	1. 分组讨论时，教师要给予提示 2. 教师要强调比赛的场地范围 3. 引导学生进行任务与角色的分工 4. 每张地图的顺序不一样，教师可以先打印地图再标注顺序(看图、打点、随跑) 要求： 1. 学生认真观察视频，积极思考 2. 学生严格按照规则进行练习 3. 在游戏时要时刻注意避让，避免碰撞	四、比一比 组织： 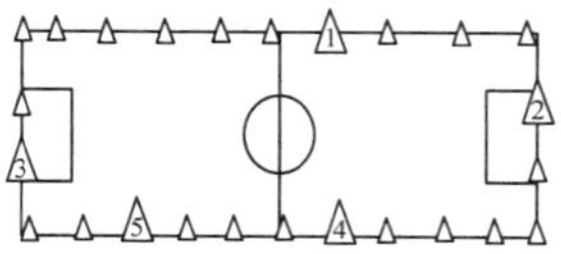 寻宝小达人	5分钟	2次
	五、课课练 双人拔河： 两人面对面站好，双手相互抓住对手的小臂，呈半蹲姿势准备，比赛开始后看谁最先移动脚步则判输	1. 讲解游戏规则 2. 指导学生练习，并参与活动 3. 小结游戏 要求： 1. 严格遵守比赛规则 2. 注意保护与帮助，确保身体保持平衡	五、双人拔河 组织： 	10分钟	1次

续表

教学步骤	学习内容和方法	师生互动	组织与场地	时间	次数
结束部分	一、放松操《最美的未来》 二、课堂小结 三、安排收拾归还器材 四、师生再见	1. 教师带领学生边唱边做 2. 教师带领学生们一起回顾本课的内容，并小结 要求：口令清楚洪亮，动作示范到位	放松 组织： * ▲	5分钟	1次
场地器材	①标志桶4个；②A4纸10张；③矿泉水瓶20个；④彩笔1盒				
平均心率	140～150次/分钟	预计密度	50%～60%		

复习思考题

1. 简述小学体育与健康教案概念、形式及其分类。
2. 谈谈你对小学体育与健康课程教案基本术语的认识。
3. 试述撰写小学体育与健康实践课教案有哪些基本要求？
4. 试述编写小学体育与健康实践课教案的步骤。

第五章　小学体育与健康教研论

第一节　小学体育与健康教学要求及要素

一、小学体育与健康教学的基本要求

课程标准要求教师广泛运用各种资源，选择有效教学内容，采用多样化教学方法，指导学生在面对问题、解决问题的真实情境中形成核心素养。教师应依据核心素养的内涵、课程总目标与水平目标、课程内容、学业质量，创造性地设计教学和实施课程。体育与健康课程教学要实现从“以教为主”向“以学为主”的真正转变，从传授知识与技能转变为培养学生核心素养，促进学生形成积极的学习动机、学习态度和学习行为。中国教育学会体育专业委员会在总结各地体育与健康课程教学改革经验和听取有关方面意见的基础上，结合出现的一些新问题，在体育与健康课堂教学层面上，提出了上好小学体育与健康课的基本要求。

(一)教学指导思想正确

能依据体育学科的性质、体育与健康教学的基本规律，从实际出发，正确地贯彻《义务教育体育与健康课程标准(2022 年版)》的精神，促进体育与健康课程教学改革深入的发展。

教学的指导思想是否正确，主要看在课堂教学设计与课堂教学实践中，是否以习近平新时代中国特色社会主义思想为指导，全面贯彻党的教育方针，落实立德树人根本任务，坚持“健康第一”“健身育人”的教育理念，以全体学生发展核心素养为引领，重视育体与育心、体育与健康教育相融合，充分体现“健身育人”的本质特征，引导学生形成健康与安全的意识及良好的生活方式，促进学生身心健康、体魄强健的全面发展。随着新课程标准的出台，从体育学科的角度来看，课堂教学是否正确地贯彻《义务教育体育与健康课程标准(2022 年版)》的精神，主要看以下几个方面。

1. 课堂教学是否符合体育与健康课程的性质

《义务教育体育与健康课程标准(2022 年版)》指出：“义务教育体育与健康课程以身体练习为主要手段，以体育与健康知识、技能和方法为主要学习内容，以发展学生核心素养和增进学生身心健康为主要目的。”在实际教学活动中，有些体育与健康课不以身体练习为主要教学手段，不以运动技能为主要教学内容。例如，有的用硬纸板制成预构件，让学生在体育与健康课上去组装房子、汽车；有的开发成“时装”，让学生在上课时学走“时装步”等。这些开发的教具和教学内容既不能让学生有效地学习体育的

知识与技能，也达不到锻炼身体的目的，背离了体育学科的性质，应当注意尽量避免出现在课堂中。

2. 课堂教学开展是否遵循体育与健康教学规律

体育与健康教学规律，主要是人体生理机能活动变化的规律、运动技能形成规律、身体锻炼规律、教与学的规律等。只有认真遵循上述规律开展体育与健康课教学活动，学生才能真正学到应有的知识、技能，身心才能得到有效的锻炼。课堂教学要明确课堂运动负荷要求，激发学生兴趣，让学生充分地“动起来”，以“教会、勤练、常赛”为抓手，建构“学、练、赛”一体的课堂教学体系，让小学生快速、高效地掌握所需的体育与健康知识和技能，培养学生终身体育的意识和积极参与体育锻炼的习惯。

3. 课堂教学是不是从实际出发来开展相关活动

体育与健康课程改革的前提是，遵循《义务教育体育与健康课程标准(2022 年版)》的基本精神，结合学校的场地器材、学校特色项目、师资特点、学生水平等实际情况来进行。对外来的经验，必须从实际出发，以提高体育与健康课程教学质量为目的，加以借鉴，不能生搬硬套，警惕“追风”、做表面文章、搞形式主义的倾向。

(二)教学目标明确、具体，操作性强

课堂教学目标具有导向、激励、发展与评价等功能。要充分发挥课堂教学目标的功能，制定的目标必须明确、具体、可行，必须是可以检查、可以观察和可以评价的。现在存在的问题主要有两个。

一个是制定的目标比较抽象和空泛。如“改进快速跑技术”“发展力量素质”“培养合作精神”等，这样的目标就比较空泛，因为快速跑的技术包含很多要素，力量有不同的部位与不同性质的力量，则对力量素质的要求也有所不同，合作精神也有许多不同的体现，目标如果制定得不明确、具体，教师就不明确自己要把学生教成什么样子，学生也不知道自己要完成什么任务。因而，教和学都带有一定的盲目性与随意性，不利于对目标的达成情况进行评价和反馈。

另一个是各个领域目标面面俱到，却缺乏重点，因而导致课堂教学精力分散，“蜻蜓点水”，教学走过场。

制定的课堂教学目标应当明确、具体，运动技能与身体素质的目标，最好有质和量的要求；情感类的目标应是可以通过教育观察作出评价的行为表现。

为了保证教学目标的实现，在制定目标时，还应注意：①教学目标要围绕学生体育核心素养来制定；②制定的目标要符合教材的特点和教学的进度；③制定的目标要符合学校的场地器材、教师的组织教学能力、学生的体育基础和个体差异等实际；④制定的目标要有具体的组织教法作保证；⑤制定的目标重点突出，主次分明；⑥教学目标的制定要符合课堂实际，不能求大求全。

(三)教学内容的选择，符合学生的身心特点与发展需要

能准确地把握教材的性质、特点和价值，教材处理得当，主要教材具有适宜的技术难度和较强的教与学因素。义务教育阶段体育与健康课程内容主要包括基本运动技能、体能、健康教育、专项运动技能和跨学科主题学习。教学内容的改革，历来都是课程改革的核心。教学内容反映了为什么教和教什么这个根本，它是教学指导思想的重要体现，是实现课程目标的基本保证。当前存在的主要问题是选用的教材出现了低龄化、幼稚化和追求简单生活化的倾向，须引起关注。应当努力把握体育与健康课程的性质，明确课程教学的根本任务，切实遵循体育与健康学科教学的规律，本着求真务实的精神，科学地处理好教材。

1. 选择的教学内容，要符合学生的身心特点和发展需要

选择的教学内容，要符合学生的发展需要，主要是指选择的教学内容，是学生体育发展所必须掌握的一些基本技术，能为学生未来的体育学习与终身体育锻炼打下一个良好的技能基础。教学内容要与学生的身心发展水平相适应，超越或不及都不好。超越了，学生完不成，甚至还可能对学生的身心造成伤害。但选择的教学内容低于学生的身心发展水平，既不能激发学生的学习兴趣，也达不到应有的教学效果。如让初中学生再去学小学的“立定跳远”教材，让高中学生去学本应在初中学的“三步上篮”等。又如用扔纸球来发展中学生的投掷能力等，学生练习起来会感到有些滑稽可笑。

2. 准确把握教材的性质、特点和价值，正确地处理好教材

要正确地处理好教材，需要准确地把握体育与健康教材的性质(身体练习)、特点(运动文化)和价值(发展身心)。有些课选用或改造的教材，已经改变了教材的性质、特点和价值。有的把一些可以用来达成多种教学目标的身体练习内容，当作某种简单的模仿动作来处理；而有些开发的“教材”，几乎不具有体育文化的性质，不具有运动技术的特征，不具有终身体育的价值。

3. 主要教材具有适宜的技术难度和较强的教与学因素

教材的技术难度(或技术含量)是教材的魅力所在，是教与学的基点。有一定的技术难度，才能激发学生的学习兴趣，才需要教学。学生也只有在攻克难度、掌握技能的学习过程中，才能获得真正的成功与快乐的情感体验，心理品质与社会适应能力才能得到有效的培养。如果选择的教材没有一定的难度，技术含量很低，没有什么可学的，学生一看就会，那就无须开设专门的体育与健康课，也无须体育教师去教，让学生在课外自己去活动就可以了。当然，难度要适宜，要符合学生的年龄特征。

（四）教学设计科学

教学分段合理，教学组织严密，教学方法有效，教学步骤清晰；运动负荷适宜，对各项练习的时间、次数及强度能做出科学的具体安排；场地、器材、教具及现代教育技术手段的利用，经济、实用、有效，符合教学的实际需要。

教学设计是否科学，主要是看教学阶段的划分、组织教法的运用、运动负荷的安排、场地器材与现代教育技术的利用等是否合理。

1. 教学分段要合理

所谓教学分段，指的就是原来的“课时部分”，即一堂课的教学过程安排。当前存在的主要问题有三个：一是分段过多。最多的达到十几段。其主要原因是课堂教学目标过多，面面俱到，导致分段过多，教学走过场。二是教学分段没有主线，教学目标过多、教学目标过散导致各教学阶段缺乏逻辑联系。三是不恰当地为课时阶段命名，如把准备部分命名为：激发兴趣、活跃情绪、纽带之光、愉悦身心、我心飞扬等；把基本部分命名为自主学习、发展能力、快乐参与、桥的畅想、情景发展、合作创造、体验乐趣等；把结束部分命名为：稳定情绪、放松身心、自我展示、欢庆成功等。为课时阶段命名有无必要，可以继续研究。如果要命名，就必须准确、鲜明地反映各教学阶段的本质特征，并要符合逻辑。例如，把课时基本部分命名为“桥的畅想”“快乐参与”，就没有反映基本部分教学的本质特征，也不符合逻辑，基本部分让学生“快乐参与”，那准备部分与结束部分就不需要学生快乐参与吗？

2. 要有严密的课堂教学组织

严密的课堂教学组织是我国体育与健康课堂教学的一个特色。特别是在场地器材不足的情况下，如果没有严密的课堂组织，没有对学生的严格管理和严格要求，教学就根本无法顺利进行，学生不仅学不到东西，得不到锻炼，而且还容易发生伤害事故。严密的课堂组织纪律必须坚持，不能废弃，它是保证教学有序、有效和安全进行的需要，也是培养学生组织纪律性的需要。

3. 教学方法有效，教学步骤清晰

现在有些体育与健康课，教师虽然注意了讲解示范和分组练习的运用，但如何根据教学目标、教材特点和学生的实际情况，有针对性地选择和运用组织教法，深入研究不够，教学步骤不太清晰，因而教学效果不佳。在教学中，教师要根据教学目标的实现，采用多样化的教学方式方法，将示范讲解与学生自主学练、合作学练和探究学练有机结合，将集体学练、分组学练和个体学练相结合，引导学生积极思考，主动探索，自觉实践，培养学生分析问题和解决问题的能力及创新意识。一堂好的体育与健康课，教师必定根据教学目标的要求、教材的特点和学生的实际，科学安排教学步骤，使学生一步一个脚印地掌握运动技能，给人以“水到渠成”之感。

4. 运动负荷适宜

合理安排课的运动负荷，是锻炼学生身体、掌握运动技能和满足学生运动欲望的需要。当前存在的主要问题是不重视课的运动负荷安排与运动负荷过小。运动负荷安排与教学目标、教材性质、教学对象、课的类型、气候情况、教学条件等因素有关，不强求一致，但对各项练习的时间和数量作出量化安排，做到心中有数，课前要科学设置运动负荷。运动负荷由群体运动密度、个体运动密度和运动强度衡量。群体运动密度是指一节体育与健康实践课所有学生总体运动时间占课堂总时间的比例；个体运动密度是指单个学生的运动时间占课堂总时间的比例；运动强度是指动作用力的大小和身体的紧张程度，常用心率表示。应尽量减少教师讲解、示范、队形调动等时间，让所有学生充分动起来，改变“不出汗”的体育与健康课，增进学生体质健康，促进学生掌握运动技能。每节课群体运动密度应不低于 75%，个体运动密度应不低于 50%；每节课应达到中高运动强度，班级所有学生平均心率原则上在 140～160 次/分钟。每节课应有 10 分钟左右体现多样性、补偿性、趣味性和整合性的体能练习。同时，要引导学生做好充分的准备活动，循序渐进，逐步提高运动负荷，在保证运动安全的基础上增强学习效果。

5. 场地、器材及现代教育技术要经济、实用，符合教学的需要

一堂课要用什么场地、器材，用多少、要不要运用现代教育技术手段、用什么、怎么用都必须从教学的实际需要与学校的实际可能出发，本着经济、实用的原则来决定。当前，有些观摩课，在场地器材与教学技术手段运用上，存在追求品种多、规格高、数量多与形式化的倾向，片面追求信息技术的使用，既不经济又不实用，也脱离了日常教学的实际，器材及现代教育技术手段的利用都要以是否能突破本堂课的教学重难点、是否能帮助教学目标的达成、是否能提升学生的核心素养来准备。

(五)能够正确地处理好统一要求与区别对待的关系

既能做到面向全体学生，解决好教学中的共性问题，使全体学生都能达到体育与健康课程学习的基本要求；又能关注学生的个体差异，做到因材施教，区别对待，使每位学生都学有所得。《义务教育体育与健康课程标准(2022 年版)》提出的体育与健康课程在高度关注对所有学生进行激励与指导的基础上，针对不同身体条件、运动基础和兴趣爱好的学生因材施教。“关注个体差异与不同需要，确保每位学生受益”的理念，绝不是否定体育与健康课程教学需要有一个统一的基本要求。课程标准对各水平阶段都提出了具体的内容目标，这些目标就是对学生体育与健康学习的统一的基本要求，是全体学生都要达到的。体育与健康教学必须重点抓好这个共性问题，不能因为要关注学生的个体差异与不同需要，学生就可以想学什么就学什么，能学成什么样子就算什么样子。在教学方法上一定要充分考虑学生的个体差异，要因材施教、区别对待，使每位学生都学有所得、学有所用、学有所长。

(六)以运动技术教学与身体锻炼为载体，促进学生核心素养的形成

将提高学生的运动能力、培养良好的健康行为、形成高尚的体育品德有机地结合起来，使之融为一体。学习和掌握运动技能与发展学生的身体，提高学生运动能力，既是体育与健康课程的重要目标，又是课程学习的主要内容，同时也是实现体育与健康课程其他目标的主要载体。也就是说，体育学科核心素养目标，主要是通过身体锻炼和运动技能教学来实现的。因此，体育与健康课堂教学应以身体锻炼和运动技能教学为中心，达到健身育人的要求，把其他目标和身体锻炼与运动技能教学有机地结合起来，不能一个目标起一个“炉灶”。否则，体育与健康课将不堪重负，教学的各项目标都难以实现。

教学单元设计以什么为依据？体育与健康课程根据学生运动技能形成规律和身心发展规律，整体设计课程内容，体现保证基础、重视多样、关注融合、强调运用等理念。保证学生学习和掌握结构化的基本运动技能、体能、专项运动技能和健康技能等，为学生参与运动和养成健康的生活方式奠定基础；重视系统安排多种运动项目的学练，促进学生形成丰富的运动体验，协调发展运动能力；关注体育与健康教育内容、体能与技能、学练与比赛、体育与其他相关学科等方面的有机融合，提高学生举一反三、融会贯通的能力；强调引导学生将体育与健康知识、技能和方法运用到体育学习、体育锻炼、运动竞赛和日常生活中，增强学生的理解能力和实践能力。

(七)体现教师的教学能力与教学基本功

教学能力和教学基本功的内容较广泛。例如，口令清晰、洪亮；示范正确、优美；讲解简明、易懂；保护帮助合理、到位；指导练习与纠正错误动作有效、得法；队形调动便捷、合理；课堂常规贯彻认真、得当；安全措施得力、有效；突发事件处理及时、正确等。这些要求是教师教学能力与教学基本功的具体体现，是教师发挥主导作用的基本要素，是上好体育与健康课的基本保证，理应受到高度重视。特别是安全教学与突发事件的处理问题，往往关系到一堂课的成败，尤为值得关注。因此，体育教师应当树立终身学习的意识，不断提高自己的综合素质与专业化的水平。

(八)能因地制宜开展教学活动

农村学校的体育与健康课能够针对农村学校的场地器材与学生的体育基础等实际情况，因地制宜、因人制宜地开展教学活动，尽可能地使学生能够学到必要的体育与健康知识和技能，身体得到有效的锻炼，体育意识与心理品质得到一定的培养。

体育与健康课程与教学改革实验，正在如火如荼地深入发展，广大体育教师是这场改革的主力军，肩上责任重大，任重道远。要进一步坚定信心，继续积极投身于改革实践，排除干扰，牢牢把握课程改革的正确方向，紧紧围绕以提高课堂教学质量为中心，上好每一节课，为创建有中国特色的体育与健康课程与教学新体系作出更大的贡献。

二、小学体育与健康教学的基本原则

教育的对象是人，人是完整的有机体。小学教育的对象是少年儿童，要想达到育人的目标，就要研究教育的对象，不仅要了解人体的构造、功能和对体育的兴趣、欲望等，还要深入地研究少年儿童生长发育过程中的各种现象和各个身心发育的阶段特征，以此作为教学的依据。否则，一切努力都可能是事倍功半，甚至产生相反的效果。小学生正处在长身体的时期，他们活泼爱动，乐意参加体育活动。小学体育教师应抓住这个时机，为他们身心的健康发展打好基础。通过体育与健康课，不仅可以锻炼人的体力，而且可以开发智力，提高文化素质，促进个性发展，培养优良品德，陶冶美的情操。体育活动内容丰富，生动活泼，对小学生富有吸引力，能把广大学生引导到健康有益的活动中去，从而抵制社会上不良风气对少年儿童的侵蚀和影响。既然体育与健康课这么重要，需要遵循哪些原则呢？

(一)遵循小学生身心特征原则

体育与健康课应根据学生身体、心理特征和兴趣特点，合理安排和设计活动内容。注重个体差异，让每个学生都能参与到活动中，获得积极的体验。小学生的心肌力量较弱，呼吸的频率浅而快，骨骼容易变形，肌纤维较细、无力，不能单调和长时间地做静力性练习，因此在体育锻炼中，要合理安排好负荷量。一般情况下运动量不宜过大，练习时间不宜过长。这就需要教师掌握好练习的强度、次数和间隔时间。因此，在教材选择上，要注意上肢和下肢活动的搭配，跳跃游戏与投掷游戏的结合，在做非对称性练习后，要增加另一侧肢体的练习，如乒乓球、单脚跳等。

小学生大脑皮质神经兴奋和抑制不均衡，兴奋占优势，易扩散。因此，他们的注意力不集中，活泼好动。年龄越小，抑制过程越不完善。分化抑制能力差，在教学中就必须根据儿童兴趣广泛和好动的特点，多样化地安排教材，对同类教材练习方法和形式要多变，可采用情景、游戏、竞赛、循环练习等方法经常变换，通过开展不同的教学活动，学生的兴趣就会比第一次浓，比第一次更活跃，更有成效。

小学生的意志独立性、主动性和坚持性较差，他们在活动中不自量力，不能区分蛮干与顽强，把冒险、顽皮当作勇敢。他们在课上情感不稳定，易冲动，在做游戏中，特别容易激动，大喊大叫，不守规则，情绪波动很大，一旦高兴就非常得意，有时好打逗同伴。因此在教学过程中，教师首先要做到嘴勤、眼勤、脚勤，要经常正确引导学生，让他们按指定的内容、动作、方法和规则去进行练习。其次，不要动不动就粗暴训斥学生。

(二)从实际出发坚持循序渐进原则

小学体育与健康教学，应根据学生基础差、感性知识少、反应和协调性都不好这些实际来安排教材，组织教学方法，要按照先易后难、先简后繁，先分散后综合的循序渐进的原则去进行。在教学中，要抓好教学内容的序，组织好学生学习的序。教师在备课时，要研究了解小学生的特点，据教学目标和教材的知识体系，合理安排，逐步扩大和加深学生的知识。例如，1～2 年级小同学站队时，往往很多人想往前站或争抢某一个位置，互不相让。因此，教他们站队时，应先做思想教育，教育他们先人后己，由小到大，并给他们在地下画个数字，让他们记住自己的数码，并熟记自己前后同伴的衣服特征、颜色等。这样练习几次，渐渐地在孩子头脑中就有了排数、距离概念，队形就容易站好了。再如，在教篮球(儿童球)时，先教他们怎样持球，怎样拍球，然后再教他们怎样运球，这样，收到的效果是很明显的。

由于小学生天性好动，所以，他们活动起来容易疲劳，又不知疲劳，不顾冷热。在活动中，要根据他们的特点，活动量安排要由小到大，在教学中先组织适当的练习，然后再进行比赛。

(三)直观性教学中加强讲解示范的方式方法

直观性是指学生通过多种感觉器官去感知事物获得直接经验和感性认识，为掌握体育与健康知识和技术技能奠定基础。

首先，小学生的形象思维好，模仿能力强，所以教师必须给学生正确的示范，才能通过这种最生动的直观方式，使学生逼真地直接地感知动作的全貌。轻巧、正确、优美的示范动作，能使学生产生良好的心理影响，既能调动学生的学习积极性，又能使其较快地掌握动作。对那些难度较大的动作，要分解示范，重复示范，适当做慢些，同时要结合讲解进行示范。老师要经常和学生一起练习，这样也可以增加学生的兴趣，同时还可有更多的时间、更多的机会让学生学习、模仿老师的动作。其次，用形象化的语言进行教学，是一个小学老师所必须具备的条件。讲解的语言要通俗易懂，生动形象，富有趣味性。给小学生讲解知识概念和动作技术，宜多用与生活接近的语言和形象的比喻。如跑的后蹬"趴地"、"滚翻"像球一样滚动等，以引起学习兴趣，逐渐在理解的基础上再使用术语。再次，示范与讲解相结合。生理研究证明，运用多种感觉器官感知动作练习可以扩大直观效果，运用两种感官的效果要比一种感官的效果好。因此教学中示范要和讲解结合运用，使直观与思维紧密结合，一定会取得良好的教学效果。最后，如果有条件，可利用教具与模型演示。例如，挂图、图片、图表、照片、幻灯模型等，使学生感知动作的各环节、过程、细节等。它可以弥补由于人体示范快而印象表演的不足和局限，便于小学生对动作过程的清楚认识，便于模仿、掌握。

(四)灵活运用游戏法是提高教学质量的关键

游戏法是指教学中以游戏的形式组织学生练习的方法。是小学教学中常用且有效的教学方法。游戏具有一定的情节和竞赛因素，内容丰富，形式活泼，符合儿童年龄特征，是深受儿童喜爱的一项体育活动。它对于全面锻炼身体，帮助儿童认识客观事物，促进智力开发，陶冶美的情操，增强集体意识和个人才能，培养优良品德都具有特殊的作用。

要教会学生做一个游戏，首先要研究游戏的方法，活动形式，锻炼身体的作用，游戏规则。怎样进行思想教育，如何评胜负、场地器材、分组等，也要认真加以研究，做到心中有数，然后写出教案。上课时讲解清楚，要求明确，组织严密，才有可能把游戏课上好。

讲解示范是小学游戏教学的重要方法。游戏的讲解必须精练，语言要简短扼要。有重点、多比喻、有趣的讲解和生动形象逼真的示范能充分调动学生的积极性。在讲解时，要说明规则，规则是学生游戏遵守的准则，再淘气的孩子，只要他喜欢游戏，都能约束自己，遵守游戏规则，把游戏做好。

做好组织工作，才能使游戏教学收到良好的效果。游戏时应用最简单最省时间的方法调动队形，划分小组。学生分组人数不等怎么处理，应有所考虑，如果在分组时差一人的情况下，老师应高兴地参加其中一组比赛，这会使学生的积极性更高。裁判公平准确与否，关系到游戏比赛进行得顺利与否，所以，游戏的裁判要公平、准确，不然易挫伤学生的积极性。

游戏教材具有明显的思想性。教师在备课时，要深入钻研教材，游戏开始前应做好简短的思想教育，讲明目的意义，使学生积极参与。在游戏过程中，要根据实际情况，运用表扬、鼓励、批评等方法及时进行教育。游戏结束后，要充分利用游戏的竞赛性，培养学生的集体主义精神，培养他们同心同德、齐心协力争取胜利和集体荣誉的良好品质。

在游戏中发展学生的思维和毅力。游戏教学，不单是为锻炼身体，还要锻炼学生的思维，使他们通过游戏认识客观世界。如“冲过火力网”游戏，用小球当“子弹”，冲过火力网时，随时都有受伤的可能，在孩子面前展现出一幕勇敢战斗的情景。做第一遍游戏时，同学们都急于“打中”对方，“子弹”很快就没有了。当后面的同学过“火力网”时，已经没“火力”了，老师要启发学生，有效地使用“子弹”，不要集中打前面的“敌人”，同学们开动脑筋了。攻方一个一个跑过去，守方一颗“子弹”一颗“子弹”地发射，直到最后一个过“火力网”时，还有“子弹”呢！双方都动脑筋想办法取胜，这有利于发展学生的思维和智力。

（五）要认真钻研教材，注重身教

小学生听老师的话，胜过听父母的话，老师说一不二，威信很高。学生对老师的言行仪表处处都愿意仿效，老师的言行仪表直接影响着学生的学习、生活、思维和情绪。为了起好表率作用，在教学中，教师应严格要求自己。

(1)要了解学生体质、年龄、兴趣、爱好、组织纪律性等情况。

(2)对教材要精通，要认真钻研教学目标及教材。

(3)备教法要灵活，教学方法要灵活多变，不能千篇一律。

(4)备场地器材要细致，对场地器材的布置、使用要合理，画线要醒目，教具的安排要安全可靠。

(5)对自己要严格，身教胜于言教，要用规范、纯洁、优美的语言引导学生积极练习，去完成学习任务。

作为一名优秀的体育教师，首先必须做到语言美和心灵美。在上课时，要凭着科学的教学内容，生动形象的语言，准确优美的示范，精妙具体的教法，严密的组织措施和真挚的感情去教育和影响学生。

总之，钻研教材不仅要认真地钻研进去，还要能走出来。钻研进去就是领会教材的精华要求，全面地掌握教材的知识内容；走出来就是在教学中传授知识，由浅入深，最终达到运用自如、得心应手。

小学体育与健康教育是学校教育的重要组成部分，是贯彻落实德、智、体、美、劳全面发展教育方针的一个主要方面。小学生的身体正处于生长旺盛时期，他们的生长发育状况和体质的强弱，虽然有先天遗传因素的影响，但更重要的还取决于后天的培养。因此，在教学过程中必须从学生的实际情况出发，全面关心学生，同时采取行之有效的综合养护和积极锻炼的具体措施，把卫生保健、饮食营养和身体锻炼以及合理安排生活、学习制度密切结合起来，以促进小学生身体正常生长发育，增强体质，提高健康水平。

三、小学体育与健康教学的基本要素

体育与健康课是学校教育的重要组成部分，有着十分重要的意义，正确认识体育与健康课在学校体育中的地位，认真上好每一节体育与健康课，是每一个体育教师的基本职责，也是提高学校体育地位的关键所在。体育与健康教学即体育与健康课又是学校体育的基本形式，它是在教师的指导和学生的参与下，按照体育与健康教学目标和教学计划的要求，向学生传授体育基本知识、技术和技能、发展和改善身体素质、进行思想品德教育。因此，上好体育与健康课，努力提高课堂教学质量，是十分重要的。上好一堂小学体育与健康课的基本要素主要从以下几个方面着手。

(一)备课

备课是每个教师在上课前需要完成的一系列准备工作，是整个教学的开始与基础。体育教师的备课有别于其他科教师的备课，其他科教师备的课只有理论课，而体育教师不但要备理论教案，而且会常备实践课的教案。

备体育实践课的教案就是熟悉教材，掌握学生的特点，考虑本节课教什么，该怎样教，并确定每节课的任务及教学方法等问题。要想备好每节体育实践课，需要备好以下几点。

1. 备学生

体育教师必须了解任课班级的学生情况：男女比例、健康状况、体育基础、学习风气等。尤其要了解不同班级的不同特点与要求。

2. 备场地器材

必须充分了解本校场地大小、布局、器材种类及数量，掌握本次课同时上课的班级。

3. 备教材教法

深入钻研本次课的具体教材与教法；分析本次课在学期和单元教学中的前后联系，明确本次课的具体目标；钻研本次课教学的重点与难点；根据教学目标、教学内容的特点，结合学生和场地器材情况，选择适合的教学手段与方法。

4. 备骨干

有计划地培养和使用体育骨干，是上好体育与健康课的重要保证。备课的好坏，影响着上课质量的好坏，这与课堂纪律有着密切的联系。体育骨干可以在组织教学中起到榜样和带动作用，帮助教学环节有效地推进。体育优等生和特长生可以在配合教师进行教学示范、技战术演示中起到重要作用，体育委员、小组长等骨干可以在组织队形、保护与帮助、分组轮换、自主学练等环节起到领导和带动作用。教师要有意识地培养体育骨干，帮助课堂教学目标高质量地完成。

5. 编写教案

教案是体育教师在了解学生和客观条件、钻研教材教法的基础上，以课时为单位设计的方案，是体育教师进行教学的基本依据。

(二)课前做好准备

体育与健康教学是教师的教与学生的学的双边活动，要学生做到的，教师必须要自己带头做到。

上课时要用到的器材用具及场地必须在课前做好准备，不能一边教学一边安排少数学生去准备场地器材，也不能教到某一时刻再去准备场地器材，这样不但会影响课的密度而且会分散学生的注意力，降低学习情绪。

(三)合理安排教学内容，精讲多练

学校体育教材的内容很多，为全面地发展学生的身体素质，增进健康，做到事事有计划，科学合理安排好每次课的教学内容是上好课的前提和基础。另外，体育与健康课教师讲解的语言要清晰简练，讲解动作方法时要有所侧重，动作示范时要认真，并多示范，当学生明白练习方法及步骤时就可以进行练习。因学生注意力集中的时间不长，若教师讲话过长，既浪费时间，又影响课堂秩序。

(四)合理安排课的密度和运动量

体育与健康课的运动量要有节奏地、逐步地上升。当学生做了较大的运动后，应安排一些运动量较小的活动。课上的运动密度一般应保持在45%左右，并出现两次心率在160次/分钟以上，力求使学生获得充分而又适当的运动。另外，在安排练习强度、密度时，对年龄较小、体质较弱的学生应适当照顾，避免素质好的学生感到吃不饱，体质差的吃不消。

(五)掌握学生心理，增强语言艺术性

在教学中，讲解是为了使学生建立正确的技术动作概念，明确完成动作的主要关键，启发学生积极思维，掌握身体练习各部分之间的内在联系，贯彻直观性教学原则，因此，在教学法中教师的语言是很重要的，教师的讲解不仅要生动、形象，而且要富有感情。如有的地方要生动、活泼通俗易懂；有的地方要从容不迫，有条不紊；有的地方要富有逻辑性、趣味性和术语性，使学生乐于接受，教学中还要注意学生的情绪变化，注意语音、语调变化，适当地夸奖等。通过将原本枯燥的教学内容趣味化，能提高学生的练习兴趣和积极思维，达到提高教学质量的目的，这就是掌握学生心理，增强语言艺术的效果。

(六)严格要求学生，严明课堂纪律

上课时要求学生的穿着必须适合运动，不带小刀、镜子等危险物品。列队时动作迅速，要做到“快、静、齐”，上课时不随便讲话，练习时要认真掌握重难点。在对学生提出要求时，教师需要讲明道理，使之明白，从而自觉遵守纪律。

在每节课结束部分，要进行小结评比。例如，可以把这节课的纪律同上节课比较，进步就表扬，退步就要进行分析，避免下节课出现同类现象。在给A班上课时也可以把B班的纪律评比简述一下，这样就可以在班级与班级之间形成竞争状态。为了集体的荣誉，大家就会养成自觉遵守纪律的习惯。

（七）立足于正面教育

学校体育教育应以正面教育为主，在活动中对学生要多表扬、多鼓励、少批评，不能粗暴地指责学生的错误，更不能用打骂的方法来教育学生，这样不但会伤害学生的自尊心，而且严重地损坏了教师在学生心目中的神圣形象，使师生关系变得紧张。所以，对学生进行批评教育要有针对性，注意分寸。

（八）做好安全保护工作

上课之前，对上课的地点、场地的布置和器材设备及学生身体状况都要做周密细致的检查和了解，做好充分的准备活动，防止运动创伤事故的发生。课中，及时关注学生的身体状况，尤其是对特殊学生做好课堂安全保护工作，保证学生活动的安全，使学生在教师的保护下免除害怕和紧张心理，提高练习效果。

（九）课中注意事项

(1)课的开始部分，教师一定要做好组织工作。小学生爱说好动，注意力不易集中，这时教师可以安排做集中注意力的动作练习，通过多种趣味性游戏来提高学生的注意力，如“来回报数”“报奇数”“弹钢琴”等趣味性游戏，这样学生的注意力很快又集中起来。但要注意，游戏时间不可过长，应以1分钟为宜。否则游戏时间长了，学生不感兴趣时又会分散注意力。

(2)准备部分要做好准备活动，特别是活动操，要针对节课的练习内容设计专项准备活动，使机体迅速进入工作状态，为学习本节课的内容做好身心准备。

(3)基本部分的活动性游戏后，如“50米往返障碍接力跑”等游戏，学生往往因兴奋过度或争辩名次而引起吵闹。这时教师应该马上维持课堂纪律，可根据课前师生的“约定”，例如，鸣三声短哨，学生做相应的动作，引起学生的注意，然后喊口令：“四列比赛纵队集合”，这样队形排好了，吵闹声也没了，因为大部分学生还是比较服从教师口令的。

(4)课的结束部分是体育与健康教学的重要组成部分，虽然教学时间较短，但对教学效果的实现、教学任务的圆满完成而言，是一个紧密相关的重要环节。在实际教学中，不可忽视结束部分的教学，教师不能图省事而挤掉这部分内容仓促下课，也不能占用这部分时间而没有结束部分，否则会影响课的效果。长此下去，更会影响学生身体健康的发展。因此，教师应充分认识到课的结束部分教学在体育与健康教学中的作用，认真有效地上好课的结束部分内容，使教学圆满地结束，也能够使学生消除疲劳，促进智力的发展，巩固和再现动作技术。

第二节 小学体育与健康说课

一、什么是说课

说课是指教师把自己的备课过程、教学构思和设计用简洁精练的语言，介绍给同行或评委的一种教研活动。说课这种教研活动，已经在中小学体育与健康教学研究中普遍开展，说课活动的开展对于提高青年教师的表意能力、表演能力、组织能力和教育教学水平是十分有益的。

说课是让对教学内容有准备的教师，根据课程标准，教学理论，对教学内容、教学目标、教法、学法、教学过程等方面的内容进行全面的设计与阐述，不仅要层次清晰地说明这节课怎样教，而且要简练精辟地揭示这节课为什么要这样教，然后由评委评说，提出改进意见，再由授课教师修改，完善其教学设计的教研形式。简单地说，说课就是全面阐述和完善教学设计的过程。体育学科说课，是新课程改革的新课题，是走进新课程教学研究的新形式。说课活动的开展，引起了教育行政领导和教师的广泛重视与关注，为教学研究工作注入了新的生机与活力。

时下许多体育教师，面对新课程改革背景下的体育与健康新课堂不再陌生，大多能构思一节生机盎然、精彩绝伦的体育与健康课，然而面对说课，却显得力不从心，特别是对重要的考聘和一些职称评聘的说课。在有经验教师的指引、教导下，并不断地钻研学习、联系课堂教学实际和自己教学风格，多撰写多实践，可渐渐得心应手，应对自如。

二、说课的目的

说课源于上课，服务于上课，通过上课检验其适应性、可行性和科学性。说课教师按照体育与健康课设计思路、教学设想及理论依据，利用几分或十几分钟的时间进行简单扼要地讲解、分析，把自己的教学特点加以阐述，使之得到完善和发展，以达到互相交流、相互学习、集思广益、完善教学过程，共同提高教学质量的目的。

三、说课的形式

根据上课及考核情况，说课大致可分为课前说课、课后说课、研究型说课和考核型说课四种形式。

1. 课前说课

一般是在公开课、示范课、评优课和展示课之前，安排时间由上课教师进行说课，由评议组(专家组、评课教师)进行评议。说课教师根据大家意见，修改原有的教学设计，完善体育与健康课的设计思路，使课上可能出现的问题预先得到解决，保证实际教学的质量。

2. 课后说课

一般是指在上完公开课、示范课、评优课和展示课之后，安排专门的时间由上课教师进行说课，主要是对已上的课进行教学总结，反思教学过程及成效，由评议组(专家组、评课教师)进行评议。说课教师根据大家的意见，修改原有的教学设计，更加完善体育与健康课的设计思路，解决存在的问题，为今后教学提供借鉴。

3. 研究型说课

主要是指围绕一个或几个专题进行研究的说课。事先指定一人或几人围绕研究主题，设计说课提纲，然后在一定的范围内进行专题研究、讨论，就说课内容各抒己见，相互质疑，达到相互学习，取长补短，共同提高的目的。

4. 考核型说课

事先将考核时间、注意事项、评价标准通知说课人。一般是在考试前 1 小时或 30 分钟公布考试内容，也可由被试抽取考核内容，现场进行考试。主要内容包括课的任务、教材的搭配、教学目标的确定、教材的难点与重点的确定、教学组织安排、措施、主要教法、学法、教学程序、分组形式、教与学设计、测评方法与安全措施、预期结果(目标的达成)、场地、器材的准备等。

四、说案的撰写

说案，是按照说课内容的内在逻辑来撰写的。在教学工作中，可以把说课的方法简单地总结为“四说二写一展示”。

“四说”即说课堂教学指导思想及课程标准、教材；说教法；说学法指导；说教学程序。

“二写”指写出本节课主题及场地布置。

“一展示”指展示自己设计的运动技能简笔画和可能展示的动作要领。

具体建议如下。

1. 说课堂教学指导思想及课程标准、教材

根据素质教育的理论和要求，说明本节课的教学指导思想，根据课程标准要求，说明本节课的运动参与、运动技能、身体健康、心理健康、社会适应等目标。并且要说明本节课在实现“健康第一”理念的作用和设想，分析本节课的教学重点、教学难点和教学组织。

2. 说教法

说明在本节课中采用的教学方法和运用的教学手段，以及这样做的原因，要着重说明其中有独创的做法，特别是培养创新精神和实践能力的具体做法。

3. 说学法指导

说明在本节课中教给学生哪些学习方法，以及调动后进学生学习兴趣的方法，还要说明进行探究性学习的具体措施和安全措施。

4. 说教学程序

按照教学的先后顺序说明每一环节所用的大体时间，重点说明主要环节的教学双边活动，致力于教学难点和教学重点的突破，并简要说明这样设计的理由。说明场地器材的准备和学生锻炼的组织和管理。

5. 展示基本功

在黑板上(或纸张上)写出本节课主题，画出场地布置和运动技能的简笔画，展示粉笔字和绘画功夫。

6. 可能情况下展示自己参与设计的教学辅助课件

所制作的课件要起到突出本节课重点，降低本课难度，以突破难点的作用。展示课件时还要简述自己设计、制作的思路和过程。

五、说课的主要内容

(一)导言(指导思想)

在新课程理念下及大单元教学方式下，介绍本节课的基本教学指导思想，通过本节课教学所要达到的预期效果，指导思想主要体现小学体育与健康课程特点。

(二)分析学生(也可称学情分析)

主要介绍所教班级学生的年龄特征；学生的智力水平；学生的元认知发展水平；学生的兴趣、动机水平以及学生与本节课教学内容相关的体育知识和动作技术基础，等等。

(三)教材的选择(教材分析)

说教材要求用简洁明快的语言，把自己所采用教材的要求、意义、作用和课时安排等介绍给评议者，使他们了解体育与健康课程目标对本教材的规定及具体要求。

(四)教学目标

教学目标是描述学生行为结果的，是以学生为主体的，因此目标制定要符合学生不同年龄、不同班级的起始点，执行起来使学生心中有数，尽量用一种可以观察测量的术语制定清晰、客观、具体的教学目标，便于操作观察和评定，不能使用含糊的语言，如发展××思想，培养××能力，而必须用外显的行为动词或词语描述学生要达到的行为结果。

(五)教学过程

对课堂结果设计的思路要说清楚，它包括六个环节：①用什么方法导入此课；②如何启发、调动学生的积极性；③教师如何示范、讲解，突出什么内容；④怎样评定学生学习效果；⑤各教材的时间分配；⑥板书设计和电教手段的运用。

(六)教学重点、难点

教学重点就是这节课要解决的关键环节，难点包括教材和学生两个因素，其中主要是指学生在学习教材时难以理解的关键点。

(七)课的特点与创新

主要是在本次教学过程中教学内容、教学方法、手段、场地器材的改造和利用以及教学设计等方面的创新之处，值得借鉴和推崇的闪光点。

六、说课的要求

(一)教师基本功

主要包括：①口令规范、声音洪亮，语言流畅、精练；②普通话规范，表述科学；③教育理论素养高；④有个性、有特色，体现学科特点；⑤教学应变能力强，回答同行的问题质量高。

(二)个人形象

主要包括：①仪表；②身体语言：眼神、肢体语言、神态、行为举止等；③自然得体，落落大方；④镇定自如，不紧张；⑤谦虚、礼貌(说课完毕后要致谢)。

说课，不同于一般的发言稿和课堂教学，它要求说课教师比较系统地介绍自己的教学设计及其理论依据，而不是宣讲教案，也不是浓缩课堂，其核心在于说理，在于说清为什么要这样教，重点在于教学重点和教学难点的突破上。在说课过程中，要把握以下几点。

1. 用好普通话

在说课过程中，使用普通话。注意语气、语调的变化，充满自信地多用眼神和评委交流。

2. 充满激情，慷慨自然

说课时不但要精神饱满，而且要充满激情，要使评委首先从表象上感到说课教师对课程设计与教学的自信，从而感染评委，引起评委的共鸣。

3. 紧凑连贯，简练准确

说课的语言应具有针对性，语言表达要简练干脆，不要像上课那样拘谨，要有声有色，灵活多变，前后连贯紧凑，过渡流畅自然。不可念稿，注意书面语言与口头表达的转变。

4. 突出重点，详略得当

指导思想、教学理念、教学目标等应陈述清楚，简洁明了，用手势等肢体语言配合表述；教学重点、教学过程要层次清楚地重点表述，回答问题，方法巧妙。

5. 自然而有效地使用道具(媒体)

在说课时，要注意将现代化的电教器材(技能展示、技能简笔绘画)组合在说课的主体里，使说课更加生动，从而取得最佳效果。

七、说课与上课的关系

(一)性质不同

说课是一项教研活动，是对上课的理论把握；上课则是一项具体的教学活动，是为了直接完成教学目标和任务。

(二)对象不同

说课的对象是同行、评议者；上课的对象是学生。

(三)时间、场所不同

说课的时间既可在上课前也可在上课后，一个完整的说课应该是说课者的“说”与评议者的“议”相结合，再通过“评”课堂教学来验证说课的效果。说课的场所可以灵活安排，上课则有严格的时间限制，场所一定是在课堂。

(四)内容不同

说课主要阐述上课采用的方法及理由，怎样教、为什么这样教、怎样学、为什么这样学；而上课是为了完成教学内容达到教学目标而指导学生学习的具体施教过程。

(五)语言风格不同

说课语言应当严密、简洁、清晰、平和，以易与同行、评议者切磋交流。上课语言则注重启发、引导，并根据需要抑扬顿挫，以便激发学生兴趣，便于学生理解掌握。

八、说课的效果与应用价值

(一)省时省力，简便易行

说课的教研目标具体，主要是研究课程设计与思路，占用时间短。

(二)能提高教研活动的针对性、实效性

说课是上课与备课之间的中间环节，在某种意义上交流更直接、具体，既能弥补备课的不足，又能提高实际上课的质量，是一种简便、易行、效果明显的教学研究手段。

(三)可以对教师的业务水平和教学能力做出客观的评价

说课可以反映教师对教材的理解、掌握程度，对教法、学法的运用能力，整体设计思路与水平，教学理论与分析问题的能力，教师的语言组织、表达、逻辑思维能力。通过说课可以基本了解教师备课环节的水平，也可以针对其备课前准备情况做出较为客观的评价。

九、说课注意的问题

说课过程应注意以下问题。

(1)说课不是备课，不能按教案来说课。

(2)说课不是讲课，教师不能把听说课的领导和同行视为学生，如正常上课那

样讲。

(3)说课不是“背课”，也不是“读课”，要突出“说”字。既不能按教案一字不差地背下来，也不能按说课稿一字不差地读下来，一节成功的说课，一定是按自己的教学设计思路，有重点、有层次，有理有据。

(4)说课的时间不宜太长，也不宜太短，通常可以安排一节课的1/4～1/3的时间。

(5)注意发挥教师自身的教学个性和创新精神，防止生搬硬套。

(6)注意运用教育理论来分析研究问题，防止就事论事，使说课还处于“初级阶段”的层次水平。

(7)注意避免过于表现“理论依据”，脱离教材、学生和教师实际，空谈理论。

总之，说课能够引导广大教师认真学习课程标准，深入钻研教材，主动转变教育观念，掌握现代教育技术，提高教育教学技能，更好地深化课堂教学改革，优化课堂教学过程，提高课堂教学效率，全面推进素质教育。

十、说课稿框架

说课稿

各位评委：下午好！今天我说课的内容是(　　)(新授)和(　　)(复习)。

辅助内容：原地纵跳—俯卧撑—加速跑

(一)首先说的是本次课的指导思想

依据课程标准的要求，体育与健康课程在教育方式、教学内容、教学评价等方面都有了新的发展和侧重点，以促进学生核心素养发展为目标，坚持“健康第一”教育理念。对于小学生来说，要注意学生在运动参与中的情感体验，激发学生学练兴趣，培养他们良好的体育锻炼的习惯。因此，在课堂教学中除传授学生基本技能之外，还要讲明所学内容对提高身体素质和增强体质的作用，让“健康第一”落到实处。同时也要注重培养学生组织能力、创新能力、吃苦耐劳的意志品质及团结互助的集体主义思想，为将来适应社会打下良好的基础。

(二)教材分析

本课教学内容由主教材和副教材组成。

第一个内容是(　　)(主教材)，(　　)是(　　)中最基本的动作，主要锻炼(　　)、发展(　　)素质和协调性，是小学体育与健康教学重要的组成部分，是更好地学习各种(　　)的基础，所以必须高度重视学习和掌握这一技术，(　　)基本方法并不复杂，但要做到熟练完整地完成技术动作，就比较困难。因此，教学重点是(　　)。难点是(　　)，身体的协调能力。

第二个内容是(　　)(副教材)，属于素质练习教材，辅助内容，是运动中最基础的素质能力，对发展学生(　　)的素质，培养学生在比赛和实际应用的能力具有重要作用。

把这两项内容安排在同一课次，一是根据学生身体全面发展的原则，既有以上肢为主的练习，也有以下肢为主的练习，既有发展力量的练习，又有发展灵敏、速度的练习，使学生的身体素质和基本活动能力得到全面、协调的锻炼和发展。二是依据合理安排学生生理负荷和心理负荷的原则，并结合人体机能适应性规律。

(三)学情分析

本课教学对象是小学____年级学生，他们表现出注意力不集中，活泼好动，个性张扬，好表现自己，依赖性强，力量和速度较弱，自我约束能力差，体育兴趣难持久等，但模仿能力强，好奇心强，对于直观的、易于模仿的感性思维的体育与健康课比较喜欢，学习兴趣较高等特点。根据学生情况和课程理念，本着“以教师为主导，学生为主体，以快乐为主线，以学练为主旨”的主题思想，在教学中采用了启发、诱导、合作、游戏、评价激励等方法，使学生在自主的学习中体会到体育带来的趣味和成功的喜悦。

(四)教学方法运用

1. 教法设想

根据人体动作技能形成的规律，结合学生的实际情况，遵循直观性、自觉性、循序渐进原则和因材施教原则，主要采用的教学方法如下。

(1)启发式教学法：通过语言、动作激发学生的学习兴趣，启发学生积极思考，勇于创新。

(2)讲解示范法：通过精练适度的语言讲解，使学生获得正确的动作概念；优美的示范，利于学生模仿正确技术。

(3)纠正错误法：学生间存在个体差异，完成练习的情况各有不同，通过纠正习得正确动作，提高学习的信心。

(4)循序渐进法：在教学过程中，做到由浅入深，由易到难，使学生更容易掌握动作。

(5)创设情境法：通过创设情境，进一步激发学生的学习兴趣，学生在创设的情境中，能始终保持高昂的情绪，既寓教于乐，也发展了运动能力。

2. 学法指导

“授人以鱼不如授人以渔”。本课要教会学生学习和练习的方法。在本课的学法中，让学生采用“听、看、想、练、比”的学习方法，发挥学生的主体地位，活跃课堂气氛，通过学生自主尝试、观察对比、师生讨论等方式培养学生的思考能力、观察能力和实践能力。面向全体学生，使不同基础的学生都能从运动中得到锻炼，获得快乐。

(五)教学目标

根据上面的教材分析和学生实际情况制定教学目标如下。

运动技能目标：使学生理解(主教材)的基本技术原理和副教材的技术特点，明确学习的目的性，初步学会(主教材)中合理的技术动作，使80%的学生能独立完成动作，发展学生速度、灵敏、柔韧、协调等素质。运动能力包括体能状况、运动认知与技战术运用、体育展示或比赛三个维度，主要体现在基本运动技能、体能、专项运动技能的掌握与运用。

健康行为目标：培养学生体育锻炼意识与习惯、健康知识与技能的掌握和运用、情绪调控、环境适应四个维度，使学生养成良好的运动习惯。

体育品德目标：体育品德是指学生在体育运动中应当遵循的行为规范和体育伦理，以及形成的价值追求和精神风貌。通过主教材和副教材的教学和练习，培养学生勇敢顽强、机智果断的意志品质和良好的纪律性及和谐的师生关系，以游戏和比赛培养团结协作精神和克服困难的意志品质。

(六)教学过程

根据认识事物的规律和人体生理机能变化的规律将本课分为四部分：开始部分、准备部分、基本部分和结束部分。

1. 开始部分：两方面内容，时间 2 分钟

一是课堂常规：1 分钟。二是队列练习，1 分钟。队列的内容是××××，方法：学生以集合队形听老师口令进行练习。它既是大纲规定的学习内容，又能集中学生的注意力，振奋学生的精神。后面安排的反应练习“反口令练习”，既是对队列练习效果的检验，又能提高学生注意力，为以下的教学做好准备，要求学生精神饱满，步调一致，反应迅速。

2. 准备部分：时间 8 分钟

包括创设情境游戏“架桥过河”和配乐垫上操两个环节。

第一个环节：游戏“架桥过河”。把平时枯燥的准备活动寓于创设情境的游戏活动之中，激发学生的锻炼兴趣。时间 5 分钟。游戏方法和游戏规则如下。

(1)游戏方法

①将学生分成人数相等的四路纵队，站在小河的岸边(篮球场底线)，学生每人手拿一块桥板(小体操垫子)做准备。

②游戏开始，教师发出信号，学生按顺序从第一个依次过河，先放一块桥板在小河里，双脚在桥板上，接着从第二名学生手中接过第二块桥板放在第一块桥板前面，跳到第二块桥板上，第二名学生双脚站在第一块桥板上，依次传递，接力前进，这样连续架桥到对岸(篮球场另一侧底线)，全组集体通过快的队获胜。

(2)游戏规则

①桥板铺设的远近不限，但要求每一个组员都能跳上去，不能落水。

②落水一人次总时间加 2 秒，并回到上一块桥板的位置。

③用时最少的为优胜队，最后到达的 2 队每人做 20 个原地纵跳作为惩罚。

第二环节为配乐垫上操，时间 3 分钟。

接着进行配乐垫上操，选择班得瑞的轻音乐《寂静森林》。利用刚才铺好的“桥”，在桥上完成，合理调队，使课紧凑、有序。通过教师讲解示范，学生随着音乐的节奏跟着做的柔韧性拉伸练习，把垫上操配上音乐，乐与律的结合，创造一个艺术的氛围，给学生以美的感受。这样安排，一能引起学生学习兴趣，激发学习动机；二能使学生的生理机能活动能力从相对较低水平逐渐调动起来，为人体进入活动状态作好生理和心理上的准备，并预防和减少运动损伤的发生。

3. 基本部分：30 分钟

第一个内容是(　　)(主教材)，时间安排 20 分钟。

为了解决这一内容的重、难点，使学生更好地掌握(　　)技术，设计了以下教学步骤。

(1)采用启发式教学。向学生介绍(　　)运动的技术结构、技术要求和对发展人体各项素质的作用，在(　　)运动中的地位和重要性，目的是激发学生的学习热情。

(2)教师进行完整示范和分解示范。让学生头脑中初步形成整体动作表象和了解各个技术环节过程，并按照循序渐进原则，从简单到复杂来逐步掌握动作技术，安排如下练习。

练习 1.(　　)(基本动作)练习

目的是(初步掌握××动作)，为下一环节打好基础。方法：把学生分成(×人一组)，在组长的带领下体会(×××)动作。教师巡视指导。

练习 2.(　　)(教学重点)练习(集体练习或分组练习)

目的是(　　)(教学重点)。方法：(　　)。教师巡视指导。

练习 3.(　　)(教学难点)练习

目的是让学生建立完整的动作技术。方法：××人一组，轮换进行。老师巡视指导，全面兼顾不同水平的学生。

(3)让不同水平的学生展示。教师有针对性地进行讲评和分析。目的是让学生对比自己，引起注意，改正错误。

(4)学生根据自己练习情况及结合教师评价，组内边练习边评价，总结各自的优缺点，并采取针对性练习方法。

(5)(教学)比赛。方法：球类、武术、田径等。

采用比赛形式更能激发学生练习的兴趣，提高练习的效果，进一步巩固动作技术。同时也能培养学生的集体荣誉感和良好的组织纪律观念。便于教师集中观察，教学指导。

第二个内容是(　　)(副教材)，时间安排 10 分钟。

该内容所要解决的重点问题是合理的(　　)。难点是(　　)，克服(　　)。学生往往不明确身体协调性对完成动作的作用，从而导致各种错误动作。以下的教学手段，就是围绕这样的一个重点、难点展开，根据从易到难、从简单到复杂的循序渐进原则，一步一步进行的。

(1)讲解动作要求和注意点。目的是(　　)。

(2)(　　)的练习。方法：依据学生运动技能形成规律，由易到难进行练习，先在原地体会正确的动作要领，再通过讲解，掌握(　　)的方法，突破教学难点。

(3)(　　)练习。方法：依据循序渐进的教学原则，安排了从原地练习过渡到活动练习，是为了让学生逐步学会动作技术。

(4)(　　)比赛。方法：由于教学时间到了这时候，学生不随意注意占优势，为了吸引学生的注意力，运用竞赛游戏，来检查学生(　　)技术的掌握情况，并以此锻炼学生的身体素质，提高快速奔跑能力。通过教师引导，充分发挥学生的主体作用。教师再根据练习情况进行点评。同时寓思想教育于竞赛中，有意识地培养学生遵守纪律，关心他人，自觉锻炼的习惯。

4. 最后结束部分

用《幸福拍手歌》音乐进行舞蹈放松，时间安排 5 分钟。

组织：学生站在直径为 15 米的圆上。第一遍原地踏步加击掌，第二遍行进间跑跳步加拍肩，第三遍原地踏步加跺脚，第四遍行进间跑跳步加甩臂。要求学生做到放松时轻松、快乐，听讲时认真。

用音乐进行舞蹈放松，既提高了学习的趣味性，又起到全身放松作用，使学生的生理、心理都得到放松，在进行体育美育的同时，又一次体验了上体育与健康课的乐趣。

进行课堂小结。指出优点和不足之处，达到鼓励学生和继续提高的目的。

器材回收。培养学生劳动观念和爱护集体财产的习惯。

师生道别。再次拉近师生距离，养成文明礼貌习惯。

(七)预计课的效果

学生能在教师指导下认真参与各项练习，课堂气氛活跃，师生感情融洽。完成率在 85%左右，能基本掌握正确动作要领。

预计课的练习密度为 65%左右，平均心率达到 150～160 次/分钟。让学生既出汗又面带微笑，身心健康全面发展。

(八)场地器材

场地：田径场、篮球场。

器材：体操垫××块(同学生数)，录音机一台，录音带二盒。

十一、说课的案例

小学四年级《跳绳》教案的说课稿

导言

本课依据课程标准，以跳绳为主教材，借助现代信息技术为教学手段，通过动画的演示，使学生直观地了解跳绳的多种跳法和相关知识。不但让学生掌握多种跳绳方法，而且让学生根据已有的跳法进行自由创编，培养学生的创新力。让学生将自己的跳法大胆地向其他同学展示，增强其自信心，获得成功的喜悦。通过游戏比赛的形式培养学生良好的团结合作能力。

(一)分析学生

本次课的授课对象是小学四年级学生。好动是小学生的天性，他们对体育活动有广泛兴趣，喜欢学习别人的运动技巧。自信心强，但有时过高地估计自己的能力，还存在着任性、娇气、依赖性强、缺乏合作精神等心理倾向。随着年级的升高，他们团体意识逐渐加深，除对个人的竞争有兴趣外，对团体竞争也产生浓厚兴趣，开始注意教师和同学们对自己的态度。因此在教学中针对小学生的心理生理特点，灵活地安排多样的跳法练习，在课堂上为学生创设公平竞争的气氛，留给学生一定的活动天地，让学生由主学习，在观察思考中得到启示，得到锻炼。多表扬，少批评和指责。同时让学生自由组合，有效地激发团队精神、合作精神，有益于各层次学生得到提高，使学生在参与活动中有成功感，给学生带来学会了的愉快，成功了的喜悦，获胜了的开心和自豪。

(二)教材的选择(教材分析)

跳绳是小学生十分喜欢的一种体育活动。它是一种以下肢运动为主，结合上肢协调配合的一种身体活动，它可以通过控制动作的繁简和速度的快慢而很容易地达到调节运动量的目的，适合不同的年龄和性别。由于设备简单，不需要很大的场地，且容易开展，是小学体育教材中较好的内容。通过跳绳活动能够促进学生上下肢肌肉、关节、韧带和内脏机能的发展，对于发展弹跳力、灵敏、协调性等具有显著作用，还可促进少儿智力、身高的增长，增强少儿心肺功能和胃肠功能。

(三)教学目标

运动能力目标：使学生积极参加到学习中，并大胆向同学展示自己的动作，相信我能行，告别我不行；使学生掌握一些用跳绳练习的方法，并了解跳绳的知识、对身体的作用以及注意事项。

健康行为目标：通过跳绳发展学生的身体素质，增强体能，促进身体正常的生长发育。

体育品德目标：在学习中充分展现自我，增强自信心和意志品质，得到成功的喜悦，培养良好的团结协作精神。积极进取，乐观开朗。

(四)教学过程

(1)为了更好地完成教学目标，根据教育改革和学科整合要求，在体育与健康教学中把音乐、美术、英语、信息技术等科目都加入课堂。

(2)在课的开始和结束部分，以英语对话的形式进行课堂常规，大大增加了学生对体育与健康课的兴趣。准备部分，先让学生进行游戏，充分调动学生学习的积极性、主动性，然后在动感的音乐下完成自编操，充分热身，为上课做好生理和心理准备。结束部分，悠扬的歌曲《让我们荡起双桨》作为伴奏进行放松运动，陶冶情操，达到恢复学生生理和心理的目的。

(3)由于跳绳的种类和方法很多，在安排课时，按照由单人—双人—多人—集体，以及短绳—长绳、单绳—多绳等顺序练习跳绳的各种方法，使同学们的练习由简单逐步到复杂，并不断激发学生学习的兴趣，让学生向新的目标挑战。然后让学生充分联想：用跳绳我们还可以做什么练习？并练习自己喜欢的内容。

(4)将多媒体引入体育与健康教学，通过动画的演示，使学生直观地了解跳绳的多种跳法和相关知识(包括跳绳特点、对少年儿童的益处和跳绳应注意的问题)。让学生根据已有的跳法进行自由创编，培养学生的创新力。

(5)在教学中，教师适当地参加各组的练习，加深师生感情，融洽师生关系，使学生在轻松愉快中学习。并让同学将自己的跳法大胆地向其他同学展示，增强其自信心，以及获得成功的喜悦。通过游戏比赛的形式培养学生良好的团结合作能力。最终在五个学习领域中完成水平二的教学目标，使每位同学在本节课中都有不同的收获和进步。

(五)教学重点难点

(1)学生主动参与、创想和表现。

(2)跳绳时节奏及上下肢的协调配合。

(六)课的设计

1. 准备部分

首先，在《地道战》的歌曲中，进行游戏，充分调动学生学习的积极性、主动性，活跃了课堂气氛。然后，在动感的《动画片》音乐下跟老师一起完成自编操，充分热身，为上课做好生理和心理准备。

2. 基本部分

(1)让同学进行友伴分组，练习以前掌握的跳绳方法。同时，在电脑中查找自己想了解的有关跳绳的资料。包括跳绳特点、促进少儿智力和身高的增长、增强少儿心肺和胃肠功能、对身体素质提高、练习跳绳时的注意事项和一些练习跳绳的方法。特别是在针对心肺、胃肠功能的作用中，增加动画演示，让学生直观地了解到在跳绳中，心脏的跳动和肺部的运动。这样不但使学生掌握了跳绳的方法，而且了解了跳绳的相关知识。

(2)通过多媒体进行猜谜游戏，导出一种长绳的练习方法——《闯三关》。然后让学生仔细观察电脑的演示，并进行分组练习，比比哪组学得快。学生可以选择老师给出的跳绳方法练习，也可以自由创编练习，比一比哪组学得快？哪组的跳法最新颖？

(3)最后，让学生自己想象：用跳绳我们还能做什么练习，并自选一样比较喜欢的项目进行小组练习。

3. 结束部分

先让学生欣赏歌曲，发挥充分的想象力和创造力，然后在悠扬的歌曲《让我们荡起双桨》的伴奏下自由做动作。从而达到恢复学生生理和心理状态的目的，同时渗透美育，陶冶情操。

第三节　小学体育与健康听课与评课

听课与评课是教育领域中常用的教学观摩和教学质量评估形式，是教学改进和教学质量保障的重要手段。听课与评课的过程，能促进教师的专业发展和学校教育水平的提升，帮助教师改进教学方法，提高教学效果，促进教学质量的提升。通过积极的反馈和支持，鼓励教师不断探索和创新，提升自身的教学水平。

一、听课的概念及类型

(一)听课的概念

听课，也叫看课，是常用的教研方式，听课是提高体育教师业务水平和体育与健康教学效果的有效途径之一。就听课者而言，其主要目的是学习，即要发现讲课教师的长处，加以总结提炼，提高自己的课堂教学技巧，形成自己的执教风格。

(二)听课的类型

听课是有目的性的，其目的性是多方面的，如检查教学质量，提高教师自身教学能力，研究教学方法等。从听课的目的性划分，听课可分为检查性听课、辅导性听课、观摩性听课、研究性听课。

检查性听课，是以检查教师教学态度、教学思想、教学水平和教学质量为目的的听课。课堂教学是学生获取知识、培养能力、掌握学习方法和进行人文素养教育的重要阵地，教师的教学行为在课堂教学中起着重要的作用。通过检查听课，有助于教师改进和加强教学研究，有助于教师提高自身教学素质，提高教学质量。

辅导性听课，是以帮助年轻教师和教学有困难的教师掌握教学方法为目的的听课。这种听课的方式，一般要求听课者参加教学的全过程，从帮助备课到听课到评课，进行全面的分析指导。

观摩性听课，是以总结和学习教师的教学经验和教学风格为目的的听课。讲课的教师在教学上有其示范性，其自身素质及其教学思想、教学理论、教学方法融入课堂教学之中，能给人启发和美的享受。

研究性听课，是以研究教学方法，揭示教学规律为目的的听课。带着问题听课是研究性听课的特点。如某项实验研究课题教学研究，不同教师同篇课文教学研究，不同教师教学风格教学研究等，通过研究性听课，进一步感悟教学方法，揭示教学规律，提高教师教学能力。

二、听课与评课在体育教研活动中的作用

(一)听课与评课是教研合作研究的有效方式

听课与评课是体育教师间的群体性活动。它有着协调角色、沟通意见、融洽感情、

提高教学水平的功能。听课之后，听课教师应及时与讲课教师进行沟通、交流，以达到互相促进、共同提高的目的。它为教师间的专业合作提供了有效的机会和平台。

(二)听课与评课是提高教学水平的重要手段

听课与评课是一项能让听课者与上课者双方均受益的教研活动。讲课教师要想方设法上好这一节课，就要从组织教材到活动设计，从教学目标到教学效果，从预计密度到平均心率等方面进行全面考虑。这无疑是对讲课教师的一次极好的锻炼机会。而对听课者来说，既可以了解、学习别人好的教学方法、教学结构、课程设计等来补充完善自己，又可以增长自己的知识。

(三)听课与评课是改进教学方法的重要途径

听课对教师学习和提高教学方法起着重要的作用，能帮助讲课教师特别是新教师找出课堂教学中存在的问题，总结成功的经验，使上课者与听课者的业务素质、授课艺术和教学水平都有相应的提高。另外，在某种程度上还有利于挖掘课堂教学资源。而丰富的课堂教学资源，也有利于提高教学质量。

(四)听课与评课是提高专业水平的重要方式

通过听课与评课，体育教师可以从他人的教学实践中促进自己的专业水平发展，通过听公开课、常态课、观摩课记录所观察到的情景、发现的问题等，然后相互交换意见并提出改进措施，这样可以达到共同提高、共同发展的目的。对讲课教师来说，通过评课可以获得成败得失的信息，并借助于反馈的信息来调整自己的教学活动，探究具体的课程教学、学习、管理上的问题，这有利于帮助教师提高教学水平，促进教师的专业成长。

三、听好体育与健康课的基本要求

(一)准备要充分

听课者应该提前半小时到达听课地点，了解教师，熟悉场地器材，尽快拿到执教者上课的教案，以熟悉内容，了解知识的前后联系及执教者的教学思路、教学方法、课堂布局和意图等。如有可能，还应了解一下上课学生的情况。

其次，带着问题去听。听课者可以根据讲课教师的课题预想学生学习方法的指导，设想自己该怎样上这堂课，如何组织教法，以便在听课的时候与讲课教师的教学进行比照，比较优劣，取长补短。

(二)观察要全面

听课者在听课过程中，既要看教，又要看学，更要看课的实效。听讲课教师的教学语言是否精练，看讲课教师对教材的钻研、重点的把握、难点的突破、教法学法的设计、教学基本功的展示，看时控是否合理、双边活动是否协调，看对学生的评价是否及时、准确。要看学生的学，看学生是否自觉地、主动地参与体育活动，看各类学生特别是身体素质不太好的学生的积极性是否被调动起来。

(三)记录要精练

一记时间。即记录听课日期、听课过程中各环节、各步骤的时间，并观察其时间的安排是否合理。

二记过程。即记录课的教学流程。关注课各部分的衔接过渡是否自然合理。

三记重点。即记录运动技术的讲解、示范是否到位，辅助练习是否恰当，有无激发学生的运动兴趣，运动技能的掌握程度，学生身心是否愉悦等。

四记疑问。即记录教学过程中采用的教学方法、策略中值得推敲的地方，用加“?”的形式记录下来，并附上自己的听课随想。

五作点评。即对课堂教学中的闪光点和不足之处，用加备注的方式记录下来，如对教学步骤、教学策略、学生反应等，加以肯定或提出建议。

另外，与其他听课者的交流也是必要的。通过交流，既可以消除听课中产生的疑问，又可以拓宽自己的视野。如有可能，最好能与执教者当面交流。

四、听课中常见的问题

(一)听课的目的不明确

听课的目的是促进上课者与听课者双方的进步和发展，提高教学质量与水平。有的学校要求每位教师一学期必须听完几节课，并把听课与评优、评模、聘任等挂钩，这样造成听课教师往往把听课当成是一种任务。他们认为只要听了课就万事大吉，完成任务，有无质量与我无关。在这种情况下，听课与评课便成为悬在教师头上的“达摩克利斯之剑”，造成对听课与评课宗旨和功能的曲解。

(二)听课前准备不充分

很多听课者在听课前未做好充分的准备，盲目地听课。表现在听课者不熟悉教材，不了解授课者本节课教学设计的思路，没弄清新旧知识间的内在联系，更不知道教学内容的重点和难点；更有甚者，不清楚上本节课的教学目标，因此也看不出讲课教师是否完成了教学任务。

(三)听课时观察不全面

听课者常常不能做到全面地“听”课，有的听课者只注意讲课教师是怎么讲课的、如何示范、口令是否正确等，而很少关注学生的表现。对练习和活动的了解只是皮毛。相反，有的听课者却只注意学生方面，如学生练习的密度、心率等，而忽视了教师方面。以上观察不全面的表现。

五、如何听课

(一)听韵味

听课同样要听韵味。课的韵味由课的性质决定，体育与健康课的体育味，由体育学科特性决定，由它自身的特点，如体育知识、体育技术与技能、体育竞争意识等组成。如果一节课没有体育知识、技术与技能做支撑，就不是一节成功的体育与健康课。

当前，许多生活中的内容被教师引入课堂，但这些内容需要经过教师的教材化改编，如果没有进行教材化改编，没有对体育技术与技能的要求，虽然学生会积极参加，也有一定的锻炼价值，但这样的课并不值得推广。因此，体育与健康课最大的魅力在于体育的韵味，失去韵味的课是没有生命力的课。

(二)听细节

细节体现教师整个课堂的设计理念与教学特点。教师的教学艺术、教学风格、教学思想、教育科研意识，均会在细节中得到体现。学生的品德素养、兴趣爱好、创新意识在教学的细节上都会得以彰显。

(三)听借鉴

1. 思考我怎么处理

“思考我怎么处理”，应该是听课教师最大的收获。听课的过程中，一定要注意讲课教师的言行、课堂调控、课堂交流等方面，听课教师只要用心去听，用心去感受和比较自己与讲课教师的不同观点，总会发现许多前所未有的东西，对提升自己的教学理论水平和实践水平会有很大的帮助。在比较中，自然而然地会从理论到实践去论证讲课教师的课，同时反思自己构思的课。

2. 吸取其他学科的表现手法

听课不要局限于听本学科的课，还要注重听其他学科的课。只有这样，才能借鉴不同学科的表达方法，提高自己在教学中的学科整合能力。

(四)听渗透

在体育与健康课中，部分教师没有处理好教学目标的延续性，甚至抛开体育实质性的技能技术要求，一味强调“快乐”，一味提倡“淡化”，致使一段时间体育与健康课缺乏体育味。不同年龄段应渗透不同的技能要求，在不同的学习阶段中应渗透不同的技术要求。渗透细节能够反映教师对学生的了解程度、对教材把握程度，能够综合反映教师的课堂教学情况。

六、听课路径转换

(一)听课功能转换

听课教师必须明确听课的任务，需要教师具有内在动力和外在学习氛围。加强教研组的团队力量建设，加强互帮互助，营造良好的学习氛围 。从听课评课这一“任务型”活动转化为促进教师专业成长的“集结型”载体，实质是让听课的管理功能转换为发展性功能。

(二)听课载体转换

传统听课载体多为“记账式”听课笔记，缺少参照标准。为此，从评课的角度出发，以评课的众多指标建立课堂观察量表或数学模型，让听课者了解听课的具体方向、观察焦点。

(三)听课视角转换

角色不同，视角也不同。在听课前，要求听课教师明确自己的角色，正确地给予自我定位。

刚入行的年轻体育教师要把自己定位在学习者的角度去听课，在听课中重点观察口令示范、队列队形、组织方法、教学手段等基本的授课技巧，点滴积累而不断提高；有一定工作经验的青年教师要把自己定位在研究者的角度去听课，课中重点观察教材的处理、运动技能的教学方法、理念运用等，反思自己，深入研究；经验丰富的老教师则定位在评析者的角度去听课，重点观察教师的表现力和学生的学习效果，准确地发现闪光点和不足之处，及时地引领青年教师，积极地鼓励青年教师提高教育教学水平。

(四)听课标准转换

根据体育与健康课程改革的需要，在构建新的听课标准中，不仅要注重教学的效果，同样要注重学生发展，注重学生维度和教学过程维度的听评。

听课中，除看学生运动技术理解和运动技能掌握情况外，还要看学生参与运动的积极性，看学生学习方法是否体现以学生为主体，关注学生学习水平提高，看心理健康是否得到发展。

课程标准倡导教师根据新理念及时转变教学行为。听课中要关注教学目标制定是否合理，教学内容的呈现要符合学生的认知规律和心理特点，教学方法是否具有科学性、是否符合学生实际。

(五)听课距离转换

传统的体育与健康课，听课者与上课师生距离较远，恰当地缩小距离有助于更清楚地了解教师的教学和学生的学习过程。“近观”听课强调“零距离”，体育与健康课的特殊性给听课者提供了良好的平台，听课者可以在适当的时候走近学生，同时也走进学生的活动空间，详细了解学生学习水平。

体育学科多为室外课的特殊性决定了听课者除了“近观”听课还可以“远看”听课。不管是听完整的一堂课，还是听某个片段，只要抱着认真学习和借鉴的目的来听课，“远观”听课，同样可以对体育与健康课的组织形式、练习手段等有所认知，从而得到启发，产生共鸣。

七、听课方式

新听课方式主要包括四部分：课前会议、课中观察、课后会议和课后反思，在实施的每一个阶段中都具有明确的活动目的和要求，突出听课的实效性。

(一)课前会议

制定目的，要求观察者带着明确的目的；选择观察对象，包括学生活动、教师活动；制定观察量表。

(二)课中观察

以教师表现和学生表现为观察对象，分成若干组，记录观察情况。

(三)课后会议

听课小组处理观察数据、呈现观察结果，听课小组内讨论汇总，听课小组代表发言。

(四)课后反思

形成新的教学设计，并实施于课堂教学。

八、评课

(一)评课相关内容

评课是在听课的基础上进行的。教师要及时整理听课内容并写出听课意见。评课可分为自评和他评两种形式。自评是由讲课教师自我分析，主要对教学目的的确定、教学内容的处理、教学方法的选择、学生的学习状况以及自我感知的经验教训等方面作出评价。他评是听课者对教师的教学行为和学生的学习行为以及课堂教学氛围和教学效果进行评价。

评价教师的教学行为包括教学目标的确定是否准确、全面、重点突出。教学目的包括学生的认知目标和学生的情感目标。是否把握教学重点、难点，教学结构的安排，教学时间的分配是否合理，教学方法选择运用是否恰当，教与学的关系处理是否体现教师的主导性和学生的主体性，以及教师自身素质的表现。

评价学生的学习行为包括学生是否明确学习目标，在教师的启发诱导下，是否围绕学习目标积极主动地学习，是否把握了学习重点、达到了学习目标等。

评价教学效果，既要看教师的教学行为，也要看学生的学习行为，特别是学生在教师指导下是否积极主动地学习。

评课要及时认真地进行。评课时可先邀请讲课教师自评；评课要根据教学实际，实事求是地进行评价。对于教师的优点，要给予充分的肯定，对于教学中的不足，要给予必要的剖析，并与讲课教师坦诚地交换意见，以便改进。

(二)评课中常见的问题

(1)“轻”。不管公开课、常态课还是其他听课，普遍存在着听得多、评得少的问题。听了公开课后，教师没有及时交换意见。如果听课后不评课，那么听课活动也就失去意义了。

(2)“虚”。在评课中，有的教师讲情面，所以评课也就模模糊糊，讲一些大道理；而有的评课教师不积极参与评课，非不得已时不发言，即使发言也只指出一些优点，说一些不痛不痒的话，你好，我好，大家好。

(3)“偏”。大多数评课者过多地关注讲课教师的教评法，过分关注教学目标、教学设计、教学重难点及教师的仪表、态度等，而忽略了学生的学，所以没有能结合学生的学来评课。

(三)好的体育与健康课评判标准

体育教师要牢记体育与健康课的学科性质，要使每一堂都上得像体育与健康课，要完成被体育学科赋予的任务和使命，不能让体育与健康课走偏走样，这就规定了体育与健康课一定是具有“传授运动技术的程序和效果”的课程。这就使得体育学科与课外的玩耍和学生自由的身体活动有了本质的区别，就规定了体育与健康学科不能不教会学生技术，也不能没有技术进步的这一突出的教学效果。

(1)学生在每节课的学习后技术都要有所进步。

(2)学生在每节课的学习中身体都要有一些良好的反应。

(3)学生在每节课的学习后都要有所感悟。

(4)学生在每节课的学习后都能体验到某种成就感。

(5)学生在每节课中都会被规范行为和受到教育。

体育教师要明确每节课要干什么，要教会学生什么，锻炼学生什么，教育学生什么，要求每一堂课都要上得有效果，不能心里没有一本账，教学不能溜到哪里算哪里，要求上体育与健康课真正成为一个有计划、有步骤地完成教学目标的过程。

要上好体育与健康课，在教材方面要做到以下四点：一是要选好教材，好的标准是“符合学生的身心特点和发展”两方面的需要；二是要能准确地把握体育与健康教材的性质、特点和价值；三是要把教材处理得当；四是要使主要的教材具有适宜的技术难度和较强的教学因素。

教学设计科学，教学分段合理，教学组织严密，教学方法有效，教学步骤清晰；教学负荷适宜，对各项练习的时间、次数及强度能做出科学具体的安排；场地、器材、教具及现代技术手段的利用要经济、实用、有效，符合教学的实际需要。

教学中能够充分发挥教师的主导作用，正确体现学生在体育学习中的主体地位。在教学中教师能根据教学目标、教学内容、学生特点和教学的实际需要，正确、有效地运用接受式学习、自主学习、合作学习和探究学习等学习方式，使教和学的积极性都能得到充分发挥。在课堂教学评价中，能够正确地运用激励性评价、诊断性评价及其他评价方法，给学生以及时、真实、明确的学习反馈信息。

(四)小学体育与健康课的教学评价

教师教学评价是对教师教学以及其专业素质的全面评价，包括完成教学工作的数量、质量、职业道德、教学能力等方面。教师教学评价的形式包括三种：一是“教师之间的相互评教活动”；二是“教师对自己教学的自我评价”；三是学生对教师的客观、公正的评价。对一节小学体育与健康课进行教学评价主要是对体育教师教学方法与手段的评价。对教师教学进行评价的目的是通过客观、公正、及时发现教学活动中的优点和不足，提供具体准确的反馈信息以帮助教师改进教学工作，促进教师自身的发展和教学研究水平的不断提高。如何对一节小学体育与健康课进行教学评价，一般从以下几个环节入手：教学思想、教学目标、教学内容、教学组织、教学方法、教学效果等。

第四节　小学体育与健康微格教学

一、微格教学的概念与其核心价值

微格教学的英文为 Microteaching，在我国被译为“微型教学”“微观教学”“小型教学”等，目前国内用得较多的是“微格教学”。微格教学是一种利用现代化教学技术手段来培训师范生和在职教师教学技能的系统方法。微格教学创始人之一，美国教育学博士德瓦埃·特·爱伦认为微格教学是一个缩小了的、可控制的教学环境，它使准备成为或已经是教师的人有可能集中掌握某一特定的教学技能和教学内容。

微格教学实际上是提供一个练习环境，使日常复杂的课堂教学得以精简，并能使练习者获得大量的反馈意见。

根据多年的微格教学实践及国内微格教学研究情况，北京教育学院微格教学课题组将微格教学的概念定义为：一个有控制的实践系统，它使师范生或在职教师有可能集中解决某一特定的教学行为，或在有控制的条件下进行学习。微格教学是建立在教学理论、视听理论和技术基础上，系统培训教师教学技能的方法。

微格教学是将科学方法论和现代技术应用于教学技能训练实践的理论和方法。将实践中的教学经验在教学活动的层次上进行概括，以系统论、控制论的方法，设计训练的程序和实施训练时的各种控制措施并研究现代信息技术应用和评价等，形成一套有控制的、可操作的教学技能模式和科学的训练程序。微格教学是对教育学、心理学和专业教材教法对学科教学宏观指导下的一种具体的实践补充。

简而言之，微格教学训练和实施的核心是教学技能，它的理念是尊重学生、尊重科学，它的目的是提高课堂教学效率。

二、微格教学的设计与教案编写

(一)微格教学的设计要求

微格教学授课内容少，课时短。从小学体育与健康课程微格教学的表面上看，它是使培训的体育教师掌握教学技能，如讲解、提问、导入等，但它的实质是培训教师学会运用体育与健康教学技能，激发学生的学习兴趣、促进学生思维及掌握体育与健康知识、技术及技能，从而提高教学质量。也就是说，它注重教学的“诊断”及诊断后采取的措施。从理论上看，“微格教学”所设计的体育与健康教学需要教师多方面的综合素质，如智力技能、认知策略、语言信息、运动技能和教学工作态度等。

微格教学的设计所遵循的理论、采取的方法和步骤不尽相同，但主要因素一般有三个方面。

1. 教学目标

是期望学生在完成学习任务后达到的程度。表述应该明确、具体。在认知领域通常用布卢姆教育目标分类，有知道、领会、运用、分析、综合、评价六个层次。课程标准定义为：了解、理解、掌握、运用、评价五级水平。其中某级水平中又有相对等的其他行为动词。

2. 教学过程

达到特定的教学目标，针对学生学习兴趣、知识基础、技能基础、认知特点和智力水平等特点，针对教学环境条件，选择适当的教学媒体，采取经验设计、程序设计、系统设计，主要以系统设计为主，分层的、观察实践的、分组探讨的、由具体到抽象的等教学步骤和教学策略。

3. 教学评价

在组织教学时，教师的教学行为和学生的学习行为要有机结合起来。在注重教学技能的同时，要注意到这些技能在教学实际中的使用效果。如果只重视教师在微格教学课上如何演练技能，而不重视教学的对象及教学效果，就失去了微格教学的培训和实施意义。

设计时，教师应掌握的技能是明确的，在哪个教学阶段使用何种技能都要一一注明，不能有丝毫含糊，这样才能在教学过程及教学结束时，获得反馈信息，便于评价教学效果。

(二)教案模式

按一般微格课堂教学的要求，微格教学课教案设计应包括如下内容。

1. 教学目标

这是微格教学课教案的首项内容。教学目标的制定是备课的前提，制定教学目标要紧紧围绕微格课的教材内容进行。在制定目标时易出现两个毛病：①目标定得大，制定目标抄参考书，不顾课堂实际情况；②制定教学目标不细致，含糊，笼统。

2. 教师的教学行为

教师在授课过程中的行为包括板书、演示、讲解、动作示范、提问等若干活动，都要在教案中写清楚。教师的教学行为要预先经过周密设定，与教学时间一栏相对应，使自己的教案更具有可行性。年轻教师讲授微格课，因为没有经验，对教学过程掌握不好，有时扩大了预定行为范围，有时又缩小了自己的教学行为范围，这需要指导教师事前提醒，提出一些应对课堂变化的建议。尤其是现代课堂教学，电化教学手段复杂，单就电教硬件的操作来说，如果事先不策划好，很可能影响教学进程。

3. 学生的学习行为

是教师备课中预想的学生行为。学生的课堂行为主要有观察、回忆、回答、模仿、练习等。在备课中预想学生行为是非常重要的，若教师备课一厢情愿，只顾自己怎样讲课，不注重对学生的组织与反应，结果在实际课堂教学中常出现冷场，偏离教学目标等现象，使得课堂教学失去控制，完不成教学任务。课堂中出现的问题，实际上是教师备课中对学生的预想未予足够的重视，事先无准备造成的。在上课过程中学生怎样活动，参与活动的各种行为的每一个细微之处教师都应考虑到。微格教学课，时间紧凑，环节衔接紧密，稍有不当之处就容易拖堂，影响授课任务的完成。

4. 教师应掌握的技能要素

在教学进行过程中教师的教学技能设计应具体、明确。在一节复杂的课堂教学中，教师的教学行为表现是多方面的，单就使用的教学技能来说有若干分类。采用北京教育学院微格教学实验室的实践经验总结，分为：体育与健康教学语言技能、导入技能、讲解技能、提问技能、板书技能、变化技能、强化技能、结束技能。在教案中应注明微格教学中应用到的技能要素。比如提问技能，就要注明教学过程中提问各个类型的使用以及提问构成要素。这样，从教案中就可以了解教师提问的思路、是否掌握了各种提问类型以及提问是否流畅。课后就可以针对存在的问题进行客观科学的评价和指导，从而保证上课质量，做到防患于未然。

5. 需要准备的视听教材、场地器材

要求在教案中把自己将使用的视听材料、场地器材加以注明，以便课前准备，课中使用。板书也应在这栏中注明。

6. 时间分配

微格教学是由0′0″开始计时，它以分、秒为单位进行计时，严格控制教学过程的每一个环节，忌拖堂，授课者必须明确这一点。

三、关于体育教育专业学生微格教学考试

根据师范生教师职业技能要求，结合小学体育与健康课程教学要求和特点以及体育教育专业学生培养目标，体育教育专业微格教学考试安排如下。

(一)考试对象

体育教育专业所有学生。

(二)考试内容

1. 必考部分：队列队形和徒手广播体操(自喊口令做相关动作，考试时间3分钟以内)

队列队形包括：立正—稍息—立正—向右看齐—向前看—报数—原地转法(向左、右、后转)，齐步走—立定—跑步走—立定—向左转走—向左转走—向后转走—向右转走—向右转走—向后转走—立定。

徒手广播体操：在评委面前自喊口令自己做一节“七彩阳光”或第九套广播体操（限做 4 个 8 拍）。

2. 选考部分（选取适合小学生的某一单个技术环节教学，考试时间 7 分钟以内）

(1)球类：篮球、排球（传球和垫球）、足球、乒乓球、羽毛球、网球等。

(2)田径类：短跑、中长跑、跨越式跳高、蹲踞式跳远、掷实心球、投掷沙包、投掷轻物等。

(3)体操类、舞蹈类：少儿健美操、基本体操、队列队形训练、技巧（前、后滚翻）、跳山羊、形体舞蹈等。

(4)武术、跆拳道类：武术或跆拳道基本手型与步法、五步拳、少年拳、跆拳道等。

(5)少儿游戏类：自行设计小学生体育与健康课程游戏，并组织教学。

(6)体育与卫生保健常识类：自行设计小学生体育与健康课程体育与卫生常识内容，并组织教学。

(三)考试要求

1. 必考部分要求

(1)队列队形、口令与指挥：普通话标准，口令准确、规范、清晰，声音洪亮，动令、预令正确，富有节奏，指挥得当，队形变换合理，出发和结束位置在同一处，态度认真，精神振奋，动作流畅。

(2)徒手广播体操：声音洪亮，节奏感强，口令与广播操动作协调一致，做操协调性好、动作伸展、姿态优美。

2. 选考部分要求

(1)教案设计

备课认真，教案规范，教学设计有利于教学目标完成，体现素质教育与创新精神。

教学内容符合小学生的实际。

教学目标具体、全面，符合小学生体育需求，重、难点突出。

(2)组织结构

体现体育与健康课程标准教学理念，教学方法科学，教学组织严密，各教学环节衔接流畅。

课结构科学合理，符合人体机能活动规律与运动技能形成规律。

(3)教学过程

普通话标准，声音洪亮，讲解清楚、准确、形象，具有亲和力、感染力。

示范动作正确、优美。

重点突出、有解决难点的手段和方法，效果良好。

运用新的教学理念处理好教与学的关系，激发学生学习的积极性，充分体现“健康第一”教育理念。

教学生动活泼，特点鲜明，符合小学生心理需求。

教学方法和手段有改革创新的尝试，具有培养学生创新精神与实践能力的意识。

教学应变能力强，教学组织灵活、得当。

场地器材准备、布置合理，适应教学要求。

（四）成绩评定

微格教学考试按百分制计分，考核总评成绩分“不合格”“合格”“良好”“优秀”四个等级。各单科分值均超过 60 分的为“合格”，单科不低于 75 分且平均分高于 85 分的为“良好”，单科不低于 85 分且平均分高于 90 分的为“优秀”。

格式 1：

微格教学教案（参考）

课题：________________________________

设计者：______________ 日期：______________

重点技能：______________________________

教学目标：______________________________

学习任务：______________________________

教学方法：______________________________

教学媒体：______________________________

教学过程：

一、导入部分：

二、展开部分：

三、结束部分：

自我教学反思：

格式 2：

微格教学教案（参考）

科目　主讲人　体育学院　级体育教育专业　班　日期　年　月　日

课题：________________________________

指导思想：______________________________

____

学情分析：______________________________

____

教材分析：______________________________

____

____

教学目标：______________________________

____

教学方法：______________________________

课题		教学媒体	
重点难点			
程序	教师的教学行为 （讲授、示范、提问等内容）	学生学习行为 （预想的练习、思考、回答等）	时间分配、教学方法、组织及手段
导入部分			
程序	教师的教学行为	学生学习行为	时间分配、教学方法、组织及手段
基本部分			
结束部分			
教学反思			

复习思考题

1. 结合小学教学实际，谈谈上好小学体育与健康课的基本要求。
2. 试述上好小学体育与健康课的基本原则与要素。
3. 谈谈小学体育与健康课程说课主要包含哪些内容？
4. 听课一般包含哪些程序？
5. 简述好的体育与健康课评判标准。
6. 微格教学课教案设计一般主要包括哪些内容？

第六章　小学体育教师论

第一节　小学体育教师职业道德

一、职业道德修养

党的二十大报告提出："教育兴，则国运兴，教育是强国之基，是育人之本。"作为新时代的教师要全面贯彻党的教育方针，坚定不移落实立德树人根本任务，培养德智体美劳全面发展的社会主义建设者和接班人，做新时代道德高尚的好老师是践行教育使命的核心任务。职业道德素养的要求对人民教师来说是永恒的主题，教师高尚职业道德修养在一定程度上对学生有着潜移默化的作用。教师不仅传道、授业、解惑，更重要的是育人，要依靠自身的人格魅力影响和教育学生，做学生的思想工作，塑造学生的心灵，正如孔子曰："其身正，不令而行；其身不正，虽令不从。"

二、小学体育教师职业道德规范内容

小学体育教师的职业道德规范包含爱国守法、爱岗敬业、教书育人、为人师表、审美健康、终身学习等方面，主要体现在体育教师在教学环节中的行为规范、道德表现、语言修养的综合表现。

(一)爱国守法

①热爱祖国，热衷教育事业；

②坚持以习近平新时代中国特色社会主义思想为指导；

③全面贯彻党的教育方针，落实立德树人的根本任务。

(二)爱岗敬业

①忠于职守，尽职尽责；

②甘为人梯，勇于奉献；

③勤业敬业，关爱学生。

(三)教书育人

①遵循教育教学规律，实施素质教育；

②循循善诱，因材施教，诲人不倦；

③培养学生的爱国情怀、社会责任感、创新精神、实践能力；

④打破"唯分数论"，培养全面发展的学生。

（四）为人师表

①坚守高尚情操，知荣明耻，严于律己，以身作则；

②衣着得体，言语规范，举止文明；

③关心集体，团结同事，尊重家长；

④作风正派，廉洁奉公，不谋私利。

（五）审美健康

①审美标准客观；

②审美情感高尚；

③审美健康趣味。

（六）终身学习

①崇尚体育精神，树立终身学习理念；

②拓宽知识视野，更新教育理念；

③潜心钻研，勇于探索创新；

④不断提高体育专业素养和教育教学水平。

三、小学体育教师职业道德修养的提升途径

（一）加强理论学习，坚持传承与创新相结合

常言道："要想给学生一碗水，自己必须要有源头活水。"而这"源头活水"就是加强学习，好学、乐学、善学，从多方面汲取知识来丰富自己的头脑，涵养自身道德品质。第一，加强学习中小学职业道德理论和行为规范，做到明辨是非，严于律己；第二，精通专业理论知识，认真学习马克思主义理论，树立正确的人生观、价值观；第三，学习贯彻习近平新时代特色社会主义思想，领悟习近平总书记关于教育方面的系列讲话精神；第四，时刻关注国家、政府颁布的最新教育方针政策，用教育理论鞭策自己，时刻保持政治清醒；第五，弘扬中华民族传统的美德，做一个内外兼修的好老师。

（二）积极投身于教育教学实践，坚持知与行相结合

"纸上得来终觉浅，觉知此事要躬行。"体育与健康教学实践是检验体育教师职业道德修养的标准，也是最好的反馈。良好的职业道德行为只有运用到教学实践中，才能逐渐形成道德行为习惯，最终转化成内在的道德品质，更好地服务学生。体育教师要积极投身体育教育实践中，勤训练、多赛课、钻科研，在教学实践中反复打磨自己，克服职业倦怠，提高自身的职业道德认识，养成良好的职业道德修养。

（三）勇于自我反省并加以改正，坚持省察克治

"省察克治"是指教师要对照职业道德规范的要求时刻自我反省，扬长避短，主动克服自己的短板，做到三省吾身。俗话说"人非圣贤孰能无过"，在正确的职业道德认知引领下，虚心请教，汲取榜样的力量，保持高风亮节的形象，自觉抵制不良的社会风气。坚持每日反省自己的言行，发现不足加以改正，让"学高为师，身正为范"成为

每位教师的座右铭。

总之，提升小学体育教师职业道德是一个循序渐进，自律和他律相结合的过程，需要教师把道德规范内化成教师的内心信仰，把职业道德信念和追求转化成内在动力，自觉遵守职业道德规范。体育教师应从自身的实际出发，寻找适合自身切实可行的方法和途径，从自身做起，从细微之处做起，慎其独也，不断提升自身的职业道德修养。

第二节　现代小学体育教师的专业构成

随着基础教育的改革与发展，以及《义务教育体育与健康课程标准(2022 年版)》出台，体育与健康课超越外语课时数，占总课时比例 10%～11%，成为小学和初中阶段第三大主科，体育教师也随之成为学校教育中重要的角色之一。学校体育是全面发展教育的重要组成部分，体育教师肩负着培养人才的重要责任。学校组织的重大体育活动一般都离不开体育教师，体育教师的工作效率很大程度上取决于学校教育教学工作的成效，这也决定了体育教师在学校教育中的重要地位和作用。

一、体育教师的作用

体育与健康课程以身体练习为主要手段，以体育与健康知识、技能和方法为主要学习内容，以发展学生核心素养和增进学生身心健康为主要目的，具有基础性、健身性、实践性和综合性等特点。因此体育教师在促进学生成长诸多方面发挥着重要作用，包括：

①是发展学生核心素养、增进身心健康的组织者和指导者；

②是体育与健康科学知识和科学锻炼身体方法的传授者和发展者；

③是学生思想品德的塑造者和陶冶者；

④是后备体育人才的发现者和启蒙者；

⑤是学校体育与健康活动的组织领导者、直接参与者和业务咨询者。

二、体育教师的工作特点与职责

(一)体育教师的工作特点

同其他学科相比，体育与健康课程教学有独自方式和特点，从事课程教学的体育教师工作也具有一些独特之处，包括：

①脑力劳动和体力劳动相结合；

②工作对象多、活动空间广；

③工作复杂、多样、繁重；

④工作具有社会性。

(二)体育教师的职责

学校体育工作包括课内教学、课外体育活动、课外体育训练及竞赛等。因此，体育教师的职责涵盖多个方面，主要包括：

①不断提高政治思想水平；

②关心学生，教书育人；

③备好课、上好课，不断提高教学质量；

④搞好课外体育活动的计划、组织和指导工作；

⑤积极促进教学科研活动，提升教研团队的专业水平；

⑥认真总结经验，积极开展体育与健康教学和体育科学研究。

三、现代小学体育教师素养的构成

体育教师是体育与健康教育及训练过程施教的主体，其教书育人的双重职责决定了德才兼备的修养标准。为了适应体育与健康教育本体和主体发展的需要，体育教师应在科学文化知识、较强的运动能力、教学与科研能力等方面加强学习。只有通过实践磨炼，树立热爱体育教育的事业心，建构适用体育与健康教育的知识网，掌握从事体育与健康教育的基本功，积蓄体育与健康教育的创造力，才能成为一名优秀的体育教师。

(一)科学文化知识

体育教师的专业知识要比较渊博，否则就难以从教。知识是智慧形成和发展的基础。如给学生“一杯水”，教师必须有“一瓢水”“一桶水”“一池水”。也就是说，教师知识的广度、深度和更新速度都要大大超过学生。当今世界科技进步日新月异，网络新媒体迅速普及，人们学习、生活、工作方式不断改变，儿童青少年成长环境深刻变化，人才培养面临新挑战。体育教师的知识和技能结构必须与时俱进，而且要适应现代教育的需要。大体说来，现代体育教师的专业知识包括以下三部分。

1. 扎实的体育与健康专业知识

专业学科的基础理论和基本知识是小学体育教师教育教学工作的基础。体育教师坚持“健康第一”教育理念，肩负着体育教学、课余训练、体育竞赛等，要想安排好、组织好、指导好学生，必须要有扎实的体育与健康专业知识。体育与健康专业理论知识主要包括体育与健康科学基础理论(如《运动解剖学》)、学科发展史(如《体育史》)、体育与健康专业技术与理论(如《体育专项技术原理》)、体育与健康专业教育技术与理论(如《体育保健》)、体育与健康课程与教学知识(如《学校体育学》《体育教学论》)等。因此，体育与健康课程专业知识涉及广阔的领域。

2. 深厚的教育理论知识

教师的知识结构与单纯的劳动者的知识结构最大的不同点，就在于教师要掌握教育科学知识。体育教师必须具备双专业(体育专业和教育专业)知识，既懂得教什么，又知道怎样教。因此，作为小学体育教师，必须学习和掌握教育学、心理学、学科教育学等教育理论知识。

3. 宽广的文化科学基础知识

《基础教育课程改革纲要(试行)》指出：深化学科界限，加强学科间的整合，即建构起适应综合课程实施的多学科的知识结构，打破原有的某一些学科教学造成的知识隔离。更好地发展学生个性，丰富学生经验，客观上要求一线教师的知识结构作出调整。作为体育教师必须具备广博的知识，并在广博的基础上，向某一领域精专发展，最终形成“一专多能”的综合性体育人才，让教师形成博专统一的金字塔式结构体系。博专统一的金字塔式科学知识体系，是符合现代科学发展特征的，也是符合21世纪中小学教育以“学生为中心”的基本格局。

(二)较强的运动能力

体育教师应具有一定的运动能力，要熟练、正确地掌握各项运动、各种身体练习的基本技术和技能，并在“多能”的基础上有所专长，即“一专多能”。运动技能不仅能够提高小学体育教师的专业教学水平，还能在学生面前树立高大的形象。体育教师将自身运动能力、技术和技能储备运用到体育与健康教学、课外体育锻炼、课外运动训练等方面，有利于学校体育教学水平的提高和学校体育教学工作的全面开展。

(三)教学与教研能力

教学是科研的起点，科研是教学的深化，通过科学研究和经验总结，为体育与健康课堂教学、运动训练和健身指导提供更先进、更合理的教学及训练方法和手段。体育教师如果边教学边研究，把教学事业变成科学事业，就会跨过“实习型”，突破“经验型”，发展为“研究型”，成长为“学者型”专家，成为体育教育家。

1. 教育教学能力

(1)备课能力。

①依据小学生身心特点，科学选择教学内容；

②了解学生的体能和基本活动能力；

③设计课时计划、教学方案的能力；

④设计运动训练计划、方案的能力。

⑤编写教案的能力。

(2)施教能力。

①教学组织能力：第一，控制课堂教学目标；第二，调控课堂教学强度；第三，把握课堂教学节奏。

②语言表达能力：体育教师的语言表达能力就是指体育教师把自己的思想、知识、信息通过语言和表情动作向外表达的能力。它是体育教师的重要劳动工具和手段。教师的语言表达能力主要由口语表达能力、文字表达能力共同构成。其中，口语表达能

力最重要。“口才”已成为教师最重要的素质。在体育与健康教学课堂上，很多体育项目的技术要领、动作环节、动作方法与技巧等的讲解，都需要加强语言表达能力，真正做到精讲多练，起到画龙点睛的作用。因此，语言表达能力是体育教师必须具备的基本功。

③多媒体运用能力：现代化教学手段普遍被应用到各个教学领域，这对体育教师来说也提出了更高的要求。体育教师要学会独立操作平板、音响、电脑、幻灯机、投影机、一体机、希沃白板和音视频剪辑软件等信息化设备，并能及时排除一些简单故障；能够独立操作，与讲解、板书、提问等协调使用，使视听和思考、领会和运用互相结合，从而达到最佳教学效果。

④教学应变能力：体育教师在实施课内外教学计划的过程中，由于教学场地、器材、学生等情况的千变万化，会遇到意外的情况，此时能迅速而正确地作出判断，并且随机应变地采取恰当而有效的教育措施解决问题的能力，这就是教学应变能力，也称之为“教育机智”，其具体表现在变通教学思路和调控教学情绪等方面。

(3)综合性学习评价能力。

综合性学习评价能力包括对学生学习成绩的考核和教师教学效果的评价两个方面。它贯穿于体育与健康教学的全过程，是师生获取教学反馈信息，用以检查、督促、激励、评价教学的重要手段，因而成为体育与健康教学能力的有机组成部分。体育与健康课程重视学习评价的激励和反馈功能，注重构建内容多维、方法多样、主体多元的评价体系。评价方法要重视过程性评价与终结性评价结合、定性评价与定量评价结合、相对性评价与绝对性评价结合。评价主体以体育教师为主，鼓励学生、其他学科教师、家长等参与到评价中，通过综合性学习评价促进学生达成学习目标，形成核心素养。评价的过程应关注以下几方面：

①关注学生基本运动技能、体能与专项运动技能；

②关注学生学习态度、进步情况及体育品德；

③关注学生健康基本知识与技能；

④关注学生健康意识和行为的养成。

2. 教学研究能力

教学是科研的起点，科研是教学的深化。体育教育科研能力是探索体育教育规律，用以指导体育教育实践的革新创造能力和体育教师的学业知识、教学能力和创新意识的集中体现。树立“教学即研究”的课程意识，在深入学习、准确领会《义务教育体育与健康课程标准(2022年版)》精神和要求的基础上，要开展体育与健康教学实践问题研究。要重视总结教学实践中的成功经验和存在的问题，形成“发现问题——确定选题——实践研究——解决问题——专业提升”的研究路径，小学体育教师要站在改革的前列，勇于创新，开拓进取，提高教研能力和水平，促进自身专业发展。通过不断地提高自身的素质及业务能力，获取新的教育教学课程资源，改进教学目标和教学评价体系，探索新的教学方法，同时还要培养学生的创新能力，以适应新时期社会对人才的要求。

(四)掌握教育新动态能力

当今，学校体育教育事业发展迅速，各种新理论、新技术、新学科不断涌现，学校体育任务的进一步更新和完善，对体育教师的能力提出了更高的要求，体育教师的知识结构和能力结构也需要不断地更新。小学体育教师除了靠有组织的培训来提高自身的能力，还要求时刻关注国家教育新动态，关注学校体育与健康教育新的发展方向。通过课余时间自学，通过电子课件及网络教育来了解新的教育理念并学习运动项目，丰富体育知识，提高自身的能力，以适应新时期学校体育对教师的要求。以不断提升自我教学的能力，从而适应新形势下学校体育对教师提出的新要求。

(五)其他与体育相关的工作能力

作为一名体育教师，不但要完成课堂教学任务，还要承担学生课外体育与健康的工作。例如，具备组织各种大型运动会、球赛、课间操及大型团体操表演等能力。推动校园体育文化的形成，给学生创造自觉地、科学地进行锻炼的氛围，为培养体育人才创造条件。因此，体育老师还应具备科学选“才”、合理制订训练计划、实施管理组织比赛和协调学生学习与训练等相关体育方面的素质，这些也是新时期小学体育教师应具备能力素养。

第三节　小学体育教师的专业成长

一、教育见习

教育见习是高等师范院校教师教育专业学生进行实践教学的重要组成部分，是教育理论联系实际的一个重要环节，是顺利开展教育实习的重要前提和基础。根据小学体育教师人才培养方案的要求，结合小学体育与健康教育教学特点，对体育教育专业学生每年安排一次为期一周的教育见习。

(一)教育见习的目的、任务

通过小学教育考察和教育观摩的见习，初步了解基础体育与健康教育教学的一般规律，感受小学体育教师的日常教学，身临其境地体会小学体育教师职业的专业性与艺术性；通过专题见习，了解小学体育与健康教学的基本规律和从事体育教师职业所需的体育专业理论知识，激发学习和从教的积极性；了解一名合格小学体育教师应具备的基本素养，树立成长为一名合格小学体育教师的自觉意识，为今后进入正式实习创造条件，进而为更好地适应教师教育工作奠定基础。

(二)教育见习的形式、时间

成立专门的教育见习领导小组，负责教育见习工作的实施，对教育见习形式、方法、内容、任务进行统一要求，从宏观的方面给予把握、引导和帮助，并提供必要的条件和指导；做好见习学校的沟通与协调，安排见习学生及带队教师，做好见习期间的工作检查和见习总结等；教育见习以班为单位下派到各小学，一般安排在每年的四月中下旬左右，总见习时间为 5 天，其中动员 1 天、实地见习 3 天、总结交流 1 天。

(三)教育见习内容

根据小学体育与健康教学的规律，对体育的主要教学环节进行见习，主要形式以看课、测评、听课、评课为主。

1. 内容

①随见习班听课 6 节以上，并填写听课记录 6 份，观摩见习班任课教师的课堂教学艺术，学习小学体育与健康课程教学方法和教学技能，注意观察见习班课堂常规训练及学生在课堂上的活动规律，并做好听课记录；

②观察见习班全天的教育活动，包括早操、课间活动、课外活动、课后服务课程、个别教育和接待家长来访等；

③参加见习学校教师的教研活动；

④协助指导教师课外体育活动、业余体育训练工作；

⑤协助指导教师抓好班级活动或课外文体活动。

2. 要求

①每天完成《见习日志》；

②完成 2000 字以上的《教育见习总结》；

③完成 1 节课的《运动负荷测试报告》；完成 1 节课的《课时密度测试报告》；完成《教学计划分析报告》《教学进度分析报告》《教案分析报告》《课程评价分析报告》等教学专题见习报告各一份；

④完成 2000 字以上见习学校、班级的《体育与健康课程实施情况的调查与分析报告》《学生体质调查报告》《体育课外活动综述与改革意见》等专题分析与调查报告各一份。

(四)教育见习组织安排

教育见习的组织安排是为了见习学生更好了解基层学校，建立职业认同感、责任感而做出的到基层学校考察的具体工作部署。为了做好该项工作，保障见习学生人身安全，须做好如下几点。

①制订小学体育与健康课程教育见习计划，包括教育见习目的、内容、要求和安排等；

②组织召开动员大会，强调教育见习纪律，注意教育见习期间的安全，特别是交通安全、饮食安全，确保安全第一；

③在教育见习前指导体育教育专业学生有针对性地作好准备工作；

④加强对教育见习工作的检查和督促，全面掌握见习情况，及时发现和解决教育见习中的问题，保证教育见习的质量；

⑤见习结束后，组织教育见习学生做好个人总结、考核和成绩评定等工作。

(五)教育见习成绩的评定

1. 教育见习考核的内容

教育见习考核主要包括：见习期间的表现情况、见习日志、听课记录、见习报告等内容。

2. 教育见习考核的等级

教育见习成绩分为：优、良、中、及格、不及格五个等级。

3. 教育见习成绩的评定

①由学生个人填写实习手册中教育见习的相关内容；

②实习手册中教育见习的相关内容，加盖见习学校公章有效；

③根据学生的出勤情况、见习态度、见习效果及见习任务完成情况，全面客观地进行见习教育综合评定；

④见习领导小组审核评定见习综合成绩；

⑤见习成绩评定不及格者，不得参加教育实习。

二、教育实训

教育实训是体育教师职业技能实际训练的简称。它是培养体育教师实践教学技能的重要途径，也是提升体育教师教学基本功和专业技能的重要环节。按照体育教师职业技能的特点和目标要求，体育教师教育实训主要包括体育与健康课教学基本功实训、专业技能教学实训、组织课外体育活动实训、组织课外体育训练实训，以及组织体育竞赛实训等。

(一)教育实训的目的、任务

教育实训的基本目的是体育师范生通过一系列专业技能实践活动的学习，规范与夯实体育教学基本功，增强专业技能，提高体育师范生教育教学实践能力和综合素养。

教育实训的基本任务是组织体育师范生开展丰富多彩的教育实践活动，并针对实习教师的任务和要求进行实操性训练，使其掌握体育教育实习的基本实践技能，培养教育实习实践工作能力，为进入正式教育实习奠定坚实基础，成为一名合格的体育实习教师。

(二)教育实训的形式、时间

实训形式：统一管理，分组实操。体育院系成立专门教育实训领导小组，宏观地对教育实训目标、任务、形式、内容等进行统一要求，并提供必要的条件和指导；组建实训指导教师团队，将体育师范生分成若干小组进行实操训练，同时做好实训期间的工作检查和实训工作总结等。

实训时间：一般分为集中实训和分散实训。其中，集中实训时间通常是1周左右，具体时间由体育院系根据学生实际及学校组织要求自行确定；分散实训一般是学生利用早操、晚训等时间自主进行。

(三)教育实训的内容、要求

1. 内容

(1)体育与健康教学基本功实训。

①队列队形与口令指挥：立正——稍息——立正——向右看齐——向前看——报数——原地转法(向左、右、后转)，齐步走——立定——跑步走——立定——向左转走——向左转走——向后转走——向右转走——向右转走——向后转走——立定。

(2)徒手广播体操：自喊口令自做小学生广播体操(如“七彩阳光”“第九套广播体操”)。

(3)专业技能教学实训：选取小学体育与健康教学专项技能进行环节教学实训。

①基本运动技能类：移动性技能包括垫步跳、跑跳步、钻越、躲避、攀爬和队列练习等；非移动性技能包括伸展、屈体、扭转悬垂、支撑与推拉、平衡等活动；操控性技能包括各种投、传、击、踢、接球，用手或用脚运球，用短(长)柄器械击球等活动。

②球类：篮球、排球(传球和垫球)、足球、乒乓球、羽毛球、网球等。

③田径类：短跑、中长跑、跨越式跳高、蹲踞式跳远、掷实心球、投掷沙包、投掷轻物等。

④体操类、舞蹈类：少儿健美操、基本体操、队列队形训练、技巧(前、后滚翻)、跳山羊、形体舞蹈等。

⑤民族传统体育及跆拳道类：武术或跆拳道基本手型与步法、五步拳、少年拳、跆拳道等。

⑥新兴体育及少儿游戏类：生存探险类项目(定向运动、野外生存、远足、登山、攀岩等)和时尚运动类项目(花样跳绳、轮滑、滑板、极限飞盘、跆拳道、独轮车、小轮车、飞镖等)；自行设计小学体育与健康课程游戏，并组织教学。

⑦健康教育类：自行设计小学生的健康行为与生活方式、生长发育与青春期保健、心理健康、疾病预防与突发公共卫生事件应对，以及安全应急与避险等，并组织教学。

⑧室内技能课类：球类、田径类、体操、体能、新兴项目、课桌椅专题等；自行设计符合空间、人员、安全等需求的内容，并组织教学。

(4)组织课外体育活动实训。

①课外活动组织形式：课间活动；课外活动；体育俱乐部；学校运动会；运动训练；班级体育联赛；野外活动。

②课外活动项目：

a. 田径类：奔跑类游戏、跳跃类游戏；

b. 体操类：健身操、艺术体操、垫上运动；

c. 球类：篮球、排球、乒乓球、羽毛球等；

d. 其他类：大课间展示等。

(5)组织课外体育训练实训。

①课外身体素质内容：柔韧性、协调性、速度灵敏性、耐力、力量等。

②课外活动项目：

a. 田径类：跑步、跳高、跳远、投掷等；

b. 体操类：健美操、少儿蹦床、少儿体操、垫上运动等；

c. 球类：篮球、排球、足球、乒乓球、羽毛球等；

d. 新兴类：轮滑、射击、短道、冰壶、定向越野等。

(6)组织课外体育竞赛实训。

课外体育竞赛形式：学校运动会；单项运动竞赛；单项娱乐性竞赛；季节性单项竞赛；体育节；校际间交流比赛。

2. 要求

(1)队列队形、口令与指挥：普通话标准，口令准确、规范、清晰，声音洪亮，动令、预令正确、富有节奏，指挥得当，队形变换合理，出发和结束位置在同一处，态度认真、精神振奋，动作流畅。

(2)徒手广播体操：声音洪亮，节奏感强，口令与广播操动作协调一致，做操协调性好、动作伸展、姿态优美。

(3)专业技能教学实训。

①教案设计：

a. 备课认真，教案规范，教学设计有利于教学目标完成，体现核心素养与创新精神；

b. 教学内容符合小学生的实际；

c. 教学目标具体、全面，符合小学生需求，重难点突出。

②组织结构：

a. 体现体育与健康课程标准教学理念，教学方法科学，教学组织严密，各教学环节衔接流畅；

b. 课结构科学合理，符合人体机能活动规律与运动技能形成规律。

③教学过程：

a. 普通话标准，声音洪亮，讲解清楚、准确、形象、具有亲和力、感染力；

b. 示范动作正确、优美；

c. 重点突出、有解决难点的手段和方法，效果良好；

d. 运用新的教学理念处理好教与学的关系，激发学生学习的积极性，充分体现“健康第一”教育理念；

e. 教学生动活泼，特点鲜明，符合小学生心理需求；

f. 教学方法和手段有改革创新的尝试，具有培养学生创新精神与实践能力的意识；

g. 教学应变能力强，教学组织灵活、得当；

h. 场地器材准备、布置合理，适应教学要求。

(3)组织课外体育活动实训。

①课外体育活动基本要求：

a. 活动内容符合学情，有目的、有计划，做好阶段性设计；

b. 活动项目丰富多彩，有吸引力；

c. 活动组织形式有安全保障。

②对教师的要求：

a. 具有较强的专业技术能力；

b. 备课、备学生、备器材等；

c. 有较好的亲和力；

d. 具有较强的组织能力；

e. 教学方法和手段多样化。

(4)组织课外体育训练实训。

①课外体育训练内容要求：

a. 一般训练与专项训练相结合，注意训练安全；

b. 训练内容形式多样，可以设置小型比赛，以练促赛；

c. 注意训练的周期性，可以设置周期测试，提高训练水平；

d. 合理安排负荷，时间不宜过长或过短；

e. 关注学生的个体差异，针对水平不同的学生可以采取异质分组。

②对教师的要求：

a. 有较强的训练组织能力；

b. 训练手段多样化，准备符合训练内容的器材；

c. 有详细的训练计划及训练方案；

d. 注重训练前的热身和训练后的拉伸

(5)组织课外体育竞赛实训。

①课外体育竞赛内容要求：

a. 要结合实际情况开展校际间竞赛；

b. 注重赛前热身安全、赛中安全及赛后身体调整安全；

c. 积极参加符合学情的赛事。

②对教师的要求：

a. 有专业的技术指导能力，同时写好每一次竞赛计划及反思；

b. 组织校际间联合赛事，增强学生参赛经验；

c. 有训练康复的知识，对学生突发损伤能进行及时处理；

e. 针对队员建立个人成长档案，清楚队员的训练情况；

f. 与家长保持良好的沟通，得到有力的支持。

(四)教育实训的组织安排

教育实训的组织安排至关重要。科学的组织与合理的规划将提高实训效果，为后续实习奠定坚实的基础。为了让实训得以顺利实施，须做好如下工作。

①制订小学体育与健康课程教育实训计划，包括教育实训目的、时间、内容和安排等，针对性地做好准备工作；

②组织召开实训生动员大会，强调实训期间的纪律和安全；

③加强对教育实训教师团队工作的检查和督促，全面掌握实训情况，保证教育实训的质量；

④实训结束后，组织教育实训学生做好个人总结、考核和成绩评定等工作。

三、教育实习

(一)教育实习目的

教育实习是大学期间一个极为重要的实践性教学环节。通过教育实习，使即将毕业的学生能够在社会实践中接触与本专业相关的教育教学工作；提高毕业生综合运用所学的基础理论、基本技能和专业知识，去独立分析和解决实际问题的能力；通过理论和实践结合，提高实践动手能力与社会环境接轨做衔接，为体育教育专业学生毕业走上工作岗位打下一定的基础；同时也可以检验毕业生在学校 4 年的学习成果，进一步提高教育教学质量，为社会培养优秀人才积累经验。

(二)教育实习任务

教育实习任务通常是指在教育领域进行的实习具体工作或任务。通常是为了让教育专业的学生获得实际的教学经验，提高实践教育能力和专业技能。教育实习任务主要包括以下几个方面。

①了解小学体育与健康教学目的和任务，树立忠诚党的教育事业和体育事业的思想；

②运用所学的专业知识、专业技能，结合体育与健康教育教学实际，不断总结经验，提高发现问题、分析问题和解决问题的能力；

③使学生熟悉小学体育与健康教学过程，特别是新课程理念下的系列要求，培养教学、训练和组织体育竞赛活动的能力，并通过教育实习信息反馈，提高体育教育专业学生教育教学质量。

(三)教育实习时间和地点

1. 时间

体育教育专业专科学生教育实习共计 8 周，其中前期试教准备 2 周(10 月上旬，在校内实习)，见习 1 周(10 月下旬，在实习学校)，实习 4 周(10 月上旬—11 月下旬，在实习学校)，总结、评比、汇报 1 周(返校进行)。

体育教育专业本科学生教育实习共计 18 周，一般安排在第七学期进行。教育实习主要包括见习、试教、实习、总结、评比、汇报及实习成绩评定等。

2. 地点

学校统一安排实习学校与学生自主联系实习学校相结合。

(四)教育实习内容和形式

1. 内容

①课堂教学实习时间不得少于 10 课时；

②班主任实习不得少于总实习时间的 1/2；

③实习生必须相互听课并做好记录；

④鼓励学生参加课外运动员训练工作的实习实践。

2. 形式

①集中实习：学校组织集中实习；

②分散实习：学生自主联系实习学校的实习。

(五)教育实习的指导原则

指导教师应注意全面指导实习生实习工作、启发学生实习的思路、从严要求学生、积极调动学生学习的积极性、主动性和创造性、注意计划性与针对性相结合等。

(六)教育实习阶段

1. 准备、见习阶段

要求：

①了解小学体育与健康教学情况；

②了解小学基础教育改革的情况；

③重视教育，强化基本功。

内容：

①请 1～2 位体育教育教学专家讲授教师职业道德规范；

②请 1～2 位体育教育教学专家作体育与健康教学改革的素质教育报告；

③观摩体育与健康课(3～4)节(公开课、研讨课、展示课)，并进行讨论与分析；

④对实习生进行岗前培训，主要包括：思想上的准备、专业能力的培训(教育能力、教学能力、运用能力、口令、口哨、队伍调动、队列队形的强化训练、语言表达能力、微格教学培训等)，以及做好教育实习前期准备工作；

⑤编写 2～4 份课时计划，对优秀课时计划进行展评，公开亮相课(教案、试教、

评课、议课)等;

⑥编辑体育教育专业学生优秀教学设计集;

⑦筹备实习准备会。

2. 实习阶段

(1)定位:教育、教学、研究。

(2)目的:教育实习是高等师范体育学院教学计划的重要组成部分,是学生毕业前接受职业教育实现培养目标的必要途径。通过教育实习,培养学生运用所学的体育专业知识、技术、技能和教育学科的知识,从事教育、教学工作的初步能力,进一步认识人民教师的光荣职业,确立忠于人民的体育教育事业。

(3)要求:教育实习以课堂教学为主,并指导实习班级的课外体育各项活动。各项实习工作及组织纪律等具体要求规定如下:

①课堂教学:

a. 每位实习生每周上课 6~8 节(以平行班为宜)(体育与健康课不少于 10 课);

b. 每位实习生必须提前两天将教案编写好送指导教师审阅,批准(签名)后方能上课;

c 每位实习生每次上课后,须进行自我分析,并听取指导教师和其他相互看课实习生的意见,最后写好课后小结;

d. 每位实习生每周必须相互看课 2~3 节,并做好看课记录;

e. 每位实习生在实习期间,要安排上 1~2 节的体育与健康基础理论课。

②课外体育工作:

a. 每位实习生必须参加实习学校大课间体育活动与训练以及班级体育锻炼的组织指导工作;

b. 运动队的训练:根据实习学校原有的运动队的训练计划,实习生协助实习学校运动队的教练员进行专项运动队的训练;

c. 运动竞赛:实习期间,每位实习生均应参加实习学校内运动竞赛组织编排及裁判工作。

③班主任工作实习:

a. 每位实习生在见习班主任一周后,可在原班主任的指导下,参与班级日常管理工作;

b. 了解班级情况,熟悉学情,做学生学习上的引路人;

c. 召开主题班会 1 次;

d. 组织 1~2 次文体活动;

e. 家访一次。

④教育调查实习:

a. 收集论文素材资料,进行调查研究;

b. 实习期间完成1篇具有一定质量的小论文。

⑤态度和纪律：

每位实习生必须端正态度，以最好的状态进行教育实习，认真备课、上课和听课，虚心听取指导教师意见；思想、生活作风正派；严格执行教育实习的各项规定，遵守实习学校的各项规章制度等。

(七)体育教育实习的基本内容

1. 体育与健康教学实习的内容

①备课(教材、学生、教法、场地器材、编写教案)；

②试教；

③上课；

④课后小结；

⑤评课。

2. 课外体育活动实习内容

课外体育活动在实践中与体育课紧密配合，通过学生的自主性体育活动，让学生运用所学的体育知识、技术、技能，培养学生自我计划、自我组织、自我评价的体育实践能力；通过丰富多彩的体育活动锻炼学生的身心，培养学生良好的意志品质和终身参与体育活动的习惯。

具体内容：早操与课间操的实习；班级体育锻炼的实习；课余训练的实习；运动竞赛的实习。

3. 班主任工作实习

班主任工作实习是教育实习的重要内容之一，是培养实习生教育能力的重要途径。通过对班主任工作的实习，使实习生加深对人民教师崇高职业的认识；逐步树立人民教师的职业道德，进一步巩固专业思想；同时通过理论联系实际，进一步使实习生了解和掌握中小学教育的规律，提高对班级管理教育工作的能力。

具体内容：了解班级的情况；制订班主任工作计划；对学生进行思想品德教育；参加管理并指导班级日常工作；开展丰富多彩的班级活动(召开主题班会、开展文体活动等)。

4. 教育调查实习

教育调查是高校体育专业学生教育实习的重要方面，也是实习生必须掌握的教师职业基本技能之一。它对实习生了解社会现状，关心国家大事，巩固专业思想，检查在校学习的成效，培养和训练教育科研能力，锻炼和提高专业教学水平，提高班主任管理工作的能力，促进高等学校与中小学教育相互沟通，推动教育改革都有着重要意义。

具体内容：

主要针对教育教学课题和体育与健康课题的实地调查。

主要包括：

①教学中存在的普遍现象、实习学校的基本教学情况等；

②优秀体育教师和班主任的敬业精神和工作亮点；

③教学对象的生理和心理特点（身体发育、运动能力、学习态度与方法、智力水平、知识结构、思想品德状况等），高等学校体育教育如何适应社会发展和小学体育与健康教育发展等。

四、教育科研

苏霍姆林斯基曾说："如果你想使教育工作给教师带来快乐，使每天的上课不至变成单调乏味的苦差，那就请你把每位教师引上进行研究的幸福之路吧。"所以，提高教师职业幸福感的途径之一是提高教师的科研能力水平，科研能力也被列为教师的必备能力之一。提升小学体育教师的科研能力须做到以下"五勤"。

（一）勤看

勤看是提高现代小学体育教师科研能力的主要方法之一。首先，体育教师应在课余时间勤看体育学科的核心期刊，如《中国体育科学》《体育学研究》《北京体育大学学报》等，核心期刊代表本学科最高的学术水平，能把握本学科的前沿动态；其次，注意浏览国内一般体育学刊，关注国家的相关体育政策，把握体育最新教育信息；最后，勤看与体育学科相关的学刊，因体育是一门交叉学科，通过多学科新理论的深度融合可以碰撞出新的不一样的体育成果。

（二）勤听

积极参与科研培训是提高小学体育教师科研能力的有效途径之一。科研培训活动中汇集着众多的专家、教授对本学科的诸多新思想、新观点、新理论，是前辈们的经验之谈。多参加培训既能使教师得到许多启示和借鉴，又可以让教师在头脑风暴中获得大量信息。因此，体育教师应多争取参加体育科研培训，如科学论文报告会、专题讲座、研讨会等学术活动，在学术的海洋里开拓思维、知识升华、引发联想。

（三）勤思

通过勤听、勤谈、勤思等活动，不断积累知识，分门别类地储存素材信息，通过一点、一问、一文、一谈，运用联想、遐想、反思、质疑发现问题，并以此展开思路进行分析、归纳、综合，养成勤思考的好习惯。体育教师大多思维敏捷，喜欢接受新事物，在教学过程中对任何问题不但要知其然，还要知其所以然，要敢于打破常规，多做文字积累工作，发展创新思维，不断提高自身思想业务水平。

（四）勤写

写好体育科研论文是衡量体育教师学术水平的标志，也是科研能力的表现形式，为了实现行文流水，需要养成勤写多练的好习惯。首先，多对记忆的内容、文献进行归纳、整理、概括，经常动笔才能做到熟能生巧、运用自如；其次，掌握论文、课题的写作方法。论文、课题不同级别有不一样的要求和方法，从水平较高的论文中提炼作者的写作思路、格式、方法等，这将对科研水平产生极大帮助；最后，要敢于实践。任何人做科研都经过了从小论文到大课题、从生疏到精练的过程，现代小学体育教师要通过多动笔、多修改、多请教，去掌握体育科研知识与技能，达到理想的预期效果。

(五)勤投稿

将教育科研融入日常，做到“有所创”“有所思”“有所研”，撰写好教育日志、案例研究、教学反思、教学论文后，应向相关正规的报告会、刊物、研讨会积极投稿。这个过程虽然有些艰难和漫长，但如被录用说明你撰写的论文有参考及指导实践价值，是非常有成就感的事。在投稿的过程中应注意及时了解所投稿期刊每年体育科研活动计划、论文格式、专题选题指南等，这样将会大大提高稿件录用的概率。如果论文没有录用，不要泄气，应根据专家的指导意见及时总结、完善、提质，再次投稿争取被录用。

五、教育培训

小学体育教师应通过参加专业技术、理论的培训，以及观摩师范课(优质课)等来提高自身专业素养。通过系统培训学习，体育教师可以更新体育与健康教育理念，掌握先进的教育教学方法，成为既具有运动项目特长，又具有从事体育与健康教学实际工作能力和一定科学研究能力的专业人才。因此，各地教育行政部门应根据国家教育政策开展省、市、县三级培训，注重采用专家讲座、案例分析、参与式研讨、现场实践等形式，开展线上、线下混合式培训，提高培训的质量和效果，同时注重常态教研活动与专题培训的有机融合，充实与拓展小学体育教师体育与健康课程教学的相关知识，提升专业素养，为新课标的贯彻落实奠定基础。与此同时，加大职后培训力度，建立职后体育教师专业素养培训体制机制，设立教师专业素养专项培训项目。如统筹“国培计划”“省培计划”“专项培训”等项目，让这些优质教育培训资源为体育教师专业素养发展提供支持。职后培训的有效途径有：构建有针对性的职后专业素养体系、为体育教师参加不同层次技能比赛提供机会、多次参与体育教学竞赛活动、积极加入体育名师工作坊，在名师言传身教，传、帮、带中迅速成长。

复习思考题

1. 中小学教师职业道德的内容包括哪些?

2. 试述现代小学体育教师专业构成。

3. 简述小学体育教育专业学生教育实习目的、任务及内容。

4. 小学体育教师专业成长路径主要有哪些，谈谈你对这些路径的认识。

5.《义务教育体育与健康课程标准(2022年版)》对体育教师提出了更高的要求，针对课程标准要求，谈谈自己未来的专业发展规划。

第七章　小学体育教师招聘考试技巧

第一节　小学体育教师编制考试概述

目前，中小学及幼儿园体育教师招聘考试为先笔试，再面试。面试环节一般包括结构化面试、试讲、说课、技能展示、技能测试等内容。为满足参加小学体育教师招聘考试的体育专业毕业生需要，根据近几年各地笔试与面试的考试情况，编写小学体育教师招聘考试技巧，供广大体育专业学生参考。

一、认识教师招聘考试

教师招聘考试按级别分为国家级、省级，通常称为“统考”，其余均为“不统考”，统考如：国家级统考、省级统考或省级特岗教师统考、“三支一扶”统考等。不统考如：市、区、县教师招聘考试等。考试通常在人社厅(局)、教育局、纪委监委等部门的组织下进行，按照事业单位公开招聘办法，发布招聘公告(含招聘岗位、报名条件、考核方式等)。

二、教师招聘考试报名

报名之前须仔细阅读招聘公告，对应本人的情况，首先核对是否满足岗位条件，其次选择对应岗位，最后提交报名材料。

(一)招聘公告的获取

寻找教师招聘公告时，首先登录教育局门户网站，其次点击通知公告通过上下翻页找到所需公告，最后下载所需要的附件资料。不推荐从其他渠道下载，可能会出现资料不完整的情况。

(二)报名需要的材料

报名分为线上、线下两种，需要准备必备材料：身份证、学历证、学位证、教师资格证和普通话证书。专业性强的岗位还需准备：计算机证书、运动员等级证书、裁判员证书等。报名时就相关问题可电话咨询工作人员，联系电话一般在公告的末尾。

案例

1. 未取得学历证和学位证怎么报名？

答：学生在大四就可以参加教师招聘考试，没有学历证和学位证原件，一般提交院系或学校教务处取得的学历、学位时间节点公章的证明进行报名。

2. 未取得教师资格证可以报名吗?

答：如果取得了资格证考试的笔试面试合格证，可以通过下载合格证报名。如果笔试未通过，部分地区准许报名，但公告中会明确指出，在规定日期内需要取得教师资格证。

(三)选择合适的岗位

选择岗位时，最好遵循优先选择毕业生及本人专项的岗位原则。以下为选岗案例，仅提供思路，不代表所有的情况，具体以公告为准。选岗报名这一环节非常重要，因此一定要抓住机会。

案例

1. 选岗案例一

岗位1：毕业生/在职，体育教师，不限专项，招聘5人。

岗位2：毕业生/在职，体育教师，足球专项，招聘3人。

岗位3：毕业生，体育教师，足球专项，招聘2人。

问：体育教育专业的小明同学为足球专项，今年大四毕业，在本次教招考试中选择哪个岗位比较合适?

(1)为什么不选择岗位1

答：岗位1招考人数最多，为什么不选择呢?因为该岗位要求是在职与毕业生均可以报名且不限制专业，这样报名人数会非常多，导致竞争压力过大，笔试入围分数线相对较高。小明是毕业生，即便进入了面试环节，与在职的老师相比，无论是基本功还是试讲能力等，都存在一定差距。

(2)为什么不选择岗位2而选岗位3

答：虽然岗位2比岗位3多一人，但岗位2在职人员可以报名，增加了报名的人数，进入面试，在职人员有着更丰富的经验。选择岗位3，大家的经验相差不多，相对压力较小。

2. 选岗案例二

岗位1：城区，毕业生，体育教师，招聘5人。

岗位2：乡镇，毕业生，体育教师，招聘5人。

问：体育教育专业的小张同学，今年大四毕业，专业知识与技能掌握情况为一般，应选择哪个岗位?

答：应该选择岗位2，因为地理环境、经济等原因，城镇的报名人数一般比乡镇的报名人数多，所以入围分数线城区较高。毕业生应该先入编就业再调整，假设小张已经考取了乡镇的教师编制，但是他想在城区发展，以后可以参加选调考试到城区任教。

三、入围比例及总成绩的构成

根据考试内容、考试顺序的要求，不同地区教师招聘考试的不同环节入围比例和总成绩的构成会有所差异，以×××省×××市为例介绍两种情况(×××市教师招聘考试体育教师岗位面试环节，一般包括技能测试与试讲两个部分)，以下为常见情况，具体以公告说明为准。

(一)情况一

先笔试再面试(技能与试讲同时进行)。

入围比例：笔试结束后进入面试环节，按岗位人数的比例一般为1∶3。例如：该岗位招聘5人，则笔试成绩前15名的考生进入面试环节。

通常为：总成绩＝笔试成绩×40％＋面试成绩×60％。

(二)情况二

先笔试再技能测试最后试讲(技能与试讲分开进行)。

入围比例：笔试结束后进入技能测试环节，按岗位人数的比例一般为1∶7，技能测试结束后进入试讲环节，按岗位人数的比例一般为1∶3。例如：该岗位招聘5人，则笔试成绩前35名的考生进入技能测试环节，最后技能测试成绩加笔试成绩综合排名前15名的考生进入试讲环节。

通常为：总成绩＝笔试成绩×30％＋技能测试成绩×30％＋试讲成绩×40％。

案例

2023年某市某区体育教师招聘

1. 公告节选

(1)资格复审入围比例

根据笔试成绩由高分到低分排序，音乐、体育、美术、信息技术、幼师岗位按照与招聘计划数7∶1的比例确定技能测试入围对象。

(2)技能测试

技能测试满分为100分，成绩保留小数点后两位数(四舍五入)。音乐、体育、美术、信息技术、幼师岗位按照笔试成绩×30％＋技能测试成绩×70％合成笔试(技能)综合成绩。成绩保留小数点后两位数(四舍五入)。根据笔试(技能)综合成绩由高分到低分排序，按照与招聘计划数3∶1的比例确定面试人选。面试(试教)结束后，按照笔试或笔试(技能)综合成绩×40％＋面试(试教)成绩×60％合成总成绩，保留小数点后两位数(四舍五入)，确定录用人员。

2. 公告分析

假如小明报名了岗位1，其中招聘8位体育教师，也就意味着，小明笔试成绩要在前56名，才能进入技能测试环节，在技能测试后，按照笔试成绩×30％＋技能测试成绩×70％的合成笔试(技能)综合成绩排前24名的考生进入面试环节，在面试后按照笔试(技能)综合成绩×40％＋面试(试教)成绩×60％合成总成绩排在前8名，才能成功考上该岗位。

四、考试注意事项

（一）考前材料准备

参加笔试时，准考证、身份证是必需的证件，否则无法进入考场，若身份证遗失可以通过派出所出具的临时身份证代替。纸巾、水一般允许带进考场，将纸巾塞在晃动的桌脚下，可避免书写时桌子晃动，喝水可以缓解紧张的情绪，但不可把水杯放在桌上，或大量饮水。风油精、驱蚊水等在进考场前使用，不仅可以提神还可防止蚊虫叮咬影响作答。其他物品根据个人的习惯或需求准备。

参加面试时，除了准备准考证、身份证外，还需要准备服饰，规范仪容仪表，检查教学器具和技能展示器具(如 U 盘、球拍等)。在技能测试或技能展示前，要利用所有的空隙时间进行热身活动。面试时仪容仪表为评分的一项指标，男生应该修边幅、露出额头，女生应扎高马尾，可化淡妆。戴眼镜的考生建议佩戴隐形眼镜。着装为便于展示动作的运动套装，单独的结构化面试需要着正装，衣服白色、裤子黑色、鞋子白色是目前的主流面试试讲穿搭。更多的穿搭方式可以考虑体育教师基本功比武的穿搭，一般而言全身颜色数不能超过三种，同时衣服合身，鞋子尺码合适。禁止拖鞋、大花裤衩、鸭舌帽等不符合面试场合的服饰。

（二）考前作息安排

笔试期间，首先关注考试时间，一般分上午场与下午场，可以针对时间段进行模拟考试；其次关注路程时间，应该考虑堵车、天气和其他因素，一般迟到 15 分钟不可以进入考场；最后，考试前两天不要吃辛辣、刺激的食物，否则容易产生肠胃不适，影响考试。

技能展示是必须完成的，面试评委只能根据考生现场的技能动作打分。因此，准备面试期间，无论是技能练习，还是生活娱乐，一定要保证自己的人身安全，避免出现影响技能展示的症状(如摔断腿、肌肉或韧带拉伤等)。

（三）考试结束后的安排

当笔试结束后，首先应及时估分，如果笔试发挥很好，应做好面试准备，若不够理想，须及时总结原因，为后续的笔试积累经验。出成绩查询公告时，应与他人成绩对比，判断自己是否能入围面试，如可以应尽早准备面试。

当面试结束后，应在考场处收集大家的得分情况，判断自己是否能进入下一轮考试，若成功进入下一轮考试，也不能兴奋过度，即便总成绩公示自己成功入围，后续还需要在规定时间内调档案、体检、交表等，一旦错过也无法弥补。

第二节　小学体育教师编制考试笔试

一、笔试内容概述

小学体育教师考编内容包括专业知识与教育综合知识两个部分，部分地区只考查专业知识，但目前的大多数地区会考查专业知识与教育综合知识。专业知识与教育综合知识的内容比例一般为 8∶2，具体以当次考试公告为准。

(一)专业知识与教育综合知识内容分布

以下为专业知识与教育综合知识 8∶2 情况下考查的范围，其中考查内容侧重点以百分比体现，不论专业知识与教育综合知识比例如何变化，考查重点均不会偏离表格中的比重方向(详见表 7-1)。

表 7-1　专业知识和教育综合知识的内容及结构比例

<table>
<tr><td rowspan="7">专业知识部分 80%</td><td rowspan="2">专业知识部分 30%</td><td>运动解剖学、运动生理学、体育心理学、运动训练学、学校体育学、体育与健康教学论</td></tr>
<tr><td>体育与健康课程标准、学校体育工作相关文件</td></tr>
<tr><td rowspan="5">专业技能部分 70%</td><td>田径类</td></tr>
<tr><td>球类(足球、篮球、排球、乒乓球、羽毛球、网球)</td></tr>
<tr><td>武术、体操、健美操</td></tr>
<tr><td>游泳类</td></tr>
<tr><td>民族传统体育类</td></tr>
<tr><td rowspan="5">教育综合知识部分 20%</td><td rowspan="2">教育动向部分 20%</td><td>“两会”教育话题、教育政策文件</td></tr>
<tr><td>教育政策法规、新课程改革、教师职业道德</td></tr>
<tr><td rowspan="3">教育知识部分 80%</td><td>教育学</td></tr>
<tr><td>心理学</td></tr>
<tr><td>教育心理学</td></tr>
</table>

(二)笔试内容分析

从专业知识与教育综合知识涉及深广度而言，笔试是“广度性考试”而非“深度性考试”，所以复习需要花费大量的时间。根据专业考查的内容来分析，主要考查的是专业技能，这也与体育教师的职业特点相符合，因此，专业技术动作要做到能说会做，运动项目裁判知识也需深入了解。根据教育综合知识内容分析，心理学、教育学和教育心理学为考试重点。

二、笔试题型

笔试考查的题型与考试内容密不可分，这里仅介绍一般情况(专业知识与教育综合知识比例为 8：2)的考试题型，但也不限于该题型，仅供参考(详见表 7-2)。

表 7-2 专业知识和教育综合知识的题型及分值

内容	题型	分值
教育综合知识	单选题/单选题＋判断题	20 分
专业知识	单选题	20 分
	多选题/填空题	10 分
	判断题	10 分
	简答题	25 分
	论述题/案例分析题	15 分

三、题目示例

教师招聘模拟卷

教育综合部分

单选题(20 小题，每题 1 分，共 20 分)

1. 依据心理技能的实践模式把主体在脑中建立起来的活动程序计划以外显的操作方式付诸实践阶段，这是(　　)。

A. 原型启发　　B. 原型定向　　C. 原型操作　　D. 原型内化

2. 中国古代教育家(　　)说得天下英才，而教育之三乐也。

A. 孔子　　B. 孟子　　C. 老子　　D. 庄子

3. 八年级学生李明担任副班长，对学习和班级工作积极热情，从不拖延但脾气暴躁，容易冲动，常常跟同学吵架甚至打架，李明同学的气质类型属于(　　)。

A. 多血质　　B. 黏液质　　C. 抑郁质　　D. 胆汁质

专业部分

(一)单选题(20 小题，每题 1 分，共 20 分)

1. 在人体运动解剖学的基本术语中，前臂外侧称为(　　)。

A. 桡侧　　B. 尺侧　　C. 腓侧　　D. 胫侧

2. 不规则骨分布在(　　)。

A. 四肢　　B. 手腕和脚踝　　C. 肩胛　　D. 躯干、颅部和髋骨

3. 田径运动中的中长跑项目、马拉松等主要靠(　　)供能。

A. 磷酸原系统　　B. 有氧氧化系统　　C. 乳酸能系统　　D. 消化系统

(二)多选题(5小题，每题2分，共10分)

1. 决定运动负荷大小的主要因素是(　　)。

A. 运动成绩　　B. 运动量　　C. 运动强度　　D. 运动心率

2. 速度素质包括(　　)。

A. 反应速度　　B. 动作速度　　C. 位移速度　　D. 移动速度

(三)判断题(10小题，每题1分，共10分)

1. 舞蹈不能有效发展心肺耐力。

2. 在寒冷的天气里上体育与健康课，学生做准备活动的时间应加长。

3. 在肌肉疲劳时，会出现肌肉僵硬，肿胀和疼痛现象。

(四)简答题(5小题，每题5分，共25分)

1. 简述中长跑动作要领。(5分)

2. 简述武术的特点及作用。(5分)

(五)论述题(2小题，共15分)

1. 篮球运球有很多的技巧和方法，根据以下提问进行回答。

第一问：运球动作由哪四个环节组成？分别有哪些要求？(3分)

第二问：体前变向换手运球易犯错误有哪些？分别应如何纠正？(3分)

第三问：怎样防止在运球与接球的过程中发生手指挫伤？(2分)

2. 请描述足球比赛攻防战术原则有哪些？(7分)

四、题型介绍及解题方法

(一)选择题

1. 题型介绍

选择题是体育教师招聘考试中十分典型的题型，占有较大分值。该题型考点多为常考知识点或易混淆知识点，如果对知识点掌握不牢或判断失误就容易出错。选择题对考生知识掌握全面性和准确性要求较高。

2. 解题方法

(1)直接选择法。

直接选择法是根据问题和选项，直接选出答案的方法。该方法适用于考生对所考查知识点较熟悉的情况。

(2)排除法。

排除法是指根据自己的判断逐一排除不符合题意的选项，选出正确选项的方法。该方法适用于对该知识点掌握不够牢固的情况。

具体技巧：

①排除不符合体育学科专业描述的选项；

②排除意思相同或相近的两个选项；

③排除意思完全相反的两个选项中的其中一个；

④排除不符合常理的选项。

3. 题例

①身体训练手段中被称为“法特莱克跑”的练习手段是一种(　　)。

A. 重复练习手段　　B. 持续练习手段

C. 间歇练习手段　　D. 循环练习手段

②骨骼肌的物理特性是(　　)。

A. 伸展性、收缩性　　B. 伸展性、弹性

C. 黏滞性、收缩性　　D. 黏滞性、兴奋性

参考答案：①B；②B

解析：

①此题考查持续训练法分类内容，持续训练手段按时间长短分为三类：短时间持续训练法、中时间持续训练法、长时间训练法；其中长时间持续训练法有三种变化形式：匀速持续练习、变速持续练习、法特莱克训练。

②此题考查骨骼肌物理特性和生理特性；骨骼肌物理特性为：伸展性、弹性、黏滞性；骨骼肌生理特性为：收缩性、兴奋性。

(二)填空题

1. 题型介绍

填空题从内容上看，涉及知识点较多，覆盖面广。特点是答案比较固定、填的内容多为重要知识点的关键词。备考过程中需要对重要概念类知识点精准把握。在体育教师招聘考试中，填空题的类型主要有以下几种：

(1)客观知识型。

体育学科专业知识中有些知识点很琐碎，如概念、目的、任务、内容、组成、特点等，不宜命为选择题，又不宜命为简答题，而这些内容又要求考生必须掌握，则最有可能命为填空题。

(2)时政、常识型。

时政主要包括近期发生或将要发生的具有重大意义的国家或国际体育事件，常识主要包括关于体育的场地、器械、设备的规格或运动规则等。

2. 解题方法

①客观知识型填空题需考生对枯燥琐碎的知识点做到系统梳理，精准记忆。

②时政类型填空题需考生多关注并整理记忆体育相关的时政新闻，常识型填空题需考生对各项体育运动场地、设备、器械以及规则做到基本掌握。

3. 题例

①体育与健康学科核心素养可分为运动能力、健康行为和__________。

②训练方法是指为提高某一竞技能力或完成某一训练任务采用的______和方法。

参考答案：①体育品德；②途径

解析：

①考查体育与健康学科核心素养的组成内容。

②考查运动训练基本方法的概念。

(三)判断题

1. 题型介绍

在体育教师招聘考试中，判断题是常考题型，通常考查重要概念、事实、原理等。很多判断题看上去似是而非，常使一些同学感到捉摸不定，所以了解判断题的设错方式，有助于提高此题型正确率。判断题常见的设错方式有以下几种。

(1)概念错误。

概念错误型判断题所描述的是体育名词的定义，一般不易辨别，经常迷惑考生，稍有不慎就会出错，所以考生遇到概念性质的判断题时，一定要仔细阅题，一字不漏地看完题目，这样才能更好地解答该题。

(2)习惯性错误。

习惯性错误型判断题即按照学生的惯性思维特征设错，使考生在答题时出错。遇到该种题型时，应该仔细审题，开放思维。

(3)绝对性错误。

绝对性错误型判断题含有“只能”“根本”“均”“只需”等绝对概念的命题，在没有确切的证据证明其正确的情况下，很可能是错误的。在答这类题时要看清是否确实这么绝对，不要因马虎失去应得的分数。

(4)交替设错。

交替设错型判断题将属于同系列的几个概念放在一起，使考生产生混淆而出错。针对这类判断题要全面、准确、联系地标记和解释知识点，切忌孤立、模糊、片面地标记和理解知识点。

2. 解题方法

①认真审题，逐字逐句分析，明确题目所要表达的本意。

②字斟句酌，反复推敲，抓住关键词语溯本求源。

③确定命题是否正确，并非看句子通不通，而主要看其观点是否正确，只要观点正确才是对的，观点不正确或者似是而非，或一部分对一部分不对，或观点表示不完整，都是错误的。

④以严谨的态度，进行缜密的分析与机智的判断。

3. 题例

重力性休克是指在剧烈运动中，由于体位变化，在重力作用下导致脑部缺血的暂时性休克。（　　）

参考答案：×

解析：

重力性休克指疾跑后立即站立不动而引起的晕厥症状。因突然停止运动，下肢毛细血管和静脉失去肌肉收缩时的节律性挤压作用，加上血液本身的重力，使血液大量积聚在下肢血管中而导致暂时性脑贫血。

（四）名词解释

1. 题型介绍

在体育教师招聘考试中，名词解释题目一般较简单，常考查重点概念。在备考过程中需要对重点知识点灵活掌握。答案要求简明准确，切忌过多描述性语言。

2. 解题方法

①认真审题，避免审题疏忽造成答非所问的错误。

②突出关键词，表达简练清楚完整即可，切忌旁征博引过多解释。

3. 题例

体能；乳酸阈；极点

参考答案：

①体能是人体各器官系统的机能在身体活动中表现出来的能力。与健康有关的体能包括心肺耐力、柔韧性、肌肉力量、肌肉耐力、身体成分等；与运动技能有关的体能包括速度、力量、灵敏、协调、平衡、反应等。还有一些体能既与健康有关又与运动技能相关。

②乳酸阈：在渐增负荷运动中，血乳酸浓度随着运动负荷的递增而增加，当运动强度达到某一负荷时，血乳酸出现急剧增加的那一点（乳酸拐点）称为乳酸阈。

③极点：在进行长时间剧烈运动时，在运动开始的某一阶段，运动者常产生一些难以忍受的生理反应，如呼吸困难、胸闷、头晕、肌肉酸痛无力、动作迟缓不协调，产生停止运动的念头等，这种机能状态称为“极点”。

（五）操作题或综合题

1. 题型介绍

操作题或综合题是近几年新兴题型，考查内容相对侧重实际操作，常考查的形式有体育绘图题、比赛轮次编排题、计算题和匹配题等。

2. 解题方法

（1）体育绘图题。

体育绘图题常考查运动员运动技术动作简笔画、体育与健康课队列队形画法、比赛场地绘图等，备考绘图题要有目的地练习，掌握基本人形简笔画、场地规则等。

（2）比赛轮次编排题。

比赛轮次编排题一般较简单，但考生备考必须掌握各类赛制规则，根据题目给出的参赛队伍或人数、比赛形式、要求等，写出或列出比赛轮次表即可，一般考查单循环、单淘汰等。

(3)计算题。

计算题考查内容包括比赛场地设置规划类的计算、比赛成绩排名的计算、比赛轮次、场数的计算等，考生备考需掌握场地设置规则、各项比赛成绩排名规则、比赛编排规则相关知识。

(4)匹配题。

匹配题一般考查体育基础理论在体育实践中的体现，考生备考过程中需在掌握理论的基础上了解体育实践中有哪些具体体现。

3. 题例

(1)请根据图示画出鱼跃前滚翻体育绘图简笔画。

(2)运动技能形成阶段与学习前滚翻动作合理匹配的是：

①泛化阶段　（　）　　A. 较轻松、连贯地完成动作

②分化阶段　（　）　　B. 意外滑倒，下意识地做出前滚翻保护自己

③巩固阶段　（　）　　C. 滚动不畅、身体动作过硬且不够协调

④自动化阶段（　）　　D. 滚动流畅，动作连贯但在小组内展示时会紧张、出错

(3)现共有 5 支队伍进行排球比赛，使用单循环比赛法，请写出比赛轮次表，并计算比赛轮次和比赛总场数。

参考答案：

(1)

(2)CDBA

(3)参赛队伍数为 5，用 n 表示，$n=5$；分别用 1，2，3，4，5 表示

第一轮	第二轮	第三轮	第四轮	第五轮
1—0	1—5	1—4	1—3	1—2
2—5	0—4	5—3	4—2	3—0
3—4	2—3	0—2	5—0	4—5

比赛轮数 $=n=5$(轮)

总场数 $=n(n-1)/2=5\times(5-1)/2=10$(场)

(六)简答题

1. 题型介绍

简答题是体育教师招聘考试中的主观题题型之一，考查内容一般为：基本事实、基本概念、基本要求、任务、特点、组成内容等。考生备考过程中要善于发现适宜出为简答题的知识点，答题过程中要做到言简意赅、系统全面、层次清晰，另外还要注意分值及要点内容的多少和条数来决定是否扩展。

2. 解题方法

(1)审题清晰，锁定考点。

简答题出题方式灵活多变，对考生提出了更高的审题要求，清晰的审题，锁定考点是成功答题的关键。

(2)全面扎实掌握理论知识。

简答题考查内容广泛，以简答题考查的知识点一般包含多条内容要点，考生备考过程中要做到全面扎实。答题时要注意紧扣考点，言简意赅，要点齐全，条理清晰，使用体育学科专业术语。

3. 题例

(1)列举自由泳易犯错误并指出原因和纠正措施。

(2)简述运动训练的基本原则。

(3)简述闭合性软组织损伤的处理原则与方法。

参考答案：

(1)易犯错误：

①小腿打水；

②手在肩外侧划水和划水路线短；

③抬头吸气。

原因：

①动作要领不清，屈膝太大；

②手入水点偏外侧并向外侧划水，没有推水动作；

③动作概念不清，怕呛水，不自觉抬头。

纠正措施：

①明确动作要领，先用直腿打水，以体会大腿带动小腿打水的发力；

②屈臂，手沿身体中线做S形划水，肩前入水，划水时向腹下朝同侧大腿外推水，在身体中线出入水，超过中线后向后划水，划水结束后手触同侧大腿；

③明确转头吸气，水下吐气，吸气时，转头时做“咬肩”动作。

(2) ①竞技需求原则；②动机激励原则；③有效控制原则；④系统训练原则；⑤周期安排原则；⑥区别对待原则；⑦直观性原则；⑧适宜负荷原则；⑨适时恢复原则。

(3)闭合性软组织损伤是指局部皮肤或黏膜完整，无裂口与外界相通，损伤时的出血积累在组织内。

处理原则是：制动、防肿、镇痛和减轻炎症。

处理方法是：伤后可冷敷、加压包扎、抬高伤肢。48 小时后可采用理疗、按摩、针灸、使用药物等。

(七)论述题

1. 题型介绍

论述题是体育教师招聘考试中必考的主观题，考生备考过程中需要做到对理论知识内涵的把握，不仅要知其然，还要知其所以然。论述题答题三要素包括论点、论据和结论，论点就要求考生锁定考点，针对考点知识点答题，论据则要求考生根据理论知识内涵展开阐述和分析，结论即分析之后要归纳总结，突出理论重点。

2. 解题方法

(1)仔细审题，锁定考点。

仔细审题，捕捉题干信号，把握材料线索，比对理论框架，确认与题干有联系的基本概念及原理。

(2)原理阐述。

表述尽量准确，但只要理解正确，不苛求一字不差。如果自己了解相关原理较少，论述的内容不丰满，可尝试以正面阐述后，再反面阐述的方式丰富答案。解释每一个概念并写出原理的基本内容。

(3)展开分析。

根据题干信息结合实际或根据材料信息结合实际，针对知识点理论内涵展开分析，用具体内涵分析具体体育实践过程。

(4)简短总结。

归纳并复述基本观点，突出论点，总结理论核心。如果是有给定材料则可以提倡材料中好的做法，批评材料中坏的做法。

3. 题例

试论述一名合格的体育教师应该具备哪些方面的能力。

参考答案：

(1)高尚的道德品质。

教师的思想境界、道德品质、行为表现对学生的思想道德和世界观的形成有着极其深刻的影响，所以具备高尚的道德品质是首要的条件。

(2)深厚的理论基础与广博的知识。

根据教育的特点，教师应具备基础理论知识、专业知识与技能、教育学和心理学知识、横向学科知识等。

(3)良好的专项技能技术。

为了有效地促进青少年身心健康，使他们全面协调发展，更好地搞好体育与健康教学工作、运动训练和群众体育工作，体育教师应熟练掌握至少一项运动理论和技术技能，同时还要尽量多掌握一些娱乐体育和休闲体育的项目，才能做好本职工作。

(4)先进的教育思想和教育观念。

教育思想和教育观念都是体育教师素质的重要组成部分，思想和观念是人们高层次心理需要的反映，它必将产生一种强大的内驱力去激励体育教师全身心地投入自己的教学工作中去。因此体育教师必须具有现代教育的思想和观念，有终身体育等全新教学观、学生观、人才观和教育质量观。

(5)全面的专业工作能力。

体育教师应具备的一般能力有教学能力、教育能力、科研和创新能力、社会交往能力。其中教学能力是体育教师完成教学任务最基本的业务能力。体育教师具备的专业能力有运动能力、训练能力和组织能力。运动能力是体育教师从事本职工作的特殊能力。

(6)良好的心理品质和强健的体魄。

体育教师必须具有良好的心理承受能力和抗挫折能力，并能及时有效地调控好自己的情绪，愉快地与他人合作。在教学过程中，体育教师的心理特征以及表现出的行为对学生也会产生较大的影响。良好的身体素质是体育教师终身锻炼的需要，也是进行体育与健康教学、提高运动技术水平、适应社会体育工作的必要条件。因此，体育教师必须重视身体素质的提高，以适应教学工作的要求。

(八)案例分析题

1. 题型介绍

案例分析题是向考生提供一段背景资料，然后提出问题，在问题中要求考生阅读分析给定的资料，依据一定的理论知识，或做出决策，或做出评价，或提出具体的解决问题的方法或意见等。

案例分析题是考查考生运用有关知识解决教学实际问题的能力的集中体现。案例分析题最大的特点是：陈述的是教学，凝聚的是知识，蕴含的是能力。从表面上看，案例所描述的是一组教学场景，但实际上其中蕴含着许多知识和规则，而这些知识和规则又支撑着大量的知识运用。所以，考试中，考生不仅要从给出的教学案例中找出这些知识点和规则，而且要能熟练地运用自己找出的知识点或规则来解决实际教学中的问题。案例分析题属于综合性题目，考查的是高层次的认知目标。它不仅能考查考生了解知识的程度，而且能考查考生理解、运用知识的能力，更重要的是它能考查考生综合、分析、评价方面的能力。

2. 解题方法

(1)从材料及其问题中锁定考点。

(2)提取材料中可利用信息。

(3)列出考点相关理论知识，结合材料可用信息，写出解答提纲，逐一列出要点，不要遗漏，答题要做到完整准确，言简意赅，使用体育学科专业术语。

3. 题例

《怎样才能投得准》

高二某班篮球基本技术单元第四课时，张老师课前给学生发放了挂图和相关学习资料，让学生自主学习。准备活动后，张老师首先提出问题："直接命中与碰板投篮的瞄准点应怎样选择?"请同学们分组讨论，同学们结合挂图和资料热火朝天地讨论开来。讨论完成后，张老师就选择瞄准点、人与篮球适宜位置、距离对命中率的重要性与学生展开讨论，并进行了分析比较。

接着，张老师又提出"篮球投篮怎样才能投得准"的问题，同时提出了要求，结合学生的知识储备，认真分析了抛物线、入篮角度与命中率的关系。分小组自主练习后，同学们围在一起展开了讨论，大家畅所欲言，就各种抛物线的优点与不足，哪种入篮角度更适合自己，谈了自己的感受。讨论结束后，张老师将全班分成 4 个小组进行投篮比赛，从同学们的雀跃声中，感受到了他们投篮命中率提高的喜悦。本节课上，同学们通过探究学习，愉快地完成了学习任务，每个人都有了新的收获。

根据以上材料，结合你对探究式学习的理解，回答下面问题。

(1)案例体现了探究学习的哪些特点?

(2)教师采用了哪些探究式学习方法和手段?

(3)谈谈在体育与健康课堂教学中，探究学习的教学步骤。

参考答案：

第一问：

①以问题为中心，注重解决问题的过程；

②探究教学法可以体现"实践本位"的教学观，注重将思考权、发言权、实践权交给学生，使学生在参与的过程中发挥和锻炼自己的能力；

③重视培养学生的独立探索的精神，注意挖掘学生的集体智慧；

④可以充分体现以平等合作为基础的师生观；

⑤通过探究教学法可以改变体育教师示范、学生机械模仿练习的教学模式，培养学生主动参与学习，在学习过程中培养动手解决问题的实践能力，从而较好地掌握所学内容。

第二问：

学习方法：发现法、小群体教学法、问题探究法；手段：设置问题、分组讨论。

第三问：

①提出问题：体育教师应根据学生已经学习与掌握的知识理论，结合所学的具体内容为学生提出具有多种可能性的问题。

②分组讨论，提出若干假设与方案：在体育教师提出问题后，将学生分成若干个学习小组各自提出假设与解决问题的方案。

③验证方案：各组根据教师的指导与要求将假设与方案，运用于体育与健康学习活动的实践中，验证假说与方案。

④评价与提高：在小组探究的基础上进一步对解决问题的过程与效果进行评价，激发学生的探索热情，提高学生的创造性思维能力。

第三节 小学体育教师编制考试面试

一、结构化面试概述

结构化面试也称标准化面试，是根据所制定的评价指标，运用特定的问题、评价方法和评价标准，严格遵循特定程序，通过测评人员与应试者进行语言交流，对应试者进行评价的标准化过程。在教师招聘面试中结构化面试又称“面谈”，常见有两种形式，第一种是单独的结构化面试，第二种是先结构化面试再试讲或结合其他考评方式，面试的流程通常是评委提问应试者听题或者应试者抽题目自己阅读题目，在有限的时间内进行作答，评委会根据一定的指标进行打分，结构化面试约占面试总分比重的20%～30%。

二、结构化面试的评价量表

教师招聘结构化面试评价量表由若干评价要素构成(仪表、仪态、仪容、语言表达能力、语言的逻辑组织能力、教师职业认知、分析问题和解决问题能力、人际交往能力等)，是结构化面试过程中，主考官现场评价记录应试者在回答各评价要素中表现优劣程度的计量表(详见表 7-3)。

表 7-3 结构化面试的构成及评价标准

序号	测试项目	权重	分值	评分标准
一	职业认知	10	6	热爱教育事业，有正确的职业认知和价值取向
			4	具备从事教师职业应有的责任心和爱心
二	心理素质	20	6	积极上进，有自信心
			6	具有一定的情绪调控能力
			8	具有较强的应变能力
三	仪表仪态	20	10	行为举止自然大方，有亲和力
			10	衣饰得体，符合教师的职业特点

续表

序号	测试项目	权重	分值	评分标准
四	语言表达	25	5	教学语言规范，口齿清楚，语速适宜
			12	表达准确、简洁、流畅，语言具有感染力
			8	善于倾听，并能做出恰当的回应
五	思维品质	25	12	思维严密，条理清晰，逻辑性强
			8	能正确地理解和分析问题，抓住要点，并作出及时反应
			5	具有一定的创新意识

三、结构化面试的题型

结构化面试内容题型大致可以分为六类，即自我认知与职业匹配、人际沟通、组织管理、综合分析、应急应变、教育教学。

题型案例

(一)自我认知与职业匹配

①结合教师岗位，说一下你的优势和不足？

②你为什么要选择教师这一职业？

③你的同事认为老师又苦又累，你怎么看？

④你最尊敬的教育家是谁，为什么？

⑤你认为教师这个职业有发展前途吗？谈一谈自己对教师职业的看法？

(二)人际沟通

①有家长到校长处投诉你，认为你教得不好，你怎么办？

②在一次教学经验交流的会议上，你提出了一个很好的教学改革方案，但没有得到校长的采纳，反而说你异想天开，你怎么办？

③如果你是一位教师，收到了学生的情书，你怎么办？

④班上有学生之前是活泼开朗的，因为奶奶去世了，变得沉默内向，你怎么开导他？

⑤孩子很调皮，家长不配合工作，你作为班主任应该怎么办？

(三)组织管理

①校长委托你组织一次夏令营活动，你怎么开展工作？

②领导让你组织一次老教师的联欢活动，你怎么组织？

③学校要去优秀示范学校进行观摩活动，如果让你组织，你会怎么做？

④请你组织一次有关学生心理健康的主题班会，你怎么组织？

⑤如果校领导让你准备一年一度的教研活动，你会怎么组织？

(四)综合分析

①你怎样看待教师偏爱学习成绩好的学生这一现象？

②你怎么看待“教学有法，教无定法”这句话？

③教师要耐得住寂寞、清贫，教师要守住这片“净土”，谈谈你的理解？

④请谈谈你对“学高为师、身正为范”的理解？

⑤你如何理解“没有教不好的学生，只有不会教的老师”这句话？

(五)应急应变

①学校组织学生进行地震演习，你所在的班级有名学生在下楼时不小心摔伤了，作为班主任，你怎么办？

②你正在使用多媒体进行授课，可是教室里突然停电了，你怎么办？

③课堂上，天花板突然有东西掉下来砸到学生了，你怎么办？

④你为学生组织的一次户外活动中，有个同学突然中暑，你怎么处理？

⑤你上课的时候，学生向你提出了一个你也不知道解答的问题，你准备怎么办？

(六)教育教学

①怎样做好一名班主任？

②小学生以自我为中心，教师该怎么办？

③有同学上课时经常答错问题，你怎么办？

④有的老师认为每位学生都是好榜样，你怎么看？

⑤学生坚持自己的错误想法，老师应该怎样开导？

四、结构化各题型解题思路

(一)自我认知与职业匹配

自我认知与职业匹配这一类题型需要至少深挖以下三点：第一对自己的性格、态度等构成有良好的评价；第二兴趣与岗位情况匹配；第三成就动机与岗位情况匹配。

1. 答题思路

(1)人生经历梳理。

人生经历了哪些阶段？取得了什么成就？针对毕业生可以结合的为学习与实习经历，包括成绩、奖学金，是否被评为优秀学生干部以及勤工助学经历等。注意要有所侧重，抓住与职业契合的重点。

(2)自身特点梳理。

性格特点：外向，善于交际，灵活性强，内向，善于自省，原则性强等。

品质特点：勤奋好学，善于总结，责任心强，善于助人等。

优点：良好的身体素质和良好的生活习惯，心地善良，具有同情心，乐于助人，具有良好的服务意识，责任心强，爱岗敬业，具有大局观和很强的包容心等。

缺点：缺少工作经验，对社会实际缺少深入了解，看问题不够全面，缺乏统筹规划能力，遇大事不够沉着冷静，容易紧张，遇到紧急情况不能当机立断等。

(3)报考动机梳理。

你为什么选择教师这个岗位，你报考教师岗位的动机是什么?

可以结合方面：我很喜欢教师这个职业，大学期间我所学习的就是师范专业，具备做好一名教师的能力；从事教师职业并成为一名优秀人民教师是我一直以来的梦想。

不能结合方面：为了收入或当教师只是跳板等其他与教育职业严重对立的动机。

2. 解析案例

结合教师岗位，说一下你的优势和不足?

解析：该类题需要提前梳理清楚自身的特点、优缺点、性格等，其中提炼出与教师职业契合的要点，以最贴合自身的情况讲解清楚，出现如明明看起来很内向，却说自己外向等表里不一的情况。

参考答案：我认为我的优势是年轻有活力，有创造力，有上进心，有较好的前沿理论和文化素养，容易接受新事物，能更快适应新课改。我最大的不足是缺少实践的积累，但是我有一颗好学上进的心，我恪守“三人行必有我师”的古训，虚心向教育界的专家、前辈、有经验的同行学习，多渠道积累自己的知识，增长自己的才干，相信有你、有我、有可爱的学生，我的明天一定会绽放生命的美丽。

(二)人际沟通

人际沟通类题目有以下两个特点：第一题干通常设定一个障碍情境，障碍通常指的是工作受阻或情绪不佳；第二设定的是复杂的人际关系：学校中的上下级、平级之间，与学生和家长之间。

1. 答题思路

(1)思路过程。

该类题型一般是有一个障碍情境，需要通过沟通去处理，所以答题时需要第一积极主动地去处理事情；第二自我反省，这个障碍的出现是否和自己相关；第三换位思考，如果我是对方，我是怎么想的或者我会怎么做。

(2)答题步骤。

第一应该冷静考虑问题，不能自暴自弃；第二积极反思发生问题，多从自身去找原因；第三主动积极去沟通化解障碍；第四总结提升。

2. 解析案例

有家长到校长处投诉你，认为你教得不好，你怎么办?

解析：该问题中的障碍为“家长觉得你教得不好”，我应该使自己冷静，不能和家长发生冲突，同时要思考原因，并主动和家长沟通解决问题。

参考答案：

【冷静】首先，发生这样的事情，我要保持冷静，不能因此影响了教学工作的正常开展。

【反思】其次，既然有家长投诉，一定是我的工作出现了问题，我会分析原因，可能是教学上、管理工作上的问题或者沟通上不够及时。

【沟通】接下来，我会主动去和家长进行沟通，承认自己工作上的失误，并向家长询问是哪里出现了失误，如果确实是我的原因，我会承认错误并致歉。如果不是我的原因，我也会耐心地解释说明情况，请求理解。另外我也会主动找校长道歉，并说明真实情况，保证不再发生类似的事情。

【提升】事后，我会深刻地反省自己，一方面踏踏实实做好专业教学和班级管理工作，另一方面及时和领导、学生家长进行沟通，保持信息的及时沟通。

(三)组织管理

组织管理这类题型，考查的是考生在组织工作中的条理性和灵活性。组织工作如何凸显条理性和灵活性要把握以下两点：第一是否能判断或提出明确的目标；第二制订的计划是否严密，是否具有可行性。

1. 答题思路

(1)思路过程。

组织管理一定是有一件事情需要很好地完成，这时要紧扣题干中的“关键词”，其代表了这件事情的目的和含义，只有明确了目的才能把事情做好。

(2)答题步骤。

第一找到关键词，明确目的和意义；第二是提出合理可行的计划；第三是实施阶段应该考虑突发事件等因素；第四是总结。

2. 解析案例

校长委托你组织一次夏令营活动，你怎么开展工作？

解析：关键词“夏令营”，目的是培养学生热爱生活的情感和团队意识。关键词“校长”，校长让我组织是对我的认可。

参考答案：

【意义】夏令营活动有助于培养学生热爱生活的情感和团队合作的意识，是一项非常有意义的活动，校长把这项活动交给我来组织，是对我的极大信任，我一定尽全力把它组织好。

【计划】我会跟领导进行沟通，明确此次活动的主题，向有相关经验的同事请教，获取相关组织经验，之后撰写策划，并报领导审批，根据反馈意见进行修改，确立方案。

【实施】在活动过程中，我会将责任落实到人，分别负责联系班车，接送学生到达活动现场；组织学生开展活动，发放活动材料；按时为学生提供水、食物等必需品，安排大家的住宿；跟随队伍，如果有学生发生中暑等突发情况及时进行救治。我个人也会参与其中，保证整个夏令营活动有序有效地开展。

【总结】活动结束后，我会总结经验，对不足之处进行反思，以便避免今后再次发生。

（四）综合分析

综合分析类题型。一般包括“现象类”（如教师都喜欢好学生）和“观点类”（如没有不合格的学生，只有不合格的教师）。

1. 答题思路

（1）思路过程。

紧扣时代背景，第一对问题性质做出判定；第二分析背后的原因；第三给出解决思路。

（2）答题步骤。

“观点类”第一就话论话（是什么），第二就话论理（为什么），第三就话论人（怎么做）；“现象类”第一分析情况，表明态度（是什么），第二分层论证（为什么），第三做总结（怎么做）。

2. 解析案例

你怎样看待教师偏爱学习成绩好的学生这一现象？

解析：教师偏爱成绩好的学生，是一种不正确的现象，理由：因为偏爱某一部分学生是违背了师德师风的，教师应该公平对待每一位学生，教师应该关爱每一位学生。

参考答案：

【是什么】我认为任何教师都不能偏爱学习成绩好的学生。教师应该平等对待每一位学生，不能把学生分为三六九等，更不能对学生“偏心”。也不能仅以“成绩好”作为评价学生的唯一标准。

【为什么】第一，如果教师偏爱成绩好的学生，会让部分成绩好的学生产生骄傲自满的态度；而让另一部分成绩不好的学生产生自卑心理，不利于学生的身心健康成长。第二，教师这种唯分数论的评价观会对学生产生一种误导，仅仅追求学习成绩，而忽略了其他方面的综合发展，而我们现在的社会提倡的是素质教育，社会需要的是全面发展的人才，更注重综合素质。第三，教师的这一做法也违背了教师的职业道德规范，师德的灵魂是关爱学生，要关心爱护全体学生，尊重学生人格，平等公正对待所有学生。

【怎么做】我认为教师要平等公正地对待全体学生，不因学生的成绩、家庭背景等区别对待学生，坚决遵守教师职业道德规范，关爱、尊重、平等对待每一位学生。

（五）应急应变

应急应变类题型，考查考生的突发事件应对能力，面对突发事件最少应该把握以下两点：第一头脑清醒，科学分析，敏锐把握事件潜在影响，密切掌握事态发展情况；第二准确判断，果断行动，整合资源，调动各种力量，有序应对突发事件。

1. 答题思路

（1）思路过程。

遇到突发事件不惊慌，能运用智慧，以正确的方法解决问题，事后能够及时总结，防止这样的事情再度发生。

(2)答题步骤。

第一分析情况，确认需要完成的事情或任务；第二寻找正确的方法来解决问题或完成应急处理；第三总结问题提高自我的意识。

2. 解析案例

学校组织学生进行地震疏散演习，你所在的班级有名学生在下楼时不小心摔伤了，作为班主任，你怎么办？

解析：根据题干我们知道最急迫的任务是要救起摔伤的学生防止踩踏，第二应该检查学生的伤情，第三鼓励学生继续参加演习，第四回到班级清点人数。

【分析情况、确定任务】地震疏散演习中有学生在楼道摔伤，如不及时处理，很容易造成疏散秩序混乱。为避免扩大影响，我会及时做出反应，以保障学生安全为第一要务，在妥善处理学生伤情的情况下，确保演习顺利进行。

【解决问题】首先，我会及时来到受伤学生身边，先将其带离疏散队伍，然后通知本楼层负责楼道疏散工作的老师，请他维持好楼道疏散队伍的秩序，避免学生发生拥挤造成踩踏。其次，详细询问该名学生的伤情，安抚其情绪，如果并无大碍，则鼓励他继续加入演习中来，并带领他重新回到疏散队伍中，进行有序撤离；如伤势较重，则联系医务组的同事前来诊治伤情，并做后续治疗。最后，我会回到事先指定的集合地点进行整队及清点人数，并将本班学生受伤及治疗的情况向领导汇报，听从领导指示，继续完成地震疏散演习任务。

【总结提高】演习结束后，我会总结此次演习工作的经验教训，在班级里普及应急避震的正确知识，并做好心理指导，确保下次演习中学生们都能冷静、有序地进行撤离。

(六)教育教学

教育教学类题型是以直接发问或者设置情境的方式，考查考生处理学生问题的能力，包括对不同类型学生的教育问题，与班主任工作相关的问题，课堂教学中遇到的问题以及与所任学科相关的专业知识。

1. 答题思路

(1)思路过程。

教育教学中要处理大量的问题，第一要平时多积累与教育教学相关的案例；第二该类问题的核心在于怎么做，因此要找到相应的原因和方法；第三回答时要贴合实际，灵活处理。

(2)答题步骤。

第一解释或表明自己的态度(是什么)，第二按照一定的顺序描述其原因(为什么)，第三提供怎么做的思路(怎么做)。

2. 解析案例

怎样做好一名班主任？

解析：此题目只问怎样做？就无须回答班主任的定义和要做好的原因，仅按照一定的顺序贴合实际回答即可。

参考答案：【怎么做】我认为当好一名班主任，首先要做好自己的本职工作，抓好教育教学。在做好本职工作的基础上积极落实国家政府上级交给我们的重要任务，如安全教育等；其次我会加强班级管理，抓好班级常规工作，从卫生到纪律，从入校到放学，事无巨细，事必躬亲；然后我会积极营造有爱的班级文化，身先士卒为人师表，关爱每一位学生，树立良好的榜样，促进学生健康成长；最后好的班主任离不开学校领导与家长的支持，我会定期开展开放日活动，邀请校长以及家长参与，了解班级发展情况，连接班级与校长、家长、科任教师的有效沟通，为班级发展提供更好的空间。

第四节　小学体育教师编制面试的试讲与说课

一、试讲与说课的概述

试讲与说课在总成绩中占比最多，是最重要的内容，课的类型有理论课(如轻度损伤的处理、毒品的预防)和实践课(如跨越式跳高、脚内侧踢定位球)，其中实践课占比最多约为 90%。根据是否有学生分为有生课堂和无生课堂，其中无生课堂占比最多约为 90%。时间通常为 10 分钟左右，考场中至少包括评委、时间提醒、成绩打印、摄像等工作人员。

进入面试或说课环节，考生首先在候考室抽签，然后按照抽签顺序进备课室抽题目备课；其次在规定的备课时间内完成备课，考务工作人员会将备好课的考生带到考场；最后考生在评委考官的面前，按照自己备课的内容完成上课，评委听课完成打分。

二、试讲与说课的区别

概念不同：虽然两者都是围绕着同一个教学课题，但试讲是对教学方案的课堂实施，而说课是对课堂教学方案的探究和说明。

要求不同：试讲仅解决教什么、怎么教、教到什么程度的问题，说课不仅解决教什么、怎么教、教到什么程度的问题，还要对每个环节做出解释如为什么这样教。

三、试讲与说课的题目

在试讲与说课的环节中，通常所有考生抽到的题目都是一样的，以下为常见的考试题目(详见表 7-4)。

表 7-4 试讲及说课常见考试题目

学段	试讲与说课的题目
小学	《立定跳远》《前滚翻》《快速跑》《障碍跑》《跨越式跳高》《小篮球原地运球》
初中	《蹲踞式起跑》《足球脚背内侧踢定位球》《排球正面双手垫球》《双手前抛实心球》《篮球单手肩上投篮》《耐久跑》
高中	《背越式跳高》《跨栏跑》《武术初级长拳》《行进间双手胸前传接球》《纵箱分腿腾跃》《侧向滑步推铅球》

四、试讲与说课案例

(一)小学水平一《立定跳远》试讲案例

1. 开始部分：包括集合整队、安全事项、安排见习生等

师：集合，立正，向右看齐，向前看，第一排从右向左依次报数。同学们，好！

师：大家都到齐了，同学们集合迅速，很好，要继续保持。今天有没有需要见习的同学？

师：没有，好的。大家看看衣服鞋带有没有整理好，抓紧时间整理，检查一下身上有没有带钥匙等尖锐的物品，有的话交给老师保管，下课找老师领取。

2. 准备部分：包括热身游戏和辅助运动练习

师：同学们在进行新学习内容之前，我们一起来进行准备活动热身练习，游戏的名称叫“喊数抱团”。

师：大家先仔细听游戏规则：所有同学站成一个圆圈，顺时针走动，老师会站于圆心通过喊数字，大家根据老师所报的相应数字迅速抱在一起。大家都听清楚游戏规则了吗？

师：好的，游戏开始。数字 5，快，5 个人抱在一起。接下来，数字 3……愉快的小游戏结束了。

师：看大家意犹未尽，接下来，全体同学听口令，成 4 列横队并呈体操队形散开，大家跟着老师一起做辅助练习。

师：先是原地半蹲姿势，做快速有力的向上纵跳练习；原地做弹性屈伸动作，然后两臂向前上方用力摆起，两脚用力蹬地、展体向前跳出，双脚屈膝缓冲，轻巧落地的动作练习，每组动作完成 3 次。

3. 基本部分：包括教学的具体操作

师：同学们，在日常生活中，当我们面前有障碍物时，比如遇到草丛或者小水沟，我们会怎么办呢？排头的这位同学你说。

师：你说你会跨过去。嗯，这位男生你来说。

师：你说得也对，跳过去。没错，遇到困难的时候我们就跨过去或者跳过去啊，但要想顺利地跳过去，我们就有必要加强我们的跳跃能力，今天我们要学的技术动作，就是跳远的一种常见的跳跃形式，立定跳远。

师：接下来，全体同学听口令，成4列横队。

师：那老师先做一下动作示范，立定跳远的动作要点是动作轻松自然，起跳时双脚向前上方用力蹬地并充分蹬伸，蹬直髋、膝、踝三个关节，使身体充分腾起，同时摆动腿屈膝上提，两臂配合自然上摆，落地时双脚落地，屈膝缓冲。老师教大家一个好记的小口诀，来同学们和老师一起，起跳用力蹬，落点要缓冲。

师：老师完整的为大家示范动作，老师刚才的动作大家都看清楚了吗？

师：那么接下来，我们一起来练习。

师：现在大家以原来体操队形站好，按之前的四个小组进行弹性屈伸与快速有力起跳相结合的练习。在练习的过程中小组内同学之间用拇指互评。开始吧。

师：你这个动作注意重心再低一些，对，就这样。这位同学，你的蹬地和摆臂要同时进行。你们小组之间互相帮助，做得非常好。

师：停，我们请得到2个大拇指的同学到前面展示动作。嗯，大家做得很好，我们这些同学都注意了蹬摆结合，做得非常好。

师：接下来我们结合青蛙跳荷叶的游戏，提高练习的难度，同学们可以看到在我们这边的4个场地，每个场地上有一条直线，这条线作为池塘岸，同学们用手中的跳绳自制荷叶，体验青蛙从岸上跳到荷叶上的动作，还是之前的分组，小组长带领到相应的场地体验练习。大家在练习中要注意上下肢体动作协调配合，也要注意安全哦。大家准备好了吗？

师：这位女同学注意屈膝缓冲，这次非常好，继续练习。

师：练习时间到。同学们练得都很认真，希望同学们能够保持这个热情。

师：在刚才的练习中老师发现我们第一组的这位同学跳得很远，我们请他做个展示，其他同学仔细观察。大家说他做得好不好啊？

师：哪位同学来说一下刚才你观察到他跳得远的原因啊？排头的同学你说，他用双臂快速地向前摆动，这位同学观察得真仔细。

师：同学们刚才表现得都非常好，接下来我们进行“蛙王大比拼”比赛。

师：同学们可以看到前面的4块田地，在这一环节中要求同学们把小组内的荷叶连接起来搭建一条路，到前面田地里捉害虫，当我们第一位同学捉完害虫回来后和第二名同学击掌，依次进行接力比赛。在规定的时间里看哪组捉的害虫多。好，同学们现在开始搭路。停，同学们都把路搭好了。同学们都准备好了吗？

师：现在我们开始比赛，预备、开始。大家加油、加油，注意安全和动作规范。好时间到，我们来统计一下，第一组15个，第二组13个，第三组13个，第四组12个。恭喜我们的第一组获得了“蛙王”的称号，让我们对第一组表示祝贺，其他小组不要放弃，我相信你们下节课会表现得更优秀。

4. 放松与总结：包括身心的放松与学习总结等

师：一堂课很快就要过去了，下面请同学们和老师一起在音乐中进行徒手拉伸操放松。

师：以中间这位同学为基准，成体操队形散开。

师：同学们在这堂课中表现得非常出色，每个人都把最好的一面展现给了大家，并且同学们都能以顽强的意志品质坚持到最后，在这里对所有同学提出表扬。

师：同学们还记得老师教授的动作口诀吗？前排的这位男生你来说。

师：没错，起跳用力蹬，双臂快速摆，起跳要充分，落点要缓冲。同学们记得很牢固。

师：希望在今后的学习当中同学们能够再接再厉！一、三小组的同学回收器材，下课，同学们再见。

(二)小学三年级《立定跳远》说课案例

1. 说教材与目标

本课选自人教版《体育与健康》水平二上学期内容，本次课为第一课时，主要内容为：立定跳远的起跳、腾空和落地三个环节。立定跳远有助于发展学生的下肢力量，为学生后期学习挺身式跳远打下坚实的基础。对于小学三年级的学生来说，他们已经具备了跳跃的基本能力，但整体动作衔接能力和全身协调能力有待加强。这个年级的学生，思维敏捷，意志品质也在发展，但注意力难以集中，克服困难的毅力不够。针对这一阶段学生身心发展的特点，结合教材内容，依据坚持“健康第一”和注重教学方式改革的课程理念，制定以下核心素养教学目标：

①运动能力：学生知道立定跳远的动作要领和方法，可以做到双脚起跳、双脚轻巧落地，动作协调连贯，发展下肢力量，能在游戏和比赛中运用。

②健康行为：积极地参与练习，纠正错误动作，了解如何避免扭伤和擦伤，积极消除运动疲劳。

③体育品德：培养学生参与体育锻炼的自信心，形成克服困难的坚强意志品质，能够遵守规则，有集体荣誉感。

2. 说学情

这一阶段的学生模仿能力、好奇心和表现欲都很强，教师在课堂上应充分利用这些特点组织教学。但学生自我约束力不够，教师在授课时对于学生的意见和建议以及挫折和自卑心理要正确引导和鼓励。对组织纪律性不够的学生在教育时要注意用语和方式，避免学生产生逆反心理。

3. 说重难点

根据现阶段学生认知能力发展水平和身体发育情况确定本次课的重点为腾空时动作要领的掌握，难点在于起跳与腾空的有效衔接。

4. 说学法教法

为了有效帮助学生把握重点、突破难点，这节课的教法以讲解法、示范法为主，辅之以启发探究法。通过讲解和示范，学生能够更直观地掌握动作要领，加深学生对整体动作的理解。学法主要为：游戏法、比赛法和分组探究法。通过游戏激发学生学习兴趣，达到课未始兴已浓的课堂效果，再通过比赛和探究，培养学生团结协作精神和积极思考意识。

5. 说教学过程

下面，具体讲解下我的教学过程，分为四个部分，分别为：开始部分、准备部分、基本部分和结束部分。

开始部分，我会用 2 分钟时间来安排课堂常规。队列整理、点名报数、师生问好，能够很快地将学生带进课堂，集中注意力。在安排好见习学生之后，开始上课。

准备部分，我会带领学生围成一个大圆，学跳兔子舞，用兔子舞代替常规的徒手操练习，这种热身运动不仅有利于将学生的注意力从课间的休息状态转移到课堂中来，还能帮助学生初步体会“跳起”动作感觉，和本节课的教学内容紧密结合。

基本部分，这部分用时大约为 30 分钟。

①探索：本着教为主导、学为主体的教学原则，我会在课堂之初提出问题：“同学们，你们想知道跳远的秘诀吗？那么，我们这节课就来一起探索如何才能跳得更远。”带着这样的疑问，我会将学生分成“长江队”“黄河队”“长城队”三队，并鼓励学生自愿承担组长职务，以分组的形式探究练习。三分钟之后，每组派一名同学进行展示，并说出各组认为的“跳远秘诀”。这个时候，我会通过总结和补充，说出立定跳远的动作要领为“两脚左右开立，与肩同宽，两臂前摆时，两腿伸直，后摆时屈膝降低重心，上体稍前倾。两脚快速用力蹬地，同时两臂稍屈由后往前上方摆动，向前上方跳起腾空，并充分展体”。强调离地前的前脚掌瞬间蹬地的动作。并特别指出：“上下肢动作协调配合，摆动时一伸二屈降重心，上体稍前倾。”

②学习：在讲解完要领之后，我会向学生展示示范动作，然后带领学生集体原地小幅度地模仿动作要领，这有助于帮助学生对整体动作的理解。在此过程中我会对表现积极、态度认真的学生进行鼓励和表扬，对表现不够积极的学生进行鼓励。

③巩固：学生学习了基本动作要领之后，再按之前的分组进行小组练习，每组 4 轮。完成基本动作学习之后，要求学生每人至少完成两次跨越式过低杆动作，并点评自己动作优缺点，教师总结补充，提高学生自评能力。我也会在组间进行巡回指导，及时纠正错误动作，用这种方法强化学生对动作要领的掌握。对于掌握慢的学生及时给予技术的指导和心理上的帮助。

④游戏：学生进一步掌握立定跳远动作要领之后，我再组织学生进行“兔跳接力”比赛，学生在比赛的乐趣中锻炼弹跳能力和全身协调能力。

结束部分，用时 3 分钟。我会带领学生跟随歌曲《映山红》做伸展运动和抖腿运动，在陶冶情操的同时放松腰部肌肉和腿部肌肉。这有利于学生循序渐进地达到锻炼身体的目的，轻松地进行体育锻炼。此后，我会提问立定跳远的动作要领，并对学生的回答进行补充和点评，再次总结本节课的重难点。并对本节课中的闪光点进行激励，培养学生的自信心。

预期效果：本节课的练习密度大约为70％，平均心率为150次/分钟，练习强度中上。90％的学生通过本节课的学习，能够掌握立定跳远的动作要领，40％的学生能够优美的完成整体动作，预计教学目标基本实现。

五、试讲与说课准备方法

(一)备课

所谓备课，主要是指选择、把握教学内容，确定目的要求，选择教学方法和手段，安排课堂教学结构环节等。其中，深入钻研、准确把握教材是提高备课质量的核心。任何一个教师走上讲台讲授教学内容之前，都必须做好充分的准备，对于试讲与说课时的面试人员更是如此，充分而完整的备课是讲好一节课的必备前提。在教师招聘考试中，备课的完整环节并不是在考场上完成的，而是在考前准备的时候就完成了。

1. 分析教材

对于没有教学经验初走上讲台的人来说，提前准备各类教材的教案是十分有必要的，在备课前对各类教材进行分析，大致把握各类教材的特点。田径可分为跑类、跳类、投掷类，球可分为三大球类、三小球类，体操可以分为技巧类、器械类等。针对每一类教材制定该大类的教学策略，可以极大程度地提高备考效率。

2. 分析课程标准

分析课程标准首先要了解课程标准的构成。体育与健康课程标准包含：课程性质、课程理念、课程目标、课程内容、学业质量、课程实施。备课时，要对这些内容进行细致的分析。

3. 分析学情

分析学情，主要从一般特征与技能特征两个方面出发。一般特征需要考虑学生的心理特征、学习习惯、学习兴趣等方面。技能特征需要根据学生生理特征、课程标准要求、各水平教学内容、单元教学内容等方面进行分析。

4. 确定教学目标

根据体育与健康课程标准中的内容要求、学业要求、活动建议以及教材分析和学情分析，从运动能力、健康行为及体育品德等核心素养制定可操作、可观测、可实施、可评价的目标。

5. 确定教学重难点

教材中最基本、最关键的概念、理论和方法就是教学的重点，因为这些内容在教材中有着举足轻重的地位，有着承上启下的功效。需要注意的是，教材的重点必然是教学的重点，而教学重点不仅仅是指教材重点。

教学难点决定了教学内容的深度，也就是单元或课时的知识深浅和技能复杂程度。一般教材中抽象的、复杂的、容易混淆或容易发生误解的知识和技能是本次教学中的难点。

6. 进行教学设计(编拟教案)

教学设计是教师备课结果的主要呈现形式。以授课单元或章节为单位编写的具体教学方案，是授课思路、教学内容、教学技能的客观反映。概括起来说，一份优秀的教学设计主要包括以下内容与要求：

①全面具体的教学目标；

②定位准确的教学重点；

③切中要害的学情分析；

④实用必需的教具学具；

⑤突出活动的教学过程；

⑥务实灵活的练习设计；

⑦美观助学的板书设计；

⑧有利成长的教学反思。

7. 试讲或说课演练

大部分毕业生往往花费时间在准备教案上而忽视了演练的重要性，没有演练过的教案等于没有准备，所以一定要在教案撰写完后进行演练。在演练时应该准备计时器、镜子、录像机等器材，尽量做到严格把控时间，对着镜子纠正自己的教姿教态，通过回放认真听自己的语言是否表达通顺清晰。

(二)试讲与说课的技巧

教师招聘考试中，必须掌握讲课的一些技巧。包括：导入、提问、各环节过渡、时间分配、结课、教学语言、板书设计等。那么在这些部分中，面试人员应该注意些什么呢？下面详细进行分析阐述。

1. 导入技巧

好的开端是成功的一半，好的课堂导入对于讲好一节课是非常重要的。好的导入，可以激活学生求知的欲望，可以引起学生对新知识学习的兴趣，可以架起新旧知识间的桥梁。课堂导入既可以通过复习前面所学习的知识进行，也可以通过相关联的其他事情进行，没有特定要求。对于试讲时的面试人员来说，教学内容的选取不具有连贯性，教学对象的选择也不具有特定性，所以通过复习旧知识进行导入是不太容易把握的。这时就可以通过相关联的内容来导入新课。

在这里所要强调的是，课堂导入是为了让学生的思维活跃起来，更快地集中、过渡到要学习的新知识点上，而不是一个形式。一些应试者在试讲过程中，能注意到使用导入这一个环节，但却为了“导入”而导入，使得导入过程流于形式，失去了它本来的作用，甚至会让教学对象产生困惑。在这一个环节的设计中，应根据不同的学科知识、不同教学对象的特征，进行认真的分析与思考，使得课堂导入能很自然地过渡到所要讲授的知识点上，避免牵强附会。

2. 课堂提问的技巧

课堂提问是启发学生积极思维的有效方法，设计的问题必须具有逻辑性、系统性，要注意深浅程度。课堂提问可分为以下三种：

①为讲新课铺路的提问。这种提问可创设一些悬念，激发学生的求知欲。

②为突出重难点而有意创设的提问。通过提问，启发学生独立思考，使他们自觉地接受、掌握课堂知识。教师在讲授新内容时如果遇到了旧的知识，不要直接应用，而应采取提问的方式，让学生回答，从而加强教学的系统性和巩固性。

③总结式的提问。这种提问一般在每节课的小结中进行，老师可以了解学生对所学知识掌握的程度，以便纠正学生普遍存在的问题。

3. 各环节过渡技巧

通常一节课会由多个环节构成，部分是有紧密联系的，还有一部分并没有多少联系，那么在讲授过程中，几个联系不是很紧密的环节，就一定需要过渡。如果过渡不好，就会造成学生的思维断层，或者出现学生注意力分散等问题。所以在试讲过程中一定要注意运用能够承上启下的过渡性语言，来进行知识点间的衔接和教学环节的转换，如“通过刚刚的热身环节大家的身体都充分舒展开了，下面我们进行本节课的正式学习”；如“看完了老师的动作示范，大家都想尝试了吧！下面我们开始第一个练习”。

4. 时间分配的技巧

要合理规划每个环节在一节课中所占的时间，重点和难点的讲解所需的时间要长些，讲的力度要大些，切忌主次不分，重点不清。前松后紧或前紧后松都会影响教学效果。有的教师讲课开始时怕学生听不懂，反反复复，絮絮叨叨，把精讲变成了繁讲，到后来一看时间不多了，便任意删减授课内容，“草率收兵”；还有的教师随意拖堂，下课铃响了半天，还在不停地讲授。“草率收兵”或“随意拖堂”都是不良的教学习惯，应努力克服。在面试中，评委会对拖课情况进行扣分。

5. 结尾的技巧

试讲与说课的结尾会给评委留下最后印象，评委往往对课的结尾部分期待比较高，因此要特别重视，寻找合理、新颖的结束形式，完成最后的结课。根据通常的结课方式，主要包括两个部分：总结教学和设计告别语。

(1)总结教学。

在一节课的最后都应该有适当的总结，这是对这一节课教学内容的复习、归纳，并能够帮助学生将知识系统化。总结时，要精神饱满，语言富有激情，将试讲教学推向一个令人难忘的高潮；或者将内容的延续与语言的委婉相结合，制造一种“言已尽而意无穷”的感觉。

在最后的总结教学中，试讲教师及时安排复习及家庭作业。可以简要地介绍本节课的复习要点与方法，系统地对课堂教学进行回顾。布置作业时要注意作业的针对性与目的性，同时明确哪些是自己独立完成的，哪些是在家长的参与下完成的，使作业的形式多样化，唤起学生积极主动地完成家庭作业。

(2)设计告别语。

告别语是考核范围的一个环节。告别语可以感谢学生的合作，表达良好的祝愿；可以感谢评委安排的试讲机会，希望能够得到他们的批评指正；如果没有学生，全是学校的领导，可以表达对教育事业的向往与热爱，打算为其奋斗终身的志愿；展现出自己勇于挑战、勇于拼搏的精神风貌。

告别语时，各环节之间的过渡不要过于冗长，平淡无味；不要无话找话，画蛇添足；不要节外生枝，引出不必要的话题；不要说套话，显得虚情假意；同时，在结尾时，要注意察觉评委的表情，判断他们的心情，有意识地调整自己的话语。

6. 使用教学语言的技巧

试讲或说课时，对于不同的教学内容和教学对象，很多应试者经常采用一样的措辞、语速、语气及语调，将年龄较小的学生大龄化，这些对于学生接受知识都是有影响的。实质上，对于不同层次的教学内容和不同年龄阶段的教学对象，教师在讲课过程中所要使用的语言、语速、语气及语调都应有所不同，这样才能使学生对新知识的接受更容易。如一二年级学生语言要简单直白，带有童真童趣。

7. 板书设计的技巧

一般而言，板书可以分为两个部分，正板书与副板书。正板书内容为这节课所学知识点的框架，而副板书则是用来进行一些演算或列举等。书写时一定要注意字迹工整，根据具体环境调整字体的大小。板书忌空、满、乱、散、潦草、差错。要注意排列美、外观美和组合美。

第五节　小学体育教师编制面试的技能展示与测试

一、技能展示与技能测试的概述

在教师招聘考试中，技能展示或技能测试在总成绩的占比中与笔试相当，一般在体育场馆进行，具体的要求和注意事项通常会在公告中进行详细说明。

应试者需要根据展示或测试的要求，根据抽签的顺序，依次在评委面前展示或在评委的监督下测试，应试者可以根据自己的需要，自备技能相关的器材。总体而言，技能展示或技能测试环节存在较大的地区差异性，应试者需要提前熟知。

(一)技能展示与技能测试的区别

技能展示：在规定时间内，展示自己最好的专项技能，可以展示多个内容，如武术长拳套路、篮球运球变向接扣篮、足球多部位颠球等，具有一定的表演性质。技能展示大部分情况下会与体育教师的基本功展示结合进行，如口令、队列队形、基本体操技巧动作等。

技能测试：同一个岗位的考生进行指定的专项内容测试，评委根据评价指标进行打分，如田径专业测试100米跑、跳高、推铅球等；篮球专业测试定点投篮、分组对抗、往返上篮等。技能测试有两项评价指标分别为成绩评价和技术评价，二者同样重要。

(二)技能展示与技能测试的案例

技能展示与技能测试的具体实施方法，会在公告中详细说明，以下案例仅供参考。

1. 技能展示案例

体育教师岗位应试者在试教后进行专业技能展示，时长2分钟。内容自定(体育操类展示考生可自带U盘拷贝MP3格式的伴奏音乐，U盘内除本次展示用音乐外不得存储其他资料，因格式错误等原因造成的不能正常播放等后果由考生自行承担)，现场提供音响，其余体育用品自备。

2. 技能测试案例

技能测试的专项测试，以田径为例，有4项内容，详见表7-5。

表7-5　测试内容及分值比例

专项	测试/考评内容及分值(考生自备服装)
田径	①口令、队形队列(25%)；②50m蹲踞式起跑(25%)；③立定三级跳远(25%)；④掷实心球(25%)

二、技能展示的设计思路

技能展示本身具有一定的表演性质，大部分情况下会与体育教师的基本功展示结合进行，导致很多考生认为啦啦操、健美操、武术套路等具有表演性质的项目拥有较大优势，田径、小球类、游泳等不具备表演性质或动作单一的项目不存在优势，这是一个误区。实际上，任何项目通过精心设计都能使评委眼前一亮，从而帮助考生获得理想的成绩。

(一)凸显专业性

在有限的时间内，要多展示难度动作、复杂套路等。考生应该深挖专项中的核心内容，展示最惊艳的技术。如健美操和啦啦操等可以展示竞技动作技术；如田径可以展示挺身式跳远技术、跨栏跑的过栏技术、背越式跳高技术；如篮球可以展示运球过人接扣篮技术；羽毛球可以展示步伐接起跳杀球技术。任何项目都要结合自身的能力展示最厉害的方面，来凸显专业性，即便是操类表演性质的项目，若只展示基础动作，没有难度动作，也会让评委认为不够专业，导致评分不高。

(二)项目多元化

当自身不能凸显某个方面较强的专业能力时，应该考虑展示多个项目，可以适当降低技术标准，但是展示顺序应该合理，且动作流畅不能出错。如田径可以结合排球展示，先做跑的专门练习(小步跑、高抬腿、后蹬跑、跨步跳等)再做蹲踞式起跑接加速跑，最后按照传球、垫球、发球、扣球、拦网的顺序，展示排球技术，其中发球、扣球、拦网也可以只做徒手动作。在多个项目结合展示时，更要考虑顺序、节奏和体现较强的专业性，最好是能体现出“一专多能”的个人特点。

(三)内容精细化

简单的项目通过“内容精细化”，可以使基础动作或者基础套路，展示出良好的效果，如武术基本套路“五步拳”通过强化基本的步型、步法、手型、手法，细扣每一个动作，凸显攻防技击因素，在音乐的配合下，也能达到理想的展示效果；如田径的蹲踞式起跑能做到像奥运会短跑参赛运动员一样，在整个过程中流露出个人的自信、专业与从容，再配合专业的英文发令，也可以达到理想的展示效果。“内容精细化”同样需要考生在平时多加练习，但是练习难度不大，相对容易掌握。

(四)改编创意化

当自身专业能力不强，或者专业不能展示时，应该考虑改编，如游泳项目没有场地让应试者展示游泳动作，但是考生可以通过精编口诀配合动作，如蛙泳“划手脚不动，收手又收腿，伸手腿蹬夹”，当四个泳姿都配合上朗朗上口的口诀与肢体动作也能达到理想的效果。如篮球项目的应试者自身的专业技术不足时，可以通过自编裁判操，在音乐和哨音的配合下，凸显自己的执裁能力，从而达到理想的展示效果。创意改编往往会给人意想不到的感觉，在改编的过程中一定要保留专业性。

(五)基础扎实化

体育教师的基本功在技能展示中非常重要，口令、队列队形要做到烂熟于心。口令展示顺序为集合、立正、向右看齐、向前看、报数、稍息；原地间转法顺序为向左转、向左转、向后转、向右转、向右转、向后转；行进间转法顺序为齐步走、向左转走、向后转走、向右转走、立定回到原来位置。口令下达时要做到声音洪亮、音调正确、胸腹发音、突出主音等。每个队列动作都要配合口令，干净利落不拖泥带水。基本功需要长时间的练习，尤其是口令的发音练习。

三、技能测试的常见项目

技能测试一般针对岗位设定相应的内容，有些地区会在测试前公布测试内容，也有部分地区并不会提前公布测试内容，考生至现场才能知晓测试内容，以下为技能测试常见项目(见表 7-6)，供参考。

表 7-6 技能测试的常见项目及权重

专项	测试/考评内容及分值(考生自备服装)
健美操	①基本功展示(40%);②个人展示(60%);其中个人展示时间不超过2分钟
田径	①背越式跳高(60%);②篮球场往返跑(40%)
羽毛球	①基本技术(40%);②分组比赛(60%)
乒乓球	①分小组对抗(100%)
武术	①基本功:正踢腿(10%)、旋风脚(10%)、腾空外摆莲(10%)、旋子(10%);②自选套路(器械自备):拳术半套(30%)、器械半套(30%)
排球	①接发球(10%);②自传自扣(20%);③分小组对抗(70%)
篮球	①运球上篮(30%);②一分钟定点投篮(10%);③分组对抗(60%)
足球	①一分钟颠球(20%);②运球绕杆射门(20%);③分组对抗(60%)
体操	①基本功展示(40%);②自由展示(60%);其中个人展示时间不超过2分钟

四、技能展示与技能测试的策略

(一)广泛收集信息

熟练的技能必定通过长期的学练才能形成,所以应该在参加应试前一段时间,根据自己所报考的地区,查询技能测试或面试公告,了解公告中近几年的技能测试内容,同时可以通过多种平台或渠道线上提前了解。当熟知技能考核的内容与注意事项后,应该结合自身的情况、特点,尽快确定目标岗位,提前做好充足的准备。

(二)合理制订计划

根据目标岗位的要求,结合自己目前的专业水平,制订一份科学合理的提升计划,在确保技术动作正确的前提下,提升技术的熟练程度。尤其是展示类的项目与体育教师基本功,练习的次数多,能帮助自己在考试中表现出从容与自信。

(三)经常模拟测试

技能展示或技能测试必须定期进行模拟测试,通过邀请专业教师、朋友或者同事,对已经练习好的专业技能进行模拟测试,并且根据评价指标进行打分。总结自身的不足,再针对出现的问题进行改进。

复习思考题

1. 简述体育教师编制考试笔试的题型及解题方法。
2. 结合自身实际谈谈体育教师编制考试结构化题型及解题思路。
3. 简述体育教师编制考试试讲与说课的技巧。
4. 试述体育教师编制考试技能展示设计思路。

后 记

小学是个体生长发育的重要阶段。与成人相比，此阶段的学生其生理与心理会表现出鲜明的“儿童性”，面向他们开设的体育与健康课程，所采用的教学方法、方式、手段、策略等应区别于成人的惯用模式。在了解和把握小学生的生理和心理特点，以及分析他们体育活动行为的基础上，找寻合适小学生身心发展特点的体育与健康课程的教育教学规律、内容和方法，有效地促进小学生身心健康全面发展，一直是教育者孜孜不倦的追求。本书正是以这种教育理念与信念进行的初步尝试，这种尝试如能对新时代培养优秀小学体育师资，对提升小学体育与健康课程教学质量，以及对提高小学生身心健康水平有所帮助，即实现了编著者编写的愿望。

本教材系湖南省哲学社会科学基金项目：湖南省体育公共服务研究基地课题“健康中国视域下学校体育研究”(23JD009)的重要研究成果。湖南省哲学社会科学规划办公室以及一线中小学体育名师工作室诸多名师为此书的出版提供了大力支撑与帮助，北京师范大学出版社策划编辑陈红艳女士为本书的出版付出了大量心血，在此一并深表谢忱。

陈 曙

2024 年 3 月 16 日于湖南师范大学